青岛市社科规划项目《近代青岛城市社会生活史研究》

近代青岛社会与生活研究

马斗成　主编

人 民 出 版 社

前　言

　　城市社会生活史是城市史与社会生活史研究逐渐成熟基础上的交叉融通领域。

　　20 世纪 80 年代，中国城市史学发展较快，社会生活史得到复兴，城市社会生活史遂形成较为独立发展的态势。有学者指出，"综合城市史和社会生活史的学科概念和研究对象的重叠交叉部分，所谓'城市社会生活'即是城市人日常生活的方方面面以及与其日常生活相关的外在环境。……20 世纪 80 年代之后，随着全球城市化进程的加快……城市史的研究也日益受到学术界的重视，其中城市社会生活史也逐渐成为国际史学界备受重视的研究重点之一。"① 并认为城市社会人群、城市社会生活方式、城市社会生活环境以及城市社会文化乃近年来学术界关于城市社会生活史研究实践进展的主要领域。也有学者认为，"社会生活史研究中蕴含着一种深切的社会关怀，表现为在环境、生活和观念影响下形成的综合人文社会系统中，对生态、生存、生活和生命等事项进行探索。这里，生命和生态分别对应个体和整体，它们构筑了社会生活的结构；而生存和生活分别对应本能和追求，它们形成了社会生活的变迁。"②

---

① 谢忠强：《城市社会生活史研究的几点思考》，《山西师范大学学报》（社会科学版）2012 年第 4 期。

② 杨卫民：《新时期社会生活史研究述略——以中国近代社会生活史为中心》，《焦作师范高等专科学校学报》2012 年第 1 期。

　　相对于中国乡土历史，近代中国城市社会生活史研究尚比较薄弱，但已经有了较长的历史和一定的基础，近年来涌现出一批标志性成果，呈现出广阔的探研空间。从某一城市、某一侧面、某一时段研究近代城市社会生活史的著作不断推出。

　　值得一提的是，上海城市社会生活史研究已经形成诸多比较鲜明的研究模块。"新时期，上海学界对以上海乃至江南区域为中心的研究旗帜鲜明、如火如荼。"① 代表作有：熊月之《西学东渐与晚清社会》、主编大型"上海城市社会生活丛书"，乐正《近代上海人社会心态（1860—1910)》，罗苏文《近代上海：都市社会与生活》，苏智良、陈丽菲《近代上海黑社会》，忻平《从上海发现历史——现代化进程中的上海人及其社会生活（1927—1937)》《全息史观与近代城市社会生活》、主编《城市化与近代上海社会生活》和《历史记忆与近代社会生活》，吴圳义《清末上海租界社会》，李长莉《晚清上海社会的变迁——生活与伦理的近代化》等。"这些作品从不同视角强烈关注民生，主要展示了近现代上海乃至近现代中国社会生活的复杂性、特殊性、多元性及其间的冲突和矛盾、协调与整合。"② 域外上海城市社会生活史研究也可圈可点，"截至2002年，英语世界以上海史作为博士论文题目的就有328篇，其中三分之一以上与社会生活史有关。美国的魏斐德、裴宜理、高家龙、叶文心、韩起澜，德国的瓦格纳，法国的白吉尔、安克强，澳大利亚的伊懋可，许多国际著名汉学家，都有关于上海城市生活史的著作问世，涉及资本家、警察、士绅、商人、职员、工人、妓女、茶馆、书场、里弄等城市生活的许多群体、阶层和空间。"③

　　在近些年的城市史研究中，诸如《近代上海城市研究》《近代重庆城市史》《近代武汉城市史》《成都简史》《东南沿海城市与中国近代化》《天津租

---

① 杨卫民：《新时期社会生活史研究述略——以中国近代社会生活史为中心》，《焦作师范高等专科学校学报》2012年第1期。
② 杨卫民：《新时期社会生活史研究述略——以中国近代社会生活史为中心》，《焦作师范高等专科学校学报》2012年第1期。
③ 详参熊月之《上海城市社会生活史笔谈——稀世富矿：上海城市社会生活史研究的价值》，《史林》2002年第4期。

界社会研究》《文明初曙——近代天津盐商与社会》《近代中国城市发展与社会变迁》《清末民初中国城市社会阶层研究（1897—1927）》以及《近代天津社会史》等著作都设多章来单独研究城市社会生活史的内容。"《上海通史》中，在晚清、民国、当代部分，也各有一卷专述城市社会史，其中相当篇幅是关于社会生活的。"①

与上海不同，有一所城市从一个默默无闻的小渔村到海内外知名的海港城市，她的发展轨迹充满了传奇色彩，这座城市便是青岛。"自1897年以来，青岛先后遭到德、日、美3个帝国主义国家的入侵，历史发展可谓跌宕起伏、历经沧桑，城市性质既有殖民地半殖民地的色彩，又有封建半封建旧中国的印记；城市发展既有技术先进的工贸基础，又有独具风韵的城市文化；城市建设既有合理长远的规划引领，又有各具风情的多元化建筑——这就使青岛这座城市具备了丰富的文化内涵和特有的城市风貌，孕育了独具特色的城市文化。"②不同的政治制度，不同的意识形态，不同的建筑样式，不同的民俗风情，在近代青岛共处共存，德、日、美等异质文化交织、互融。相应地，近代青岛城市社会与城市生活，亦打上了上述近代青岛时空演变的烙印。"青岛城市历史的特点不仅体现为差异化的城市发展路径，更在于典型性的近代中国城市发展模式的研究价值。"③探究青岛城市社会生活史有助于更加深入地梳理青岛城市历史文脉，研究青岛城市特质。

整体来看，近代青岛城市史研究尚在起步阶段，城市社会生活史研究成果更是缺乏。本书是探索之作，成于众手，系笔者主持的青岛市社会科学规划重点项目"近代青岛城市社会生活史"系列成果结集，体现为五篇硕士学位论文。其中，孙明慧撰写《青岛近代政区归属问题》，王洪发撰写《青岛城市现代化进程中的社会分层（1897—1937）》，张伟撰写《青岛市民社会生活研究（1922—1937）》，张鹏撰写《近代青岛的帆船运输（1897—

---

① 详参熊月之《上海城市社会生活史笔谈——稀世富矿：上海城市社会生活史研究的价值》，《史林》2002年第4期。
② 《青岛城市档案文献丛刊》编纂委员会：《青岛城市档案文献丛刊》总序。
③ 《青岛城市档案文献丛刊》总序。

1922)》，王亚男撰写《亦儒亦仙——胡峰阳与青岛民间社会》。

　　书分五章，从青岛城市社会结构、社会生活入手，试图探讨近代青岛城市社会历史的某些面相。既有以空间为维度展开的政区演变宏观研究，也有以外部环境为维度展开的帆船交通中观研究，还有以时间为维度展开的本土信仰微观观照。从架构上，着意于从面到点的多角度切入，既有政区变迁的空间铺陈，也有社会结构、市民阶层的群体研究，还有信仰级人物的个案研究。总之，以广义的社会生活为主，包括人们的居住环境、生活环境、交通、风土信仰等主要对象，力图展现一幅近代青岛城市社会鲜活的世态、生态，探求近代青岛城市社会发展的原动力。第一章与第四章旨在从政区变迁和交通运输两个层面厘清近代青岛城市社会生活环境，第二章和第三章探讨城市社会人群与城市社会生活方式，第五章着力城市社会文化。在第四章中纳入了比较研究视野。主要关注的论题有：

　　自开埠以来，近半个世纪，迭经由青岛村变为胶澳租借地，由胶澳租借地成胶澳商埠，最终由青岛特别市到青岛市的政区变迁，为青岛城市打上了什么样的时代物质文化、精神文化烙印？

　　在青岛城市现代化进程中，帝国主义的轮番侵略给近代青岛城市社会结构暗沉下怎样的异域色彩？另一方面，作为一个外来人口中传统农民居多的移民城市，青岛社会阶层的不合理结构怎样累及青岛城市现代化的程度与进度？

　　在 20 世纪二三十年代城市由传统社会向现代社会转变的关键时期，青岛市民阶层产生，经历了对外来先进文化和实物由排斥走向接受的过程，市民衣食住行、习俗风尚等较以往出现了新的特征，这一中西合璧、土洋结合的海滨城市生活模式是如何形成的，又怎样至今影响着青岛城市的独特品质？

　　"清末民初，青岛置于德占当局统治下，交通运输、对外贸易、商工各业得到了长足发展，一跃成为东亚航运中心之一。"[①] 青岛开埠后，传统帆船作为不可缺少的运输工具，在青岛近代社会经济发展特别是对外贸易中扮演

---

① 《青岛历史文化地图的重绘》（代序），任银睦等编著《青岛史话》，青岛出版社 2018 年版。

了不可忽视的角色，其影响性存在和曲折发展状况如何？帆船运输从一个侧面反映出青岛航运近代化的水平如何？

胡峄阳家训思想深受中国传统文化和清初青岛社会发展的影响，体现了中国布衣知识分子在明清之际"安贫守道"的时代品格，这对胡氏家族的发展，对地域社会产生了怎样的教化作用？对今天青岛百姓心理及生活习俗影响如何？本土信仰承载的传统中国印记在近代青岛城市近代化历程中是一个怎样的存在？

带着这些问题，本书依次进行了专题探索：

第一章，青岛近代政区归属问题。青岛自古政区隶属稳定，然而自1897 年德国租占青岛以来，近半个世纪，青岛经历了日本占领、北洋政府统治、日本第二次占领以及南京国民政府统辖。青岛的行政称谓也随之改变，由青岛村变为胶澳租借地，由胶澳租借地成胶澳商埠，最终由青岛特别市到青岛市。不同行政称谓所代表的行政归属也有所不同，每个时段都彰显出自身独特之处，然而特殊之处必有特殊之因。德国租占时期，帝国海军部为胶澳殖民地最高决策机构，将青岛重新划分，设青岛市区，直接改变了青岛的界域范围和人口规模，塑造了青岛市的雏形。德国对青岛的统治方式既继承了传统的殖民地管理模式，然而与其他德属殖民地相比，无论在机构设置还是军事投入上又都有所不同。日本占领青岛后，对青岛的殖民统治在城市制度组织、殖民定位及文化政策上也与德国的管理有所差异。北洋政府于1922 年恢复对青岛行使主权，将青岛改设为胶澳商埠，直属中央政府。青岛的行政地位在国内城市序列安排上得到了重新确立，央属青岛既是青岛城市发展的结果又是国内军阀争权夺势的产物。时至 1929 年南京国民政府设青岛为特别市，直隶中央政府统辖，南京国民政府对国内政区隶属进行多次调整，青岛与即墨县的从属关系有所转变。青岛市逐渐从即墨县中独立出来，直至即墨县最终从属青岛，这一转化历程正是中国行政区划由县管市到市管县的变化缩影，体现了中国各级行政管理制度不断朝着科学化、现代化、系统化发展。

第二章，青岛城市现代化进程中的社会分层（1897—1937）。社会分层是社会结构研究中的核心问题，是历史学、社会学领域的重点研究领域，也是理论界、政策制定者和社会公众关注的热点问题。青岛城市各阶层区域分化的特点明显。青岛现代化的社会阶层结构的出现与帝国主义的侵略有直接联系，带有西方色彩。青岛又是一个典型的移民城市，外来人口中传统农民居多，大量的剩余劳动力出现，导致青岛社会阶层结构不合理，成为青岛城市现代化的负累。社会上层是青岛城市现代化的主导力量，人数虽少，却是经济、政治和文化三大资源的最多占有者，生活富裕，生活方式对整个社会具有示范作用。社会中层是青岛城市现代化的中坚力量，他们接受过较高的教育，职业和收入比较固定，生活稳定。社会下层是青岛城市现代化的基础力量和被动牺牲者，人数最多，没有文化和技术，没有固定的职业和收入，温饱问题难以解决。从1897—1937年青岛城市社会各阶层的收入状况、受教育程度、生活状况以及各阶层在青岛城市现代化进程中的作用看，社会上层、中层和下层依次呈"金字塔"形，呈现了现代化社会阶层结构的雏形。社会各阶层之间纵向流动或横向流动较为频繁，现代社会的流动机制已然出现。近代青岛的发展急需大量受过现代教育的人力资源，而供给青岛的却多是从农村涌来的农业型劳动力，官方青岛又无力教化大批传统人为现代人，这使青岛社会阶层结构远未实现现代化。

第三章，青岛市民社会生活研究（1922—1937）。20世纪二三十年代是青岛城市由传统社会向现代社会转变的关键时期，其间青岛政局趋于稳定，工商贸发展迅速，文化教育事业日臻完善，市民阶层应运而生，社会面貌发生深刻变化，衣食住行、习俗风尚等都出现了新的特征。大量外国移民纷纷来到青岛带来了西方科技和时尚的生活方式，交通通讯等先进科技在民众生活中的比重逐渐增加并改变着人们的生活。随着商品经济的发展，以利为价值取向的功利主义价值观支配着人们的社会行为，喜新好奇的时髦心理支配着大众的审美观。学术机构、剧院、公共娱乐场所等文化设施的出现也提升了市民的生活质量。在中外文化的相互激荡和交汇中，某些市民阶层养成了吃西餐、喝洋酒、开洋车、住洋房的生活方式，同时又保留了一些旧有的传统生活习俗，中西合璧、土洋结合的海滨城市生活模式初步形成。这种变化经历了对外来的一些先进文化和实物由排斥走向接受，到最终兼容中外的过程。青岛政府一方面注重整治传统不良社会风气，却又没有根治的勇气和决心。市民一方面追逐西式先进思想与文化，却又往往在中西文化的碰撞中无所适从。正是在这个充满矛盾的社会生活中，我们看到了青岛市民追求文明的曲折痕迹。

第四章，近代青岛的帆船运输（1897—1922）。青岛开埠前，胶州湾和沿海口岸往来贸易主要依靠帆船。青岛开埠后，随着外国轮船的入侵和民族轮运业的诞生与发展，青岛帆船运输遭受到了一定程度的打击。和以机器为动力的轮船相比，传统木帆船无论是在运载量还是运输速度等方面都无法比拟。外国航运势力除了抢夺木帆船的货源，排挤木帆船外，外来侵略势力还对帆船进行抢劫和勒索、碰撞等直接迫害。洋务派官员和商人等阶层对轮船的态度由排斥到接纳的转变也对帆船运输的发展产生了不利的影响。由于青岛特殊的地理环境以及帆船其本身所具有的不可取代的特点，近代青岛的帆船运输业并没有随着轮船的入侵而走向衰落，在一定时期内，在数量和运载量上总体呈上升趋势。和青岛相比，烟台尽管在帆船数量上多于青岛，但总体上呈下降趋势，且在运载量上低于青岛；天津帆船无论是数量还是运载量都远低于青岛；上海帆船数量总体上大于青岛。在帆船来源方面，烟台、天津、上海和青岛一样，都主要是来自近海诸港。帆船作为不可缺少的工具顽强地生存适应，在近海短途运输中占据重要地位，而且随着青岛社会经济的发展和航运事业的扩大而有所发展。但由此进行的帆船贸易在青岛对外贸易中所占比重远低于轮船且逐渐下降，而且近代青岛帆船进出口贸易没有摆脱传统自然经济的特征和影响。尽管如此，我们不能忽略帆船贸易在青岛对外贸易中的作用和意义。青岛帆船运输作为轮船的补充，加强了青岛同近海诸港的商品交流，促进了青岛港口运输新格局的形成和对外贸易的分工，在区域商品经济的交流方面发挥了重要的作用。青岛帆船运输业的存在和发展，从侧面反映出青岛航运近代化的水平还是较低的。航运近代化的过程不是一蹴而就的，是漫长曲折的，先进的运输方式代替传统的运输方式有一个过程。

　　第五章，胡峄阳与青岛民间社会。胡峄阳是一位在青岛民间亦儒亦仙的历史人物。《竹庐家聅》及《女闲》是儒者胡峄阳家训思想的体现，深受中国传统文化和清初青岛社会发展的影响。它们顺应了清初家训发展的繁盛之势，同时也融入了胡峄阳的人生感悟。胡峄阳家训阐述了"谨防欲事""戒赌远赌""读书为乐""苦甜相伴"的修身之法，"择善相处""戒斗守法""趋吉避凶""恭谨谦厚"的处世之道，"饮食有度、宁神静心"的养生之方和"谨言慎行、避嫌守礼""勤俭持家、和睦内外""持贞守节、从一而终"的女教思想。胡峄阳家训也体现了中国布衣知识分子在明清之际"安贫守道"的时代品格，反映了清初青岛百姓求安全的社会心理、好赌的社会风气及受礼教束缚的女子教育状况，突出了胡峄阳"先防后教"的教育理念和通俗、富有意趣的语言风格。他的家训促进了胡氏家族的发展，对地域社会产生了一定的教化作用，也为今天的家庭及乡村教育提供了有益借鉴。"胡三老爷"是青岛百姓崇拜的民间神灵，他的原型即历史上真实的胡峄阳。儒者变仙人，既是青岛民众根据"民间造神"的传统和清初青岛社会的境况进行选择创造的结果，也有胡峄阳精研《周易》，利用自身知识造福百姓这一原因。在没有封建势力介入的情况下，自康熙至今三百余年来，胡峄阳在民众口耳相传的故事中"由人成仙"，成为百姓心目中"社会公正的维护者""民众安全的保护者"和"百姓生活的造福者"，对今天青岛百姓心理及生活习俗仍有一定影响。除此之外，今天的"胡三老爷"信仰出现了与狐仙信仰合流的趋势。

　　青岛城市社会生活历史内涵丰富，呈现于读者诸君面前的仅是成于众手的初步探研成果，挂一漏万之处，不免多有，恳请提出批评指正。雪里开花到春晓，笑迎枯草吐翠时——期待并相信随着档案史料的日益开放整理、研究理论与方法的逐步拓展，青岛城市社会生活史研究必将如气傲霜雪的青岛市花——耐冬花绽放出更加绚丽的花朵。

目　录

第一章　青岛近代政区归属问题

一、"青岛"城市称谓的由来

青岛地处黄海之滨，在中国绵长的海岸线上，北有天津、南有上海，此处的胶州湾无疑是沿岸航行的必经之途。青岛前后经历了三次殖民侵略，多个政权更迭。关于这座历经沧桑的青岛城市名称的由来，争议颇多。其中"岛说"被多数研究者认同。经过对相关历史文献和资料的考证和分析，使我们对青岛城市的形成有了更为明确的认识。一般来说，我国地名的命名大多与人类生存环境密切相关，如山、江河、湖泊、岛屿等自然地理实体为参照命名。它是城市地名对城市所在区域自然环境的直观反映。随着城市的出现，人们仍习惯将所在地区的地理环境为命名依据。因此，城市名称中存在很多代表该地地理环境特征的地名，青岛即是一个很好的例证。

（一）青岛（岛屿）

"青岛"是胶州湾北侧的海中岛屿，俗称"小青岛"，又有人称之为琴岛，总面积为 0.012 平方公里，北侧距陆地约 720 米。从现有的可见资料来看，关于"青岛"这一称谓，最早由明万历七年（1579）版《即墨县志·海岛》记有"青岛"两处，一处未注明具体地理方位，另一处记"青岛，在县东一百里"。同版《即墨县志·艺文》收录即墨知县许铤《地方事宜议·海防》一文记有："本县东南滨海，即中国东界，望之了无津涯，惟岛屿罗峙其间。岛之可人居者，曰青，曰福，曰管，曰白马、香花，曰田横、颜武……"按地理方位、排列次序与本志所附县境图对照，后一处"青岛"当指今即墨三平岛，而非现在的小青岛。万历十九年（1591）版《胶州志·舆图》在胶州湾口标注岛屿有"青岛""黄岛""薛家岛""陈家岛"，"青岛"位于"淮子口"附近。清康熙十七年（1678）版《胶州志·图说》所载《舆图》和《海运》中亦标注有"青岛"二字，并与黄岛相对，为海中岛屿。清朝同治时期出版的《即墨县志》所记载的《山川脉络图》与《七乡村庄图》都注明青岛所指的是海中岛屿，位于淮子口附近。淮子口为明清时期胶州湾口的通称，按其地理方位，此处"青岛"则为今之小青岛。① 清乾隆十六年（1751）刊写的《灵山卫志》中记有"小青岛在淮子口对岸，入海者必由之道"。因为小青岛位于灵山卫的东北，所以《灵山卫志》指出小青岛在淮子口的对岸。《胶澳志》也提到了青岛的具体方位："青岛，在青岛湾内不足一海里"，以"山岩耸秀，林木蓊清"，故名"青岛"。②

（二）青岛村

青岛村位于今青岛市掖县路至人民会堂一带。《胶澳志·卷一·沿革志》载，"青岛村，初为渔舟聚集之所，旧有居民三、四户，大都以渔为业。"据编修于 1924 年的《胡氏族谱》记载："吾族相传自明永乐初年由云南迁居即墨，世居青岛之'上庄'"，"聚族而居，五百余载"。胡氏族人从云南迁居于今迎宾馆一带建村居住，依据地名将村落命名为"青岛村"。伴随着村民的繁衍，村庄规模不断扩大，原来的村址已不能容纳，故又分出一支，迁至今湖南路和广西路一带。因此，之前的"青岛村"被称为"上青岛村"，又称"上庄"；后建的"青岛村"则被俗称"下青岛村"，又叫"下庄"。《丁氏族谱》中也有相关记载："明初，丁氏一支从浮山所迁居到青岛村，初称为丁家庄。后来，一些军户和沿海渔民也来此安家，逐渐发展成为一个大村

---

① 青岛市档案馆编：《资政参考》，2011 年 3 月（总第 39 期）。
② 赵琪修，袁荣叟纂：《胶澳志·方舆志》卷二，胶澳商埠局 1928 年，青岛出版社 2011 年影印版，第 15 页。

庄，改名为青岛村。"以上可以推断出"青岛"作为岛屿的称谓要早于村庄的称谓。

伴随着"青岛"名称的出现，"青岛口"的名称也随即出现。清咸丰九年（1859），清廷在胶州湾周边的水陆通商要道胶州塔埠头与金家口分别设置厘金局，在青岛与女姑口又设立分局，征收厘金，监管进出胶州湾一带港口的船舶贸易及税务等。清同治四年（1865），东海关设置常关，分布于青岛口、塔埠头、金家口。胶州湾女姑口立有一石碑，即《重整旧规》，碑文中有载："我即邑自前明许公奏请青岛、女姑等口准行海运，于是百物鳞集、千艘云屯，南北之货即通，农商之利益普……"

青岛天后宫中有一块刻于清同治四年（1865）的《募建戏楼碑记》石碑，石碑上记载："窃闻青岛开创以来，百有余年矣，迄今旅客商人，云集而至……"同治十三年（1874）对天后宫进行修缮，并保存了修庙碑记："盖闻天后以孝成神，以慈爱民，仁护海国，泽洽波臣，而旅客商人云集于此者，尤赖其鸿波不扬，惊涛顿息，故无不念以酬圣德焉。墨邑青岛口旧有天后行宫以妥神灵，不过粗具规模，未足以壮观耳……宏舸连舳，巨舰接舻，乃增其旧制，敞之以庭堂，峻之以阶级，节税耀新，金碧腾辉，可谓威镇四海……今将众商捐资，诸船施助并督理之人勒于石，以垂永远。"从碑记来看，商船巨舰，首尾相连，停泊于青岛口一带，且捐款者皆为富商和船主，可以看出此时青岛口已呈现出"旅客商人云集于此"的繁荣景象。光绪二十四年（1898）天后宫再次进行修缮，此次购置20亩香火地，所建庙宇规模较大，庙产范围大概在今太平路小学一带。

清光绪十二年（1886），清朝驻德公使许景澄在其《条陈海军应办事宜折》中说："青岛一带在烟台未开口岸时，航海商泊，凑集颇盛，本非散地荒陬可比。"许景澄在得知西方列强觊觎胶州湾后，建议清廷在胶澳设防。从材料分析来看，一方面青岛商旅云集，来往商船停靠于此，显然他们停留青岛时所需供给是一个村落无法满足的，因此可以说，文中的"青岛"已不再代表昔日的村落，其所涵盖范围是以青岛口为中心向陆地辐射的经济腹地。从明朝开始，"青岛"这一地名逐渐开始从海洋向陆地转移。

（三）青岛市

清朝时期，伴随着青岛口贸易的不断发展，"青岛"名称内涵也产生了质的变化，青岛地名称谓已从海洋移至陆地。

今青岛市区原来属即墨管辖，清末属仁化乡范围，原有 10 个村庄，即青岛村、顾家村等，青岛村就位于"青岛"的对岸。按我国地名命名的特点，应该说青岛村以青岛得名。据《胶澳志》："青岛电报局始设于光绪十九年（1893），初为报房。"又说："我国于千八百九十年春设邮局于青岛，兼辖青莱沂胶境内二十二分局。"可见"青岛"应是具有一定规模的较大市镇。据日文《胶州湾》所载："1899 年 10 月 12 日，德国皇帝威廉二世命名胶州保护地的新市区为青岛，所辖范围大概为今市南区和市北区的一部分，青岛只是整个胶澳租借地中的一部分。"1900 年 6 月 14 日，德国胶澳督署公布《德属之境分为内外两界章程》将"胶澳租借地划分为内外两界，青岛及附近作为内界，分九区，即青岛、大鲍岛、小鲍岛、小泥洼、孟家沟、杨家村、台东镇、扫帚滩、会前（今汇泉）等。每区由总督派一人充任区长，区内设'粮约'、'董事'等职，各区由'专办中华事宜辅司'管理。青岛内界也一分为二，此界线以内不准建筑中式房屋。外界划分为李村等若干小区，辖村庄 274 个"。这是青岛作为城市名称的最早印证。

1922 年初始，北洋政府拟将胶澳租借地收回后开辟为国际商埠，以自治为标榜。1922 年 11 月 18 日，北洋政府先后颁行《胶澳商埠章程》《青岛市施行市自治制令》《胶澳各乡施行自治制令》，规定"胶澳商埠为中华民国自辟之商埠，胶澳商埠设商埠局，商埠局由北洋政府大总统特派商埠督办一员，以山东省省长兼任。胶澳商埠全境划分为市和乡两部分，原青岛市街、台东镇、台西镇之界址范围划为市区，定名'青岛市'，由胶澳商埠局直接监督。其他区域划为乡区，其区域亦由商埠督办规定之。"至此，"青岛市"这个名称在公文中正式出现。①

南京国民政府于 1928 年 7 月颁布《特别市组织法》和《市组织法》，该

---

① 青岛市档案馆编：《资政参考》，2011 年 3 月（总第 39 期）。

文件对特别市和普通市的组织形式作出了具体的规定。1929年4月，南京国民政府将青岛设为特别市，由中央政府行政院直辖，为当时五大直辖市之一。1930年5月南京国民政府废除《特别市组织法》与《市组织法》，颁行了新的《市组织法》，同年9月4日，根据此法，撤销特别市的称谓。青岛特别市改称为青岛市，但市制仍属（行政）院辖市。从此，青岛市成为全域政区的名称。

（四）青岛、小青岛、琴岛之间的关系

天后宫建造于1467年，此时的青岛湾已成为整个胶州湾地区最大的码头，又叫"青岛口"。"青岛"北面的海湾被命名为青岛湾，湾边附近的村庄被命名为青岛村，村南的小河被命名为青岛河，村东南的山被命名为青岛山。随之冠以"青岛"之名的地名陆续出现以后，原先的岛屿"青岛"，因其地域较小被俗称为"小青岛"了。但从地域所辖范围来说，并没有改变。这一称谓日后被百姓逐渐接受和使用，最终被官方收录。在今即墨市田横岛东北方，还有一座小岛屿曾被称为"青岛"，又叫"三平岛"。清朝同治版《即墨县志》对该小岛有相应的记录，但由于两处"青岛"重名，在使用过程中出现诸多不便，在20世纪以后，便将该岛屿称为"三平岛"。日后这个"青岛"，随着使用频率的减少而被人们所遗忘。德国在1897年11月，以"巨野教案"为理由派兵侵占青岛，对青岛各处名称重新命名，小青岛也在其中，将其更名为"阿克那岛"。一些来自国外的植物学家于1898年，在小青岛上发现了一种稀有的百合花，将其命名为"青岛百合"。因此，德国人也曾将小青岛称为"百合绿岛"，但该名称既未正式公开使用也未流传开来。

清朝末年出版有《海道图说》，该书载有："胶州湾东面有长山向东偏北延伸如舌……有城者为浮山所……又距挨户林头北面小澳首有琴头镇"。书中所提到的"琴头镇"位于"北纬36°05′，东经120°17′"，这刚好与青岛地理位置相吻合。可以推断图中所指的"琴头镇"就是青岛。另一种说法，从地形上来看，"据说青岛从空中向下看去像是一把古琴平放在海中，故也称琴岛或琴屿"。琴岛与小青岛作为地名，几乎在同一时期被人们使用。

琴岛不但成为地名，还成为地名风光的掌故。《青岛名胜游览指南》首次将琴岛作为地名提出，文中载有"此岛一名琴岛"。此后诸多著作都沿用了此种称谓，如《青岛指南》《青岛游览手册》等。在众多文学作品中也将青岛称为"琴港""琴岛""琴屿""琴岗"。"琴岛"之称向来被文学雅士所钟爱，它更多被用于文学作品中，并没有在官方文件中刊登与使用，但这并没有妨碍"琴岛"在民间的认可与使用。

二、从青岛村到胶澳租借地

（一）德国侵占胶澳的原因

1.政治军事根源

自威廉二世继位起，德国的对外政策"一改常态"，摒弃了俾斯麦时代所主倡的"有节制"的殖民地扩张政策，取而代之的则是"富有热情"的对外扩张政策。这一政策也服务于威廉二世所提出的"世界政策"。德国作为欧洲大国，一直以来与英国相抗衡，德国陆军在欧洲乃至世界都占据强有力的地位。相比之下，英国海军较之德国海军来说略胜一筹。因而，全力壮大海军力量便成为德国的重要国务，在海军方面赶超英国，是德国的既定目标。对于德意志帝国来说，寻求一个有价值的殖民地，成为国家的当务之急。它急切地希望通过占领一个海外殖民地来彰显其自身震慑力与德意志民族精神，进而与其他帝国主义列强抗衡。德国对各地区列强势力进行再三衡量，最终将目标锁定在远东地区，并把领土广阔的中国作为它最后的目标。对于德国来说，选择占领中国胶州湾一区或许存在历史的偶然，但走向积极的对外扩张的道路已成为德国历史发展的必然。

正如德国皇帝威廉二世于1900年1月1日在柏林的演说中所表示："如同我们的祖父致力于重建陆军一样，我将毫不犹豫地重建海军。""与历史上任何时候相比，海洋已成为国家生活中一个更加重要的因素……它已成为一条生死攸关的神经。如果我们不想让一个充满青春活力的民族变成一个老气横秋的衰朽民族，我们就必须成为一个海上强国。"① 德国以壮大海军为殖民扩张的出发点，经多方考察、综合比较后，认为胶州湾地区具备海军据点建立的条件。据《胶澳志》记载，胶州湾："湾阔水深，方向位置具得其易，外当黄海门户，内通中原之澳区，固天然之商业地，且黄海舟楫之利，秦汉已然。"② 可见胶州湾自古以来就是兵家必争之地，除此之外，或许在德国看来胶州湾的价值不仅仅存在于军事层面，它更以拥有广阔的内陆腹地和舒适的自然环境而让德国统治者所倾心。

2. 经济原因

德国在完成统一后，积极赶超英国，迅速完成工业革命，工业生产速度一度超过英国。20 世纪初期，德国已跻身于经济发达国家之列。从国内经济发展情况来看，工业革命促使生产力大大提高，生产规模也随之扩大，为了谋求更大的竞争力，资本得到迅速集中，最终导致国内市场各领域垄断形式的出现。"1875 年，德国约有 8 个卡特尔，1885 年增加到 90 个，1890 年猛增到 210 个，到 1905 年，根据一项政府调查显示，全国卡特尔数已达 385 个。"③ 此时的德国卡特尔已经遍布于各个领域，"在 1905 年的 385 家卡特尔中，至少有 132 家地方性的砖瓦厂卡特尔，19 家煤业卡特尔，73 家制铁业卡特尔，46 家化学工业卡特尔，31 家纺织业卡特尔，2 家电气工业卡特尔。"④ 德国垄断组织因其雄厚的资本与操控能力，在德国经济中占据无法撼动的地位，特别是对工业原材料的垄断，直接影响着德国工业的发展、经济的复兴。

---

① ［英］查尔斯·塞莫尔：《战争的外交背景（1870—1914）》，耶鲁大学出版社 1917 年版，第 78 页。转引自何兰《威廉二世的"世界政策"及其经济、思想渊源》，《江汉论坛》1999 年第 1 期。

② 赵琪修，袁荣叟纂：《胶澳志》，胶澳商埠局 1928 年，青岛出版社 2011 年影印版，第 53 页。

③ ［美］科佩尔·S. 平森：《德国近现代史》上册，商务印书馆 1987 年版，第 321 页。转引自何兰《威廉二世的"世界政策"及其经济、思想渊源》，《江汉论坛》1999 年第 1 期。

④ ［联邦德国］卡尔·艾利希·博恩等：《德意志史》第 3 卷下册，商务印书馆 1991 年版，第 627 页。转引自何兰《威廉二世的"世界政策"及其经济、思想渊源》，《江汉论坛》1999 年第 1 期。

在德国垄断企业的背后，德国银行对其起到支撑作用。从某种意义上来说，德国的工业垄断集团和金融寡头在经济方面的目标是一致的，这也就决定了它们在国家政治方向的一致性。当生产力发展到一定程度，国内市场已无法满足其自身发展时，人们便把目光投向海外殖民地，既得利益集团希望通过占领海外殖民地，获得丰富原料、廉价的劳动力以及更为广阔的消费市场，最终使利益得到最大化。打造一支强大的海军力量用来保护资产阶级到全球寻求广阔的市场和廉价的原料，成为人们追捧的话题，德国经济发展新形势对国家经济集团与政治集团的结合起到了催化作用。因而，德皇威廉二世的世界政策得到了国内垄断集团与金融寡头在资金方面的大力支持。德国政府独占胶州湾 17 载投资巨大，据表 1.1 和表 1.2，将青岛历年收入与德国历年投资对比，可见在青岛建设过程中，德国政府投资是青岛建设的主要经济保障。这不仅对于德国来说，在世界殖民史上也是罕见的举措。

表 1.1　德租时期德国历年投资表

单位：千马克

年次	金额	年次	金额	年次	金额
1898	5000	1904	12583	1910	8131
1899	8500	1905	14660	1911	7740
1900	9780	1906	13150	1912	8298
1901	10750	1907	11736	1913	9508
1902	12044	1908	9740	合计	162480
1903	12353	1909	8545		

资料来源：袁荣叟《胶澳志》，民国 17 年版，（台湾）文海出版社成文本，第 1260—1261 页。转引自任银睦《青岛早期城市现代化研究》，三联书店 2007 年版，第 96 页。

表 1.2　德租时期青岛历年财政收入表

单位：千马克

年次	金额	年次	金额	年次	金额
1898	360	1904	846	1910	4798
1899	200	1905	1034	1911	5870

续表

年次	金额	年次	金额	年次	金额
1900	538	1906	1645	1912	6280
1901	212	1907	1535	1913	7235
1902	304	1908	1445	合计	36497
1903	379	1909	3816		

资料来源：袁荣叟《胶澳志》，民国17年版，（台湾）文海出版社成文本，第1260—1261页。转引
　　　　自任银睦《青岛早期城市现代化研究》，三联书店2007年版，第97页。

3. 个别历史人物的推动

斐迪南·冯·李希霍芬男爵（1833—1905），是德国19世纪著名的地质学家、地理、旅行家和中国地理学研究专家，在中德关系史中扮演了重要的角色。

1859年，李希霍芬以科学特派员的身份成为普鲁士东亚外交使团的一员，途径香港、广州和上海，并对台湾进行了翔实的勘测，得到了有关中国的第一手资料。普鲁士政府于1860年派遣李希霍芬前往中国，以调查中国土地与资源作为考察目的。1863年至1868年间，李希霍芬对美国加利福尼亚州进行了为期5年的地质勘查，他所获得的考察成果为日后的淘金热潮提供了有力的参考。正源于此，1868年，加利福尼亚地质所的怀特尼教授（Josiah D.Wllitney）推荐李希霍芬前往中国，对各省份进行详细考察。经多方争取，考察费用由加利福尼亚银行有偿资助，1870年至1872年期间的考察经费由上海欧美商会（Shanghai General Chamber of Commerce）承担。由于李希霍芬在经济方面对银行和商会的依赖，迫使他必须把银行和商会的"有偿条件"列在考察范围中，即对中国境内沿海各地港口城市的经济发展状况、贸易情况、交通状况、矿产资源分布和农作物种植等具体情况以报告的形式定期向银行和商会汇报。

1868—1872年间，李希霍芬先后7次来华考察，历时4年，走遍当时中国18个行省中的13个，收集了大量有关中国地理、地质、矿产资源、经济发展状况和民风习俗的资料，并以此为依据撰写发表了大量考察报告。李

希霍芬在回国后继续进行研究和写作工作，编写了一系列有关中国的著作，在1877年撰写并发表了《中国——独自旅游基于其研究的成果》，该著作多为考察成果的记述，共5卷。他还多次向德国政府提交备忘录，特别是李希霍芬在1897年发表的《胶州：世界的和可预见的意义》激发了德国对远东的军事野心，为德国帝国主义殖民扩张提供了可靠的科学依据。李希霍芬如同一名画师，为西方世界描绘出中国的风貌。他对中国所进行的系统而科学的地质、地理考察，为自身在德国学术界开拓出全新领域，也因而赢得了学术声誉。李希霍芬在中国的考察从客观上推动了中国地质学和地理学的形成与发展，更为日后西方列强侵略中国提供了科学根据。

德国在殖民占领之初，计划在中国沿海一带获得一个储煤站，但在海军的推动下，这一计划发生了变化，获得一个军港成为德国政府的新期望，而后又将目标定为获取一个商业据点，"最后决定要求一个地点能适于作为一个殖民地基础的出发点"。①

在德国强占胶州湾事件中，海军大臣提尔皮茨（Alfred von Tirpitz，1849—1930）起到了重要作用。提尔皮茨于1895年被任命为海军少将，在职一年后，他作为远东舰队司令前往中国，寻找建立海军基地的理想地点。经多次调查并进行详细的比较，提尔皮茨认为胶州湾是海军在远东最理想的据点，回国后向德国政府提交调查结果。在提尔皮茨看来，青岛不仅是建立海军据点的理想场所，更为重要的是他期望通过对青岛的占领和建设，达到扩充海军的目的。"在提尔皮茨的大力支持下德国海军协会于1898年成立，历经短短十余年的发展，海军协会的注册会员达100多万；协会的年度经费高达100多万马克，仅在1907年，由海军协会赞助举办的海军问题的相关讲演会达700多场。已发行的机关报刊有37万份之多。"②"提尔皮茨在

---

① 孙瑞芹译：《德国外交文件有关中国交涉史料选译》第一卷，商务印书馆1960年版，第128页。转引自李东泉《从德国近代历史进程论青岛规划建设的指导思想》，《德国研究》2006年第1期。

② ［英］查尔斯·塞莫尔：《战争的外交背景（1870—1914）》，耶鲁大学出版社1978年版，第80页。转引自李东泉《从德国近代历史进程论青岛规划建设的指导思想》，《德国研究》2006年第1期。

升任海军大臣后，为德国制订了扩大海军计划的实施方案。为争取这个计划的实现，他需要有力的证据向国会及国内其他反对扩充海军力量的舆论说明该计划的必要性，占领青岛的时机恰当地证明了海军的作用。提尔皮茨希望青岛成为为海军军备扩张而建立模范殖民地政策的具体化，他对青岛非常重视，一直关注着青岛的建设与发展，并直接插手青岛的行政管理工作。"[1]由此可见，提尔皮茨在中国进行殖民扩张蓝图之核心目的，既不是出于对经济方面的考虑，亦不是对外交的思考，其实质是对德国军事发展的长远谋划。

（二）胶澳租借地的区域界定及人口构成

自青岛被德国占领后，德国对占领地域进行了划分与规划。胶澳地区行政主体的改变，直接影响到所辖界域范围，进而又直接影响了辖区内人口数量与人口构成。德国对胶州湾一带进行具体的区域界定，扩大和整合了该地区的所辖范围。在人口方面，以德国人为主的海外移民和国内移民纷纷涌入胶澳地区，这大大改变了该辖区的人口数量，也引起了人口结构的变化，对日后胶澳地区人口发展起到了深远的影响。

1. 胶澳租借地的区域界定

1898 年 8 月 22 日，中国与德国签署了《胶澳租借地合同》。同年 10 月，中德双方又签订了《胶澳潮平合同》与《胶澳边界合同》。1898 年 10 月 10 日，德国完成了边界线的最终划定。合同划定租借地界域，作出如下规定："其一，胶澳之口北面所有连旱地之岛，其东北一线自阴岛东北角起至崂山湾为限；其二，胶澳之口南面所有连旱地之岛，其西南一线，自离齐伯山岛西南偏南之湾西南首起至笛罗山岛为限；其三，齐伯山、阴岛两处；其四，胶澳之内全海面至现在潮平之地；其五，胶澳之前防护海面所有岛屿如笛罗

---

[1] Bernd Matin：Diedeutsche Perspektive：Plne-Besitz nahme-Erwartungen，All tagsleben und Kul turaustausch：Deutsche und Chinesenin Tsing tau 1897—1914，Berlin：Deut sches H ist orisches Museum，1999，pp.30-48. 转引自李东泉《从德国近代历史进程论青岛规划建设的指导思想》，《德国研究》2006 年第 1 期。

山、炸连山等岛屿。"① 胶澳租借地海湾北侧边界："分为山区部分和平原部分。山区部分自黄海岸边第一号界碑起至白沙河流出山区的第 13 号界碑附近止，其长度约为 28 公里，相当于整个边界线的 2/3。边界线大致和山谷与山脊平行。北部的边界线自白沙河流出山区处伸延至该河在胶州湾入海口的第 22 号界碑，约在女姑口以北 2 公里处。整个边界线沿着河床北岸中国一侧。租借地去海湾南侧的边界：海湾南部的边界线划在最低处，同时也划在这一侧包围胶州湾岬角的根部。"② 胶澳租界境域自东经 120°8′30″ 起至 120°37′40″，自北纬 35°53′30″ 起至 36°16′30″ 止，总面积为 1128.25 平方公里，其中包括 551.75 平方公里的陆地面积。图 1.1 展现了胶澳租借地的辖域范围。这三个合同的签订，明确了租借地的境域，也是日后青岛境域的雏形。德国殖民统治者威廉二世，在 1899 年 10 月 12 日，将胶澳租界内所划定的市区命名为"青岛"。

　　1900 年 6 月，德国胶澳总督颁行《德属之境分为内外两界章程》。该章程规定，将"新设的青岛区一分为二，划分为内、外两界。以青岛及附近周边地区作为内界，又把内界分为九区，即青岛、大鲍岛、小泥洼、孟家沟、小鲍岛、杨家村、台东镇、扫帚滩、会前；其余为外界，外界划分为李村等若干小区，共辖村庄 274 个。每区由胶澳总督亲自任命区长一名，由各区公选董事一名共同管理。"为达到华、欧分区建设的目的，"德国殖民统治者又将内界的九区一分为二，划分为欧人区和华人区，其具体分界为：西起斐迭里街（今中山路）北至后楼威街（今德县路）一线，沿小北山岭经挂旗山（今信号山）至凤台岭（今青岛山），再由此沿各山岭至会前东侧山岭至海边，此界内为欧人区，此界外为华人区，并规定欧人区内不准华人居住。1910 年德国胶澳总督颁布法令，将原有区划中的华欧分界线取消。同时，将内界原有的九区合并为青岛、大鲍岛、台东镇、台西镇四个区。此次对地

① 青岛市档案馆：《青岛开埠十七年——〈胶澳发展备忘录〉全译》，中国档案出版社 2007 年版，第 739 页。

② 青岛市档案馆：《青岛开埠十七年——〈胶澳发展备忘录〉全译》，中国档案出版社 2007 年版，第 24—26 页。

域归属的调整，实质是德国殖民当局对城市定位的调整。"①

2. 人口构成

据《青岛市志·人口志》记载，青岛建置前夕，仅有数处渔村，共20多个村庄，350余户人家，总人口1万多人。建置后人口大幅增多，由表1.3可见：

表1.3　德租时期人口变化表

年别	总人口	按性别分	
		男	女
1902	14905	13161	1016
1903	28144	25221	1694
1904	28838	24213	2340
1905	28477	24811	2557
1906	31509	26452	3334

资料来源：青岛市档案馆《青岛通鉴》，文史出版社2011年版，第5页。

德国侵占青岛后，将全市划分为青岛区和李村区，所辖区域面积较以前扩大，人口也随之增加。宣统二年（1910），青岛市全市人口增至161140人。其中，市区34180人，李村101939人，薛家岛、阴岛、黄岛等地25021人。青岛人口逐年递增的原因：

其一，所辖区域扩大。此区原由青岛村发展而来，各个村落散落于附近小岛上，因为港口贸易的增多，后发展为村镇，但就地域来说，只是沿海一线罢了，未延伸到内陆。自德国占领后，德国划定了具体的管辖范围，并设立市区，租借地区域包括即墨县、胶州的部分区域，陆上从崂山湾东半岛东北角起，经崂山中部沿白沙河到女姑口，再往西包括阴岛（今红岛）、红石崖，胶州湾西部从黄岛到薛家岛，包括今青岛市内四区全部及崂山区、城阳区、胶州市、胶南市和黄岛区的部分土地，即整个环胶州湾区域，称胶澳

---

① 青岛市档案馆编：《青岛地图通鉴》，山东省地图出版社2002年版，第6—8页。

租界，又被称为胶澳（即胶州湾）。另外，划定胶州湾潮平周围100里为中立地带，主权仍为中国，但准许德军随时来往。① 所辖区域远远大于青岛村及其附近岛屿的面积。

其二，外界移民大量涌入。移民不仅来自国内，以德国为主的海外移民也纷纷移居青岛。"德占时期，青岛的外国人口占市区人口的5%左右，据统计，1906年青岛有外国人1769人，其中德国1412人，日本276人，其他国家如美国、奥地利、印度、英国、瑞典、荷兰、俄国、法国、丹麦、意大利、挪威、土耳其等均在25人以下。"②1910年，青岛外国人1809人，其中欧美人1621名，日本人167名，其他亚洲人21名。1913年青岛的外国人2411人，可统计到的德国人有1885名，日本人316人。

其三，医疗卫生条件得到改善。德国在占领之初就十分重视卫生保健工作。由于雨季经常诱发肠炎、疟疾、痢疾等病，海军当局提供了9个德式毡房作为病房，也可供平民使用。此前尚无专门的华人医院，对此由派驻胶澳地区的海军军医设立了门诊，在这里华人可免费就医，只需付少量药费及敷料费。③ 德国通过"华洋分治"的手段，尽量控制市区卫生状况，并对卫生条件较差的上青岛村和下青岛村进行清除，建造了供华人居住的杨家村，对脏乱的街道和公共设施采取了严厉惩罚的行政管理措施。德国通过一系列手段，竭尽全力地改变青岛居民医疗卫生现状，也尽可能地去改变华人的某些生活陋习。由表1.4可见，通过德国对青岛进行卫生医疗方面的管理，德占时期青岛所患传染病人数与日后相比，总数和传染病种类都得到有效控制。

---

① 青岛市史志办公室：《沿革区划》，青岛档案信息网。

② 转引自任银睦《青岛早期城市现代化研究》，三联书店2007年版，第186—187页。

③ 青岛市档案馆：《青岛开埠十七年——〈胶澳发展备忘录〉全译》，中国档案出版社2007年版，第40页。

表 1.4 传染病流行统计表

年份	天花	霍乱	白喉	猩红热	流脑	伤寒	痢疾	狂犬病	疟疾	回归热	斑疹伤寒	黑热病
1899						18					6	
1900						7				4		
1901						34					3	
1902		247				4					1	
1903	2	5		1								
1904						7						
1905						4						
1906			5	9								2
1907		37	2				1050					
1908	2			4								2

资料来源：青岛市档案馆《青岛通鉴》，文史出版社 2011 年版，第 200 页。

其四，青岛政局稳定。1911 年秋天，中国爆发革命，青岛成为华北地区最持久地保持着安全与和平的城市，德国和海外其他国家的商人坚信青岛社会的稳定，他们纷纷把自己的企业和经济活动转移到青岛。清朝遗老与权贵也纷纷选择在青岛定居，他们中的多数还在青岛开办企业。据不完全统计，有 10000—12000 名中国人移居青岛。良好的投资环境为青岛经济发展提供了有利保证，这也是人口不断增长的必要条件。德国对青岛的全面建设，特别是建筑行业、交通运输业、工商业的兴起，为前来青岛的移民提供了较为充足的劳动岗位。大批的农村劳动力向青岛市区聚集，为了适应新的生活环境，他们不得不学习新的生活和生产方式，接受新思想和新观念。移民到青岛的农业人口在潜移默化中主动或被动地转变为城市人口，他们自此在青岛市区定居，使市区人口不断增加，这加速了青岛的城市化进程。大批移民的涌进，为青岛的发展增添了活力，既提供了充足的劳动力又开拓了广阔的消费市场。

3.青岛与胶澳租界之间的关系

胶澳从地名含义来讲，因其历来属胶州所辖，故名"胶"；"澳"在《说文解字》中有这样的解释："澳：隈，厓也。其内曰澳，其外曰隈。从水奥声。"其所辖范围为胶州湾海域、青岛（仅指团岛附近的海岬）、黄岛（仅指薛家岛一带海岬）及青、黄岛南侧附近海域的地区。这是胶澳的本意，也是地理概念的胶澳。但"胶澳"这一称谓，在历史中所扮演的军事角色更为浓重，清朝割让以前（1886—1898），"胶澳"在各种文献中皆作为军事的概念出现。胶澳在清朝一直分属胶州、即墨，没有一个统一的行政区，因此不能视之为行政区。

德法对此处的觊觎，引起了李鸿章的注意，李鸿章派北洋海军兵备道刘含芳对此处进行勘察，最终写成《勘察胶州湾条陈》。报告载：

> 胶州澳居山东之南海，自登州府文登县之威海卫开轮，由西向东六十里至成山，绕山之后折而向西五百四十余里至胶州澳口。口东青岛高四十七八丈，有市有关，地属即墨山脉，来自崂山口西，陈家岛高三十六七丈……岗岛皆低岗如堤，而岛如阜，海外口内遥遥相见，无可遮蔽。故入口之船，必须稍向西行，方进内口……青岛居东，黄岛居西，青黄东西相距十二里……南多山，间有湾澳，皆属淤滩，宽三五里、十八里不等。向北水深能行大舰之处，仅十二里。以镇边炮船吃水九尺，自黄岛向内开行十八余里而止……宽约二里，直通即墨之女姑镇，能行大舰……然口门三岛左右山凹炮台之费已属不少。而青岛之东、陈家岛之西，山势过狭，各有数处能由外海登岸抄入，其布置之饷力，诚非易事。①

德国人侵青岛，尽可能地将原有的胶澳地域扩大，可见《胶澳地区边界军事地理位置说明》，德国皇帝威廉二世命名"胶州保护地的新市区为青

---

① 转引自赵宇晨《"胶澳"地名考》，《黑龙江史志》2013 年第 17 期。

岛"，该新市区的地域范围也只是今天市南区和市北区的一部分，此时的青岛只是整个胶澳租借地中的一部分。南京国民政府在 1928 年 8 月 24 日对青岛所辖界域作出明确规定，青岛市所辖界域以胶澳商埠全部地界为准，此时的青岛与胶澳所辖区域才算实现对等。

（三）胶澳与其他德属殖民地比较

自 17 世纪末至 19 世纪初期，德国一直奉行俾斯麦所倡导的"有节制"的对外扩张政策，德国所到之处也仅仅是设立贸易点或传教机构。时至 1841 年，俾斯麦面对内忧外患的政治处境，不得不改变对外扩张的态度。威廉二世继位后提出了"世界政策"，从而进一步确定了德国对外政策的转变，随后德国宣布西南非洲的纳米比亚、新几内亚、坦桑尼亚、多哥及喀麦隆为自己的保护国，萨摩亚也于 1899 年被德国占领，德国一时间成为殖民大国。通过这一举措，德国向世人证实了国家的强大和德意志民族的"优越性"。德国在占领殖民地后，不同地区运用的统治手段有所不同，特别是胶澳地区，在机构设置、管理方式、政策倾向上都有所体现。

1. 机构设置

1898 年德国将胶澳占领地设为皇家保护领地（Kaiserliches Schutzge-biet），隶属于德国海军部管辖。德国从海军上校中挑选精干力量担任胶澳地区的督办，作为胶澳的最高长官，拥有军事和民事行政权。具体的行政管理组织如下："（1）胶澳巡抚是德国在青岛的最高统治者，由德皇直接任命。（2）胶抚之下设立四部一会，即军政部、民政部、经济部、工业部和参事会。（3）民政部下设警察局、埠头局、港务局、地理局、鸦片局、屠兽所、测候所、山林所等机关。(4) 司法行政属于胶抚，法院直接由德国政府领导。（5）参事会是胶抚的咨询机构，由胶抚本人兼任会长，代表共八人，由胶抚指派一人，市民代表四人，华商会代表一人，地主代表一人，欧美商家代表一人。(6) 邮政属于德国政府，立法权属于德皇。"① 德国在青岛实行自由港

---

① 青岛市政协文史资料研究委员会：《青岛文史资料》（第五辑），1984 年。

制，往来世界各国的商船都可以在此停留经商，这也从一定程度上促进了青岛地区的对外贸易，青岛港在不断发展过程中崭露头角，使青岛成为山东第二大港，随后青岛又改为自由地区。

对于其他德属海外殖民地来说，德国占领的途径多是通过经商设立贸易点，抑或是建立教堂机构，由最初的商业贸易占领来达到军事占领，最终完成殖民统治。如德属东非殖民地，德国运用了多种殖民管理方式。"1885年德国在该地设立殖民地政府，冯·索台被任命为德属东非的首任总督。他上任后逐步健全殖民统治机构，先后成立了财政部、测量及农业部、司法部、卫生部和公共工程部。在沿海地区，各级政府的权力部门由德国官员直接掌控；在一些内陆占领区域，设立由德国人担当的地区专员，下设多名'阿基达'（中层官员，一般由阿拉伯人担任），在其之下又设立了多名'琼贝'（村长，一般由非洲人担任）；在多数内陆占领区，部落酋长（一些被保留下来的原部落酋长，一些由殖民当局所任命的酋长）直接从属于殖民当局。"① 即便在占领以后，殖民地的管理者多由当地普通官员担当。殖民地的管理由私人性质的殖民社团来完成。德国外派的买办与当地官员（一般为酋长）进行洽谈，迫使各部落酋长签订协定。德国为了获取海外殖民地还恶意挑唆部落间矛盾，在他们自相残杀的过程中，坐收渔翁之利。他们宣扬成为德国保护国将得到相应的贸易条件、军事保障，达成协议后便在殖民地升起德国国旗，宣告殖民占领的完成。德国派往海外殖民地的军队也非常有限。

从占领的过程来看，与其他所占殖民地相比，德国并没有在胶澳占领之前设立贸易点或与本土国家进行洽谈协商。对于胶澳地区而言，占领者是赤裸裸的军事侵略，是以强大的国家支持为后盾的，是国家统治集团直接领导的。德国对胶澳地的占领，体现了计划性、统一性、权威性。其内在原因：首先，从德国占领胶澳的出发点来说，德国的直接目的是发展海军，地理位置决定了胶澳是它最理想的发展场所。胶州湾一直以来都是西方列强争

---

① 参见德属殖民军介绍：http://wenku.baidu.com/linkurl=A6jY_pS253TRJIjBcjZJ3cBKlFXfB P8xxo0NvWrukHEOBAGQESYFS5DHx0zUvST4o8w9_TkUR1oO5c58EvroJOBs_b6egi1_ ArTD84jfKza。

夺的焦点。其次，从不同德属殖民地的经济价值来说，胶澳地区不论从自然环境、矿产储备还是经济发展前景来看，都是值得德国"费尽心思"争取的。最后，德国需要一个更为广阔的平台展示本国的强大，当它姗姗来迟地环顾四周时，发现远东地区已掀起列强瓜分狂潮，为了避开英国势力，对于德国来说，去争取俄国的支持远比与英国交谈要好得多。

2. 军事投入

德国对胶澳地区从开始的远征军事占领到后来的殖民建设，都投入了巨大的精力和财力。"德国在远征胶澳的过程中虽然并没有遭受巨大的战争损失，但在远征前做好了详细而全面的准备。远征军队人员约 19602 人组成，其中 582 人为军官，160 人为高级官员，27 人为下级军官，120 人是医生，其他人员由低级军官和士兵构成。远征的船队为国家雇佣而来，有 18 只商用大船用以运载军队，12 只稍小一点的商船运输器械。战斗船队由四只装甲船，一只大巡洋艇，四只小巡洋艇，三只驱逐舰构成。可谓是武装齐备，器械精良。远征用于海军、陆军、邮电和军事抚恤金的费用共计一亿九千一百万法郎。据说这是有史以来德国海外殖民占领中配备最好的一次。"①

德国在完成胶澳的占领后，进行了大量的军事建设。海防工事就是建设的重中之重。德国军部根据青岛的天然地形，在沿海一线共建有伊尔奇斯和碑斯马克等 12 座炮台，在所建之处都设有可旋转的曲射炮，射程可覆盖整个海面，充分体现了德建海防的先进性。在这里没有防卫军，也没有殖民公署，唯一有的是胶澳巡抚，他直接听命于帝国海军部，掌管胶澳的军事和民事行政权。上至总督，下至普通行政人员，所有任职人员都为海军官兵。在签署《中德胶澳租借条约》后，德国国会就先后两次通过了高达 850 万马克的建港拨款议案。由德国海军负责，在 1899 年开始进行胶州湾筑堤工程，依次建成小港、大港，修筑了当时世界最先进的浮船坞。胶澳殖民当局在考

---

① 朱士嘉译:《德国人在中国》,《历史教学》1957 年第 8 期。法国海军部长 Edouard Lockroy 在 1901 年 4 月 2 日寄给《巴黎时报》的一封信，美国退伍海军司令 F.M.Barber 的英译稿发现于美国国立档案馆。

察了胶澳的具体情况后，制定出符合青岛地理环境的殖民防御体系，修建炮台及堡垒；还修建了海军医院和海军士兵营房。帝国海军部对胶澳地区确定了经济发展优先、军事防御跟进的发展方针。1903 年，胶澳总督致信帝国海军部提到：

> 青岛的防卫现状不足以面对敌人的重大进攻，这一点是众所周知的，而且是迄今发展方针的一个结果。现有的防御工事赋予了这个地方以开放城市的特点，而不是给了它一个要塞的抵抗力。
>
> 所谓军港者，应理解为属于德国领土主权下的国外可靠地点。这些地点在任何时候有可能对我们的船只供应粮食、煤、军火及其他各种需要品。有能执行一切修理任务的工场、船坞、造船厂的滑床；有能收容伤病人员的医院；能安置船上补充船员的兵营。在对外作战时军港是一切军事行动的基地：它是舰队的集合点及据点，并成为本国商船的避难场所。在国外和平及有秩序的状态下，军港的利益特别表现在经济方面。因此这种占有同时也能提高本国在国际上的政治地位和威望；即仅仅这军港存在的事实及因此而证明祖国享有这项权利的事实就能产生一种权力，这种权力，据经验证明，远远超出于占领区域之外，而且决不是任何其他事物所能代替。在假设的正常状态下帝国海军将有比较更自由地支配其在相当时间内有限财力的利益。①

德国在其他殖民地驻扎的部队，一般来说不是很多，驻扎部队的规模远不及葡萄牙和比利时。德国在本土组建一支派往海外作战的殖民军，用以镇压德属殖民地的暴动和冲突。如果遇到大的战事，德国会派遣就近的舰队进行支援。德国在其他殖民地驻扎的军队由防卫军、警察部队和远征军构

---

① 孙瑞芹译：《德国外交文件有关中国史料选译》第一卷，商务印书馆 1960 年版，第 89—90 页。

成。防卫军是德国在殖民地驻扎的正规军队，隶属于帝国殖民事务部，它是德属东非、德属西南非以及喀麦隆防卫力量的中流砥柱。防卫军多数由德国军官和士官组成，部队自身素质很高，部队人员都曾服役于德国陆军或海军，即便在殖民地招纳的非洲士兵也要按照德国步兵的标准进行训练，且待遇优厚，从而保障了防卫军的战斗力。殖民地警察部队的职责在于征税和维持社会秩序，除德属西非外，警察部队的人员多来自德国本土警察局，他们有别于正规部队，并不授予军衔，而殖民地本土的警官虽未受过标准的训练但都有军衔。德国为警察部队配备枪支，在非常时刻，他们协助防卫军镇压暴动，成为德属殖民地的重要防御力量。德国对外殖民镇压的另外一支重要力量是远征军，远征军一般驻扎德国本土，只有在作战力量不足的情况下被派到殖民地协助镇压。

从军事投入来说，德国对胶澳地区用于驻军的资金投入要远远多于其他德属殖民地，由于胶澳地区在占领以前发展缓慢，清政府对青岛的海防投入有限，胶澳作为德国在远东地区的唯一据点，成为德国重点建设对象，当然这也与所谓"帝国"海军部有着密切的关系，它为争取建设资金扫清了障碍，使德国在最大程度上支持胶澳的发展与建设，这体现在军事防御系统、对外贸易、银行投资、医疗设施的配建以及城市建设与规划等方面。

三、由胶澳租借地成胶澳商埠

1919 年 1 月，巴黎和会的召开，引发了五四运动，国内学生及商民要求"还我青岛"。此时国内外舆论骤然膨胀，中国代表在会议中力争收回主权。华盛顿会议于 1921 年 11 月召开，在该会议上签署了《九国间关于中国事件应适用各原则及政策之条约》（史称"九国公约"）、《解决山东悬案条约》等相关条约，青岛主权回归中国。1922 年 12 月 10 日，北洋政府正式收回胶澳租借地主权，设胶澳商埠督办公署，沿用德国的称谓方式，将市内区称为青岛市，直隶北洋政府。

（一）央属青岛的原因

1. 地方自治的兴起

在收回青岛主权以后，中日双方进入交接过程，双方对山东权益的争夺十分激烈，北洋政府为中日谈判特设临时机构——鲁案善后督办公署，直接施行《市自治制》，以便青岛从租借地直接过渡实行北洋政府规定的新市制。北洋政府所颁行的《市自治制》将市划分为特别市和普通市两种。特别市为中央政府领导，其余城市为普通市。中国政府收回青岛主权，青岛被纳入中国政府城市序列。20 世纪 20 年代，国内正掀起地方自治狂潮，国内思想界兴起联邦论，军阀多方势力竞相角逐，在资产阶级和革命党人的影响下，各省的独立运动得到发展。联省自治内容为：其一，各省拟定宪法，设立自治政府，实行自治；其二，成功自治的省份进行联系，制定联省宪法，最终建立联邦资本主义国家。湖南率先掀起自治之风，随后四川于 1920 年宣布自治，贵州、广西等先后加入自治运动。鲁案善后督办公署在接收青岛后，组织成立了青岛市暂行条例研究会，并于 1922 年 7 月按照北洋政府《市自治制》编定了《青岛市暂行条例草案》，成为青岛实行市自治制的初步蓝图。其主要内容包括：青岛市政府拥有自卫权，北洋政府不得在青岛驻军；市民享有立法权，市制在实施三年后，市民有权自行修改。这一草案的颁布对青岛日后的城市建设与发展产生了深远的影响，同时也为中国其他城市的近代化提供了参考依据。

北洋政府考虑到青岛的特殊政治作用，认为青岛可以作为中国现代市制的实验地。为了反驳日本对中国城市治理能力的怀疑，北洋政府也充分地认识到国内外各界对青岛的密切关注，更为重要的是，通过在青岛设立胶澳商埠督办公署，达到了调节军阀内部权力平衡的作用。青岛回归以后，中央政府并没有在此驻扎正规军队，相当长时间由保安大队和警察部队来维持青岛市内的社会秩序。由于陆军不得驻扎青岛，当时在青岛驻守部队为海军，从 1923 年 12 月起渤海舰队与东北海军先后将青岛作为自己的军事基地。北洋政府在对青岛实施管辖的过程中，对这个特殊的军事因素进行了深入的思考，这在日后青岛市长遴选的问题上得到了印证。

2. 军阀内部权力平衡

自 1922 年到 1925 年，胶澳督办先后到任四人。王正廷在参加巴黎合会时，拒绝在不平等和约上签字，一时间得到北洋政府和民众的好感，在接收青岛的过程中，王正廷被任命为接收胶澳督办，主要负责中日谈判接收青岛相关事宜。对于胶澳督办一职，北洋政府内部产生了激烈的争夺。对该职位最为积极争取的便是山东省省长熊炳琦，在曹锟的全力支持下，1922 年 11 月 30 日，胶澳商埠督办由熊炳琦兼任，王正廷负责协助接收青岛事宜。熊炳琦成为收复后的首任青岛行政长官，曹锟也正是因为帮助熊炳奇争得胶澳督办一职，从而获得选举大总统的巨额活动经费与言论支持。熊炳琦上台后大肆搜刮民财，竟然秘密计划把青岛港口运输器材、城市公共财产和胶济铁路的机车等作为抵押，从日本手中换取 1300 余万元的贷款。但因其在与日方协商过程中消息被泄露，遭到了强烈反对，最终被迫中止。他在国会中为曹锟争取选票，最终帮助曹锟成功竞选为大总统。然而时任直鲁豫巡阅使的吴佩孚对熊炳琦一直以来都有看法，吴佩孚在上任后声称熊炳琦拒交每年高达百万元的海军军饷，趁机保举与自己关系亲近的高恩洪担任胶澳督办，曹锟对吴佩孚的建议只得采纳。此前高恩洪曾出任交通总长兼教育总长，在任期间进行多项重大的改革，受到社会好评。1922 年 5 月 28 日的《晨报》说："高恩洪此次来掌交通部，外间早传其对于交通积弊，怀有摧陷廓清之想，果然到部之第二日，即实行裁员，计昨日被裁人员，单算顾问谘议，已有二百余人……此辈每月坐领工薪千二百元或八百元，至少亦在二百元以上。高氏能为国家省此一大笔靡费，真是大快人心。"1924 年 4 月高恩洪顺利上任，为了报答吴佩孚的赏识，高恩洪大力搜刮民财、筹措军饷，为吴佩孚扩充直系势力竭尽全力。高恩洪以青岛不得驻军为由，将一切异己势力清除。

1924 年 10 月，爆发了第二次直奉战争，高恩洪逼迫青岛商民缴纳高额的军事费用，同时青岛商用船只也被高恩洪用以运输战争所需物资。直系失败后，山东督办郑士琦派遣王翰章带兵到青岛逮捕了高恩洪，任命王翰章为青岛戒严司令官。11 月 5 日，由王翰章代理胶澳商埠督办，但王翰章在职时间很短，10 天后，由渤海舰队司令温树德担任胶澳督办。曹锟和吴佩孚对温树德的任命，完全是出于对这支舰队的考虑，他们想通过拉拢温树德加强自身军事实力。陈炯明在广州突然叛变，直接导致孙中山的失败，但温树德并不想公开归顺陈炯明。正当他处于进退两难的境地时，曹锟与吴佩孚认为这是收买温树德舰队的大好时机。经过双方短暂的协商，温树德舰队于 12 月初陆续开抵青岛。按照已达成的约定，将司令部设于莱阳路，并以青岛为基地，任命温树德为渤海舰队司令，其职权与其他舰队司令相同。①

　　1925 年 4 月 24 日，段祺瑞政府任命张宗昌督办山东军务；5 月中旬，张作霖命张宗昌与温树德约谈收编渤海舰队的相关事宜。为了清除以温树德为首的直系势力，张宗昌决定罢免温树德的胶澳商埠督办的职务，并将胶澳商埠局改为省辖。1925 年 7 月，张宗昌不顾中央政府的命令，将"胶澳商埠督办公署"改成"胶澳商埠局"，赵琪作为张宗昌的同乡，又有段祺瑞的推举，进而顺利出任胶澳商埠总办。此时，青岛政区归属发生了重大变化，青岛由中央政府直署变为山东督办公署领导。在平衡各方军阀势力过程中，青岛城市的政治地位有所下降。青岛的政区归属问题，一直与国内军阀势力的角逐密切相关，在军阀混战中，青岛在一定层面上，充当了平衡各方势力的天平，这也正是青岛在回归之初，央属青岛的用意所在。

（二）胶澳商埠区域界定及人口构成

　　青岛主权回归后，北洋政府出于稳定时局的考虑，并未对胶澳商埠所辖地域范围作出重大调整，只是在内部进行了微调。青岛在经历了日本殖民统治后，社会人口结构发生很大变化，日本侨民大幅增多，殖民政府大力鼓励日本移民来华经商，这一变化趋势与青岛行政归属密切相关，行政归属的变更直接影响了社会人口结构的变化，进而又影响了社会的整体发展。

---

① 《渤海舰队与北洋军阀》，山东省情网，http：//www.infobase.gov.cn/history/beiyang_10985.html。

1. 胶澳商埠区域界定

胶澳商埠的行政区域与德胶澳租借地相同。它包含青岛与胶澳各乡，直属北洋政府管辖，并于 1922 年 11 月颁布的《胶澳商埠章程及自治令》规定："胶澳商埠分青岛市和胶澳各乡两部分。青岛市的区域范围以青岛市街、台东镇、台西镇为界，其他区域称为乡。"日本为长期独占青岛，在占领期间对青岛进行了重新规划，扩大了市区统辖范围。它把市区地域从李村扩展到了四方、沧口一带，从而为大规模的日本移民提供生存和发展空间。"日本在青岛的民间建筑，由 1915 年的 624 坪，增至 1919 年的 20393 坪。"① 1922 年 11 月 18 日，胶澳商埠颁布《青岛市施行市自治制令》《胶澳各乡实施乡自治制令》，确立了青岛为特别市，根据市自治制组织进行管理。胶澳商埠局于 1929 年被撤销，胶澳商埠原有管理区域被划入青岛特别市管辖范围，自此，青岛这一称谓代表整个市区的地域范围。

2. 人口构成

在社会动荡时期，经济发展受到极大的阻碍，战火导致青岛地区民不聊生。"德国人还趁战乱冻结银行存款，侵吞中国人民的钱财。青岛人民的生命财产毫无保障，工商业陷入瘫痪。中国居民受战火损害者 1548 户，仅李村区在外避难的就有 12100 人，财产损失 1900 余万元。"② 由于本地人口大量向外迁移，青岛人口自然增长率一度出现负增长。此时的政治和军事（战争）因素也对人口迁移起到直接的作用，它的作用甚至会超过经济原因。这些因素通常与经济因素相结合共同推动人口迁移的迅速完成。在占领青岛后，为了巩固来之不易的成果，日本政府积极鼓励本国公民移民青岛，并为移民青岛的商人提供优厚的投资政策。据统计，"战前日本在青岛的居民不过 300 多人，大部分从事服务性工作。日本占领青岛后，在军政保护的诱惑下，日本掀起了一股移民青岛的狂潮。1916 年底，在青的日人从战前的 300

---

① 寿杨宾：《青岛海港史》，人民交通出版社 1986 年版，第 108 页。

② 青岛史志办网站：http://qdsq.qingdao.gov.cn/n15752132/n20546576/n25930159/n25954699/25954719.html。

多人一跃增至 11612 人，1917 年更增至 18652 人。"[①] 居住在青岛的中国人与
日本人的比例达到了 10：1。大批日本人来到青岛创办企业，似乎青岛遍地
是金，他们经营范围涉及工业、商业、交通、金融、新闻、卫生、服务等多
种行业。他们在日本殖民政府的庇佑下，牢牢掌控着青岛经济命脉，进而成
为日本殖民统治的经济支柱。在第一次日本占领时期，日本大批人口迁入青
岛，市区人口剧增，据统计："1913 年 53312 人，1918 年达 78804 人，到了
1923 年人口已达到 262117 人。"从表 1.6 可以清楚看到不同时段人口的急剧
增长态势。

表 1.5　人口统计表

年别	总人口	按性别分		按农业非农业分	
		男	女	非农业人口	农业人口
1910	34180	28127	3804	34180	101939
1913	53312	40115	8573	60484	104300
1914				57147	101993
1916	69262	44986	24276	69253	106459
1917	77076	51204	25872	77076	109674
1918	78804	51844	26960	78804	113274

资料来源：青岛市档案馆《青岛市档案资料选辑（二）人口资料汇编 1897—1949》，1982 年版，第
5 页。

表 1.6　青岛日本侨民统计表

年代	日侨人数	年代	日侨人数
1901	60	1915.9	14000
1907	196	1916.12	14241
1910	167	1917	18576

---

① 　［日］柳泽游：《1920 年代前期青岛居留民商工业》，《产业经济研究》第 25 卷 4 号，第
714 页。

续表

年代	日侨人数	年代	日侨人数
1911	312	1918	19260
1915.1	400	1919	24500
1915.2	7400	1922.12	24132
1915.4	10000	1927	12960

资料来源：转引自任银睦《青岛早期城市现代化研究》，三联书店 2007 年版，第 187 页。根据《胶澳志》《青岛全书》《青岛概要》《山东问题始末》等资料编制。

由于德国和日本在青岛的先后占领，青岛外籍人口的增加主要以德国人和日本人为主，但其他欧洲国家也有移民不断涌进青岛，由表 1.7 可见。

表 1.7 外国国籍统计表

年度\国别	1913	1916	1917	1918	1925	1927	1929	1930	1931
日本	316	14241	18576	19260	6720	12969	9291	10420	10597
德国	1855				136	258	243	311	330
美国	40				28	140	308	326	242
英国	51				49	69	174	210	191
法国	15				1	5	24	17	22
苏联	61				165	332	477	660	643
荷兰	1				8		13		6
波兰						11		4	2
意大利	1							6	11
朝鲜	12				29	94	280	368	397
丹麦	2				4	3	7	14	12
希腊	1				17	39	8	4	6
挪威	1								
捷克								2	2
比利时	1								

资料来源：青岛市档案馆编《青岛数字全书》，第 51 页。

（三）德日对青岛殖民统治及其影响比较

德国和日本作为侵略国家，在强占青岛的过程中，有很多共同之处。它们都是以掠夺经济为最终目的，希望通过对殖民地区的占领获得更多的自然资源和生产原料，更多的廉价劳动力，更为广阔的市场，这也是工业革命后经济发展状况所决定的；它们在殖民地的管理上都采用了残酷的镇压手段，对青岛居民进行了经济上的压榨，文化上的不良灌输，以及人格与尊严的侮辱与践踏；它们为了达到自身的占领目的，客观上肩负了破坏与建设的双重历史使命，无论是德国还是日本，对青岛的城市规划、市政建设、发展经济、兴办学校及医院等方面，为日后青岛的全面发展奠定了一定的基础。相比之下，德国和日本对青岛的殖民统治有所不同，两国根据各自不同国情以及所占之时青岛的发展程度，作出了不同决策。

1. 城市制度组织

德国的殖民统治机构为海军部，海军部负责胶澳的军事和民事的管理，德皇设立胶澳总督为殖民地的最高执行长官。就日本而言，以 1922 年青岛日本守备军组织机构设置来说，日本在青岛的军事和民政管理是分开的，在青岛守备军司令的领导下，设立了陆军诸部队负责对宪兵队、陆军病院、陆军兵器厂和守备步兵队进行管理；另设司令部分管民政部和陆军部，其中民政部主要管理青岛经济、教育及医疗卫生等方面。

从殖民地占领的军队种类来说，德国主要为海军占领，这是由其侵略目的决定的，德国对胶州湾的觊觎更多的原因是为了壮大自身的海军实力，用以与英国相角逐。客观上来说，德国到达青岛路途遥远，主要通过海上运输，海军在侵占过程中发挥了重要作用。德国海军部对侵占胶州湾积极性极高。日本则为陆军为主，1858 年中英签订了《天津条约》，规定英国舰船可以停泊于在华各口岸，之后日本利用《马关条约》中"一体均沾"的原则，在上海、青岛等港口自由停泊。就条约而言，日本没有在各港口驻兵的权力。自 1901 年《辛丑条约》签订以来，日本海军因条约可以在沿海沿江租界重要港口驻少量陆战队以保护侨民之用。至 1936 年以前，日本海军在华追逐经济利益的热情并没有陆军那么高涨，且日本占领军专门的管理机构为陆军诸部队，可见陆军在侵占过程中为主要力量。

从表1.8（德日行政权力机构的设置）对比来看，大致是仿效英国皇家直辖殖民地的组织形式。① 德国所设部门简练，重点除了加强海军建设外，把城市建设与经济发展放在重要位置。它在设立行政管理机构之外，还设有政府参议会和中国人议事会，它们作为政府的咨询机构和华人顾问机构，共同构成了德皇在青岛殖民地的权力机构。胶澳地区官吏人员很少，但从建设成果来看，充分展现了德国行政机构的高效率。在青岛的资金投入与人力投入，在德国看来，对于长期占领青岛来说是值得的。虽然德国对占领青岛的目的并不是为了发展中国，但客观上对青岛日后发展产生了深远影响。在青岛城市市政建设方面，德国人以欧洲一些中世纪城市为模板，对青岛进行了长远规划，包括道路、供水、绿化等较为全面的市政安排。日本人也试图对青岛城市作出规划，拟定了"青岛特别市地方计划"及"母市计划"，但因各种原因最终这些计划并没有付诸实践。

日本在行政机构设置上，沿用本国的军事统治思想，更多体现了残酷性和强制性，实质是军政合一的组织形式。它并没有投入大量资金用于青岛城市建设，在日本看来，怎么掠夺经济、侵占领土才是它们更应费尽心思解决的问题。日本在占领之初，设立青岛、李村两个军政署，成立青岛守备军司令部。在日本的行政管理体系中并没有设立可议事或协商的顾问组织，充分体现出日本是以军事形式管理城市的。"为了冲淡军事机构浓厚的军事占领色彩，达到长期占领的目的，同时为战后解决青岛问题设置障碍，使日本对胶济铁路占有更为合法，根据天皇175号谕旨，1917年1月设民政署于青岛，设民政分署于李村及坊子、张店。初设之青岛、李村两署此时改李村为分署，其公文布告仍用军令、军示字样。"② 民政部是效仿日本在关东州租借地的统治模式，是一种典型的殖民统治机构。

---

① ［德］单维廉：《德领胶州湾（青岛）之地政资料》，周龙章译，（台湾）"中国地政研究所"1980年版，第68页。转引自任银睦《青岛早期城市现代化研究》，三联书店2007年版，第64页。

② 袁荣叟：《胶澳志·大事记》，民国17年版，（台湾）文海出版社成文本，第1475页。

表 1.8　德日机构设置对比表

德国					日本（1922）					
胶澳总督					陆军诸部队				司令部	
参事会	军政部	民政部	经理部	工务部	宪兵队	陆军病院	陆军兵器厂	守备步兵队	民政部	陆军部
民政部下设：学校、测候部、屠兽所、警察局、港务局、码头局、土地局、林务局、华人政务局、户籍局、鸦片局、青岛区各小区、李村区各村庄									递信部、铁道部、巡捕教习所、囚禁场、测候所、病院、法院、坊子民政署、李村民政署、青岛民政署、土木部、财务部、营务部、总务部、秘书部	军医部、经理部、法院部、副官部、参谋部

2. 殖民地功能定位

德国和日本虽然先后都在青岛建立了殖民统治，但各自对青岛的认识和规划有所不同。这既是受到青岛自身条件及发展状况的影响，更是德日列强对殖民地需求所决定的。

德国对青岛殖民地的城市定位在整个占领过程中不断进行调整，充分考虑到青岛自然环境和历史传统因素。德国在占领之初，完全为了在远东地区寻求一个军事据点及储煤站，伴随着青岛港口的开发建设，青岛的经济得到了长足发展，社会状态趋于稳定，内部机构组织各司其职，在这种情况下，德国对殖民地青岛作出重新定位。

1910 年德国殖民政府制定了《青岛市区扩张规划》，德国统治者的视角就此转变，德国本土更希望在满足壮大海军力量的同时能够获得经济上的丰厚收益。因此，德国着力将青岛租借地建设为其在远东的商业根据地，最终确立了青岛殖民城市定位，即集军事、港口贸易为一体的发展目标。清政府被迫于 1898 年 3 月签署《胶澳租借条约》，在条约中明确提到："山东曹州府教案现已商结，中国另外酬德国前经相助之宜，故大清国国家、大德国国家，彼此愿将两国睦谊益曾笃实，两国商民贸易使之格外联络，是以和衷商定专条开列于下。"①1908 年 2 月 28 日，德人封·萨尔茨曼（E.Y.Salzmann）在《柏林地方报》上发表了一篇《贸易港口——青岛和天津》的文章说："从天津经济南府至浦口的铁路尚未开工建设，就已在天津传出了存在同青岛竞争的危险。这真可以使我们德国人得到一定程度的快感，因为这是对青岛作为一个贸易场所逐年得到重视的最好证明。"② 德国为了进一步实现经济掠夺，在青岛构建了贸易自由港体制，并在城市建设之初就规定了两条管理原则："（1）总督府应尽可能对地方当局保有自己的独立性；（2）国家行政机构对工商业管理不要太严，实行关税自由、原则上的营业自由，随着保护区的不断发展，国家行政管理部门应予以撤销，以便有利于广泛自治。"这些政策确保了青岛的独立特性，使青岛免去了层层行政体系的制约，有了更为广阔的发展空间。实际上，胶澳总督拥有很多特权，除在胶澳辖区内实行行政和军事权力外，还被授予颁布政令与制定立法权的权力。历经德国十余年的建设开发，青岛城市建设已具规模。

日本以经济掠夺为目的，对青岛实施军事殖民统治。在日本眼中，青岛是一座工业港口城市，日本殖民当局考虑当时世界政局以及中国发展形势，认为占领青岛存在太多的不稳定因素，与建设城市相比，开发城市经济要更加符合本土利益。如日本正金银行董事小田切就认为，"中国的商品市场前途非常远大，日本的人口亦可以在辽阔的中国领土得到生息，所以必须把实业利益置于对华方针的首要地位"③。日本外相代表西原在 1916 年夏天亦提出，目前日中关系的当务之急是"首先打下一个经济基础"④。日本充分利用青岛港口优势，同时在青岛疯狂地兴办工厂，掠夺经济资源。日本殖民当局加大工业投资规模，鼓励本国公民在青岛开办工厂和企业，并为日本商

① 青岛市档案馆、青岛市史志编纂委员会办公室：《青岛大事记史料 1891—1987》（上），1989 年印刷本，第 3 页。
② 青岛市档案馆编：《胶澳租借地经济与社会发展——1897—1914 年档案史料选编》，中国文史出版社 2004 年版，第 316—317 页。
③ 青岛市档案馆编：《青岛开埠十七年——〈胶澳发展备忘录〉全译》，中国档案出版社 2007 年版，第 269 页。
④ 任银睦：《青岛早期城市现代化研究》，三联书店 2007 年版，第 151 页。

人提供便利条件包括降低工业产品运输费用，廉价提供办厂的工业用地，降低工业电费和水费等，这些措施大大降低了工业运营成本，为在华日商提供了更为丰厚的利润回报。同时，日本着手山东自然资源的开采，如胶济线三矿的开采，既为日本提供工业原料，日本殖民当局又从中获得巨额利润。日本在发展工业的基础上，利用青岛港口和胶济铁路也获得可观的收入。据统计，1915 年至 1921 年，日本在胶济铁路运营中获利 1800 余万元。从 1913 年到 1916 年间，日本在青岛港的进出口总额所占比例由 36.6% 增加到 86.9%，从某种意义上来说，青岛港进出口货物几乎都是来往青岛与日本之间，可见，日本已在青岛贸易中占据垄断地位。

3.思想文化政策

文化政策在德日殖民统治策略中占据重要位置，它是稳定殖民统治的利刃，与武力镇压相比，思想文化上的灌输显得更加"友好"，在文化方面的资金投入与战争所带来的经济损失相比微乎其微。虽然德国和日本对青岛文化建设的重要性得到共识，但它们在各自占领时期，所采取的手段存在很大的差异。

德占青岛时期的文化政策在不同阶段有所调整，但其目标都是为了将青岛建设成一个展示和传播德国文化的中心，加深德国文化在中国民众中的影响力。这种文化政策表现形式多样，主要通过教会组织，兴办各级各类学校以及举办文化活动来实现。德国殖民当局在青岛设立路德会，建设教堂。自 1900 年起，德国就开始着手修盖学校，开展招生工作，由于教师紧缺，学校基础课的教师多是基督教牧师担任。德国海军当局大力支持传教团体的发展，殖民当局为所有德国传教团体在华开设的学校和医院减免一切赋税。1898 年创立了信义会柏林传教会、德华教师学校、同善会等机构，卫礼贤还在青岛建立了德华书院、礼贤书院、神甫修女教养院以及蒙养学堂。办学是以传教为目的，传教则是为了巩固殖民统治。同时，他们还在学校进行奴化教育，开设德语课程，培养了一批又一批翻译，教育在这里成为帝国主义殖民统治的驯服工具。教会在德国侵占过程中为军事占领和经济开发奠定了基础，他们不仅在华设立学校，还把修建医院作为重点工程。这些举措在一定程度上取得了在华居民的信任，也为缓和占领过程中的矛盾冲突作出贡献。

日本在沦陷地区制定了全面的统治策略，思想战是其总体战略的重要组成部分。日本通过多种手段将本土思想文化渗透进社会各个角落。青岛沦陷之后，日本禁止青岛刊印报纸，并对青岛报业进行垄断经营，日本还在青岛通过电影、戏曲、音乐、文学等媒体，传播日本军国主义思想，为日本侵华行为的合理性制造社会舆论。日占后的青岛，电影业畸形繁荣，电影院里放映的影片多来自于上海的伪中华电影公司和中华联合制片公司。这些影视集团由日本人掌握，为日本统治殖民地服务，多是鼓吹日军战绩，为汪伪政权的政绩进行奴化宣传；影片的另一部分主要内容是对色情和腐朽生活的渲染。日本帝国主义依靠暴力进行思想战，在武力征服、政治压迫和经济掠夺的同时，侵入意识形态领域，妄图从精神上彻底摧垮青岛人民，泯灭青岛人民的民族意识。

德国和日本对胶澳的占领，对于它们自身而言，都是出于经济、军事和政治利益的考虑。但德日在占领青岛后，对其颁行的统治策略却对青岛产生了截然不同的影响。总体来说，德日在青岛城市发展过程中，扮演了破坏者与建设者的双重身份。德日对胶澳地区乃至于华北地区"竭尽全力"地掠夺，包括自然资源、金融、生产原材料、劳动力、土地、港口等一切可获得经济利益的领域。日本在青岛乃至山东所兴办的工厂和企业，并不是为了振兴山东民族经济。日本工厂依靠殖民当局的优惠政策，大大降低生产成本，这为日货在市场中提供了强大的竞争力，导致日货泛滥，压制了中国民族工业的发展，对山东民族手工业的冲击尤为严重，使民族工商业一蹶不振。日本在华奉行军事殖民统治，在华日侨无恶不作，殖民当局建立鸦片专卖制度，为牟取暴利不惜毒害山东人民，日本人还利用合法的手段买卖枪械。日本对中国居民进行严格的控制和掠夺，其在华残暴统治使华人生活在水深火热之中。总体来说，日本在两次占领青岛的过程中，虽然对青岛城市建设有所规划，但因为种种原因都被搁浅。相比而言，德国给青岛留下了世界先进的城市规划理念、开放的思想观念、良好的卫生习惯，为中国人开启了一扇学习西方的知识之窗，即便今天走在青岛的街道上，看着林立眼前的古老建筑，我们仍能依稀感受到西方德国的气息。

四、由青岛特别市到青岛市的确立

1929 年南京国民政府接管胶澳商埠，又称"通商口岸"，青岛成为国家对外开放的特定通商城市。1929 年 7 月设青岛为特别市，直隶中央政府行政院管辖，青岛再次回归到中央直辖的最高行政级别。1930 年改称青岛市，建制不变。

（一）青岛成为特别市的原因

由 1930 年颁布的《市组织法》可见，直辖市（行政院辖市）必须具备下列条件之一：(1) 首都；(2) 人口在 100 万以上的城市；(3) 在政治及经济上有特殊情形者（1947 年出台的《直辖市自治通则》的表述为"在军事、政治、经济、文化、历史上有特殊地位者"，更为具体）。1929 年 4 月，内政部对"关于设立青岛为直辖市"的议案进行探讨。青岛作为重要的军事、经济发展中心，一直以来，在中国城市发展中起着特殊的作用。设青岛为特别市，是南京国民政府经过深思熟虑的结果。

1. 政治军事的特殊地位

青岛自收回主权以后，由北洋政府直属，从地理位置来说，青岛位于山东半岛东南端，扼守胶州湾咽喉，占据军事重要位置。胶州湾同时对渤海和黄海具有重要的区域意义，起到连接山东东北部与东南沿海的作用。据《胶澳志》载："宋元而后，置重于海，渐为商船寄泊之所。明之中叶，倭寇为患，沿海设戍置峰，此为海防之始。"[1] 青岛是清政府的海防重镇，它先后被德国和日本独占，德国在青岛修建了全面的军事防御系统，并花费巨额经费建造港口，使青岛成为德国远东舰队的军事基地。北洋政府时期，青岛成

---

① 　赵琪修，袁荣叟纂：《胶澳志》，胶澳商埠局 1928 年，青岛出版社 2011 年影印版，第 3 页。

为各方军阀争夺的焦点，它又是日德第一次世界大战远东唯一战场。一战前后，日军多次从青岛登陆，伺机侵占青岛，美、英、俄等国的舰队也常常出没于胶州湾。青岛显现出了自身的区位优势，其本身也是一个大市场，是连接山东乃至华北地区的桥头堡，南京国民政府在考虑诸多因素的基础上不得不对青岛采取特殊的政治管理体制。蒋介石打算通过对青岛地位的调整，改变北方现有的政治局势，以巩固自身在全国的统治地位。

当时山东政局十分复杂，青岛的主权虽然已收回，但日本的强大势力仍然遗留于青岛，起初日本海军拒绝从青岛撤离。由于张学良在中原大战中对蒋介石鼎力相助，蒋介石将华北和青岛作为交换条件交由东北军管辖，因而东北海军也顺理成章地将青岛作为其主要军事基地；青岛以北的烟台及威海一带由刘珍年控制，他作为地方势力对国民政府的命令阳奉阴违；在整个山东，南京国民政府的实际控制区域只有潍坊以西的部分地区。此时蒋介石面对着山东的复杂局面，一心忙于关注冯阎桂三军动向，在经历了中原大战后，南京国民政府在山东的军事势力和政治影响力相当有限。最初南京国民政府根据青岛的实际情况，制定了相应的统治策略即外交上听命于中央，不在青岛驻军，任用归顺南京国民政府的地方实力派主辖青岛政局。南京国民政府为了加强对山东的统管，将青岛作为特别市，希望巩固自身在山东的政治军事地位，清除反叛势力，通过短暂的过渡，南京国民政府最终对青岛完成了全面操控。①

2. 发达的工商业

青岛自德国占领后，经济方面发展迅速，这首先得益于青岛港口建设，青岛港水深港阔，终年不冻。1929 年至 1937 年，青岛港对外贸易额长期占据全国总额的 5% 左右，在日本殖民当局的鼓励下，青岛出现了大规模的日本移民，他们纷纷来青岛创办工厂，发展实业。有相关统计数据表明：日据时期青岛的投资结构为，工业占青岛总额的 41%，而商业占青岛总额的

---

① 参见徐振江《1928—1932 年南京国民政府管辖青岛的政治策略及其成因——一项政治地理学研究》，硕士学位论文，中国海洋大学，2009 年。

21%。据 1922 年《青岛概要》记载，青岛工业发展迅速，单由日本开设的工厂就有 61 家之多，且行业分布广泛，有盐业 11 家，水产 1 家，纺织业 5 家，酿造业 4 家，制粉业 1 家，火柴业 4 家，油业 7 家，蛋粉业 4 家，化学工厂 7 家，烟草业 4 家。此外，还有华人工厂 5 家。值得一提的是，青岛纺织业占据全国各大市场，青岛已成为中国纺织业三大基地之一。据统计，1931 年青岛纱厂的纱锭总数占全国 1/9，棉线生产能力占中国北方四省（山东、河北、河南、山西）的 58%，棉布生产能力占北方四省的 74%，因此享有"上（海）青（岛）天（津）"的美誉。表 1.9 可见：

表 1.9　中、英、印、日四国棉纱在青岛进口棉纱总量中的比重

年份	中国（上海）		英国		印度		日本		总计	
	担	%	担	%	担	%	担	%	担	%
1917	86944	30.41	—	—	40500	14.16	158452	55.42	285896	100.00
1918	132258	54.82	—	—	10817	4.48	98170	40.69	241245	100.00
1919	86076	65.70			11560	8.82	33363	25.46	130999	100.00
1920	55225	43.47			7039	5.54	64766	50.98	127030	100.00
1921	92360	52.88			7161	4.10	75124	43.02	174645	100.00

资料来源：青岛市档案馆《青岛通鉴》，中国文史出版社 2011 年版，第 116 页。

青岛中外银行有 20 余家，业务辐射全省及连云港等地。青岛共有商店 6500 多家，此外还有日本商店 920 多家，是省会济南市商店总数的 6 倍，营业额的 2.5 倍。

市区已形成著名的中山路商业街、聊城路日本商业街等多个商圈。据统计，日据青岛的 8 年间，青岛进出口贸易额由 1915 年的 11058709 海关两，增至 1922 年的 56762980 海关两，增加了 5 倍多，然而绝大部分贸易为日本人所垄断。① 在金融方面银行业显得更为活跃，除了日本设立的横滨正金银

①　青岛市档案馆：《青岛数字全书——青岛经济社会发展备忘录》，中国文史出版社 2003 年版，第 105—106 页。

行青岛分行和青岛银行① 外，还有朝鲜银行青岛支店和麦加利银行青岛分行等国外金融机构。此时国内银行也开始兴办，如中国银行、东莱银行、中华懋林银行青岛分行、交通银行青岛分行。它们在建立之初受到日本殖民当局的排挤，很多业务无法办理。直至 1929 年青岛市废除"胶平银"，打破日本正金银行的金融垄断地位，外商银行开始在中交两行开户往来。② 1935 年，南京国民政府实行法币政策，随后交通银行获得批准，可发行货币和无限制办理外汇买卖，交通银行成为四大官僚资本银行之一。1935 年 7 月，交通银行青岛支行升为分行，仍称岛行，统辖山东省交行序列内机构，成为交行在山东的货币发行和资金调拨中心。③ 青岛回归主权以后，华人开办的银行在业务办理和经营规模上都有很大的发展，银行体系发展日臻成熟，从组织建立到管理运营，充分体现了规范性、系统性、科学性。

3. 城市化建设较为完善

（1）医疗卫生方面

自德国占领青岛后，德国就把医疗卫生作为重点整治的对象。通过中央输水管道提供符合卫生要求的优质饮用水，清理排水设施，设立垃圾收放位置并对其及时清运。经过多次流行病的考验，青岛的医疗卫生方面得到社会的信赖。由表 1.10 可知，德租日据时期，由于医疗设施相对完善，为北洋政府统治时期奠定了良好的基础，传染病流行的种类和人数要比南京国民政府时期少很多，可知在青岛设为特别市以前，南京国民政府对青岛的医疗卫生情况进行了充分的考虑。据 1902 年《胶州地区发展备忘录》载，"整个东亚沿海，包括日本和菲律宾，时疫流行，多灾多病，在邻近的上海地区猩红热和霍乱接踵而至。这些疫病也蔓延到保护区以外的华北省。尽管邻近危险地区，青岛的气候和卫生设施却能保证没有发生猩红热，霍乱也未成为流

---

① 1916 年 6 月由在华日本商人筹资建立。

② 王第荣：《青岛金融业史略》，山东省政协文史资料委员会编《山东工商经济史料集萃》第二辑。转引自张艳《青岛的金融业与近代化（1897—1937）》，硕士学位论文，中国海洋大学，2010 年。

③ 青岛史志编纂委员会：《青岛市志金融志》，1988 年版。转引自张艳《青岛的金融业与近代化（1897—1937）》，硕士学位论文，中国海洋大学，2010 年。

行病"，这与青岛所建的街区、建筑、下水道的布局密切相关。① 1910 年 12
月，华北瘟疫的爆发以及接下来几个月疫情开始蔓延，经济复苏随之受阻，
这场瘟疫也夺去了临近的山东省数千人的生命。总督府采取了有效措施，成
功使德国殖民地摆脱了瘟疫，不仅保全了居民的生命与健康，而且也使德国
贸易避免了难以估量的损失。②

表 1.10　传染病流行统计表

年份	天花	霍乱	白喉	猩红热	流脑	伤寒	痢疾	狂犬病	疟疾	回归热	斑疹伤寒	黑热病
1921	21			31								
1926		304										
1927		6										
1929						776						
1930		59	19	13			2249				3	
1931	6	16	9	90	9	28	127				1	
1932		2	35	68	5	32	504				3	
1933	9		60	71	3	85	603				5	
1934	40		69	45	10	93	831				5	
1935	250		61	19	3		625					

（2）城市建设方面

青岛城市建设在开埠以后得到了实践，特别是德租日据时期，基本奠
定了以后青岛的城市格局。城市道路的兴筑、桥梁修建和城市绿化的改善，
都为青岛披上了华丽的外衣，使所谓"模范殖民地"的形象深入人心。可以
说，青岛的城市建设特色是全国少有的。德占殖民当局在结合青岛实际地理

① 《胶州地区发展备忘录》（1901.11—1902.10），中文译本（未刊稿），原件为柏林德语版。
转引自任银睦《青岛早期城市现代化研究》，三联书店 2007 年版，第 167 页。
② 《胶澳年鉴——1911 年报告》，青岛德华印刷所 1911 年版，出版人是瓦尔特·施密特译
注。转引自青岛市档案馆编《青岛开埠十七年——〈胶澳发展备忘录〉全译》，中国档案
出版社 2007 年版，第 709 页。

及自然条件下，选择放射型、环岛型和自由曲线型作为修建城市道路的具体实施方案，其中着重运用放射型。自德国占领青岛至 1912 年，用在造林上的经费总计不下 30 万马克。官费造林约 1200 公顷，徭役造林约 2000 公顷。同时德国殖民当局颁布了严格的法令制度，对城市绿化工作进行严格的监督与管理。可见德国对于城市绿化的重视，这为日后青岛的城市景观奠定了基础。德、日对青岛所进行的城市规划都是引进世界先进的设计理念，就当时发展水平而言，青岛的设计和建设已达到了世界先进水平。

4.国际化水平较高

青岛具备良好的自然条件和人文景观，拥有海水浴场、海滨风景区、八大关别墅区、崂山风景区等著名景点，是闻名中外的海滨旅游度假胜地，吸引了海内外大量游客观光旅游，因而具有"东方瑞士"之美誉。《青岛全书》中描述了青岛优越的自然环境："此地负山面海，气候温和，海临其南，虽夏日之炎炎，不敌海风之拂拂……北枕群山，藉层峦为屏障，不畏朔风之凛冽，只知冬日之和融，夏可避暑，而冬可避寒。"[①]伴随了城市建筑的欧化，青岛市民的生活也发生了很大的变化，很多受过高等教育的有钱人也变为欧化的中国人。伴随着德日对青岛的独占，德国和日本移居青岛的公民骤然增加，德占以后，青岛宣布为自由港，一时间青岛成为世界的舞台。日占时期，日本人占全市市区人口的 20%，欧美人占 5%。外国领事馆也不断增多，美国、英国、德国、日本、法国、芬兰等十多个国家先后在青岛设立领事馆。由此可见，世界各国经济力量都活跃在青岛的舞台上，此时的青岛不仅仅是中国的青岛，在很多方面已与世界相交融。

1929 年 4 月 20 日，南京国民政府颁布《青岛特别市暂行条例》，设青岛特别市政府。7 月 2 日，青岛特别市宣告成立，直接由南京国民政府行政院领导。依据《特别市组织法》对青岛特别市的机构设立作出相应规定，青岛特别市所辖区域仍以胶澳商埠地界为其管辖范围。1930 年 6 月，依据《市组织法》改为青岛市政府，直隶于国民政府行政院。1930 年 9 月，全国开

---

① 谋乐辑：《青岛全书》，青岛出版社 2014 年版，第 191 页。

始统一规范城市名称，青岛特别市政府改称青岛市政府，其特别市的性质不变。

（二）青岛特别市区域界定及人口构成

日本结束青岛的第二次殖民占领，青岛政区归属于南京国民政府。随后设立青岛为特别市，在此期间，青岛所辖地域并未有太大的调整，但在人口构成方面，青岛受海外移民影响的时代已渐行渐远，随之而来的是国内其他各省人口的涌入，他们纷纷来到青岛谋求发展。虽然在人口数量的总体趋势来看，并未有太大改变，但其内部构成发生了较大变化。全国各地的人口移居青岛，对青岛城市发展各领域产生深远影响。

1. 青岛特别市区域界定

南京国民政府统治时期，由于部分国土刚刚从日本殖民手中收复，国民当局应以军事占领为首要任务，因此在全国范围内没有增设和废除行政建制，只是对省级名称进行重新厘正，并设立特别行政区，对一些行政区的范围进行微调，其中市的设置也引起了其他行政区域的变化。青岛特别市时期，其管辖区域囊括了胶澳商埠所辖范围。1930 年 9 月青岛改设院辖市后，又将山东省的即墨与崂山全部山脉划入青岛管辖。

2. 人口构成

南京国民政府统治之初，青岛人口数量平稳增长，但从表 1.11 可知，青岛人口籍贯结构发生了很大变化。将前后不同时间外国来青人口进行对比，就日本来青人口而言[①]，1929 年日籍来青人数为 9291 人，而 1916 年数量为 14241 人，可见国外在青人数大大减少。与此同时，国内各省份移民至青的人数骤然增加，在人口数量上远远超过国外移民，从而保证了青岛人口总数的增长态势。就国内社会状态而言，由于长期处于战乱之中，军阀混战与日本侵华战争导致民不聊生，此时，百姓对和平安定极度渴望，青岛的安

---

① 来青岛定居的外国人口中，日本人最多，对青岛人口构成起到重要的影响，因此以日本为例进行说明。

定环境正是国内移民涌来的主要原因。民国时期，中国自然灾害严重，青岛经济的发展为很多流民提供了生存空间和可能。由表 1.11 人口籍贯统计表和 1.12 人口籍贯比重表可知，移民到青岛的人口多源于战乱之地或其周边地区。

表 1.11　人口籍贯统计表

年份 籍贯	1929	1930	1931	1932	1933	1934	1935	1936	1937	1938
本市	201644	217200	229951	238314	232520	248527	299920	307577	267966	298237
山东	145970	142379	142271	155268	174470	169322	192757	198033	133245	161346
河北	4483	8488	6065	8209	8853	9485	9469	15845	9480	11708
河南	313	1015	1134	1730	1184	3003	1919	1563	444	1426
山西	40	184	63	57	138	5	108	92	136	198
陕西	43	14	9	27	163	332	32	56	1	1
甘肃	15	17	15	4	35		29	36	2	2
辽宁	348	559	502	1093	938	11	1375	1926	915	1540
吉林	31	48	73	118	203	133	169	318	328	102
黑龙江	5	1	1		70	41	67	86	122	31
江苏	8649	10571	10538	11210	9869	12945	15643	1786178	14071	18120
安徽	700	946	1253	1251	1168	1290	1498	1670	526	912
江西	242	205	237	347	322	388	398	387	159	186
浙江	2180	2876	2794	2850	2680	2840	3137	3423	725	1653
福建	517	639	381	459	722	554	786	513	145	400
湖北	577	509	640	771	861	1036	1310	1162	419	459
湖南	440	380	355	565	532	439	660	551	200	252
四川	131	109	174	146	180	169	184	163	16	19
云南	17	12	10	16	8	24	4	13	5	9
贵州	57	31	14	29	14	25	15	15		
广东	1144	1473	1063	1137	1029	1074	1365	232	347	992
广西	14	12	48	110	66	56	48	42	53	46

资料来源：青岛市档案馆《人口资料汇编（1897—1949）》，第 17—18 页。

表 1.12　人口籍贯比重表

年份	青岛籍人口（%）	外地籍人口（%）
1930	56.03%	43.97%
1931	57.83%	42.17%
1932	56.24%	43.76%
1933	53.32%	46.68%
1934	54.91%	45.09%
1936	55.72%	44.28%
1938	62.42%	37.58%
1939	59.61%	40.39%

资料来源：许慈青《青岛人口问题研究（1912—1949）》，硕士学位论文，青岛大学，2008 年。

（三）市从县中独立

胶澳地区，自有青岛村起一直归即墨管辖，明万历七年（1579）版《即墨县志·海岛》记有"青岛"两处，一处未注明具体地理方位，另一处记"青岛，在县东一百里"。明万历年间朝廷开放青岛、金家、女姑等海口，青岛从此称"青岛口"。青岛口天后宫是明清时期即墨县三大天后宫之一，清同治版《即墨县志·寺观》记载："天后宫有三：一在东北九十里金家口，一在县西南五十里女姑口，一在县西南九十里青岛口。"可知明清时期，青岛地区已从属于即墨县。明洪武年青岛地区曾设胶州千户所，永乐年有灵山卫、胶州所、浮山所等。浮山守备千户所的驻地正是今天青岛市区的市中心，也即今天包括了即墨在内的整个青岛市的中心地区。洪武五年（1372），在胶州境内设灵山卫，下辖夏河千户所、胶州千户所和灵山卫本所。洪武二十一年（1388），在即墨县境内设鳌山卫，下辖雄崖千户所。卫所的设立因其特殊军事地位所决定，朝廷不仅派来驻军，还从云南、江淮迁来大批军户，实行屯垦，并从河南、山西向青岛地区移民，以巩固海防。清朝设胶州营，分防胶州、灵山卫、浮山所等。[①] 明代即墨乡社一览表，

---

① 孙祚民主编：《山东通史》上卷，山东人民出版社 1992 年版，第 329、410 页。

见表 1.13：

表 1.13　即墨乡社一览表

乡	领社
仁化乡	浮峰　郑瞳　聚仙　南曲　女姑　古镇　葛村 铁其　训虎　石原　期信　官庄　双埠　温良
东移风乡	兴仁　颜武　文山　高旺　古清　洪兴　周瞳 青山　龙泉　叚村　林家庄　流从　双泉
海润乡	盟旺　肖旺　上瞳　皋虞　松林　高山 大任　满贡　北行　辛庄　天井　黄埠
里仁乡	西流　三官　东西城　文武　不其 陈家庄　阴岛　会海　洪海　北曲　城阳
零山乡	辛里　长直　温泉　零山　柘家庄　泉庄 牛齐埠　王鲁　王瞳　大于庄　三泉
福海乡	程赵庄　墨丘　葛埠　太祉庄　普东　南泉 福海　姜家庄　郭家庄　清泉　孙家庄　西城
西移风乡	栾村　古城　大召　张院　其家庄 移风　丰台　北住　张柄

资料来源：资料综编自万历《即墨县志》。县城三厢包括正南厢、西南厢、东南厢，地皆附城。

上表所列乡社都具有较强的稳定性，其位置与名称基本上都保留至今，这些居民据点支撑起了即墨人口的主体部分。特别需要指出的是，今天的青岛市区一带，属于仁化乡管辖范围。仁化乡浮峰社即今天青岛市中心一带。

由此可见，青岛地区从行政归属来说，自古隶属于即墨县。山东在调整省级以下的行政组织方面，以胶州为例，胶州本系散州，隶属莱州府，有知州、州同、盐大使、学正、训导、吏目、巡检等官①。德租胶澳后，中德交涉日益频繁，1904 年山东巡抚周馥奏请将胶州改为直隶州，辖高密、即墨县，所有胶州原设知州以下各缺，均改为直隶州缺。登莱青道改为登莱青胶道。德国在市区设立青岛市，属人为设市，但在一定程度上推动了青岛的

---

① 袁励杰等修：《增修胶志》，1931 年刊本，第 14 卷，第 20—32 页。转引自任银睦《青岛早期城市现代化研究》，三联书店 2007 年版，第 298 页。

发展，胶澳地区在德占以前，已然发展为一个繁华小镇，具备一定规模，经济实力较强，而流向市区的农村人口逐渐加入到工商业队伍中，从某种程度上说，青岛已具备设市的实力，只不过德国侵占者充当了青岛"县辖市"的完成者。

晚清以来，随着中国社会的现代转型，县级政权的这一状况开始裂变，行政、立法、司法开始分立，并逐步向分职化、科层化运作方向发展。特别是 1927—1937 年间，南京国民政府为了建立和巩固统治基础，同时，也为了发展地方各项事业，在全国发起了一场大规模的地方自治运动，力图对基层政权进行重新整合，以"刷新内政，筑宪政之基础。"[①] 县为初级行政区，县政权在地方国家机构中自古占重要的地位。1924 年，孙中山提出了《国民政府建国大纲》，为县志改革提供了最早的蓝本。依据《建国大纲》的具体章程，规定"县"为"训政时期"的"自治单位"。国民政府也十分重视县政权的建设，在行政区划方面增设新县、裁废旧县、厘定名称、调整治所、筹建治局及整理疆界，对县政制度进行一系列改革。市的设立引起了其他行政区划的变动，自南京政府执政期间，由于中国近现代工商业的发展，中国与海外的联系更为紧密，海外贸易的扩大为都市的形成提供了经济动力，更为国家市政建设提供了新思想和新观念，为学习国际先进参考实例提供了便捷的途径。青岛市从即墨县中独立出来有其必然的原因：

1. 青岛对山东经济的推动

从青岛开埠到胶济铁路顺利通车，青岛建立了经济发展的海上生命线和陆上生命线。[②] 青岛经济的崛起直接促成山东经济重心东移，并推动了山东经济新格局的形成，改变了过去市场流动的单一性。港口贸易的发展，使青岛成为众多商品聚集地，成为山东内陆腹地商品通向外界的窗口。据

---

① 秦孝仪主编：《革命文献》第 71 辑，《抗战前国家建设史料——内政方面》。转引自方旭红《南京国民政府县级政权的运作机制：1927—1937 年》，《安徽史学》2005 年第 2 期。

② 据《胶澳租界条约》规定，1899 年起德国修建胶济铁路，由胶澳青岛经潍县、青州府、周村等地至济南。该铁路在 1904 年 6 月 1 日全线通车。德国占领青岛后，开始港口建设，1901 年建成小港，1904 年建成大港第一码头北岸 5 个泊位，胶济铁路和港口专用铁路相接。

统计，"青岛市场 1914 年以前花生每担值 3.1—5.4 海关两，1913 年每担值 3.1—6.5 海关两，花生油价格 1915 年每担 7.0 海关两，1918 年高达 12.1 海关两，价格上涨幅度很大。"[①] 据青岛海关统计，"1906 年青岛海关出口花生 19837 担，至 1911 年增加到 59551 担。"[②] 由于花生大都被制成花生油和工业用品，花生在一段时间内成为畅销商品，因而农民对于种植花生也产生了极高的热情。青岛海运也为棉花外销提供了便利的交通条件，据日本统计，"1904 年中国棉花总产量约 420 万—430 万担，其中上海浦东 100 万担，通州 100 万担，汉口附近 100 万担，宁波 60 万担，天津、青岛 20—30 万担。"[③] 从山东农作物的出口量与价值情况可以看出青岛对山东内陆经济的推动作用，更为重要的是促进了农作物的商品化，不仅增加了农民的收入，也改变了山东内陆地区的经济结构。自给自足的自然经济迅速解体，商品、资本及劳动力迅速向新型口岸城市集中，商品流通体系和产业结构发生深刻变迁，出现了新的内容和特点，新型口岸逐渐引领山东步入海洋时代。[④] 中央政府对青岛实行"市管县"模式，充分满足了经济发展的要求，生产集约化导致了政治管理的权力聚集，从而确定了青岛为中心城市的行政地位。

2. 青岛城市发展的政治需求

地方制度是国家行政机构的重要构成部分，展现了国家中央与地方政府的基本关系，也是地方政府机构与民众互动、实现对公民管理和服务的基本途径。由于中国在不同时期，历史背景和社会经济发展实际需求具有差异性，中央对地方行政区划与层级进行过多次全方位调整，因而形成了一套较为复杂、隶属关系严密的地方制度。青岛历经德租日据，城市发展进程迅速，因而青岛地方归属问题，在中国大的社会历史环境中显得与众不同。

---

① 《在芝罘日本帝国领事馆内状况》，东京外务省通商局，1921 年，第 104 页。转引自任银睦《青岛早期城市现代化研究》，三联书店 2007 年版，第 247 页。

② 姜培玉：《山东经贸史略》，山东友谊出版社 1989 年版，第 142 页。

③ ［日］桥本奇策：《清国の棉业》，明治 38 年，第 2 页。转引自任银睦《青岛早期城市现代化研究》，三联书店 2007 年版，第 248 页。

④ 郭泮溪等：《胶东半岛海洋文明简史》，中国社会科学出版社 2011 年版，第 172 页。

县管市在北洋政府和国民政府统治时期都实行过。当时将较大的镇改设为市，此时，所改的市实际上与乡、镇平行。清末新政在全国开始推行，在一定程度上，为山东地方行政变革提供了动力。青岛开埠以后，山东地方政府对外接触增多，从实际需要出发而进行行政机构方面的调整也是一个重要原因。"德国的政治制度及其所显示出的促进中央集权的绝对权威和消弭国内歧见两方面的能力，成了19世纪90年代末期中国一些改革者的楷模。"[1] 青岛地区原属即墨县管辖，在德国独占胶澳地区时，青岛已发展为一个繁荣的港口小镇，青岛市第一次作为管理辖区是德国人提出和施行的。经过德国对市区的全面规划与建设，城市规模不断扩大，经济的雄起更为青岛城市的形成提供了坚实的物质保障。相对而言，即墨县所属其他辖区的发展情况已无法与青岛相提并论，为了加快经济的发展和城市化的进程，青岛需要在政治上减少层层行政体制的制约，拥有更为自由的行政管理权力，以确保青岛的独立地位。自青岛收回主权后，根据当时的发展规模和城市化程度，青岛由中央政府直属。由于1929年7月青岛被划为特别市，归属中央，按规定：院辖市不划入省、县行政区域，省辖市不划入县行政区域。以前胶澳商埠地界为其管辖区域，而1930年9月改设院辖市后，又将山东省即墨县崂山主要山脉划入青岛管辖。青岛与即墨的关系由"县管市"逐渐演变为"市管县"。这是城市化过程的产物，无论是市从属于县，抑或是县从属于市，其目的都是为了加强中央对地方的统治。

小　结

青岛城市发展过程可谓跌宕起伏，这造就了它丰富的城市内涵。青岛城市行政归属的变化过程，也正体现出青岛城市现代化的演变轨迹。青岛在中国近现代化过程中，无论在经济、政治以及文化方面都体现了自身独特的价值。青岛既是一个殖民城市也是一个移民城市，这就决定了青岛城市发展

---

[1]　任银睦：《青岛早期城市现代化研究》，三联书店2007年版，第64页。

过程中，出现了不可避免的思想文化碰撞与交融，从而造就了青岛的独特
魅力。

　　青岛从青岛村逐渐发展为繁华小镇，自古以来，行政归属较稳定，较
长时间隶属即墨县。自德国侵占胶澳，胶州地区成为胶澳租借地，一时间对
此失去管理权。青岛在德租日占时期，行政归属并不在中国城市行列中，而
是完全由德国和日本把持。北洋政府从德国侵占者手中收回青岛主权，青岛
始进入中国城市序列，受北洋政府直接领导。在经历了日本两次占领以后，
南京政府设青岛为特别市，随后将即墨县划归到青岛辖区内，青岛在国内行
政区划调整的大背景中，完成了"县辖市"到"市辖县"的历史转变。具体
行政归属情况由表 1.14 可知。

表 1.14　青岛行政归属时间表

阶段	时间	名称	行政主体
德国侵占时期	1897—1914	胶澳租借地	德国殖民者
日本第一次占领时期	1914—1922	胶澳租借地	日本殖民者
北洋政府执政时期	1922—1929	胶澳商埠	北洋政府胶澳商埠局
南京政府执政时间	1929—1938	1929 年青岛特别市 1930 年改称青岛市	南京政府青岛市政府
日本第二次占领时期	1938—1945	青岛市	日伪青岛市治安委员会
国民政府接管时期	1945—1949	青岛特别市	国民政府时期青岛市政府

　　青岛在经历了不同政区统治过程中，其所辖地域也发生了微妙的变化。
德国占领之初，充分考虑了青岛的军事地理位置的重要性，在签订的侵略条
约中，着重对沿海地域进行最大限度的争取，以胶澳口为中心，南北各到达
所有连接旱地的岛屿，包括了几乎胶州湾岬角的全部领域。这为海防建设提
供了广阔的平台，也体现出德国对这个"遥远殖民地"的担心。中德所签署
的边界条约奠定了青岛城市雏形。日本占领时期，日本对青岛市区进行重新
规划，以掠夺经济为占领前提，为了满足大量日本移民的居住、工厂的开设
以及道路通行能力，殖民当局将市区范围扩大到四方、沧口一带，使青岛所

辖范围向北得以延伸。北洋政府从日本手中收回青岛主权，此时对青岛着重军事占领，城市发展倾向逐渐北移，台东城区和李村城区成为青岛新的居民聚集地。青岛的地界范围得到扩大，青岛特别市的管辖区域囊括了胶澳商埠所辖范围。1930 年 9 月青岛改设院辖市后，又将山东省的即墨与崂山全部山脉划入青岛管辖。

特殊的历史原因，使青岛城市人口具有较高的流动性，城市人口数量在某一时段出现急剧增加的态势。德租日占时期，青岛外来移民成为城市人口增长的主要推动力量。他们在青岛大兴土木、开办工厂，这为当地及周边地区人口提供了更多的就业岗位，进而间接地促使周边人口流向青岛。青岛经济的发展，成为人口流入的向心力。青岛的特殊政治地位，使其在国内战乱时期，仍能保持稳定、良好的社会秩序，这也是很多社会精英选择定居青岛的主要缘由。

青岛作为中国近代港口城市、殖民城市、移民城市，城市现代化过程极具代表性。分析青岛不同时期行政归属原因，不仅让我们重新理清青岛的发展轨迹，从更深层次了解与感受城市化特点，而且利于我们从一个侧面理解中国城市行政归属演变过程。青岛在具有自身独特个性的同时也受到各历史时段发展程度的限制，这就决定了青岛城市发展与其他城市发展存在共性因素。青岛作为共性与个性的完美结合体，在中国近代城市现代化中，是一个典型的个案。

第二章　青岛城市现代化进程中的
社会分层（1897—1937）

一、青岛城市现代化与社会分层

（一）青岛城市现代化进程

有学者认为，"近代中国城市史研究的基本线索有两条相互推进、相互制约的主线，一是近代城市化过程，二是城市近代化过程。……以某一城市为研究对象的城市史则可侧重于城市近代化这一主线，重点探讨城区结构功能的近代化过程。"[1]青岛的城市现代化是从德国强租胶州湾开始的，是在德日殖民者的精心策划下进行的。与其他沿海沿江城市相比，青岛是一座典型的殖民地城市，受西方影响比较严重，深深地打上了西方的烙印。"侵略的西方"和"先进的西方"使青岛城市现代化产生了双重社会效应。[2]

关于青岛的近代分期有"六个时期"和"三个时期"两种分法。国内大多数学者倾向于"三个时期"的分法，即1897—1922年、1922—1937年、1938—1949年。其中1897—1922年是青岛现代化的准备和奠基时期，奠定了青岛城市模式及城市现代化的走向。青岛由一座偏僻的、毫无现代气息的小渔村突变为带有明显西方色彩的现代化城市。1922—1937年是青

---

① 隗瀛涛主编：《近代重庆城市史》，四川大学出版社1991年版，第12—13页。

② 任银睦：《青岛早期城市现代化研究》，三联书店2007年版，第14页。

消防手 110 人，巡捕 206 人。① 另外，为有效加强统治，日本还成立了军事法西斯组织"日本在乡军人会"及其他特务组织。与德国殖民统治相比，日本更残忍，视中国人民为草芥，任意逮捕、监押华人。在日本监工皮鞭下的码头工人常常被迫超负荷工作，有的工人由于过度劳累而死亡。

1922 年 12 月 10 日中国正式收回青岛主权后，历经北洋政府统治时期和南京国民政府第一次统治时期。北洋政府在青岛设置胶澳商埠督办公署，直隶于中央政府。1925 年 7 月改为胶澳商埠局，置督办 1 人，由大总统特派，由山东省省长兼任之；置坐办 1 人，秉承督办旨意办理全埠事务。督办公署内部设秘书长 1 人，秘书若干人及总务处、政务处、保安处、工程处、财政课、交涉课等，下辖警察厅、港务局、码头局、港工局、水道局、电话局、林务局、测候局等。1929 年 4 月 15 日，南京国民政府派员接收青岛，设立"接收专员公署"，系过渡性机构。1929 年 6 月，国民政府明令设立青岛特别市，直隶于行政院。1929 年 7 月 2 日，成立青岛特别市政府，按照国民政府颁布之《特别市组织法》规定，对原机构进行改组。设立 1 处 9 局 1 台，即秘书处、财政局、土地局社会局、工务局、公安局、卫生局、教育局、港务局、公用局和观象台。1930 年 9 月，按国民政府新颁《市组织法》规定，取消"特别市"称谓，"青岛特别市"改称青岛市，但直隶于行政院，组织机构不变。②

第二，经济方面："城市产业化是城市现代化的重要标志之一。"③ 德租日据时期，青岛城市经济获得较快发展，城市经济结构日趋完善，城市功能得到较充分体现。

（1）工业方面：德租青岛时期，工业不发达，所营工业主要为生活所必需的企业，如自来水厂、发电厂等，这些工业均为德国殖民者所经营。工业经济在青岛城市经济结构中不占主导地位，以手工操作为主。德租青岛时

---

① 上海、青岛等市政协文史资料委员会合编：《列强在中国的租借》，中国文史出版社 1992 年版，第 422—423 页。

② 青岛市档案馆编：《青岛旧事》，青岛出版社 1991 年版，第 135 页。

③ 任银睦：《青岛早期城市现代化研究》，三联书店 2007 年版，第 8—9 页。

期，"青岛从以传统的渔农业为主的村落逐渐变为一个以转口贸易为主的城市。"[①]青岛城市现代化在日据时期得到了较快发展，以纺织业为主的制造业异军突起，奠定了制造业在青岛经济中的地位。日本将德国在青岛的土地、港口、铁路、工厂等全部据为己有，另外通过投资设厂或中日合办来控制经济命脉。日本除承袭德国所办工业外，又大力建设盐业、制油、化工、丝织、火柴等工业株式会社或公司，经济势力几乎扩大到青岛全部产业部门。1916 年 7 月至 1922 年 4 月，日本在青岛开办的主要工厂有 14 家，其中以纺织业为主，内外棉纱厂、大康纱厂、宝来纱厂、富士纱厂、公大第五厂、隆兴纱厂等 6 个厂的资本总额占 15500 万元。由于发展迅速、规模宏大，使青岛跻身于"上青天"[②]的行列，一跃成为华北地区重要的纺织业中心。青岛城市经济结构完成了一次重要的转型，"青岛由商贸为主的港口城市转向工商兼之、轻纺为主的工业城市。"[③]青岛主权收回以后，虽然日本仍然控制着青岛经济命脉，但民族资本有了一定的发展。尤其是在南京国民政府的努力下，青岛工业、商业、贸易以及航运业发展迅速，城市经济结构进一步完善，城市功能日益突出。工业、商业、金融业等均获得了迅速发展，纺织业的大量投资使青岛逐渐确立了华北纺织工业中心的地位，形成了以轻纺为主的工业体系。

（2）商业贸易：德租青岛时期，进出口贸易发展迅速。青岛商业贸易的发展得益于胶济铁路和青岛港，胶济铁路和青岛港使青岛确立了明显的区位优势，对外贸易发展迅速，"到 1913 年，青岛港的贸易额跃居华北五港的第三位。1898 年—1914 年，德国从青岛港搜刮到的财富总额达 4496 万马克。"[④]随着贸易的发展，商业也渐渐发展起来。德租青岛时期，商人绝大多数是德人，也有日人，中国商人很少。中国商人主要是齐燕会馆、三江会馆

---

① 任银睦：《青岛早期城市现代化研究》，三联书店 2007 年版，第 14 页。

② 笔者按："上青天"是指中国的棉纺织工业集中在上海、青岛和天津三地。日本从 1916—1923 年在青岛开办了 6 家大纱厂，发展迅速，规模宏大，使青岛得以跻身"上青天"的行列。

③ 任银睦：《青岛早期城市现代化研究》，三联书店 2007 年版，第 155 页。

④ 陆安：《青岛近代史》，青岛出版社 2001 年版，第 28 页。

和广东会馆的商人，最早以广州、宁波商人为主，他们是青岛最早的买办阶层。"齐燕会馆、三江会馆和广东会馆成立后，在青岛工商界形成了主要的势力，不仅掌握了青岛华人的经济命脉，而且直接参与了德国殖民当局的政治活动，成为德国殖民当局在青岛租借地的重要依靠力量。"① 这一时期，青岛的商业主要是为进出口服务的货栈和一些经营进出口贸易商品的商店。日本第一次占领青岛时期，商家不断增加，除了齐燕会馆、三江会馆和广东会馆大会馆的业户数量增加外，山东籍的商号增加尤甚。中日合办的"青岛取引所"的成立在青岛商业发展史上具有重要意义。这一时期，除了一般商业外，对外贸易发展迅速，贸易以轻工、农副产品为主。"1915 年至 1921 年 7 月累计，青岛港进出口贸易总额为 5.12 亿海关两，日本在青岛港的总收入为 1.1 亿多日元。"② "1915 年至 1921 年 7 年间，日本掠夺胶济铁路沿线煤矿资源，获利高达 2260 余万元。"③ 中国政府收回青岛主权后，青岛港作为全省对外贸易龙头的地位日渐突出。随着港口贸易的进一步发展和城市人口的增加，青岛的商业发展迅速，商号不断增加，尤其是在南京政府统治时期，青岛市政当局采取了一些鼓励发展民族工商业发展的措施，商业发展更是迅速。"到 1937 年，全市商业户数增加到 7349 家，而 1922 年，青岛商会的入会商号仅有 328 家。"④ 可见这一时期青岛商业发展之繁盛。

（3）金融业：德租青岛时期，1898 年由德意志中央银行等 14 家大银行投资，联合组成了德华银行，金融资本控制在德国的德华银行手中；日据青岛时期，金融大权被日本的正金银行所操纵。中国政府收回青岛主权后，不少银行机构在青岛设立分支机构。但是，青岛的金融势力仍然操纵在外商银行手中，尤其是日本正金银行，民族资本很难与之抗衡。直到 1929 年南京国民政府统治时期，民族资本银行业获得长足发展，外商操纵垄断青岛金融

---

① 李长莉、左玉河主编：《近代中国的城市与乡村》，社会科学文献出版社 2006 年版，第 579 页。

② 陆安：《青岛近代史》，青岛出版社 2001 年版，第 48 页。

③ 陆安：《青岛近代史》，青岛出版社 2001 年版，第 49 页。

④ 青岛市档案馆：《青岛市政要览》（社会篇），1937 年，第 10 页。

的局面逐渐被打破，青岛金融业呈现出空前繁荣的局面，进入了一个前所未有的黄金时代。

第三，城市建设方面："基础设施是一个城市现代化水平的重要标志。"① 青岛现代意义上的城市建设始于德国侵占青岛时期。德租日据时期，青岛市政建设和经济发展均获得了较快的发展。德国殖民统治者注重建港筑路、市政建设、公用事业、城市规划等，成效显著。尤其是胶济铁路和青岛港使青岛拥有区位优势，成为推动青岛城市经济发展的两大助推力，促进了城市的经济发展，城市商贸功能增强。日本占领时期，进一步完善城市基础设施及公共设施。历经德国和日本的侵占，东、西方建筑文化对青岛的影响很大，青岛的建筑风格呈现出多种形式，素有"建筑博览会"之称。青岛主权回归伊始，由于青岛成为各派军阀争夺的焦点，城市建设毫无起色。直到沈鸿烈执政时期，青岛城市建设受到高度重视。沈鸿烈提出了全面推动青岛城市发展的"施政十大纲领"，提出了城乡并重、物质建设和文化建设并重的思想，尤其是城市贫民住宅区的建设，大大改善了城市下层人民的生活。

第四，科学技术方面：德国侵占青岛后，近代西方科学技术随之传入青岛，科学技术在各行各业中得到广泛应用。德占时期，采用先进科学技术兴建胶济铁路和青岛港，兴办发电厂，开辟水源地，建暗渠式雨污水排水系统，设立无线电台，开办缫丝工厂，开办学校，开办医院等。日本第一次占领青岛时期，采用先进技术兴办了内外棉纱厂、大康纱厂等六大轻纺工厂，敷设青岛至日本的海底电报水线，创办青岛化学实验室。这一时期民族工业借助于西方科学技术逐渐发展起来。中国政府收回青岛主权后，民族工业得到较快发展，科学技术水平不断提高。值得一提的是，这一时期青岛的科学研究有了新的发展，如：1924 年，中国气象学会在青岛成立；1926 年，青岛观象台利用无线电技术准确测得了青岛气象台经度；1928 年青岛观象台设海洋科，是中国最早的海洋研究机构，也是中国现代海洋技术科学发展的

---

① 董良保：《二三十年代青岛城市发展研究（1922—1937）》，博士学位论文，南京大学，2004 年，第 12 页。

开端。①

　　第五，教育文化方面：德国租借青岛后，从 1898 年至 1914 年为华人设立了 26 所蒙养学堂和数所职业学校，并与清廷合办青岛特别高等专门学堂。另外，西方教会组织也在青岛办学校，教会学校有小学、中学、职业学校及幼稚园等，如："1898 年加特力教会创办的德华中学；1898 年柏林教会创办的爱道院；1901 年花之安、卫礼贤（瑞士同善会）创办的礼贤书院；1902 年天主教创办的女学校；1905 年瑞士同善会创办的淑范女学；1911 年美国长老会创立的明德中学堂等等。"② 这些学校在一定程度上传播了西方文化和西方科学技术。除了办学校外，德国殖民当局先后创办了《德国亚细亚报》、胶州图书馆等，成立了尊孔文社，建立了尊孔文社藏书楼。德租青岛时期，西方的建筑文化在青岛生根、发芽，大大影响了青岛的城市建筑风格。日本第一次占领青岛时期，改蒙养学堂为公学堂，共有 37 所。日本第一次占领青岛时期，东洋文化对青岛影响很大。中国政府收回主权后，改公学堂为公立小学校，日本学校继续存留为侨民服务。1924—1927 年，胶澳商埠境内先后创立了私立青岛大学、公立女子两级小学校、胶济铁路青岛小学校和中学校、胶澳商埠职业学校、市立中学校、市立女子学校等。③ 教会学校也有所发展，以美国人办学为主，大部分教职员由中国人担任，也有中国人创建的教会学校。南京国民政府接管青岛后，青岛成立义务教育委员会，注重义务教育的发展，高等小学校及中学校数量增加较快。1930 年创办国立青岛大学，成为当时中国著名高等学府之一。这一时期，青岛的成人教育也有所发展，设立民众学校、劳工学校、职工补习学校等，提高人们的素质和修养。中国收回青岛主权后，青岛的文化事业取得了较大发展，反映青岛城市社会发展的文学作品、电视剧、电影等大量涌现。

　　第六，医疗卫生方面：德国租借青岛后，创办了蓬式野战医院，又称海

---

①　青岛百科全书编委会编：《青岛百科全书》，中国大百科全书出版社 1999 年版，第 52 页。

②　张玉法：《中国现代化的区域研究（1860—1916）：山东省》，（台北）"中央研究院"近代史研究所 1982 年版，第 189—195 页。

③　青岛百科全书编委会编：《青岛百科全书》，中国大百科全书出版社 1999 年版，第 64 页。

军医院，后扩建改造为胶澳总督府医院。1900 年开设西医药店——鹰牌药房；西方教会也相继开设了教会医院。医学高等教育开始于德国和清廷合办的青岛特别高等专门学堂，内设医学科，以胶澳总督医院为教学基地，进行医学研究。日本第一次占领青岛后，改胶澳总督府医院为陆军医院。1915年又设了青岛疗养院，不断完善医疗设施和提高医疗条件。中国政府收回青岛主权后，设立卫生局专门负责医疗卫生。为了更好地管理医疗卫生事业，1924 年设立青岛卫生所管理公共卫生，胶澳商埠督办公署管理医院。1924年，青岛第一家由中国人自己开设的西药店——汉美药房开业。同年还开办了青岛第一所中等医学学校。1925 年，胶澳商埠局设立卫生科，总辖卫生事宜。1929 年青岛特别市政府成立卫生局，1930 年裁撤，卫生划归社会局和公安局管理。1931 年普济医院改称青岛市市立医院。1932 年青岛市市立医院设 6 个分院，2 个诊所。① 通过努力，大大提高了青岛医疗水平，保障了市民的身体健康。

　　第七，从生活方式看：德国租借青岛之后，西方的生活方式也被带到了青岛，人们的衣食住行等发生了变化。如："西装革履"成为一种时尚。西式服装传入青岛，洋服店慢慢增多；以制造皮鞋为业的孚德、新星等店铺相继开业。随着商品经济的发展，金钱的作用越来越重要，以利为价值取向的功利主义价值观支配着人们的社会行为；喜新好奇的时髦心理支配着人们的审美观；随着学术机构、剧院、公共娱乐场所等文化设施的出现，市民的生活方式和生活质量也发生了很大变化。

　　总之，从 1897 年德国强租青岛开始，青岛开启了城市现代化的进程。政治、经济、城市建设、科学技术、教育文化、卫生和生活方式等七个方面均发生了巨大变化。德日殖民者尽管主观上是为了侵略青岛，他们利用青岛廉价的原料和劳动力投资办厂，从中牟取暴利，但是在客观上却使青岛由一个默默无闻的小渔村迅速发展成为一座具有现代气息的城市。随着德国、日本先后占领青岛，先进的科学技术和进步的思想观念也随之而来，一些新兴

① 　青岛百科全书编委会编：《青岛百科全书》，中国大百科全书出版社 1999 年版，第 58 页。

的行业不断涌现，新的职业应运而生。工人阶级、资产阶级、知识分子等现代化的中坚力量开始形成，他们以不同的身份参与到青岛城市现代化进程中去，谱写了新的历史篇章。

（二）社会分层理论及青岛城市社会分层

1. 社会分层理论

"分层"（Stratification）本来是地质学研究地质结构所使用的名词，西方社会学家发现社会存在着不平等，也像地层构造那样分成高低不等的若干层次，因而借用地质学的概念来说明社会不平等现象，并把这种社会现象称之为"社会分层"（Social Stratification）。按照章人英主编的《社会学辞典》解释，礼会分层是"西方社会学关于社会结构的一个重要概念。即根据一定的标准，把社会成员划分成高低有序的等级层次。这些分层标准有财富、权力、收入、知识、职业或声望等。西方社会学家主张，社会地位高低不等是社会分层的主要原因，它导致了人们之间上下等级的分层化，从而构成了一定社会的分层体系。德国社会学家马克斯·韦伯首创社会分层理论，并提出了划分社会分层必须依据的三个标准，即财富、地位和权力。他认为财富的差别产生阶级，地位的差别产生身份群体，权力的差别产生政党，三者彼此相关，构成了三位一体的分层体系。继马克斯·韦伯之后，一些西方社会学家相继提出了各种不同的分层模式和理论。"[1] 由此可见，社会分层是按照一定的标准将人口区分为高低不等的等级序列，也就是说，社会分层的实质是社会资源在社会中的不均等分配。西方社会学家在研究社会分层时，一般都把德国的马克斯·韦伯当作这种理论的创始人。韦伯曾提出财富、地位和权力组成的三位一体的分层模式，之后，西方社会学家在韦伯的社会分层理论基础之上提出了各种不同的分层模式和理论。社会主义社会进行社会分层研究，不像划分阶级那样要有一个统一的固定的标准，可以从不同方面、不同角度把人们划分为若干层次。例如收入水平、受教育程度、职业等都可以作

---

[1]　章人英主编：《社会学词典》，上海辞书出版社 1992 年版，第 258—259 页。

为分层的标准。

学术界目前存在两种相互对立的分析思路，即功能理论派和冲突理论派。功能理论派始于孔德、斯宾塞，后来由英国人类学家拉德克利夫 – 布朗（A.R.Radcliffe-Brown）和马林诺夫斯基（B.K.Malinowski）以及法国社会学家涂尔干（Emile Durkheim）等人明确阐发。现代社会学大师帕森斯是功能理论派的集大成者。美国社会学家戴维斯和莫尔进一步完善了功能派理论。功能理论派认为社会分层是一种普遍现象，是一种不可避免的必然现象。社会分层因社会协调和社会团结而产生，社会分层既能满足社会和个体的需要，又能提高社会和个人的功能。冲突派理论派以英国社会学家拉·达仁道夫（Ralf.Dahrendorf）、米尔斯（C.WrightMills）和 M. 图明（Melvin M.Tumin）为代表，他们认为社会分层是一种普遍现象，不是一种不可避免的必然现象；社会分层因人们的相互竞争、相互冲突而产生，社会分层只是满足强势群体和个人的需要，同时会影响和阻碍社会和个人的功能。具体请参见下表：

表 2.1　功能派理论与冲突派理论的区别

功能派理论	冲突派理论
分层是普遍和必要的	分层确实普遍，但它不一定是必要的
分层是共同价值的反映	分层是权力群体的价值反映
任务与报酬的分配较为合理	任务与报酬的分配并不合理
分层促使社会与个人功能的运行处于最佳状态	分层阻碍社会与个人功能的充分发挥
分层可以像进化过程那样，逐渐演变	分层可以像革命那样，导致根本性的变革

资料来源：何建章主编《当代社会阶级结构和社会分层问题》，中国社会科学出版社 1990 年版，第 12 页。

由上表可知，功能理论派和冲突理论派的观点存在明显的分歧。究其原因，功能论和冲突论的理论前提是不同的：功能理论派的"层"是以社会分工和职业分化为基础的，冲突理论派的"层"是以阶级分化和阶级对立为基础的，所以他们的理论主张存在明显的分歧。功能学派和冲突学派在社会分层理论上的争论深化了对社会分层理论的认识，拓宽了人们的思路。同时冲突学派在对社会分层理论分析时，不仅要重视分析社会分层的积极功能，而且也要研究它的一些消极功能。这一点为全面构造社会分层理论提出了一个建设性的框架。

在西方社会学史上，卡尔·马克思和马克斯·韦伯提供了两种最基本的理论模式和分析框架。作为现代社会学的先驱，马克斯·韦伯首先提出了社会分层的理论，他的社会分层理论构成了现代社会分层理论的基础。他提出了社会分层的三个维度，即财富和收入、权利、声望。马克斯·韦伯提出了著名的"三位一体"的综合标准：在经济领域存在着阶级（class），在社会领域存在着身份地位（status）或声望（social honor）群体，在政治领域存在着政治派别（即政党）。马克斯·韦伯认为，"'阶级'是指处于相同阶级地位的人的任何群体。①有产阶级应该是指一个主要由财产的不同来确定其阶级地位的阶级；②职业阶级应该是指一个主要由货物或劳动效益的市场利用机会来确定其阶级地位的阶级；③社会阶级应该是指前面那几种阶级地位的总体，在它们之间在个人和上下世代人当中，可能很容易发生变化，而且一般也发生着典型的变化。"① 马克斯·韦伯从而得出下列结论："职业阶级生长在以市场为取向的经济的基础上，而等级却首先产生或存在于团体的垄断性的社区捐赋的，或者封建的或者等级世袭的需求满足的土壤里。如果社会划分主要是按等级进行的，这个社会就应该叫作'等级的'社会，如果主要按阶级划分的，则应该叫作'阶级的'社会。三种阶级当中的'社会的阶级'，最接近等级，而'职业阶级'离开等级最远。按其重点，等级往往是由有产阶级构成的。"② 不难看出，马克斯·韦伯的理论是一种多元性的理论。他的理论对西方社会学产生了较大的影响，许多西方学者正是在继承韦伯理论的基础上提出了各种社会分层学说。

① ［德］马克斯·韦伯：《经济与社会》上卷，商务印书馆 1997 年版，第 333 页。
② ［德］马克斯·韦伯：《经济与社会》上卷，商务印书馆 1997 年版，第 339 页。

马克思则强调要从生产关系角度来分析社会结构。阶级观点是马克思主义的基本方法。马克思和恩格斯关于阶层问题的论述和对阶层问题的理论思考有独特的见解。他们在《共产党宣言》中指出："在过去的各个历史时代，我们几乎到处都可以看到社会完全划分为各个不同的等级，看到由各种社会地位构成的多级的阶梯。"[①] 马克思和恩格斯也充分地分析了广大的中间阶层，如小手工业者、小商人、医生、律师、牧师和学者等有不断分化的趋势，同时也敏锐地注意到社会中间阶层有可能进一步扩大，这一点在当时具有很强的超前意识，确实是难能可贵的。值得注意的是，马克思、恩格斯非常关注中间阶层的状况。"这个阶级永远摇摆在两者之间：既希望跻身于较富有的阶级的行列，又惧怕堕入无产者甚至乞丐的境地……这一阶级的观点是极端动摇的。"[②] 由此可见，马克思的社会分层理论是在马克思主义唯物史观基础之上，建立了迄今为止最系统地阐述阶级产生、发展规律的理论，是我们今天进行社会分层理论研究的理论基础和方法论基础。

另外，毛泽东对社会分层现象也非常关注。在其《中国社会各阶级的分析》一文中把当时中国社会分为："地主阶级和买办阶级、中产阶级、小资产阶级、半无产阶级、无产阶级，此外还有数量不小的游民无产者。"[③] 文中对中国社会各阶级的经济地位以及对革命的政治态度进行了深入具体的分析，从中得出了一条重要的结论：政治、经济地位、生活水平越高者越会反对革命；政治经济地位越低、生活越无保障者越容易走向革命。正因为毛泽东正确分析了中国社会各阶层的状况，使新民主主义革命才最终取得了胜利。这充分体现了社会分层研究的重要性。

唯物辩证法要求我们理论联系实际、具体问题具体分析，既不能简单地套用西方的社会分层模式，也不能照搬马克思主义阶级阶层的某些具体结论。从 1897—1937 年青岛的实际情况出发，我们尝试分析和总结青岛城市社会结构的变迁与发展，找寻其中的变化规律。

---

① 《马克思恩格斯选集》第 1 卷，人民出版社 1995 年版，第 251 页。

② 《马克思恩格斯选集》第 1 卷，人民出版社 1995 年版，第 487 页。

③ 《毛泽东选集》第 1 卷，人民出版社 1991 年版，第 3—9 页。

　　迄今为止，人类的生存环境从根本上来说是不平等的，这是不以人的意志为转移的客观事实，那些极少数享有特权的个人或群体过多地占有经济、权力和文化资源，这是一种明显的不平等。也就是说，社会分层是人类社会发展过程中始终客观存在着的一种客观现象，从而维系着社会的发展。正如美国社会学教授、社会不平等研究中心主任戴维·格伦斯基（David B.Grusky）所说的那样，"用于解释分成普遍性的主要功能必要性是任何社会都会面临的要求，即配置和激发社会结构中的个人。作为一种有效的机制，一个社会必须用某种方法把成员分配到不同的社会位置中去，并且诱使他们去承担位置的责任。"① 社会分层研究可以协调各阶层之间的利益关系，有利于社会的和谐发展。在现实社会中，矛盾和摩擦是不可避免的，我们必须面对，去进行科学的分析，协调好各阶层之间的利益关系，从而使整个社会达到一种和谐的状态。党的十七大把构建社会主义和谐社会写入党章，强调解决好人民最关心、最直接、最现实的利益问题，努力形成全体人民各尽其能、各得其所而又和谐相处的局面，因此，社会分层研究具有重要的现实意义。

　　2. 传统社会阶层的演变与城市职业的分化

　　古代所谓"四民"即士、农、工、商。《汉书·食货志》载："士农工商，四民有业。学以居位曰士，辟土殖谷曰农，作巧成器曰工，通财鬻货曰商。"② 随着城市现代化的开始，传统社会的士、农、工、商四大阶层发生了明显的变化，身份地位发生了不同程度的转变，特别是士绅阶层的变化最为明显。随着科举制度的废除和新兴行业的出现，新的职业岗位为士绅阶层提供了发挥才能的舞台，士绅阶层的职业呈现出多元化的特点：他们有的进入公司、企业、报馆、新式学堂，有的出国留学，有的创办新式企业、投资办厂等等，"弃儒经商""弃儒从军"成为一种时髦。士绅阶层职业的多元化促进了城市社会的分层和流动，有助于城市社会的发展和进步。伴随着城市现

---

① ［美］戴维·格伦斯基（David B.Grusky）编：《社会分层》，王俊等译，华夏出版社 2005年版，第 38 页。

② 《汉书》卷二十四《食货志》第四，中华书局 1962 年版，第 1117—1118 页。

代化，再加上战争、自然灾害，农民的身份发生了变化：有的适应社会的发展转变为产业工人；有的可能沦为城市贫民，处于衣不蔽体、食不饱腹的境况。传统手工业者一部分成为产业工人，一部分则靠出卖劳动力谋生。旧式商人的身份也发生了变化：有的转向资本主义企业经营，成为买办商人或新式商人；有的继续固守传统经营项目与经营方式，其人数随着传统行业的萎缩而日渐萎缩。

随着社会的经济变动，城市职业结构发生了很大的变化。在传统社会中，职业往往是子承父业。但在工业社会里，人们的社会地位与个人经历、教育水平和所受相关培训有密切的关系。城市职业结构的变化使阶层结构发生了相应的变化，而城市阶层的分化首先表现为职业的分化。随着近代城市的发展，一些与城市的市政建设、经济发展和文化生活紧密联系的新兴职业应运而生。《剑桥中华民国史》对晚清中国城市职业变迁做了如下描述："中外现代工业发展的同时，手工业作坊也发展起来了。这些作坊要么是分包商，要么是工厂产品的主要客户。在主要港口城市还出现了以手工操作为主的出口加工业。在城市中，相继出现了一些新的职业领域，如各种自由职业、新闻和出版业，以及现代教育和文化机构。城市中的一小部分居民除了可以在制造业和商业部门就业外，还可以在上述新的领域中选择职业。"[1] 由此可见，城市的职业明显分成上等职业、中等职业和下等职业，形成了高低不等的序列。

随着城市现代化的开启，城市职业结构和阶层结构发生了变化，其中变化最明显的就是从事工商业的人口迅速增加，大批绅士、富商和留学生开始投资新式工商业，成为大企业家或大股东。随着城市进出口贸易和商业贸易的发展，买办成为洋商和华商之间的代理人，他们通晓外语、擅长交际，从事对外贸易和对内推销。由于收入丰厚，所以是人们羡慕的一种职业。企业家、银行家和买办们具有较高的社会声望和社会地位，对城市社会特别是经济生活具有较大的影响。随着城市现代化的发展，商业贸易与工业经济成

---

[1]　费正清主编：《剑桥中华民国史》第一部，上海人民出版社 1991 年版，第 38 页。

为城市发展的重要经济支柱,人们的谋生手段自然与商品交易和工业生产有关。懂得一定技术和经营的包工头承包工程,从中获取高额利润。上述职业人数不多,但职业声望高,收入高,其职业构成了城市的上等职业。

城市现代化的发展打破了传统社会单一的职业结构,城市出现了教育界、新闻界、文化界等新的职业领域,职业分工越来越明细,工作内容越来越专业化。大多数职业是通过考试来录取,所以教育就越来越受重视。教育文化事业的发展,杂志和图书则成为人们生活的必需品,报馆的编辑、记者应运而生;城市社会经济生活日趋复杂,矛盾丛生,人们所涉及的法律问题日益增多,律师成为城市生活中的一种重要职业。随着银行、工厂、学校等的出现,靠领取工资的职员群体大量涌现,这些职员包括政府公职人员、教职员、公司职员、医生、护士、警察、高级店员、技术工人等。他们凭借自己所学到的专业知识和技术服务于社会,职业和收入比较固定,生活稳定。上述城市现代化进程中所涌现出的新兴职业构成了城市社会的中等职业。

在城市发展过程中,随着商品经济的发展,熟练工人、半熟练工人以及季节工、临时工、劳工日益增多,摊贩、商贩数量激增,城市中还出现了流动的商贩群体,如青岛已有百年历史的"劈柴院",这里曾经是老青岛人娱乐、购物和美食的好去处。另外,从传统社会经济结构中分化游离出来的无业和失业人口大批涌入城市,他们没有文化和技术,没有固定的职业和收入,不得不靠出卖劳动力来养家糊口,介于就业与失业之间,生活没有保障。他们所从事的都是城市中最脏、最累、收入最低的工作,如:拉车、苦力、妓女、乞讨、捡破烂等。这其中也有一些人从事不正当的职业,如贩卖人口、贩毒、诈骗等违法活动。上述这些不固定的职业构成了城市社会的下等职业。

3. 青岛城市社会分层

德国强租青岛后便开启了城市现代化,电灯业、自来水业、通讯业、电报业、棉纺织业等新兴行业不断涌现,城市阶层分化加快,各个阶层流动十分活跃,使青岛城市的社会职业结构和阶层结构发生了变化。

随着城市现代化的开启,人们的择业观念也发生了转变。"近代城市人的第一个转变是谋生观念和工作观念的转变。"① 中国传统社会是"士、农、工、商"四个阶层，"士"是社会上层统治阶级，农工商处于社会下层。正如张玉法所说，"清代山东的社会，就聚落而论，是乡村社会而非都市社会；就构成社会的单元而论，是氏族的和家庭的社会而非以个人为中心的社会；就社会阶层而论，是以士、农、工、商四大行业为主的社会而非阶级对立的社会；就经济形态而论，是农业社会而非工商社会。"② 青岛亦是如此。随着城市现代化的开启，出现了"弃农经商""弃学经商"，商人的社会地位逐渐提高，人们的从商和重商意识日益浓厚。同时新兴的职业和新的社会阶层（如绅商、通事、买办）也相应出现，社会各阶层在青岛城市现代化进程中各自扮演了不同的角色，谱写了新的历史篇章。

表 2.2　1898 年以前青岛、李村附近 48 个乡镇居民职业类别表

职业类别	人数	职业类别	人数	职业类别	人数
泥匠石匠	430	兽医	4	说书艺人	8
铁匠	34	扎纸裱糊匠	8	教书塾师	41
染匠	10	皮革制造匠	15	僧道	12
木匠	98	吹鼓手	47	占卦算命	11
锡匠	8	唱戏武技	45		

资料来源：崔玉婷《抗战以前青岛华人社会阶层分析》，《文史哲》2003 年第 1 期；任银睦《清末民初移民与城市社会现代化》，《民国档案》1997 年第 4 期。

由上表可以看出，1898 年以前的青岛、李村居民的职业还以传统的手工业、娱乐、教育及其他封建性的行业为主。德国强租青岛以后，青岛居民的职业结构发生了巨大变化。伴随着城市现代化，新兴行业应运而生，青岛步入了现代化社会的行列。青岛开埠通商以后，伴随着青岛市政工程建设的开始、城市商业的繁荣和大规模的机器生产活动，青岛在城乡人口流动中的拉力大大增强，国内外富商大贾、小商小贩以及成千上万的山东各地的劳

---

① 任银睦：《青岛早期城市现代化研究》，三联书店 2007 年版，第 10 页。

② 张玉法：《中国现代化的区域研究（1860—1916）：山东省》，（台北）"中央研究院"近代史研究所 1982 年版，第 81—82 页。

动者聚集青岛，以谋生计，大大增加了青岛的市内人口。据《青岛市主要年份户数、人口数》统计，"1904 年人口为 14905 人，1913 年为 53312 人，1916 年已达 69262 人，1918 年为 78804 人。青岛主权回归后，本埠人口逐渐发达，1922 年增长到 289400 人，1927 年达 320480 人，1932 年达 426417 人，1936 年达到 570037 人，1937 年为 381364 人。"[1] 另据《青岛市主要年份外国籍人口情况表》，"1901 年 600 人，1902 年 767 人，1903 年 1070 人，1904 年 1216 人，1905 年 1441 人，1907 年 1654 人，1909 年 1668 人，1910 年 1803 人，1913 年 2470 人，1916 年 14732 人，1917 年 19070 人，1918 年 19771 人，1923 年 17210 人，1924 年 7134 人，1930 年 12357 人，1931 年 12473 人，1932 年 12256 人，1934 年 13281 人。"[2] 由此可见，青岛开埠以后，青岛市区的人口不断增加。1914 年由于"一战"爆发，政局动荡，没有进行人口统计。1922 年中国收回青岛主权后，日本人陆续撤走，所以到 1924 年外国人口骤减。1937 年由于日本大举侵华，青岛政局再次陷入动荡的局面，人口数骤减。青岛市区人口的迅猛发展，反映了青岛城市经济的进步与繁荣。

德租日据时期，外来资本的涌入为青岛城市经济的发展注入了新鲜血液，青岛在工业、商业贸易、金融业、城市建设、公用事业等领域均获得了发展。且看 1919 年青岛城市人口职业调查表：

表 2.3　青岛城市人口职业调查表（1919 年调查）

单位：人

职业	人数	职业	人数
公务员	2491	工业	23765
军人	1332	商业	30038
警士	1232	渔业	10159
教员	384	交通员	155
学生	5357	矿业	55

① 青岛市档案馆编：《青岛数字全书》，中国文史出版社 2003 年版，第 50 页。

② 青岛市档案馆编：《青岛数字全书》，中国文史出版社 2003 年版，第 52 页。

续表

职业	人数	职业	人数
新闻界	92	劳力人	12157
医生	87	妓女	269
律师	25	其他	3963
农业	64348	无职业	108871

资料来源：李明伟《清末民初中国城市社会阶层研究（1897—1927）》，社会科学文献出版社 2005 年版，第 96 页。

从 1919 年青岛城市职业结构可以看到：从事工商业的人数大大增加，城市中间阶层的职业趋向多元化，公务员、军人、警士、教职员、编辑、新闻记者、医生、律师等社会管理服务人员成为青岛城市现代化的重要力量。在转型时期的青岛社会，贫困和无业失业成为突出的社会问题，这意味着普通劳动力在青岛城市现代化进程中供过于求，城市失业问题严重。

社会流动在一定程度上反映了社会的开放程度，社会流动率越高、流动幅度越大、流动所需时间越短，则这一社会的开放程度越高。[1] 从一定意义上说，青岛是一个移民城市。城市现代化打破了青岛城市社会的封闭性，大量国内外人口涌入青岛，在青岛城市现代化进程中留下了他们的足迹。由于职业、受教育程度和社会地位等方面的差别，青岛社会各阶层依次形成了社会上层、社会中层和社会下层高低不等的序列。极少数社会上层占有了大部分社会财富，而占人口大多数的社会下层群体则处于绝对贫困状态。

据学术界的主流看法，职业分层是城市社会分层的基础。职业成为人们社会地位的主要体现，社会地位的高低通过职业地位反映出来，人们的收入状况和经济地位也通过职业地位反映出来。另外，城市阶层的分化首先表现在职业的分化上。青岛城市现代化开启后，有些传统职业继续在青岛存在和发展；另外，与市政建设、经济发展和文化建设有密切联系的新兴职业不断涌现。有学者通过对清末民初城市社会职业的考察，将 19 世纪末 20 世纪

---

① 章人英主编：《社会学词典》，上海辞书出版社 1992 年版，第 279 页。

初中国城市社会划分为"九个分层",他们分别是:"①外侨、清朝贵族、大官僚、大太监、大军阀、豪绅富商;②外国银行、洋行的董事、高级职员和买办;③大型工厂、商店和银行的投资者、经营者、社会名流;④银行、公司和大型工厂、商店的专业职员、高级顾问;⑤中小工厂、商店投资者和经营者、出版商、主编、律师、医生、教授、一般政府职员、公司职员;⑥小企业主、店主、高级店员、中间商、包工头、行帮头、工头、技术工人;⑦手工业者、商贩、店员、学徒;⑧工厂、商店和手工作坊的半熟练工人和矿山、运输、建筑、装卸等行业的工人和季节工、临时工、小摊贩等;⑨自谋生计者、苦力、娼妓、乞丐、难民等。"[①]其中①②③属于城市的社会上层,政治势力强大,经济实力雄厚,生活宽裕,与国内外的政治经济势力有联系。④⑤⑥属于城市的社会中层,有固定的职业和收入,生活稳定。⑦⑧⑨属于城市的社会下层,其中第⑦类有固定收入,生活有一定的保障;第⑧类人数最多,没有固定的职业和收入,勉强能够维持生活;第⑨类属于城市的社会底层,生活没有保障,整日为生计而发愁。

上述分层同样适用于青岛。笔者拟运用职业分层的原理,以各阶层对经济、权力和文化三大资源的占有情况为划分社会阶层的标准,对1897—1937年间的青岛人群按主要由职业所形成的社会地位进行分层,依次分为社会上层、社会中层、社会下层。

社会上层是青岛城市现代化的主导力量,主要包括官僚及高级职员阶层、通事、买办阶层、大企业家阶层、高级知识分子阶层、前清遗老及贵族阶层。社会中层是青岛城市现代化的中坚力量,主要包括自由职业者(教职员、律师、工程师、会计师、医生、新闻记者、宗教人士)、普通职员阶层、中小工商业主阶层、工头、机匠阶层。社会下层是青岛城市现代化的基础力量和被动牺牲者,主要包括产业工人阶层(如工厂、矿山、交通运输等行业的工人、季节工、临时工)、街头自谋职业者(人力车夫、码头工人、苦力、

---

① 李明伟:《清末民初中国城市社会阶层研究(1897—1927)》,社会科学文献出版社2005年版,第99页。

理发匠、修理匠、小商贩、街头摊贩）、游民无产者阶层（窃盗、土匪、流氓、乞丐、娼妓）等。

笔者主要考察青岛城市现代化进程中各个阶层的收入情况、受教育程度、生活状况以及各阶层在青岛城市现代化进程中作用进行系统研究。根据前人相关研究成果和研究资料，以笔者从档案馆搜集到的档案资料为中心，试图对1897—1937年间的青岛社会上层、中层、下层的典型代表进行探讨。

二、社会上层——青岛城市现代化进程中的主导力量

（一）社会上层概况

青岛的社会上层是一个有权有势的群体，包括外侨、当权的军阀官僚、中外银行和公司的董事、高级职员、买办等。一些留学生通过创办企业、从事文化教育事业进入青岛上流社会阶层。大买办、大企业家阶层和高级知识分子进入青岛社会上层的行列，使社会上层群体的综合素质有了大大的提高。他们有很高的收入和较高的社会地位，生活宽裕，往往与中央、地方政府以及外国政治经济势力有联系，能够左右政局，控制城市的经济命脉。他们人数不多，其生活方式和水准往往为一般人所不能企及。

德国强租青岛后，外商闯入青岛，主要表现在商人、商栈和商品的增加上。德国的公司行号为多，如"德华铁路公司、德华缫丝公司、德华银行支店、德华矿务贸易公司等，建筑都很雄伟。德商瑞记洋行业务亦很兴盛。其他国家商号亦有，如英商煤源火油公司等。青岛在1906年有外人1769人，德国人1412人，日本276人，其他美国、奥地利、匈牙利、英国、印度、瑞典、荷兰、俄国、法国、丹麦、意大利、挪威、土耳其等均在25人以下"。[①]值得注意的是，外商在青岛实行垄断政策，如英商煤源火油公司委托德商瑞记洋行代理。外国商人凭借所持有的特权，推销廉价洋货，低价

---

① 张玉法：《中国现代化的区域研究（1860—1916）：山东省》，（台北）"中央研究院"近代史研究所1982年版，第182页。

收购中国的工业原料和土特产品，很少纳税，赚取了巨额利润。外商是青岛城市社会中富庶的阶层，他们过着极奢侈、豪华的生活。受雇于洋行的中国人也成为城市社会的高收入者，洋行买办更是在推销商品和收购农副产品过程中获得高额利润，迅速积累起巨额财富。买办们往往以外国势力为后盾，经营工商业，成为青岛城市社会中地位显赫的人物，他们住着豪华的西洋住宅，穿着华丽的衣服，坐洋车。另外，大企业家和大商人经常为青岛的慈善事业提供资金，赢得了较高的社会威望，当之无愧地成为青岛上层社会的成员。

"社会学家普遍认为，人们的生活格调决定了人们所属的社会阶层，而这些格调往往是从城市人们的社会生活和日常生活中表现出来。"① 青岛社会上层的成员为了炫耀他们的与众不同，以奢华浪费自居，衣、食、住、行都特别讲究，穿西服、吃西餐、住洋房、坐汽车，逐渐养成追逐流行与时尚的消费习惯。受西方生活方式的影响，许多西方食品和生活用品成为青岛上层社会消费的生活必需品。青岛社会上层的这种追潮流、赶时髦的消费行为，一方面反映了对美好生活的向往；另一方面也助长了拜金主义和享乐主义的恶性膨胀。由此可见，由于受到西方生活方式的影响，清末民初青岛社会上层的生活方式发生了很大变化，从而对整个青岛市民的生活方式起到了示范作用。

（二）社会上层的职业与生活

根据市民占有的社会财富、社会地位等，青岛上层社会包括高级职员、买办、大工商业主、大学教授以及大批来青的前清遗老们。社会上层人数不多，但他们是经济、权力和文化三大资源的最多占有者。

1. 高级职员

高级职员是指在各机构（如文化、政治、经济机构）中掌握实权、具

---

① 李明伟：《清末民初中国城市社会阶层研究（1897—1927）》，社会科学文献出版社 2005 年版，第 105 页。

有重要影响力的职员。关于高级职员的文化程度虽然没有相关资料的记载，但可以推测这些高级职员的文化素质很高，因为政府部门和银行、铁路等部门中的一些职位要求具备较高的学历。另外通过上海高级职员的文化程度可以对青岛高级职员的文化程度有一个大体的了解。"上海高级职员一般多为大学毕业生，也有不少留学生。"① 由此可见，高级职员的学历应该比较高。他们主要分布在政府和企业中，掌握一定的权力资源。政府中的高级职员多为各局、台、所的局长、台长、所长、秘书长、科长等，月薪收入很高，又掌握实权，应该属于社会上层。据记载，"1931 年青岛市各局台所职员支薪者共有 1238 人，月薪最高者 600 元，最低者 20 元。其中月薪 300 元以上者 30 人。"② 另外，官办企业中的高级职员多为铁路、邮政部门的领导者。这些高级职员有实权，他们利用自己掌握的权力可以获得比薪水更好的收入。不难想象，他们的生活是奢侈的。由于缺乏史料，无法确切地了解这些高级职员的收入情况，但是有一点可以肯定，这部分人由于拥有很大的权力，所以收入很高，生活无忧，因此被列入社会上层。

2.买办

买办即洋行业务的总代理人，他们的办事处叫"华帐房"。"买办的出现直接与西方殖民者有关。'买办'是英文中 compradar（采办者）的义译，由葡萄牙文中的 comprar 转化而来。最早的买办即那些为葡萄牙人采买商品的中国人，是葡萄牙人与中国政府区域通商的媒介。"③ 买办熟悉商情、通晓外语而服务于外商机构，在当时被称为"高级华人"。这些买办们有一定的办公费和办公地点。买办的收入由薪水、佣金和利润三部分构成，可见他们资本雄厚。青岛的买办主要分布在外国银行、洋行及外资工商企业中。按照外资在华企业的性质，买办可区分为洋行买办、银行买办、轮船公司买办、保险公司买办、工矿企业买办、房地产公司买办等。德国强租青岛后，他

---

① 忻平：《从上海发现历史——现代化进程中的上海人及其社会生活（1927—1937）》，上海人民出版社 1996 年版，第 127 页。

② 崔玉婷：《抗战以前青岛华人社会阶层分析》，《文史哲》2003 年第 1 期。

③ 冯尔康等：《中国社会结构的演变》，河南人民出版社 1994 年版，第 659 页。

们凭借特权加大对青岛的经济渗透。据记载,"洋行有:哈利、顺和、禅臣、太隆、礼和、古德、德孚、谦信、鲁麟、世昌、信昌、大成、天利、吉利等。"① 另据 1922 年的《青岛概要》记载,"在青西商有怡和洋行、俄罗斯义勇船队、太古洋行、汇丰银行、美孚洋行、亚细亚洋行、和记洋行、茂生洋行、备德洋行、巴定司商会、开治洋行。"② 青岛自开商埠以来,伴随着洋行在青岛的设立,买办、总经理、经纪人等相应出现。据 1922 年 2 月的《青岛概要》统计,"物产部经纪人 65 人,钱钞部经纪人 52 人,证券部经纪人20 人。"③ 应该指出的是,洋行中的买办有的本身也是新式商人,如德商禅臣洋行的丁敬臣、英商怡和洋行的买办宋雨亭等。洋行凭借其特权以低价收购我国的土特产品,雇佣中国廉价的劳动力进行加工,产品一律运往本国或欧美其他国家出售,从中牟取暴利。如当时青岛的禅臣洋行,由丁敬臣包帐房做买办,后来由李国贤做买办,该行进出口货物全由其买进卖出,从中取得佣金。禅臣洋行以低价收购土特产品,加工后以高价出售,从中牟取暴利。据记载,"1936 年,青岛猪鬃每担 360 元至 450 元,该行收购后转销英美,每担售价为 1000 元至 1200 元。"④ 据不完全统计,仅漂粉精与猪鬃两项,禅臣洋行就获得暴利两千余万元。洋行的存在沉重地打击了民族工业的发展,使民族工业的发展步履维艰。买办从洋行的总收入中获得一定比率的佣金,还有年终分红,另外通过其他方式也可以获得一些额外收入,所以这些"高级华人"经常和官僚、权贵来往,过着花天酒地、骄奢淫逸的生活。

　3. 大工商业主

　大工商业主即大资本家,为数不多,这是由于近代青岛的大公司、大

---

① 青岛市政协文史资料委员会编:《青岛文史撷英》(工商金融),新华出版社 2000 年版,第 2 页。

② 叶春墀:《青岛概要》,上海商务印书馆 1922 年版,A001565-00000034—A001565-00000035。

③ 叶春墀:《青岛概要》,上海商务印书馆 1922 年版,A001565-00000029—A001565-00000032。

④ 青岛市政协文史资料委员会编:《青岛文史撷英》(工商金融),新华出版社 2000 年版,第 3 页。

企业多被外商控制，民族工业发展缓慢。青岛当时的大民族资本家大多数都是白手起家，聪明能干，通过自己的勤劳发家致富，他们富有创新精神。当时被称为"青岛四大家"之一的傅炳昭，德国强租青岛后在德国洋行里当伙计，学会了德语，结识了德国商人，慢慢地与德国殖民当局交识。1910 年傅炳昭当选为青岛市商会会长，1922 年开办山左银行，这是当时青岛人开办的最大一家银行。与傅炳昭类似的还有曹海泉。曹海泉 12 岁来青岛谋生，德租青岛后，为德国人修理汽车，由于曹海泉秉性聪颖，很快学会德语，以后又学会日语，颇为店主赏识，每年都可以得到一些额外的分红。后来，曹海泉辞掉待遇丰厚的工作，利用自己多年的积蓄开办了同泰车行，修理自行车，代销自行车零部件。由于曹海泉善于经营，富有创新精神，事业蒸蒸日上，1933 年创立了同泰工厂，1934 年开设同泰橡胶厂。同泰工厂所生产的产品质优价廉，名闻遐迩，曹海泉也理所当然成了百万富翁。总起来看，30 年代前民族工业很少，30 年代后民族工业有了很快发展，如陈孟元创办的阳本印染厂、尹致中创办的冀鲁制针厂，还有陈介夫创办的中国染料厂，8 家中国人在青岛创办的银行等等。由于这些大工商业主大多数都是白手起家，通过创业发家致富，深感创业不易，守业更难，所以他们生活节俭，并经常拿出一部分钱捐给慈善事业，赢得人们的尊敬。

4. 大学教授

1909 年中德合办青岛特别高等学堂（德华大学），原北京大学教授凯贝尔博士任总监（校长），中方由蒋楷任总稽查。德国强租青岛后，蒋楷受聘于德华大学，蒋楷的到来受到热烈欢迎，青岛商界名人周宝山、傅炳昭、丁敬臣、古成章等对他十分尊重，可见这些文人学士的社会地位之高。

私立青岛大学的师资水平较高，据记载，"38 位教师中北大、清华、燕京等大学毕业生 20 人，留学英美日本获得学位的 13 人。教《逻辑学》的凌道扬后为香港中文大学凌基学院院长；教英文的凌达扬后为上海外语学院教授；教日文的闵星荧是日本的留学生，郁达夫留学日本的同学；林济青为美国理海大学硕士，后任山东大学校长；化学老师蔡汝毅，美国哥伦比亚大学学士；物理老师傅物恒，美国珂罗拉多大学硕士。"①

国立青岛大学校长、教职员的聘任条件更高。《国立青岛大学组织细则》规定："……第六条：本大学设校长一人总理校务，由国民政府任命之。第七条：本大学设秘书一人，处理秘书室事宜，由校长聘任之。……第九条：本大学各学院各设院长一人，由校长聘任之。第十条：各学系各设主任一人，由院长商请校长聘任之。……第十一条：各学系教授副教授讲师助教由院长商请校长聘任之……"② 国立青岛大学教职员的受教育程度是很高的，有近半数都在国内或国外接受过高等教育。据统计，"杨振声毕业于北京大学，后留学美国；闻一多曾就读于清华大学，后赴美国留学；洪深曾就读于清华大学，毕业后赴美国留学；蔡元培是光绪进士；赵太侔考入北京大学英语系，后考取公费留学赴美国学习戏剧……"③ 他们为青岛高等教育事业的发展注入了新鲜血液，以"历史文化名人"被载入史册。这是青岛教育文化史上的一件盛事，一大批著名教授、学者和作家集中于青岛，推动了青岛的新文化运动，取得了丰硕的成果，给被称为"文化沙漠"的青岛带来了一片绿荫。

《国立青岛大学职教员待遇规则》有关教师待遇规定甚详，此照录如下："第一条：本大学教员薪俸规定如下：1. 教授：月薪 300 元至 500 元。2. 讲师：月薪 150 元至 300 元。3. 助教：60 元至 150 元。第二条：本大学兼任讲师薪俸，依授课时数计算（试验钟点每二小时作一小时计算）。第三条：教授每周授课时间，以 9 小时至 12 小时为度（有实验钟点者不在此限）；但兼任院长系主任或其他行政职务者，其授课时间得酌减之。第四条：本大学职员薪俸规定如下：1. 教务长、总务长、秘书月薪 300 元至 500 元。2. 主任及校医月薪 150 元至 300 元。3. 事务员月薪 60 元至 150 元。4. 助理员月薪 40 元至 80 元。5. 书记及助手月薪 25 元至 50 元。"④ 大学教授因具有很高的文

---

① 鲁勇：《逊清遗老的青岛时光》，青岛出版社 2006 年版，第 257 页。
② 青岛市档案馆：《山东省立青岛大学概况》，1926 年，A001359-00000009。
③ 马庚存编著：《人文青岛》，青岛出版社 2004 年版，第 83—99 页。
④ 青岛市档案馆：《山东省立青岛大学概况》，1926 年，A001359-00000138。

化修养而受到社会的尊重，他们的收入在当时的中国社会已算很高，生活很富裕。比如：教授家里还雇佣保姆整理家务，可以购买一些高档的日用品，可以拿出一部分钱资助贫困学生，可以经常和朋友进行聚会，业余时间可以参加一些休闲活动，外出进修和参观的机会比较多，其子女也能够接受比较好的教育。

5. 前清遗老

辛亥革命的爆发使大批逊清王公贵族、高官大吏到青岛寻求庇护，据统计先后有 100 多人，其中副大臣（侍郎）、大臣（尚书）、巡抚、总督、军机大臣就有 20 多人，青岛成为逊清遗老聚集人数最多的城市。这批高官受到德国殖民当局的欢迎，中德之间的高级官员接触和交流越来越频繁，德国殖民当局也修改了管理办法，开始准许中国人在青岛区购地筑宅居住，著名的有"东三省总督清史馆长赵尔巽、外务部尚书邹嘉来、学部副大臣刘廷琛、侍郎于式枚、军机大臣吴郁生、云贵总督李经羲、两江总督张人骏、津浦铁路总办李德顺、内阁协撰徐世昌、法部侍郎王墀、财政总长周学熙、山东巡抚杨士骧、多罗特公升允、两广总督岑春煊、直隶总督陈夔龙、尚书盛宣怀、状元陆润庠、探花商衍瀛、御史王宝田、内阁协理大臣那桐、驻德公使吕海寰、庆亲王载振、安徽巡抚沈增植、都督余则达、观察王石坞、山东大学堂校长肖应椿与陈恩焘等等。"①

在德国殖民当局的庇护下，逊清遗老们在青岛进行了大量的活动，概括起来主要有如下两点：

（1）创办实业。青岛的逊清遗老们合资开办了一家工厂，主要加工草帽辫、生产草帽等产品。为了满足青岛城市建设和经济发展的需要，高恩洪还开办了青岛地方银行。创办实业最成功的是周氏家族。中国民族企业家中有"南张北周"之称，"张"就是张謇，"周"就是始自周馥的周氏家族，有纺织、金融等企业，遍及青岛、天津等地。周馥是在德国强租青岛后来到青

---

① ［德］卫礼贤：《青岛的故人们》，王宇洁、罗敏、朱晋平译，青岛出版社 2006 年版，第 97 页。

岛的，德国总督对他十分尊重，通过他与寓青的前清遗老互通有无，交往越来越频繁。前清遗老们有事也通过周馥向德国当局转达，推他为"三江会馆"会长。周馥在青岛主要是投资创业。周馥一心想办实业，由他的儿子周学熙经营和管理。周学熙1913年随父亲来到青岛，他是青岛上层社会比较活跃的人物，活跃于德国当局、买办、洋行商人之间，被称为"周四爷"。1903年赴日本考察工商业，回国后创启新洋灰公司，任总经理。后又创滦州矿物公司。德国某亲王在沧口办缫丝厂失败，周学熙将其收购，鉴于前人办缫丝厂的失败教训，转向棉纺厂。后又创办华新纱厂，由于日本的百般刁难，未能开工。中国政府收回青岛主权后，华新纺织厂开工生产，但由于日本经济势力仍控制青岛，发展缓慢。为了办好企业，出国考察，采购先进设备，到1936年，华新成为纱、棉、织、染一体的大型民族纺织企业，是青岛最大的一家民族企业。另外，周学熙于1919年创办中国实业银行，总行在天津，在青岛建分行于中山路、肥城路口。1922年又创办耀华玻璃厂，后来又投资建材、五金、机械等行业，成为北方最大的民族企业集团。

（2）发展教育。这些逊清遗老们大多数是正途出身，有的是饱学之士，将中国优秀的传统文化带到青岛，他们著书立说，作品影响到全国。德国传教士卫礼贤深受儒学影响，非常欣赏这些逊清遗老们，遂建立尊孔文社。尊孔文社不仅仅是研究儒学的机构，而且也是卫礼贤联系前清遗老的一个组织。卫礼贤与这些遗老们探讨中国传统文化，进行学术交流，不仅安排中国学者讲授中国文化，也安排德国教授讲授西方文化。卫礼贤不仅向中国人民灌输德国文明而且也重视中国文明，这体现了中西兼容、入乡随俗的特点。高恩洪创办了中国人在青岛的第一所大学——私立青岛大学。由高恩洪、宋传典、傅炳昭、刘子山、宋雨亭、孙广钦等11人组成校董会，聘请国内学界名流蔡元培、梁启超、张伯苓、黄炎培、顾维钧等人为名誉董事。学校师资水平较高。

逊清遗老们创办实业、发展教育，不仅对青岛产生了重要影响，而且也影响到了整个中国。通过发展实业，促进了民族资本主义的发展。通过发展教育，推动了教育事业的发展，培养了大批人才。他们衣食无忧，有自己的娱乐圈子，过着锦衣玉食的生活。他们在青岛近代历史乃至中国近代历史上留下了深深的足迹。

综上所述，青岛社会上层虽然人数不多，但他们有掌握权力资源的高级职员，有掌握经济资源的买办、大工商业主，有掌握文化资源的大学教授、高级专业技术人员，还有逊清遗老，他们在各自的领域中显示着时代的风骚。买办们资产丰厚，生活奢侈。但作为沟通中西方的桥梁，在近代青岛的中西贸易中起到了重要作用，在一定程度上有利于推动青岛城市的现代化。"客观地看，买办可以认定是中国资本主义流通领域进出口渠道中一个重要环节，是改善投资环境的组成部分。"① 客观地讲，社会上层中的各个阶层在他们各自的领域里对青岛城市现代化作出了重要贡献，他们的生活方式对青岛市民颇具示范作用。因此，社会上层是青岛城市现代化的主导力量。

三、社会中层——青岛城市现代化进程中的中坚力量

（一）社会中层概况

青岛中间阶层的产生与壮大对城市的稳定与发展起了重要作用。马克斯·韦伯指出："中间的是'中等阶级'，他们包括形形色色的拥有财产或受过教育而以此获得收益的阶层。他们当中有些可能是'职业阶级'。"② 随着城市社会阶层的分化与流动，新的城市社会群体出现，为现代化的城市社会阶层结构奠定了基础。"从严格意义来说，清末民初的中国城市社会尚未形成真正意义上的中产阶级，只是在城市社会上层与下层之间，出现了一些在整体地位上大大高于体力劳动者阶层，大大低于大官僚、买办、资本家阶层

---

① 忻平：《从上海发现历史——现代化进程中的上海人及其社会生活（1927—1937）》，上海人民出版社 1996 年版，第 111 页。

② ［德］马克斯·韦伯：《经济与社会》上卷，商务印书馆 1997 年版，第 335 页。

的社会群体。"① 他们在职业、收入、教育、价值观、生活方式等多方面，已经形成了自己独立的风格，中国城市中间社会的雏形已经凸现。有学者认为城市中间阶层的形成需要以下条件："首先，要有产业变迁的条件，中间阶层一般产生在第二产业向第三产业转型的过程中，在产业演进过程中，会出现有规模的中间社会群体，如管理层、技术层、商业层、职员层等；第二，中间阶层的出现依赖于现代职业结构的变迁，只有现代职业结构取代传统的职业结构，不直接从事生产劳动的中间阶层才能逐步扩张起来；第三，中间阶层的形成与高等教育的普及有密切关系，出现现代意义的中间社会。"② 清末民初，公务员、教职员、自由职业者和中小企业家等是中间阶层的主要职业群体。他们大多数都受过不同程度的教育，其中相当一部分具有较高的文化水平。随着青岛城市现代化的发展，这些职业群体在城市行政、工商、文化等领域的影响日益显著。

伴随着青岛城市化和工业化的发展，在市政、公司等部门的职业群体开始出现。他们的文化程度较高，一般都具有大学或中等专科学校以上学历。他们通过考核进入城市行政机关、工商部门或文化机构中的相应岗位，承担着城市的管理、组织和协调等职能。

教育、新闻、出版业的发展，使编辑、记者、教职员、律师等职业群体迅速扩大。随着青岛城市资本主义的发展，中小资本家、手工业作坊主和商人不断从下层社会中崛起，他们构成了城市中等阶层的重要组成部分。另外，下层社会的学徒、店员、摊贩通过自己的努力，成为中小企业家。这些人大多数不满足于现状，能吃苦耐劳，富有创业精神，通过自己的努力往往会取得成功。新式学堂的学生是中间阶层的后备力量，他们通过一段时间的学习和努力，大部分人有可能进入城市的中间阶层。

伴随着青岛城市现代化的开启，社会中间阶层迅速崛起并不断发展壮

---

① 李明伟：《清末民初中国城市社会阶层研究（1897—1927）》，社会科学文献出版社 2005 年版，第 108 页。

② 李明伟：《清末民初中国城市社会阶层研究（1897—1927）》，社会科学文献出版社 2005 年版，第 108—109 页。

大，中性人格使社会中层成为社会秩序安定与发展的重要力量，有利于缓解社会上层和社会下层之间的矛盾与冲突，有利于增强城市社会的稳定性。尽管社会中层在职业、收入等有所差别，但他们大多都受过较高的教育，有一份体面的工作或拥有自己的事业，对城市现代化有着本能的亲和力，这在很大程度上推动了青岛城市现代化的进程。另外，从社会下层通过努力进入社会中层的优秀分子具有较强的事业心和较高的文化素质，他们迟早要进入社会上层。这种社会各阶层之间的流动（尤其是从下层到上层的流动），有利于推进青岛城市的现代化。

（二）社会中层的职业状况

社会中层指对社会经济、政治和文化三大资源的占有居中等层次的社会群体。这部分人一般受过较高的教育，具有一定的文化水平，有一份比较体面的工作，凭借所拥有的某种专门技能服务于社会。社会中层主要包括自由职业者、军警、普通职员、中小工商业主、工头和有技术专长者等。下面以中小学教职员和军警为例介绍社会中层的职业情况。

1. 教职员

自由职业者是新式知识分子，主要包括教职员、律师、新闻记者、编辑、聘任的工程技术人员等等。教职员是自由职业者的典型代表。下面看一下 1897—1937 年青岛教职员的职业情况。

青岛西方现代教育的引进是近代中国教育发展的重要标志，青岛教育事业的发展亦是如此。青岛未被德国占领以前，教育文化事业发展甚微。德租日据时期，在教会和殖民政府的推动下，西方现代教育开始在青岛兴起，并获得了一定的发展。1897 年德国占领青岛后，胶澳总督府为中国人设立了 26 所蒙养学堂、数所职业学校，并与清政府合办了青岛特别高等专门学堂。日本占领青岛后，军政当局为中国人设立了男、女中学各 1 所、小学 3 所、职业学校和幼稚园数所，改蒙养学堂为公学堂，共有 37 所。德租日据时期，教育以外国语言为主，但也有一些中国文人进入新式学堂，成为靠出卖脑力劳动谋生的"自由职业者"或"专门职业阶层"。据资料统计，"1913

年，胶澳租借地 22 所公立小学有学生 1008 人，教师 59 人。"①

　　据不完全统计，德租日据时期供职于学校的教师多达 170—200 余人，甚至个别文人受聘到青岛特别高等专门学堂教授中文，在传授中国传统文化方面发挥了一定的作用。但是，在德国和日本管理时代，他们本着帝国主义文化侵略的原则，对于青岛市的华人，偏重外国语言，灌输异国的文化教育，这一时期的教育是为殖民统治者服务的，带有浓厚的殖民教育特色。因此，从某种意义上说，在德租日据时期，中国人是无教育可言的。

　　中国收回青岛主权后，华人教育日益受到重视，教育事业获得了迅速发展。政府大加整顿，改公学堂为公立小学校，广设学校。大部分教职员由中国人担任，也有少量的由中国人创建的教会学校。据青岛市档案馆提供的档案资料统计，"本市共有中学 8 所，市立者 4 所，私立者 4 所；小学 127 所，市立者 114 所，私立者 13 所。现任教职员：中学共有 263 人；小学共 1130 人。"② 这一时期青岛的教育分学校教育和社会教育两种，其中社会教育又分学校式社会教育和社会式社会教育。学校式社会教育包括民众学校、职业补习学校、女子补习学校、盲童工艺学校和劳工学校。据统计，"民众学校教职员 1929 年 80 人；1930 年 180 人；1931 年 159 人；1932 年 142 人；1933 年 303 人；1934 年 652 人；1935 年 651 人；1936 年 820 人。总计 2987 人。"③ 另外，职业补习学校、女子补习学校、劳工学校和盲童工艺学校的教职员人数也有所增加。

　　教育的发展在于教师，教师在教育发展过程中担负着重大责任，所以这一时期青岛的教育事业之所以取得如此大的进步，教师的功劳是不可以抹杀的。下面就 1922—1937 年期间青岛教师的职业状况做一粗浅的探讨。

　　青岛教师职业培训生活涉及教师的聘任、受教育程度及职后培养等诸内容。民国时期青岛教师的聘任非常严格，各学校校长的聘任尤其严格。且

---

① 孙立新、王保宁：《德国殖民统治下的青岛中国人社会（1897—1914）》，《山东大学学报》2007 年第 2 期。

② 青岛市档案馆：《青岛市政要览（教育篇）》，1937 年，A000909-00000012。

③ 青岛市档案馆：《青岛市政要览（教育篇）》，1937 年 6 月，A000909-00000018。

看各类学校校长任免规定：

《青岛市市立小学校校长任用规程》规定："第一条：市立小学校每校设校长一人，依照中央教育及本市教育方针及各项教育法令秉承市教育局长处理全校行政事宜。……第五条：小学校校长均为专任职，不得在校外兼任其他有给职务，但在本校必须兼任课业。"[1]《青岛特别市市立中等学校校长任免及待遇暂行条例》规定："第一条：青岛市市立中等学校校长由教育局遴选合格人员呈请市政府委任之。……第五条：市立中等学校校长为专任职，不得兼任其他有给职务，但得在本校任课每周至多以6小时为限。"[2]中小学教职员的聘任也很严格。《青岛市市立小学校教职员任用规程》规定："第一条：市立小学校教员由校长聘任。第二条：市立小学校呈报聘任教员应将左列各件呈验以备审查。甲：详细履历；乙：毕业证书；丙：服务证书；丁：著作品等。第三条：市立小学校教员之聘任标准以人格高尚、服从党义并具下列资格之一者为合格。（一）师范学校本科及后期师范高级中学师范科毕业；（二）旧制中学或高级中学毕业曾有小学教员经验者；（三）曾受小学教员鉴定委员会鉴定合格得有许可状或经本市小学教员登记得有登记证未满有效期间者；（四）乡区师范县立师范讲习所及师范简易科二年以上毕业者。前项第四项资格以乡村小学聘任为原则。"[3]《青岛特别市市立中等学校教职员任用及待遇暂行规程》规定："……第十条：专任教员每周任课时数在高级中学者自15小时至18小时；在初级中学者自15小时至20小时。其兼任职务者得以其任务之繁简酌减其授课时数。第十一条：专任教职员担任教务训育或事务者其每周授课时数得减为6小时至10小时，教薪另支。"[4]

① 青岛市档案馆：《青岛市市立小学校校长任用规程》，1930年，B0032-001-00453-0165。
② 青岛市档案馆：《青岛市市立中等学校校长任免及待遇暂行条例》，1931年，B0032-001-00422-00020。
③ 青岛市档案馆：《青岛市市立小学校教职员任用规程》，1930年12月20日，B0032-001-00453-0167。
④ 青岛市档案馆：《青岛特别市市立中等学校教职员任用及待遇暂行规程》，1930年6月12日，B0032-001-00424-0137。

从教职员的聘任情况来看，民国时期青岛教职员的聘任是非常严格的，对教职员的资格进行严格审核。各学校对校长的聘任更是严格，中小学各校长由青岛市教育局直接挑选，而国立青岛大学的校长则由国民政府任命。各学校只设校长一名，负责全校的总务；教职员由校长聘任并报教育局审核。

民国时期，青岛市教育局对教职员资格的审核非常严格。任用之前，设专股司进行严格审核，合格之后方可被任用；任职之后，再由督学随时进行考察。所以这一时期青岛的师资大体上属于合格的。"本局对于校长人选极为慎重。关于任选标准，学识与经验并重，事先严于审查，事后厉加考绩。务期所任校长均能胜任称职，并具有毅力热忱。"① 由此可见，青岛市教育局对教职员的审核是非常严格的，对学识和经验非常重视。

据《青岛教育概况》1934 年统计，青岛市共有中学 7 校，小学 106 校。现任教职员，中学全市共有 203 人，小学全市共有 858 人。全市中学校长 7 人；小学校长共有 106 人，在职三年以上者 50 人，占全体 50%。② 关于各校长以及中小学教职员之资历统计，详见下表：

表 2.4　中学校长学历统计表

类别	留学国外大学毕业者	师范大学毕业者	大学毕业者	合计
人数	4	1	2	7

表 2.5　小学校长学历统计表

类别	大学教育系师范大学或高师	专门以上学校	后期师范	乡村师范	简易师范或师范讲习所	中等学校	其他学校	合计
人数	10	1	53	6	16	16	4	106
百分比	9.44%	0.94%	50.0%	5.66%	15.0%	15.0%	3.78%	100%

资料来源：青岛市档案馆《青岛教育概览》，1934 年，A001358-00000037。

---

① 青岛市档案馆：《青岛教育概览》，1934 年，A001358-00000037。

② 青岛市档案馆：《青岛教育概览》，1934 年，A001358-00000037-A001358-00000041。

表 2.6　中学教职员学历统计表

毕业学校	师范大学	大学	后期师范	前期或乡村师范	中等学校	专科学校	其他	合计
人数	15	78	6	6	32	29	36	203
百分比	7.39%	34.82%	2.96%	2.96%	15.76%	14.28%	18.23%	100%

资料来源：青岛市档案馆《青岛教育概览》，1934年，A001358-00000041。

表 2.7　小学教职员学历统计表

毕业学校	大学	后期师范	前期或乡村师范	简易师范或师范讲习所	中等学校	专科学校	其他	合计
人数	33	290	103	94	246	41	51	858
百分比	3.85%	33.80%	12.00%	10.96%	28.67%	4.78%	5.94%	100%

资料来源：青岛市档案馆《青岛教育概览》，1934年，A001358-00000041。

从上述材料来看，青岛这一时期教师的受教育程度比较高，中学校长比小学校长的受教育程度明显高。小学教职员的受教育程度稍低一点，多数毕业于师范学校或短期师范，大学毕业者仅占到 3.85%。中学教职员中大学和师范大学毕业的就占了 42.21%。

民国时期市教育局不仅对教师的聘任很严格，而且特别注重教师职后修养的提高。"师资为教育之基本，师资程度能否提高，即关系教育之能否进步，所以市政府特别注重师资之修养。"①

对于改进师资的方法，教育局采取培养、训练和甄审三项。"此项办法，施行已有数载，故各校所聘教员，大都合格。"②"关于考核师资，曾于1932年举行全市学校教员登记一次，报名登记者共1008人，经核对，合格者698人，不合格310人。"③

另外，市教育局还通过办讲习班来提高教职员的素质。《青岛市教育局小学教员暑期讲习班组织大纲》规定："讲习班组织目标有八：一是研究小

---

① 青岛市档案馆：《青岛教育概览》，1934年，A001358-00000025。

② 青岛市档案馆：《青岛教育概览》，1934年，A001358-00000042。

③ 青岛市档案馆：《青岛教育概览》，1934年，A001358-00000012。

学主要各科教材及教学法，二是讨论各种训教实际问题，三是讲习推行乡村民众教育的具体方法，四是阐明学校教育与社会教育合作推进的原理与方法，五是介绍职业教育的学理，六是改进教师修养生活，七是增进军训教育的训教知识，八是研究军训学术科的教练方法。"① 以上目标体现了市教育局重视教职员职后知识、技能的提高以及教育协调性的发展，不断提高教职员的自身素质。

2. 军警

军警包括军队和警察，在德租日据时期是维护殖民统治的重要工具，主要职能是对治安、交通、消防、卫生及渔民船户、船只进行管理，维护统治者的利益，稳定社会秩序。德租日据时期，军队也是维护社会治安的工具。中国收回青岛主权以后，警察已经成为青岛社会治安的主要维持者，军人数量已不多。警察作为青岛社会治安的维护者，在他们基本生活得到保障的情况下，一般都会尽心尽力地做好自己的本职工作，维持好青岛的治安、卫生、安全等是他们不可推卸的责任，是青岛社会稳定的重要力量。1897—1937 年青岛警察概况：

（1）德国占领青岛时期。为达到永远霸占青岛的目的，德国殖民统治者在青岛派驻了大量军队。据 1901 年《胶海关十年（1892—1901）报告》记载，"青岛警备部队约有一千五百人。"② 后来，德军力量不断加强，"1910年，驻青德军达到 2275 人，到 1914 年 8 月，共增至 5000 多人。"③ 德国还设立警察机构，隶属于胶澳总督府民政部。这一时期的警察分巡警、消防警、水上警等几类。德国占领青岛时期，治安事务由德国海军官兵代理，1900 年 6 月 14 日，正式成立青岛巡捕局（又称"胶澳租界巡捕房"），德国人卫尔策尔出任青岛巡捕局首任局长。另外，李村区警政由李村工部局兼管。据 1902 年统计，"青岛区和李村区共有德籍警官 30 余名，华籍巡捕 90

① 青岛市档案馆：《青岛市教育局小学教员暑期讲习班组织大纲》，A001358-00000085，1930 年。

② 青岛档案馆编：《帝国主义与胶海关》，档案出版社 1986 年版，第 62 页。

③ 陆安：《青岛近现代史》，青岛出版社 2001 年版，第 18 页。

名，还有数十名消防警和华籍密探。"①1913年4月，青岛巡捕局改名为青岛巡警总局。1902年设水上巡捕房，负责海港、船坞和海滨的治安以及胶澳租界内的航运、捕鱼作业情况。"1908年，据水上巡捕房统计，租界海域内共有8523艘中国船只海上作业。"②1905年7月31日，正式成立消防部队，隶属于青岛巡捕局。

（2）日本第一次占领青岛时期。日本第一次占领青岛后，为保障实行军国主义统治，先后颁布《军政施行规则》《青岛守备军治罪特例》《青岛守备军刑事处分令》等，用严刑酷法对付青岛人民。青岛守备军司令部下设青岛宪兵队，履行警察职能。青岛宪兵队下设青岛、台东、李村、水上4个宪兵分队，管理青岛各区警务、卫生、消防等事宜。为了辅佐宪兵队执行警务，日本殖民当局招募部分华人充当警察。为了进一步加强对基层的控制，又于青岛各区的宪兵分队增设派出所。"警察按其职责分为高等警察（特务、情报）、行政警察（保安、交通、消防、卫生）、司法警察（刑事、缉捕、看守）三类。据民政署1920年统计，全市共有行政警察608名（不含消防警），其中，日本宪兵402名，华人警察206名。"③

德租日据时期，青岛人民的安全根本得不到保障，德日殖民统治者视华人如草芥，以任何理由对青岛人民进行盘查、拘留、审讯、判刑乃至杀害。1993年底，在德式建筑迎宾馆发现了一处日本守备军司令部设置的水牢，这无疑是日本殖民者对青岛人民实行残暴统治的罪证。

（3）北洋军阀政府和南京国民政府统治青岛时期。为了强化专制统治，北洋军阀政府在青岛成立了胶澳商埠警察厅，内设总务科、行政科、司法科、卫生科和督察处、差遣队、侦缉队、消防队、保安队，下辖青岛、台东、李村和水上4个警察署。到1929年4月南京国民政府统治前，胶澳商埠警察厅辖6个警察署、32个分驻所、8个临时派出所，共1500余名警察。④

---

① 陆安：《青岛近现代史》，青岛出版社2001年版，第21页。
② 陆安：《青岛近现代史》，青岛出版社2001年版，第22页。
③ 陆安：《青岛近现代史》，青岛出版社2001年版，第46页。
④ 陆安：《青岛近现代史》，青岛出版社2001年版，第62页。

南京国民政府接收青岛后，青岛市公安局取代了原胶澳商埠警察厅，下设 6 个分局，后又增设派出所，形成市局、分局、分驻所、派出所四级建制。根据实际需要，警察的名称发生了改变，青岛特别市公安局训令第 1039 号令："遵照规程，警察改为警士，巡长改为警长，巡官名称仍行其旧。"[1] 据统计，"1930 年青岛警士 2148 人，其中 25 名外籍人；1931 年 2391 人，其中 38 名外籍人；1932 年 3288 人，其中 45 名外籍人。"[2] "1936 年 6 月，青岛市公安局改称青岛市警察局，下设 6 个分局，29 个分驻所，79 个派出所和 4 个检查站，共有警察 2700 余人。除了正规警察机构外，国民党还成立特务机构。"[3] 中国收回青岛主权后，警察概括起来主要包括保安队、特务队、教练所、清洁组、消防组、侦缉队六类。这一时期警察的装备也完善了，警察配备警备汽车、自行车、警犬、枪支、大刀等。

这一时期，市政府对警察的要求是很严格的。胶澳商埠警察厅训令第 444 号令："警察服装为表面观瞻所系，若不谋整齐划一之方，殊不足以壮形式，兹规定长警制备布鞋办法。以圆口珐琅、皮底、皂布制成者为限，袜子必须一律为黑色，为夜间穿着服务之用，并以每日下午六时起至次晨六时止为换穿布鞋黑袜时间，其在日间仍照常穿皮鞋以壮形式。"[4] 另外也禁止警察无故出入各娱乐场所："据近日来各娱乐场所时有警士入座，三五成群，服装不整，有妨碍警纪等情形。查所属长警出入娱乐场所本来有违禁令……近查各巡官、分队长约束不严，玩忽职守，有违警纪，重申严令责惩各区队长，严加管束。"[5]

作为维护社会治安的主要力量，警察的录用标准也是很高的。中国收

① 青岛市档案馆：《关于警察改为警士、巡长改为警长的训令》，1930 年 7 月 13 日，A0017-002-01293-0120。

② 青岛市档案馆编：《青岛数字全书》，中国文史出版社 2003 年版，第 53—55 页。

③ 陆安：《青岛近现代史》，青岛出版社 2001 年版，第 119 页。

④ 青岛市档案馆：《关于警察服装整齐划一的训令》，1924 年 4 月 15 日，A0017-002-00048-0016。

⑤ 青岛市档案馆：《严禁警士出入各娱乐场所的训令》，1932 年 3 月，A0017-002-00521-0031。

回青岛主权后，尤其是南京国民政府接收青岛后，进一步完善了警察系统，重新颁布了警察教练所章程，规定学警 6 个月为毕业，在学校学习 3 个月，然后实习 3 个月，毕业后就定为三等警察。关于警察的录用标准："①查本局警察于民国十八年度（1929 年）经过一度厉行汰弱留强，各分局警士遇有缺额，为执行地方勤务起见，奚以采用警士教练所学警毕业者补充原有募警，查其服务，成绩较佳之长警亦经附设补习班加以训练，绝对革除募补制，而一般升迁依照年资或功绩，并按四种甄别简则定期甄别，审查合格编入序名簿，循序升补，从无躐等幸进之弊，故推行以来尚算公允。②警官任用标准：查本局内外职员三百余人，任用方面以法政毕业、具有经验者居多，警察毕业者次之。近来高等警校毕业分发来局任用者亦不乏人。"① 所以警察大多数都毕业于警士教练所或警务学堂。据记载，"山东于 1903 年开办警务学堂，1908 年，民政部奏准各省城设高等巡警学堂，附设简易科，府厅州县设巡警教练所。山东乃将省城警务学堂改为高等巡警学堂。在省城办理巡警和巡警教育的同时或稍后，州县亦办理巡警和巡警教育。如胶州 1902 年裁绿营、练巡警，1905 年设警务学堂，1906 年设巡警局，1907 年于王台集设分局，1911 年由省军械局拨给毛瑟枪 40 杆、子弹 2000 粒，1914 年巡警局改名警察事务所，灵山卫设分所，是年于巡警原额 30 名外，增设巡勇 40 名，1915 年增编警备队 20 名。"② 关于警察的教育，警士和警长都有专门的学习和训练，警士须达到初级中等教育，警长须达到高级中等教育。如《警士警长教育规程》规定："第一条：警士教育分为学警教育、警士常年教育、警士特别教育，以警士常年教育为中心阶段。第二条：警长教育分为见习警长教育、警长常年教育、警长特别教育，以警长常年教育为中心阶段。……第六条：警士教育完成之标准如左：一、养成警士必须具备之服务精神与应用技能。二、警察学术须达到与警长教育相衔接之程度。三、普通

---

① 青岛市档案馆：《青岛市公安局警士录用标准、训练方法、薪饷标准》，1937 年 1 月，A0017-002-00955-0093。

② 张玉法：《中国现代化的区域研究（1860—1916）：山东省》，（台北）"中央研究院"近代史研究所 1982 年版，第 398—399 页。

知识，须达到与初级中等教育相当之程度。四、军事训练须达到新兵教育之程度。第七条：警长教育完成之标准如左：一、养成警长必须具备之服务精神与应用技能。二、警察学术须达到与警官教育相衔接之程度。三、普通知识，须达到与高级中等教育相当之程度。四、军事训练须达到军士教育之程度。"①

警察的分工是很明确的，各司其职，清洁组、消防组、保安队、特务队、侦缉队都有不同的服务规则。如《青岛市公安局清洁队组织简章》第二条规定清洁队职掌："一、关于街道之扫除及洒水事项；二、关于住户之垃圾运搬事项；三、关于公共厕所管理及清洁事项；四、关于住户机器便所之冲洗、铁制便桶之变换及洗刷事项。"②《青岛市公安局保安警察队组织简则》第一条规定："本队（保安警察队）遵照《青岛市政府公安局暂行组织细则》第九条（即本局为维持公安之必要，得设保安警察队。）之规定组织之，专任保卫地方之责及其他特定任务。"③下面以卫生警士队为例看一下警察的工作情况。

为了更好地服务于社会，保障工作的效率，1931 年颁布的《青岛市公安局清洁队组织简章》规定："……第三条：本队设队长一名，由公安局选派科员兼充，秉承公安局长办理全队事务。第四条：本队设管理主任一名，由公安局选派科员兼充，秉承队长助理全队事务。第五条：本队为执行职务暂将全市划分清洁区域，并得视本市情形逐渐推广。……第十条：本队设办事员二人承队长及管理主任之命分掌文牍、庶务、会计及马车班、汽车班之监督指导事项。第十一条：本队设书记一人承队长之命专司缮写文件。第十二条：本队设视察长一人、视察员二人承队长及管理主任之命稽查各清洁区班长及夫役之工作勤惰并随时指导居民保持清洁。第十三条：本队为修理车辆及各项清洁用具设木匠、铁匠各二名。"④同样，保安警察队也有类似的

---

① 青岛市公安局：《警士警长教育规程》，1935 年 11 月 25 日，A0017-002-00885-0200。

② 青岛市档案馆：《青岛市公安局清洁队组织简章》，1931 年 1 月，A0017-002-00328-0192。

③ 青岛市档案馆：《青岛市公安局保安警察队组织简则》，1930 年 11 月，A0017-002-00411-0020。

④ 青岛市档案馆：《青岛市公安局清洁队组织简章》，1931 年 1 月，A0017-002-00328-0192。

设置，设队长、副队长、教练官、中队长，每中队设分队长，每分队设长警数十名（包括巡长、巡警和伙夫）。① 这些官职的设立从制度层面大大提高了办事效率。

关于卫生警士队的工作时间情况，《青岛市公安局卫生警士队暂行服务细则》第九条规定："卫生警士勤务时间如下：一、四月至八月上午自七时起至十一时止；下午自二时起至六时止。二、九月至次年三月上午自八时起至十二时止，下午自一时起至五时止。三、如遇特别紧要事故，其勤务时间得由队长临时酌定之。"② 值得一提的是，保安警察队要值夜班，工作时间更长。如《关于值班时间夫役工资和卫生办法》规定："查本厅晚间向有值班之规定，昼间下班后倘发生紧急事故，无人负责。亟应严定办法以慎重对待之。所有十二时至二时值班人员即以晚间值班之人担任之。兹规定值班人员值班及休息钟点如下：①本日上午九时半上班下午二时下班，二时至六时休息；②本日下午六时上班（即沿例通宵）；③次日上午九时半下班（九时半至二时休息）；④次日下午二时上班（即沿例照常）。"③

关于卫生警士队的奖惩情况，《青岛市公安局卫生警士队暂行服务细则》第十三条和第二十一条规定："卫生警士出勤时不得违犯下列各款情事：一、不着制服或服装不整齐；二、放弃职务；三、与路人坐立谈笑或言骂斗殴，执行取缔事项越出职权范围之外。卫生警士有合于下列各项之一者得予以奖励：一、能发现疫症于医师未觉察以前者；二、能消弭关于公共卫生上种种隐患有事实可证者；三、途遇猝失常态之人，由本人或代请就近医师施以救治得获安全者；四、服务一年以上著有勤奋者、有成绩者。"④ 由此可

---

① 青岛市档案馆：《青岛市公安局保安警察队组织简则》，1930 年 11 月，A0017-002-00411-0020。

② 青岛市档案馆：《青岛市公安局卫生警士队暂行服务细则》，1930 年 1 月 5 日，A0017-002-00328-0195。

③ 青岛市档案馆：《关于值班时间夫役工资和卫生办法》，1927 年 3 月，A0017-003-00201-0016。

④ 青岛市档案馆：《青岛市公安局卫生警士队暂行服务细则》，1930 年 1 月 5 日，A0017-002-00328-0195。

见，卫生警士队的赏罚明确。关于具体奖罚情况，《青岛市公安局职员奖惩章程》第四条规定："奖励分下列之五种：一、专案请奖。由局长详叙事实呈请，市长转呈，国民政府核实后奖励。二、升级。三、记名升用。四、记功，分记大功、记功两种。五、嘉奖。第三章惩例。第十条：惩罚分下列五种：一、撤职。二、降为代理，受此处分者八折支薪。三、降级。如无级可降，降为代理，曾经记大功三次者准予抵销。四、记过。分记大过、记过二种。记过三次作为记大过一次，记大过者三次者降级。五、申斥。申斥作为记过一次。"① 奖惩在很大程度上调动了职工的积极性，约束了职工的行为。

（三）社会中层的生活状况

1.教职员

首先，了解一下教职员薪俸及待遇状况。民国时期青岛教师的收入比较高，生活比较稳定，经济有保障，并有一定的社会地位，为人们所尊敬和羡慕。青岛市中小学教师薪俸标准虽采用专任制，但是薪俸仍参照授课钟点计算。《青岛市市立实验小学校校长任免及待遇规程》第八条规定："实验小学校校长应支俸给得由市教育局依下表规定数目就校务之繁简及各人学历经验酌定之。"② 其薪俸规定如下：

表2.8　青岛市市立实验小学校校长之薪俸

单位:元

等级差	第一级	第二级	第三级
俸级数	120	100	80

《青岛特别市市立中等学校校长任免及待遇暂行条例》第六条规定："市立中等学校校长应支月薪，等级由本市主管教育行政长官按下列规定数目就各校班次之多寡、事务之繁简及各校长之学历经验规定支给之。其薪俸规定如下：

① 青岛市档案馆：《青岛市公安局职员奖惩章程》，1930年11月，A0017-002-00411-0035。
② 青岛市档案馆：《青岛市市立实验小学校校长任免及待遇规程》，1930年，B0032-001-00453-0157。

初任各级中学校长自最低起薪，其合乎第二条款所规定甲项之资格者得自第六级起薪，其学历经验特优及所任学校班级特多者不受以上两项之限制。第七条规定：市立中等学校校长俸给进级标准规定如下：①凡在高中或初中十二学级以上之校长得提高一级起薪。②试用期满后继续任职满一年著有成绩者进一级，但须学校进步成绩优良，有统计可考并经督学报告证明，由主管教育行政长官核准者方能进级。"①

由表 2.8 和表 2.9 可知，中小学校长的薪俸很高，待遇不错，中学校长明显比小学校长的薪俸高，中学校长最高 200 元，实验小学校长最高 120 元，相差 80 元。高级中学校长和初级中学校长的薪俸也相差很多。

《青岛市市立实验小学校教职员聘任及待遇规程》第四条规定：实验小学分正教员和专科教员两种。其薪俸规定如下：

表 2.9　青岛特别市市立中等学校校长之薪俸

单位：元

级别 ＼ 校别	高级中学	初级中学
第一级	200	160
第二级	190	150
第三级	180	140
第四级	170	130
第五级	160	120
第六级	150	110
第七级	140	100

第五条：实验小学校教职员每周授课时间以 1350 分钟（22.5 小时）为标准，但兼任本校重要职务者得酌量减少授课时间。②

---

① 青岛市档案馆：《青岛市市立中等学校校长任免及待遇暂行条例》，1931 年，B0032-001-00422-00020。

② 青岛市档案馆：《青岛市市立实验小学校教职员聘任及待遇规程》，1930 年，B0032-001-00453-0159。

表 2.10　青岛市市立实验小学校教职员之薪俸

单位:元

级别职别	第一级	第二级	第三级	第四级	第五级	第六级	第七级	第八级	第九级	第十级	第十一级	第十二级
正教员	61	58	55	52	49	46	43	40	37	34	31	28
专科教员	58	55	52	49	46	43	40	37	34	31	28	25

由表 2.10 可知，青岛市市立实验小学教职员的薪俸不是很高，教员的最高薪俸是 61 元，最低是 25 元。这说明小学教职员的待遇不高。不过青岛市政府也曾经努力改善小学教师的待遇，由于经费问题，收效不大。值得一提的是，教育局为优待小学女教员，并为提倡女子以教育界为终身事业起见，特规定女教员产期待遇办法，在女教员临产前后给假两个月，仍支原薪，其课业聘人代理。

根据《青岛特别市市立中等学校教职员任用及待遇暂行规程》，教职员除应由学校供给住宿外，其薪俸规定如下:

表 2.11　专任职员之薪俸

单位:元

职别		教务主任	训育主任	事务主任	文牍	教务员	训育员	事务员	书记
高级中学	第一级	80	80	80	60	60	60	55	35
	第二级	70	70	70	55	55	55	50	30
	第三级	60	60	60	50	50	50	45	25
初级中学	第一级	60	60	60	45	45	45	40	35
	第二级	50	50	50	40	40	35	35	30
	第三级	40	40	40	35	35	35	30	25

资料来源:青岛市档案馆《青岛特别市市立中等学校教职员任用及待遇暂行规程》，1930 年，B0032-001-00424-0137。

表 2.12　专任教员之薪俸

单位：元

高级中学					初级中学				
高级	中级		低级		高级	中级		低级	
第一级	第二级	第三级	第四级	第五级	第一级	第二级	第三级	第四级	第五级
140	130	120	110	100	100	90	80	70	60

资料来源：青岛市档案馆《青岛特别市市立中等学校教职员任用及待遇暂行规程》，1930 年，B0032-001-00424-0137。

　　另外，"兼课教员待遇以钟点为标准，凡每周授课 1 小时者高中月薪以 5 元至 7 元；初中月薪以 4 元至 5 元为标准。"[1]

　　由此可见，青岛市中小学校教职员的薪俸标准基本是依次递减的。中等学校教职员的工资明显高于小学教职员。青岛市政府也曾经努力改善小学教师的待遇，但是由于经费问题，收效甚微。值得注意的是，退休教职员的待遇却大有改观，"小学教职员服务年久，因老退休者，尚可照章请发养老金，本市现已有小学校长 6 人呈准退休，由教育局按季发给养老金，以示优待教育人员之意。如：张春峰年领 240 元；朱琛年领 108 元；李崇汉年领 128 元；袁相进年领 112 元；金兆桂年领 99 元。"[2]

　　其次，具体了解一下教职员日常生活状况。由于青岛中学教职员阶层收入和待遇比较高，小学教职员的收入相对较低，决定了中小学教职员的生活方式不同，中学教职员生活比较稳定。"1928 年以后的 10 年内，中国的银圆、国币和法币比较坚挺，只在 1936—1938 年间物价水平（受抗日战争影响）有些上涨，但仍保持基本稳定。所以 30 年代这些年的经济情况便于用同一的物价、币值标准来和现在做比较。关于生活必需品、日用品的实际购买力，1930—1936 年国币 1 元，约相当于今天人民币 30 元左右。"[3] 据

①　青岛市档案馆：《青岛特别市市立中等学校教职员任用及待遇暂行规程》，1930 年，B0032-001-00424-0137。
②　青岛市档案馆：《青岛教育概览》，1934 年，A001358-00000046。
③　陈明远：《文化人与钱》，百花文艺出版社 2001 年版，第 80 页。

此推算，月薪 80—120 元者就相当于今天的 2400—3600 元，25 元者相当于今天的 750 元，所以中小学教职员的收入差距很大。收入丰厚的教职员生活比较富裕，可以经常和朋友进行聚会，业余时间可以参加一些休闲活动。收入较低的教职员，尤其是月薪少于 30 元者生活不是很宽裕。他们很少购买书报，外出进修和学习的机会也较少。"休息时间多以静坐、深思、徘徊、无聊睡觉、闲谈的方式度过，女教职员除忙于写信、修饰、跑商店之外，还忙于买便宜货和操持家务。"① 另外，青岛市政府为培养国民勤劳精神、普遍使用全市人民力量以完成民族复兴之任务起见，规定教师每年要服工役。据《青岛市公务员及学校师生征工服役简则》可知，"第二条规定：凡本市区域内各机关公务员与军队官兵均应依照本简则服役，其免役年龄得依照《青岛市人民服工役实施办法大纲》第二条（即凡居住本市人民年在十八岁以上四十五岁以下之男子除现充公务员、军队官兵及学校教职员学生等其服务办法另有规定外，均须依照本大纲服役），但有下列情事之一者得免除之：（一）精神丧失者；（二）确患痼疾不胜工役者。"② 另外，据《青岛市中学师生与小学教职员民国二十六年度春假服劳役实施办法》统计，"全市市立、私立男女中学全体师生约计男 1828 人，男教职员 194 人。女 1007人，女教职员 37 人。市区全体市立、私立小学男教职员 219 人，女教职员104 人。"③

　　2. 警察

　　警察经费的来源完全按月依照确定预算或核准追加条案直接向市府请领，由财政局拨发。关于警官、警士薪饷标准，"查本局警官俸薪最低一百三十元起至二百五十元止为最高，警察薪饷分警长支一等饷为二十一元；二等饷为十九元；三等饷为十七元。警士支一等饷十五元；二等饷十四

① 崔玉婷：《抗战以前青岛华人社会阶层分析》，《文史哲》2003 年第 1 期。

② 青岛市档案馆：《青岛市公务员及学校师生征工服役简则》，1936 年，B0032-001-00670-0053。

③ 青岛市档案馆：《青岛市中学师生与小学教职员民国二十六年度春假服劳役实施办法》，1937 年，B0032-001-00670-0173。

元；三等饷十三元。学警津贴每名月支八元。"① 下面具体看一下1929年消防队警士的工资。

表2.13　《胶澳商埠警察厅消防队民国十八年（1929）一月份薪饷清册》

职别	队长	分队长	二等书记	机关士	一等消防目	二等消防目	三等消防目	一等消防兵	二等消防兵	三等消防兵	伙夫	马夫	合计
额定数	1	1	1	3	3	1	2	12	18	24	6	2	74
现有数	1	1	1	3	3	1	2	12	18	24	6	2	74
饷额	100	40	30	25	20	17	14	12	11	10	8	8	996
共计	100	40	30	80	60	17	28	144	198	240	48	16	1001
另：司机工资支洋50元。机关士这一栏中赵立生是二等巡官，应支饷洋30元。													

资料来源：青岛市档案馆《胶澳商埠警察厅消防队1929年1月份薪饷清册》，1929年，A0017-003-01272-0093。

可见，警官和队长的工资还比较高，警官最低130元，最高250元，应该属于中上层。警长和警士的收入确实不高，警长最高21元，最低17元；警士最高15元，最低13元；一等消防兵12元，三等消防兵才10元；伙夫和马夫工资最低，每月只有8元。值得一提的是，这不高的薪饷中并不包括生活费，如果算上生活费，警士的收入就稍高些了，并且其收入还较为稳定。其薪饷一般能够保证家庭生活需要。尤其是警官级别较高的警长、警士，家庭生活比较宽裕。当然，一般警士家庭的生活水平还处于中下层。如果物价上涨，对于低收入的警察，政府也曾经给予照顾，如《关于值班时间夫役工资和卫生办法》规定："查现在物价昂贵，工资低微，生活维艰，亟应设法一律筹给现洋以示体恤。其服务时即责成庶务处严格监察，以免懈怠。"② 通过补助措施来保障警察们的生活，这样他们才能尽最大努力去保障青岛社会的治安。

---

① 青岛市档案馆：《青岛市公安局警士录用标准、训练方法、薪饷标准》，1937年，青岛市公安局，A0017-002-00955-0093。

② 青岛市档案馆：《关于值班时间夫役工资和卫生办法》，1927年，A0017-003-00201-0016。

　　值得注意的是，青岛社会中层中的自由职业者数量偏少，据《1930年青岛市市民职业分类统计表》可知，"总人口数为261977人，其中教职员1083人，律师3人，医生307人，新闻记者76人。"① 由上述数据可知，自由职业者共计1498人，仅占总人数的0.57%。"自由职业人员数量少以致青岛的思想文化不够活跃，新式文化未能广泛传播，新式知识分子在近代社会中应起的作用在这个城市大为削弱。"② 限于资料的有限，青岛各行业和各部门的普通职员、中小工商业主、工头和有技术专长者等阶层在此不予细述。

　　总起来说，青岛社会中层的各类从业人员相对于社会上层的买办、资本家和处于社会下层的劳工、无业游民来说，职业较为稳定，收入较高，生活较为殷实舒服。他们是青岛现代化进程的直接产物，是青岛经济现代化、政治现代化和社会现代化的受益者，他们大多数都接受过新式教育，凭借自己所学到的专业或一技之长服务于社会，拥有一份比较稳定的工作，求得稳定是青岛中层社会中大多数人的普遍愿望，所以他们不希望社会发生动荡和革命，对青岛的社会稳定和发展起到了重要作用。"社会中层作为现代化进程的直接产物，他们对现代化有着本能的亲和力，具有较强的现代性。"③ 因此，社会中层是青岛城市现代化的中坚力量。

四、社会下层——青岛城市现代化进程中的基础力量和被动牺牲者

（一）社会下层概况

　　青岛社会下层是一个庞大繁杂的社会群体，人数最多，大多数未受过教育、缺乏熟练技术，只能靠出卖劳动力和其他低等的谋生手段维持生存，

---

① 青岛市档案馆编：《青岛数字全书》，中国文史出版社2003年版，第53页。
② 郭芳：《早期青岛移民社会的构成》，《青岛教育学院学报》2002年第4期。
③ 忻平：《从上海发现历史——现代化进程中的上海人及其社会生活（1927—1937）》，上海人民出版社1996年版，第126页。

职业涉及城市生活的各个方面。由于大多数人没有文化，所以失业率较高，他们在城市社会中处在最低的地位，对城市的政治经济文化都缺乏影响力。随着青岛城市现代化的发展，下层社会的人数在逐年增多，大批农民、手工业者和一部分无业游民步入工人行列，形成了城市产业工人群；还有相当一部分商贩、店伙、学徒、仆役、车夫、小工和苦力，形成了庞大的城市贫民阶层，他们与工人一道组成了城市的下层社会。

青岛城市中的下层职员及低级雇员，拥有一定的文化或办事能力，是下层社会中收入较稳定者；而独立的手工业者或商贩拥有一定技艺或微薄的资金，他们通过投机经营，扩大资金积累，有可能上升到社会中层；熟练工人的工资收入相对较高，就业较为稳定，其生活方式与非熟练工人不同，有些接近于城市的中等市民。下层社会中的妇女，大部分充当女工、艺人、女佣，也有一部分为生活所迫进入舞厅和妓院，充当舞女或妓女。

青岛底层社会无数无业或失业游民中有大量的流氓、窃贼、乞丐，他们逐渐演变成以抢劫诈骗为主的具有黑社会性质的都市群体。青岛码头工人的生活境况最不堪设想。码头工人群体每日从事繁重的体力劳动之后，剩余时间就急于休息以恢复体力。他们的文化娱乐极为简单，基本游离于现代文化之外，"互相吹吹牛"即为休闲，最高的享受是听听戏。独身码头工、人力车夫、杠夫等往往聚居于私人开设的客栈，以赌博、饮酒、吸鸦片等为乐趣。青岛城市底层社会中还有一部分人靠捡拾垃圾和废品为生。

综上所述，青岛社会下层的成员在社会资源分享中处于相对被剥削地位，他们的生活经常处在无法保障的状态，也寻找不到正当的社会上升渠道，因此，他们自然会产生对社会的不满。那些"不安分者"，往往从事不正当的、甚至违法的行业，他们的行为有可能导致社会秩序的混乱。因此，青岛下层社会无业群体的无序膨胀阻碍了青岛城市现代化的进程。

（二）社会下层的职业状况

社会下层，即是在社会结构中无论是在占有社会财富、拥有权力资源还是在享受教育程度方面都明显低于社会上中层而处于下等地位的群体。绝

　　大部分的劳动力没有受到教育，这样，就出现了一个二律背反（矛盾）：近代青岛的发展急需要大量受过现代教育的人力资源，而供给青岛的却是太多的从农村涌来的没有文化知识、无一技之长的劳动力，当时的青岛又没有能力为这部分人提供受教育机会。在严酷的现实面前，这部分人只好靠出卖自己的劳动力为生，靠微薄的工资，维持着低下的生活水平。

　　社会下层包括普通工人、苦力、游民无产者、小商贩、小手工业者等。

　　1. 工人

　　工人包括产业工人和手工业工人。产业工人是指在近代工业生产部门中劳动的工人，如矿工、钢铁工人、纺织工人、铁路工人等体力劳动者。青岛的产业工人是伴随着青岛近代机器工业的兴起而出现的。"青岛产业工人的数量大致保持在总人口的10%左右，与省内其他城市相比，是相当高的。"① 但是，青岛工人阶级所遭受的苦难是深重的。

　　德占青岛时期，德国殖民当局偏重军事无暇顾及其他事业，故青岛除四方机厂规模较大，工人较多外，没有很大的工厂，因此工人当然不多，不过大鲍岛有数十人或数人的小铺面数十家罢了。据《胶澳志》之《一九零二至一九一一年报告》记载，"青岛的工厂有1902—1903年创办的沧口缲丝厂、1909年创办了哥伦比亚蛋厂、1904年创立的德国啤酒工厂、汽水工厂和1911成立的制桶工厂。"② 所以德租青岛时期，因工业不发达，工人很少。工人总数约有万人以上，其中产业工人约有五六千人。

　　德国租借青岛后发现具备较高技能的工匠为数寥寥，德国殖民当局致力于培养合格的劳动力，其目标是使工场尽可能摆脱对别处技工的依赖，于是1902年建立了一所徒工学校，徒工学校的校长由机械师利姆巴赫担任。徒工学校只招收农民子弟，年龄在15岁至18岁之间，必须身体健康，多少能够写中文和读书，徒工学习4年。据记载，"1902年4月招收76名学徒，1903年10月招收102名学徒，1905年4月招收79名学徒，1906年10月

---

① 郭芳：《早期青岛移民社会的构成》，《青岛教育学院学报》2002年第4期。

② 青岛市档案馆编：《帝国主义与胶海关》，档案出版社1986年版，第129—130页。

招收 114 名学徒，1908 年 10 月招收 119 名学徒。"① "从 1902 年到 1912 年总共招收徒工 1200 人。"② 按规定，学徒们通过考试后有义务在造船厂至少做两年徒工，但是有很多徒工逃跑。据记载，"有 50% 的徒工返回到山东内地，他们在那里可以获得较高的工资和较好的工作条件"③。下面是中国徒工的培训计划。

表 2.14　中国徒工的培训计划（1910 年 4 月 25 日）

时间	内容
6：00	起床
6：00—6：30	洗漱、整理寝室、清洗衣服和缝补衣物和做其他小事
6：30—7：00	练习德语
7：00—7：30	早饭和处理小事
7：30—9：00	德语课
9：00—12：00	车间工作
12：00—13：30	午饭和休息
13：30—18：00	车间工作
18：00—18：30	晚餐
18：30—19：30	自由活动时间、自行安排
19：30—20：00	中文课

资料来源：青岛市档案馆编《胶澳租借地经济与社会发展——1897—1914 年档案史料选编》，中国文史出版社 2004 年版，第 436 页。注：这个工作计划适用于周一至周六。星期天学徒只上一次德语课。其他时间用来锻炼身体，进行职业必需之学习和学徒愿意干的事。

从上表可见，徒工学校的培训计划安排得非常周密，既学习理论又注重到厂实习。徒工学校开设中文、德文和数学等课程，徒工们早上和晚上到学校学习，德国技工负责技术训练。由于注重德语的学习，很多徒工成为工

---

① 青岛市档案馆编：《胶澳租借地经济与社会发展——1897—1914 年档案史料选编》，中国文史出版社 2004 年版，第 431 页。

② ［德］余凯思：《在"模范殖民地"胶州湾的统治与抵抗——1897—1914 年中国与德国的相互作用》，孙立新译，山东大学出版社 2005 年版，第 166 页。

③ ［德］余凯思：《在"模范殖民地"胶州湾的统治与抵抗——1897—1914 年中国与德国的相互作用》，孙立新译，山东大学出版社 2005 年版，第 166 页。

厂的骨干，担任了队长、仓库管理员、书记员和翻译等，甚至有的直接成立自己的公司单干。

德国殖民当局还通过制定一些法令、规章来限制工人的行动，工人稍有不慎，就要被关或被处罚。这可以从1898年7月胶澳殖民当局颁布的《充当跟役、苦力告示》中得到证明。这则告示说，"照得华人，凡充西人跟役或苦力以及各项工人者，如时常不按时操作，懒惰成性或不遵嘱咐，或无故不辞而逃，以及唆使同伙逃逸，一经察觉，准其东主投报副按察司署核办，审实即罚本月薪金，或责打五十板之多，或监押至三礼拜之久。仰各凛逆勿违。"① 另外，据《青岛全书》记载，德占时期，德国殖民当局先后制订、公布了180多种法令、规章和制度，其中有的不准华人有任何反抗，有的规定华人夜行必须提着灯笼，而工人群众则通过罢工进行自发的反抗斗争。据记载，"1909年1月8日，德营青岛工厂工头熊哈根无故克扣5名工人工资，工人提出抗议，竟遭斥责。工厂老总知道此事进一步强诬工人误工，又要扣发工资……"②

日本第一次占领青岛时期，为了加强经济掠夺，工业得到了迅速发展，纱厂、油厂、火柴公司、丝厂及其他小工厂纷纷成立。这一时期，工人们更是苦不堪言。以纺织工人为例：一方面，能够进入工厂的机会难得。工人进工厂要有一定的手续。从农村招来的工人，除了要受厂方管辖外，保护员有绝对管辖的权利。工人挣的工钱，必须交给保护员"保管"。城市中的贫民想进工厂工作，就必须请客送礼，从而加重了工人们的负担。工厂管理制度也很苛刻。车间的管理人员有日本人、大把头、二把头、小把头等许多层。工人稍有不慎，就会遭受拳打脚踢或者罚款，甚至被开除。另一方面，在日厂工作的工人的人格没保障、劳动时间长、劳动条件差、工资低。工人下班出厂必须解开衣服受日本人或他们的爪牙搜查，女工也不例外；工人每天工作12个小时，多数工厂还不留吃饭时间，要工人边吃边干；车间空气污浊，

---

① 青岛市档案馆编：《胶澳租借地经济与社会发展——1897—1914档案史料选编》，中国文史出版社2004年版，第3页。

② 青岛市档案馆编：《青岛旧事》，青岛出版社1991年版，第9页。

温度高，又没有劳保措施，经常有人晕倒；一般工人每天挣二角多钱，具有一技之长的技工顶多挣到四五角。初进厂的童工，只挣一角钱。经过层层盘剥，落到工人手中，所剩就无几了。

北洋政府接收青岛后，工业继续发展，工人人数继续增加。据1924年6月《青岛劳动概况》统计，"四方机厂约二千人，码头搬运夫约一千人，油厂、丝厂、火柴公司工人约五千，小大车夫和洋车夫约六千，水道、电气、电话约一千，理发约一千，其他车站运夫、洗衣局、成衣铺、小工木匠、石匠等零星工人，合计总不下五千。总计约有四万多将近五万人"。[1]关于纱厂工人，据1925年4月1日《邓恩铭关于青岛工运情况及成立地方党组织事致邓中夏信》记载，"青岛计有纱厂七家：四方三家即：大康、银月（内外棉）、隆兴。沧口四家：钟渊、富士、宝来、华新（中资）。以上七家，只华新一家是中国资本，其余六家都是日资，这六家里面要数大康、钟渊规模大。总计七家要有工人三万。"[2]但是，北洋政府接收青岛后，工人的工作条件并没有得到丝毫的改善。

南京国民政府接收青岛后，青岛虽然在名义上交还了南京国民政府，但在经济上、政治上实际支配的仍是日本帝国主义。工人劳动时间一般是在12小时以上（纱厂12小时，火柴公司14小时到16小时，苦力18小时）；工资低微（纱厂、烟卷厂、面粉公司、矿工等，大多数每日平均工资不过三四角）；物价昂贵（衣食住平均比以前贵一倍）；待遇恶劣，甚至有打骂事情。工人为生活所迫，不得不走上斗争的道路。青岛先后有15000人以上的纱厂罢工、英美烟草公司罢工、机厂增薪运动等，罢工要求增加工资，改善待遇。从这些事件中可以看出，工人阶级大都因生活问题而爆发经济斗争，斗争中充分表现政治因素，如纱厂工人罢工中反对日本帝国主义；烟草公司、齐鲁大学工人罢工反对英美帝国主义；纱厂工人、洋车夫反对国民党的

---

[1]　山东省总工会工运史研究室、青岛市总工会工运史办公室编：《青岛惨案史料》，工人出版社1985年版，第35页。

[2]　中央档案馆、山东省档案馆等编：《山东革命历史文件汇集》（甲种本第一集）（1922—1925），内部发行，1994年版，第368页。

欺骗和剥削。①

　　2. 苦力

　　苦力，是引自日文的外来语，最早是西方人士对中国工人的一种叫法，逐渐成为对没有专门技术、只靠体力劳动者的称呼。有的资料称之为"劳工"，是指没有固定职业与固定收入而仅靠出卖劳动力为生的社会底层劳动者群体，主要包括人力车夫、码头工人等。

　　（1）人力车夫。人力车夫是一个劳动强度大、收入微薄且社会地位极其低下的职业。青岛近代人力车夫主要来源于来青的山东各地破产农民，他们大多数没有文化，又没有熟练的技术，在身无分文、一无所长的情况下，为了谋生，只好以拉车为业。1901 年，青岛开始出现两轮人力车。1907 年，开始经营汽车客运，乘坐汽车的是殖民政府的官员。由于机器车数量较少，用骡马车和人力车代替。马车分两轮和四轮两种，价格昂贵，只有高等华人才可以乘坐。一般市民多租用骡马车。人力车分为两个等级，头等人力车车轮染成黄色，车夫是两人；二等人力车的车轮是黑色的，车夫是一人。

　　人力车夫大多数都是租车营业，租车方式分长期租和零租两种形式，所以深受车主的盘剥。即使有自己的人力车，也要上缴各种捐费。

　　凡是在青岛充营业人力车夫者必须办营业执照，营业时必须遵守一定的规则。《青岛市营业人力车夫管理规则》第十二条规定："车夫候客时，非经乘客之招呼不得争前兜揽或尾随喊叫，并不得在娱乐场所及商店住户门前任意停车。"第八条规定："车夫执行业务时，须依照本局指定之停车场及不碍交通处所挨次排列，不得任意停放，不得挽车于街市重要处所往来盘放致碍交通。"② 如果有立功的话，人力车夫可以受到奖励。《青岛市营业人力车夫管理规则》第十三条规定："凡车夫中有拾金不昧及遇有形迹可疑之乘客报告警察因而破案者，经公安局查明，即分别给奖，其奖励如下：一、普通

①　山东省档案馆、山东社会科学院历史研究所合编：《山东革命历史档案资料选编第二辑（1929—1931）》，山东人民出版社 1981 年版，第 144—146 页。

②　青岛市档案馆：《青岛市营业人力车夫管理规则》，1931 年 4 月，B0032-001-00422-00037。

奖给予大洋1元至3元。二、特别奖除按照前项规定给予奖银外，并须给奖章。"① 当然如果违反规则的话就会被罚款，轻者处以1元之罚款，重者处以2元以上5元以下之罚款，甚至取消其营业执照。由于车租昂贵，在旺季，人力车夫终日拉车所得收入除缴纳车租外剩余有限；在淡季，所得收入仅能维持简陋之生活，甚至连车租也缴不上。由于供过于求，人力车夫有时候一天也拉不到一个客人，为了能拉到客人，人力车夫之间经常相互压价，甚至发生冲突。

（2）码头工人。随着城市建设的开始，山东各地的劳动者大部分从事筑港、铺路、建设城市和军事设施以及装卸生产等重体力劳动。青岛港最早的码头工人就是这一时期诞生的。德国殖民当局把招募来的工人叫"苦力"，当时青岛港的码头工人分常工和毛子工（即临时工）两种。常工由包工头亲自招募，但必须有一定的关系。毛子工则由包工头手下的二领工随时到东镇出卖劳动力的"工夫市"（也称"人市"）去挑选，由于劳动力供过于求，所以工人们为了谋生，都忍受德国殖民者的残暴统治。

德国殖民当局为了最大限度地榨取工人的血汗，取得最大的利益，在1908年9月专门颁布《码头并栈房规条》，规定："工作时间除星期天和节假日外，变一年春、夏、秋、冬四季为夏、冬两季，夏季从三月一日起至十月三十一日，这八个月里每天早晨五点钟上班，下午八点钟下班，一天工作十五个小时；冬季即自十一月一日起至二月底止，这四个月，每天早晨六点上班，至下午六点下班，一天工作达十二个小时。"② 而德国人和所谓"高等"华人则无冬夏两季之分，除节假日外，每天上午9点至12点半，下午两点半至5点，只上6个小时的班，此外每个星期天从11点到12点上1个钟头的班。这种无理现象充分体现了不平等和工人们工作的艰辛。码头工人除了吃饭、走路和干杂务时间，每天只有三四个小时的休息时间，犹如机器一样周而复始地运转。为了加强殖民统治，德国殖民当局在青岛港实行了封

---

① 青岛市档案馆：《青岛市营业人力车夫管理规则》，1931年4月，B0032-001-00422-00037。

② 转引自胡汶本《帝国主义与青岛港》，山东人民出版社1983年版，第34页。

建把头包工制，雇用一批封建包工头统治码头工人，码头工人就成了封建把头任意宰割的对象。

德国殖民当局极力扶植封建帮会势力，先后利用"冯二帮""郑三帮"等封建帮会，加强对码头工人的控制和压迫，这样就形成了德国监工、封建把头和帮会三位一体的统治体系，统治着码头工人。

在德国殖民者的残暴统治下，码头工人生活非常悲惨，且生命也无保障。据调查，"德占初期，在青岛东部建筑汇泉炮台时，统治极严，在炮台外工作的人不准进入，而修建炮台内部的人，许进不许出，强迫'苦力'昼夜苦干。到这个炮台竣工时，德国殖民当局为了保密，除把修建炮台外部的'苦力'调往他处建设军事设施外，所有炮台内部的数百名'苦力'，全部被逼上军舰，拉到海中屠杀了。"① 这种惨无人道的暴行，实在令人发指。

第一次占领青岛时期，日本殖民当局更加肆无忌惮地迫害、剥削码头工人。这一时期码头分杂货部、煤盐部、火车部、运搬部四部分，由若干封建把头分别统治，每个大把头的手下，只有十至几十名常工，把头就根据需要到"人市"招揽"毛子工"。在日本殖民当局和封建把头的统治下，码头工人劳动条件极端恶劣，劳动强度极高，劳动时间极长，并且经常被迫"连轴转"，往往连续干24小时、36小时，甚至更多。那时装一条万吨级煤船，需要二三百人抬上半个月左右，码头工人只好日以继夜地干。码头工人这种过度劳累又是同失业相交替的，毛子工固不待言，就是常工亦是如此。

中国政府收回青岛后，港口反动当局只顾着盘剥工人，根本不顾工人的死活，驱使工人用那些极其原始、落后、笨重的运输装卸工具，从事不堪忍受的长时间的体力劳动。工作时间表面上规定为10小时，实际上码头工人经常"连轴转"，而且舱时量达到28吨至30吨。港口反动当局除对封建把头无限地延长劳动时间熟视无睹外，还要求进一步提高装卸速度，强迫工人在规定的时间内必须装卸完规定的限额。②

---

① 青岛市档案馆编：《帝国主义与胶海关》，档案出版社1986年版，第33页。
② 胡汶本：《帝国主义与青岛港》，山东人民出版社1983年版，第121页。

3. 游民无产者

"游民无产者是因受反动政府和地主阶级的剥削和压迫，失去职业和土地，常以不正当的活动（如偷盗、行乞或卖淫等）所得的经济收入为主要生活来源的人。他们的生活极不稳定，具有破坏性。其中一部分容易被剥削阶级及反动势力所利用，另一部分则有参加革命的可能性。他们是一个动摇的阶层，往往成为土匪、流氓、乞丐、娼妓和许多迷信职业者的主要来源。"① 以娼妓和乞丐为例：

（1）娼妓。青岛青楼业的兴旺与青岛人口结构的性别构成有关。"人口的性别构成指一个地区两性人口数量的比例关系，通常由性比例这个指标来加以表示。性比例是指每100个女性人口相对应出生的男性人口的数值。（如每100个女性对应有150个男性，其性比例是150）它既受人口再生产自然属性的影响，也受社会经济、环境、文化等社会因素的影响。当代人口统计学调查表明，世界各国出生的婴儿性比例一般处于105或106这个生物学意义上的稳定值。人口学多以此为性比例高低的标准。"② 由于青岛人口城市化速度较高，自开埠以来，人口性别比例一直居高不下。"1916年青岛华籍人口的性比例是185；1917年为198.6，为青岛历史上人口性比例的最高点。1918年为192；1921年为196.9（包括外侨下同）；1923年为167.9；1924年为172；1925年为165；1927年为163.7；1928年为168.2。"③ 由此可见，青岛人口的性别比严重失衡，直接影响到青岛人口的婚嫁率，必然造成众多男子无以为偶成为社会旷夫。"性别构成是体现城市社会人口结构的一个重要指标。人口结构中两性比例失调，必然导致未婚男子数量居高不下，这种离奇的社会现象对城市娱乐的发展产生了奇异的影响力。"④

德租青岛后，随着外来人口的增加，青岛的青楼业比较兴旺。德租青

---

① 章人英主编：《社会学词典》，上海辞书出版社1992年版，第377页。

② 刘铮等编：《人口统计学》，中国人民大学出版社1981年版，第28页。

③ 任银睦：《清末民初移民与城市社会现代化——青岛社会现代化个案研究》，《民国档案》1997年第4期。

④ 楼嘉军：《城市人口结构对30年代上海娱乐业发展的影响》，《历史教学问题》2007年第6期。

岛后，在驻青岛的部队中经常发现有性病，德国殖民当局采取"开明"的态度，把卖淫业看作涉及公共健康的医学问题，不是禁止卖淫活动，而是借助行政管理章程和社会控制机构从源头上消除性病传染的可能。根据1899年1月19日的警察条例，"所有从事卖淫活动的人都必须到警察局登记注册。妓女应当每星期六到德国医生那里进行一次检查，查看是否患有传染病。每次检查都记录在案，妓女们人手一册，随身携带。一旦发现某妓女染上了疾病，就要把她强制性地送到专门为中国妓女开设的医院中接受治疗，该医院也是唯一一所接收部分中国人就诊的海军医院。"① 胶澳租借地的妓女大多数是中国人，也有日妓和欧洲妇女。据记载，"1901年，日本人在青岛仅有五六十人，大多数为妓女，而这些妓女当时在日本被称为开拓殖民地的先驱。到1912年日妓有32人。"②"1927年共有妓女449人。""1930年娼妓有1084人，其中华妓772人，外妓312人。1931年1169人，其中华妓739人，外妓430人。1932年共1335人，华妓873人，外妓462人。"③ 妓女人数越来越多。

　　青岛市娼妓分华妓和外妓。德租日据时期，外妓有俄妓、日妓和朝鲜各妓，华妓散居四处，多数流居各旅馆、各客栈营业，价目既不一致，时有敲诈勒索之事发生。中国政府接收青岛以后，1925年青岛市警察局进行了一次整理，先后划定朝阳路平康一里、平康二里，金乡路升平一里，冠县路平康三里，云南路平康四里，黄岛路平康五里，后来因升平一里房屋过旧，不堪居住，遂又迁移四方路，改称平康东里，均有官厅按等规定价目，绝无争执讹诈之弊。开始青岛乐户等级只分一等、三等。1931年的《青岛市管理乐户规则》第二条、第三条规定："本市乐户除向无二等应照旧不许新设外，分为一等和三等，以指定地点及纳捐之等级为区别。第三条：本市乐户指定地点及家数如下：一、平康一二三四里及升平一里为一等；龙门路、长

---

①　[德] 余凯思：《在"模范殖民地"胶州湾的统治与抵抗——1897—1914年中国与德国的相互作用》，孙立新译，山东大学出版社2005年版，第303页。

②　[韩] 李俊熙、赵显镐：《1914年以前日本人在山东》，《东方论坛》2000年第4期。

③　青岛市档案馆：《青岛数字全书》，中国文史出版社2003年版，第53—55页。

兴路、台东七路及山西路为三等。一等乐户限定 57 家，三等乐户限定 201 家。"① 直到 1934 年开始设二等妓女，《青岛管理乐户娼妓规则》规定，"查本局原管理乐户规则与管理娼妓规则，均只包括一、三两等，此项奉令准设平康五里为二等乐户，自亦应当并入规定，以期一律。"②《青岛市管理娼妓规则》第二条规定："娼妓以所入乐户之等级为等级分一等、二等、三等三种。"③ 从此，妓女根据所入乐户分为一、二、三等。据 1935 年统计，"（甲）华妓：平康一里（朝阳路二十号）妓女 12 人；平康二里（朝阳路十四号）妓女 60 人；平康三里（冠县路二十五号）38 人；平康四里（云南路四十九号）41 人；平康东里（四方路九号）81 人。合计 232 人。以上都是一等妓女，住宿 10 元，茶盘 1 元。平康五里（黄岛路十七号）妓女 109 人；东镇平康里妓女 27 人。以上均是二等妓女，住宿 6 元，茶盘 8 角。黄岛路六十五号妓女 54 人；黄岛路六十八号妓女 18 人；山西路十四号妓女 68 人；莘县路六十二号妓女 69 人；青海路十八号妓女 67 人；鄱阳湖路十一号妓女 48 人；沧台路五十五号妓女 9 人；以上均是三等妓女，价格面议。"④

由上述数据可知，一等娼妓 232 人，二等娼妓 136 人，三等娼妓 333 人，总共 701 人。

外妓主要有俄妓和日妓。俄妓必须在指定地点营业，以卖酒跳舞为主。每到夏季，来青岛避暑的外人越来越多，俄妓人数亦随之增加，各国军舰官长、士兵为了消遣经常光顾。如果留宿，收费颇高，所以华人很少有光顾的。据 1935 年统计，"俄妓总共有红灯六区，总共有妓女 31 人。"⑤ 日妓分三等，一等如大浦、大辰等，其中很多是艺伎，艺妓的收费标准，每小时两元，均以老人头计算。如果是过夜，第一夜收费：50 元，第二夜 15 元，但酒资仍须照算。二等娼寮有艺妓与淫妓二种，艺妓照例必须从吃酒入手，连

① 青岛市档案馆:《青岛市管理乐户规则》，1931 年，B0032-001-00453-00041。
② 青岛市档案馆:《令为公布管理乐户娼妓规则仰转饬所属一体知照由》，1934 年，A0017-002-00767-0034。
③ 青岛市档案馆:《青岛市管理娼妓规则》，1934 年，A0017-002-00767-0035。
④ 青岛市档案馆:《青岛风光》，1935 年 6 月，A001566-00000121-A001566-00000123。
⑤ 青岛市档案馆:《青岛风光》，1935 年 6 月，A001566-00000121-A001566-00000123。

侑酒约需四五元，一宵夜收费 12 元。卖淫妓每宵夜收费 6 元，每小时仅 2 元，另外支付果盘费 5 角。三等娼寮及朝鲜妓女，如上海之下等野妓，一般都站在门前，勾引男人，强行拉客。如果生意不好，可以打折。如上所述，外妓比华妓收费要高。

青岛市政府对乐户及娼妓的管理严格，制定了一系列规则来约束娼妓的行为。1930 年的《青岛市娼妓管理规则》规定："第二条：娼妓以所入乐户之等级为等级计分一等、三等两种；第三条：凡娼妓均须由公安局领得娼妓许可执照方可营业。……第五条：未满十六岁之幼女或已满十六岁而身体未发达者不得为娼妓。第六条：为娼妓者须遵守下列各项：（1）不准设局诈骗客人出不当之花费；（2）不准设计引诱客人及在街市酒楼故为妖冶之状态；（3）身体传染病及花柳病者不准仍在班内接客；（4）怀孕已足三个月者不准留客住宿；（5）不准接待身着制服之学生及未成年幼童；（6）不准容留客人聚赌吸烟及其他违法事项。……第八条：娼妓于固定乐户地点外不得赁屋招引游客。第九条：娼妓须遵照检验简则受身体之检查，如果患病必于治愈复验后方得接客。……第十四条：违犯本规则各条之规定者依其情节之轻重比照违警法分别处罚。"① 外妓除了以上规定外，还有一些额外的规定，如在办理许可执照时，除了要写姓名、籍贯与出生年月日、住所、乐户之姓名外，还要写明何时旅青、家中历来做何营业、有无亲族及居留执照或中外各官署所发之证照等等，这些都是为了更好地管理娼妓。

另外，乐户对娼妓拥有一定的权利和义务，《青岛市管理乐户规则》规定，"第十条：乐户营业应遵守下列各项：一、不准虐待娼妓；二、不准强迫妓女留客住宿；三、搭班妓女如欲迁移他处者应听本人自便，不得阻留；四、娼妓所有之衣饰物件及过夜赠予之银钱等物乐户不得巧设名目管理或收设；五、娼妓有欲从良或投济良所者，乐户不得妨害其身体自由；六、娼妓如有疾病时应由乐户负责医治，不得强迫留客住宿；七、每晚十二点以后应一律停止营业，除官吏因特殊事件施行检查外，无论何人均不得开门。第十一

---

① 青岛市档案馆：《青岛市娼妓管理规则》，1930 年，B0032-001-00453-0044。

条：乐户对娼妓放债应遵守下列各项：一、借与一等娼妓至多不得过 300 元；二、借与三等娼妓者至多不得过 80 元；三、此项借贷应准娼妓分期归还；四、此项借贷年息不得过二分。"①

（2）乞丐。从社会分层的角度来看，乞丐处于最低贱的地位。乞丐大多数是因贫困或灾难所逼迫而走投无路的灾民、难民和失业的贫民。求生存是人类最基本的本能，乞丐们为了生存而乞讨，他们以牺牲人格尊严而靠别人的施舍度日。"民以食为天""仓廪实而知礼节"，当人们连最基本的"饱"都达不到时，还有什么廉耻、道德可言！乞丐作为一个阶层存在，是时代和社会的产物，不能忽视他们的存在。乞丐们与现代化的大生产基本无缘，他们不创造社会财富，而是分享别人的劳动成果。如果不考虑情感因素，乞丐这个群体是城市现代化的沉重包袱。

由于乞丐居无定所，所以很难对他们进行确切的统计，但我们可以从当时失业者的统计数据中对乞丐的人数进行粗略估计。"1930 年，无职业者 52004 人；1931 年，无职业者 33911 人；1932 年，无职业者 19548 人。"② 从上述数据中可以看出，无职业的数量逐渐减少，这是青岛市政府通过创办乞丐收容所、游民收容所等途径解决乞丐问题的结果。乞丐的种类很多，如残疾丐、告状丐、走街丐等。乞丐为了博得世人的同情，行乞的方式可谓是五花八门、花样百出，如：喊街、说善书、打竹板等等，当然也有强索、诈骗等无赖式的行乞方式。有些乞丐靠出卖苦力生活，比如有的乞丐帮车夫拉车上坡、过桥，有的在码头帮人提包抬货，有的在公共娱乐场所的门口帮忙，从中获得一点小费和赏钱。此外，还有从垃圾箱中翻找可卖钱的旧物换点钱花。他们大多数是无产无业、无家可归或无儿无女的鳏寡孤独者。他们吃的是讨来的残羹冷饭，穿的是破旧衣服，栖身于车站码头、破庙、屋檐、废弃屋舍、临时搭的窝棚里。他们挣扎在社会的最底层，饥饿、寒冷、疾病、死亡，无时无刻不在威胁着他们。

---

① 青岛市档案馆：《青岛市管理乐户规则》，1931 年，B0032-001-00453-00041。

② 青岛市档案馆编：《青岛数字全书》，中国文史出版社 2003 年版，第 53—55 页。

（三）社会下层的生活状况

1. 工人

德占青岛时期，青岛工人过着政治上无自由、人身安全无保障、终年劳累、得不到温饱的奴隶生活。随着青岛城市建设的开始，成千上万的劳动者从山东各地侨居青岛。当然工人中除了本省人以外，还有来自宁波、上海和广东为数不少的中国南方人，他们在青岛找到的工作多是机械技工、商店店员、服务员、厨师等。木匠、瓦匠、石匠和其他技工及帮佣人员在青岛是能找到工作的。据《帝国主义与胶海关》记载，"普通壮工每日工资可得银圆二角五分，技工工资自三角到五角，帮佣人员工资每月约八至十五块银圆。一位优秀的南方技工，例如铁匠或者焊匠，每日可挣银圆八角或八角以上的工资。一位服务员的每月工资约十五至二十元，一位厨师的工资每月在二十元以上。"① 由此可见，德占青岛时期，青岛港和胶济铁路等城市建设吸引了大量的劳工来到青岛，靠体力劳动谋生。应该说，有点技术的技工是可以找到一份待遇不错的工作。当然也有很多从事没有技术含量的劳动工人，他们的生活就很悲惨了。

据《胶澳志》记载，"青岛物价向称昂贵，当德人租借期间，在青岛购取本国或欧洲之食物较之上海平均贵 15%，奢侈品尤甚，例如德国物品在德国值一马克者，在青岛则售一元。中国物品在上海值一元者，在青岛可售一元五角。"② 由此可见，青岛港口以物价最贵而闻名全国，无论中外食品的价格都要比上海贵 15%。这主要是因为青岛的住房和商店房租比上海要贵 30%—50%。关于食品的价格，由于各种食品的产地都远离旧有的贸易中心，大米、面粉、土豆和其他各种蔬菜都要从上海进口，所以价格昂贵。工资低，消费高，德占时期工人的生活便可想而知。

日本第一次占领青岛时期，青岛工人工资低微，日本工人和中国工人"同工不同酬"，参见下表：

---

① 青岛市档案馆编：《帝国主义与胶海关》，档案出版社 1986 年版，第 62 页。
② 赵琪修，袁荣叟纂：《胶澳志》，胶澳商埠局 1928 年，青岛出版社 2011 年影印版，第409 页。

表 2.15 民国六年（1917）青岛工役每日之工资表

单位：银圆

职业分类		木匠	锯木工	小木作	泥水匠	石匠	砖窑工	油漆工	洋铁匠	锻冶工	土工	杂役苦力
中国人	上等	0.80	0.80	0.80	0.70	0.70	0.70	0.60	0.50	0.50	0.50	无
	普等	0.50	0.50	0.50	0.45	0.45	0.45	0.40	0.40	0.40	0.35	0.20
日本人	上等	2.00	2.50	2.00	2.00	2.50	2.00	2.50	2.00	1.80	1.50	无
	普等	1.50	2.00	1.30	1.30	1.80	1.50	2.00	1.50	1.50	1.00	无

资料来源：赵琪修，袁荣叟纂《胶澳志·民社志·工资》，胶澳商埠局 1928 年，青岛出版社 2011 年影印版，第 391—393 页。

从上表可以看出，日本工人和中国工人的工资差距很大，日本工人每日工资大约是中国工人的 3 倍，有的甚至达到 4 倍。另外，日本工人大多都是技术工人，杂役苦力都是中国人干。

据《帝国主义与胶海关》记载，"欧战发生后，进口商品的价格迅速上涨，1920 年达到了顶峰，当时食品、纺织品、燃料和建筑材料都比 1914 年的物价超出 150%—200%；此后有所下降，到 1921 年商品的价格比 1914 年的价格平均提高了 40%—90%。"[1] 下面是 1912 年到 1921 年 10 年内一些主要土产品和食品价格的变化情况，从中可以看出这 10 年青岛物价的变化规律。

表 2.16 1912—1921 年商品价格变化表

单位：银圆

商品名称	计量单位	1912 年	1921 年
小麦	担	4.40	4.80
花生米	担	5.10	7.80
花生油	担	11.00	14.40
豆油	担	9.00	14.50
猪肉	斤	0.20	0.25
面粉	袋	2.20	2.85

[1] 青岛市档案馆编：《帝国主义与胶海关》之《1922—1931 年报告》，档案出版社 1986 年版，第 191 页。

续表

商品名称	计量单位	1912 年	1921 年
鲜蛋	每 100 枚	0.90	2.30
鲜牛肉	每担	10.00	16.00
淄川煤	吨	10.00	14.00
粗盐	吨	4.40	10.07

资料来源：青岛档案馆编《帝国主义与胶海关》，档案出版社 1986 年版，第 191 页。

　　按理说随着生活费用的上升，工人的工资也应相应地增长。但是由于工人的工资是在食品价格上涨后增加的，所以工人得不到改善他们的生活条件。境况更坏的是那些没有技术的劳动者，由于这些人供过于求，所以他们就成为资本家任意宰割的对象。

　　中国收回青岛主权后，青岛生产机关仍多掌握在日人手中，手工生产极少，机器生产以纺织厂为最大，铁路机厂次之，面粉厂又次之，其他如油坊、丝厂、烟草厂、火柴厂皆有。工厂虽然增多，需要的工人较多，但是由于劳力供过于求，资本家看到了这一点，所以就变本加厉地剥削工人，通过种种方式辞掉资格较老的工人，然后去花很少的钱雇佣女工和童工。所以，中国收回青岛主权后，青岛工人的生活状况并没有丝毫的改善。工人依旧生活在暗无天日的牢笼中，忍受着资本家的剥削，过着牛马不如的悲惨生活。工人终年流血流汗，连最基本的温饱问题都得不到解决，工资本来就少得可怜，再加上资本家和封建把头的盘剥，所剩无几。下面看一下《民国十三年（1924）青岛工役每日工资表》，从中可以了解工人们的具体工资水平。

表 2.17　民国十三年（1924）青岛工役每日工资表

单位：银圆

职业分类	每日工资	职业分类	每日工资
木匠	1.00	排字工	0.65
泥水匠	1.00	席工	0.90

续表

职业分类	每日工资	职业分类	每日工资
石匠	1.00	小木作	1.00
铁匠	0.80	锯木工	0.90
油漆匠	0.80	杂役苦力	0.35
洋铁匠	0.90	纺织工（供给宿舍）	0.35
瓦匠	0.90	缫丝工（供给宿舍）	铜圆 45 枚
选棉工	0.70	骨粉制造工	0.50
肥皂工	0.50	卖酒工	0.40
砖窑工	0.40	制粉工	0.60
纺绩女工（供给宿舍）	0.26	制油工	0.45
火柴女工（供给宿舍）	0.17—0.87	火柴工（供给宿舍）	0.30
堆积石料工	0.65—0.80	堆积砖瓦工	0.70—0.85

资料来源：赵琪修，袁荣叟纂：《胶澳志》，胶澳商埠局 1928 年，青岛出版社 2011 年影印版，第
402—406 页。注：本表录自驻青日本总领事馆历年出版之《青岛概观》原书并记之曰：
青岛今年虽则物价腾贵，生活日高，纱厂日增，需工较多，然以劳力供给丰富之故，工
资并未见昂腾，且因事业不振转有低落之象云。

表 2.18　青岛市各项工厂工人之工资表

单位：银圆

厂别	类别	最低	最高
胶济铁路 四方铁工厂	机匠	每日 0.57	每日 1.40
	职工	每日（供宿）0.35	每日 0.70
棉织工厂	普通工人	每月 10.00	每月 30.00
	工头	每月 20.00	每月 45.00
	机匠	每月 30.00	每月 70.00
永裕精盐公司	普通工人	每月 7.00	每月 10.00
	木匠及机匠	每月 17.00	每月 24.00
大英烟草公司	机匠	无	每日 1.60
	工人	每日 0.50	每日 1.00

资料来源：青岛市档案馆编《帝国主义与胶海关》之《1922—1931 年报告》，档案出版社 1986 年
版，第 216 页。

由表 2.17 可知，纺织工人和火柴工人的工资较低，有一技之长的各种技工工资较高。这说明随着纺织厂的增多，劳动力需求增多，但因劳力供过于求，所以工资不高，也说明资本家对纺织工人的剥削严重。由表 2.18 可知，棉织厂工人的工资相对较高，永裕精盐公司工人的工资较低，这说明棉纺织厂工人的工资有所增加。据当时青岛市政府调查，"民国十三年至民国十七年，五载之间，工资指数，无甚升降。迨民国十九，工潮迭起，棉织工人（约占工人总额之半数），所得酬资，始增百分之五至百分之十。普通每人每月所入，约得银圆十五元至二十元不等，平均每人最少月入十元，最多三十元。其中三分之二，除足敷生活外，犹可稍事积储，余者类多资生不足，其穷困情形，殆与人力车夫无异也。"①

另据 1933 年 12 月 8 日《中共山东省委给中央的报告》：

纱厂工人 1931、1932 最高工资大洋二十九元，现下减低二分之一。现下，新上工的最低工资大洋六元，工作时间每日十二小时，并无休息。包工制，休息工资不给，四五日不上工，开除。宿舍住居者二分之一，其余自赁居住（一间小屋，大洋赁费两元）。现在工场因为不能销出商品，经常开除大批熟练工人，以童工、女工代之。童工占全部工人之半数。烟草工人，每月合工资二十元（最高者），平均为十五元。资方因业务不振，原先每日做工十小时，现下每日只做四小时，工人工资按时计算；甚或每星期有两日休班，工资不给，无宿舍。火柴业工资不详。铁路工场，待遇较佳，工资仍旧，工作八小时，有抚恤条例。此外如大车工人，每人每日收入二毛三毛不等，此等工人皆系乡村农人。码头运输工人，每月收入大洋十元上下。②

可见，由于受时局的影响，市场不景气，资本家就减少工资，找借口

---

① 青岛市档案馆编：《帝国主义与胶海关》，档案出版社 1986 年版，第 215 页。

② 山东省档案馆、山东社会科学院历史研究所合编：《山东革命历史档案资料选编》第三辑（1932—1936），山东人民出版社 1981 年版，第 175—176 页。

开除工资高的熟练工人，用女工和童工取而代之。

工人的收入不高与他们的文化程度有一定的联系。关于工人的文化程度，虽然没有详细的记载，但从一些资料可以看出，工人的文化程度较低，高小和初中文化程度实属不错的了。如大康纱厂在济南招了一班练习生到厂内工作，"这班练习生大半都是高小毕业和中学一二年级的程度。"① 大康建厂初期，日本厂方还在山东内地的济南、德州等处招收一批高小和初中文化程度的青年做"见习生"。他们进厂后先由日本来的熟练工人传授技术，这些"见习生"再教新工人。这些年轻的见习生虽然有文化、懂技术，但他们在厂里的处境并不比童工好多少。"1925 年大罢工时，大康纱厂'见习生'已达四百多人，在党的宣传教育下，他们很自然地成为大康纱厂工人罢工斗争中的一支中坚力量。"②

工人生活状况取决于他们的收入状况。中国收回青岛主权后，由于银圆价格低落，物价普遍激增，工人阶级所受痛苦最甚。据记载，"国产食料，则激增三成以至五成，舶来物品且腾涨至一、二倍之多。出口土货之中，牛肉、蛋及蛋品价格飞涨，纯因产费膨胀之故。棉花、棉纱及煤斤价格，升降靡定。生丝、茧绸及食盐三项，则见低廉。至于杂粮价值涨落情形，胥视农产丰歉而转移。果品及蔬菜，则又随时令而变迁也。"③ 在 1937 年前，铜板币、纸币和银圆同时在社会上流通。铜板币俗称铜子，1 枚大铜子是 20 文，1 枚小铜子是 10 文。5 个大铜子是 1 吊。四吊六，即 23 个大铜子兑 1 角钱纸币；46 吊，即 230 个大铜子兑 1 元钱。"机匠每日工资最少 0.57 元，最多 1.40 元，生活比较好一点。"④ 但是青岛物价昂贵，如果是单身还好，要是养家糊口就有难度了。况且这种每日能赚 1 元 4 角的工人只占工人总数的百

---

① 山东省总工会工运史研究室、青岛市总工会工运办公室编：《青岛惨案史料》，工人出版社 1985 年版，第 98 页。

② 山东省总工会工运史研究室、青岛市总工会工运办公室编：《青岛惨案史料》，工人出版社 1985 年版，第 513 页。

③ 青岛市档案馆编：《帝国主义与胶海关》，档案出版社 1986 年版，第 215 页。

④ 山东省总工会工运史研究室、青岛市总工会工运办公室编：《青岛惨案史料》，工人出版社 1985 年版，第 36 页。

分之一。"四方机厂工人和铁路工人每日工资最少 0.35 元，最高 0.70 元，这部分人赚的钱省着用仅可维持两个人的生活。锅饼是下苦力人中最普遍的食品，每人每日至少要吃三斤，而每斤卖十八个铜子，三斤就合一吊一百文，再吃点菜，每天非一吊三百文不够。但他们每天至多不过赚三毛五分钱，一切最低的必要费用如住房、剃头等还得从每日极低的工资中节省下来，至于添加衣服鞋袜那简直是不可能的。"① 另外，他们住的是环境恶劣、极黑暗污秽的窝棚，由于卫生状况差，所以健康无保障，常常生病。一旦生病就凄惨了，必须向工友借钱。女工大半是纱厂和丝厂居多，由于妇女缠足，6 小时的工作都难以忍受，更何况 12 小时的工作！童工比女工还惨，大概都是不满 18 岁的孩子，他们大多数是从乡间被人骗了来的，每天赚的至多 1 角 8 分钱，吃的是窝窝头，白开水。由于营养不良，再加上沉重的工作，大多数童工都成小病夫了。

2. 苦力

（1）人力车夫。人力车夫虽然辛苦，但收入有限，所以生活困苦，能勉强度日算不错了。人力车夫收入本来就少，为了抢生意，互相之间还经常争相贬价，使其本已辛劳困苦的生活更是雪上加霜。人力车夫单身生活者并不甚多，大多将家眷带至青岛。除自己消费外，还要供养一家衣食所需。人力车夫多为家庭中的主要劳动力，拉车收入往往也便是维持生计的重要支柱。因收入有限，人力车夫大部分开支均用于基本的衣食所需，甚至连衣服费用都很少，绝大部分都用于食品与燃料。据记载，"民国 18 年（1929）收入方面：车力工资 27.66 元，家属及其他收入 0.72 元，收入共 28.38 元；支出方面：生活费 8.66 元，家属负担 14.99 元，车租 10.98 元，支出共 33.76 元。那么，每月亏空 5.38 元。"② 所以人力车夫家庭的每月开支是入不敷出的。由于人力车夫多来自外地，在城市并无房屋，故而多数租房而住，居住条件

---

① 山东省总工会工运史研究室、青岛市总工会工运史办公室编：《青岛惨案史料》，工人出版社 1985 年版，第 36 页。

② 郭谦：《民国时期统治者对城市下层社会的社会调控——以山东为例》，博士学位论文，山东大学，2007 年，第 51 页。

极其恶劣，为了节约开支，很多人住在简陋的草棚中，终日过着牛马般的生活。

人力车夫作为一个特殊的职业阶层，其工作之繁重、生活之困苦，早已引起社会各界的关注与同情，政府与社会遂对人力车夫进行资助与救济。人力车夫平时活就少，如果遇上经济萧条，那就雪上加霜。另外，公共汽车取代人力车是大势所趋，也是社会进步的一种表现。在公共汽车影响下，人力车夫营业日衰，生计日困，大批失业。为了解决人力车夫的生活问题，必须从经济上援助车夫。1936 年的《改善人力车夫生活案》规定："（一）登记车夫。登记之用意为：①确定车夫身份；②确定车夫来源；③防止车夫过剩；④便利管理。（二）指导办理利用合作社。兹拟向银行借款购车 500 辆，预计两年内还清本息，希望自民国二十五年度四年之内普及全体车夫。……（四）福利事业之设施：合作社成立前，由社会局设人力车夫俱乐部，着重教育、卫生及娱乐设施。合作社成立后，按经济力量陆续举办下列各事：合作住所、消费合作社、休息亭、医院或诊疗所、保险、简易浴室、子弟学校及托儿所、普设娱乐场所及其他公益事项。……"① 另据 1936 年的《关于改善人力车夫生活使所有车夫均有其车的函》规定："社会局为改善人力车夫生活，解决人力车问题起见，使所有车夫均能自有其车。本季先行试办 500 辆车辆，每辆购价以 70 元估价，需要约共 35000 元。向青岛市交通银行贷借，限期还本付息，以车牌及车辆作担保。"②

（2）码头工人。码头工人生活艰苦，"码头工人的工资很低，常工每月只拿十元到十二元；毛子工每天只有二角五分，平均月工资比常工还低一半。"③ 更何况，并非天天有活干，就连这点微薄的工资，封建把头还通过种种手段把工人的腰包掏空。每当发了工钱，封建把头便以强迫"请吃""聚赌"的恶劣行径，坑害和剥削工人。在德帝国主义统治下，码头工人劳动条

---

① 青岛市档案馆：《改善人力车夫生活案》，1936 年，B0040-002-00874-0146。

② 青岛市档案馆：《关于改善人力车夫生活使所有车夫均有其车的函》，1936 年，B0040-002-00874-0144。

③ 胡汶本：《帝国主义与青岛港》，山东人民出版社 1983 年版，第 34 页。

件艰苦，人身安全无保障，收入低，并且还要受封建把头的盘剥。

日本第一次占领青岛时期，码头工人的工资低得可怜。据记载，"常工的月工资一般只有七八元，最多的也不超过十五元。可是，毛子工干一天，只拿一吊六百钱，计算起来，每月超不过五元钱。"① 码头工人所得十分微薄的工资，封建把头又采用种种卑鄙的手段，榨取工人的血汗钱。"常工每月向把头交纳伙食费六元六角，实际生活费顶多二元左右，把头从每个常工伙食费中捞去一半多。当时煤盐部有六十名常工，把头单伙食费一项就从工人身上剥削到一百八十余元。"② 另外，夜晚作业，后半夜比前半夜的工资高，为了赚更多的钱，所以工人们拼死拼活地干活，但是封建把头发给工人的工资却是固定不动的，所以工人们忙时累死，闲时饿死。当时有歌谣说："抬煤抬盐，磨不断的铁锁链。铁锨不离手，杠子不离肩，脚踏七寸宽桥板，抬着煤盐去登天，一步走不牢，尸首看不见。"③ 这是码头工人悲惨生活的真实写照。

北洋政府收回青岛主权后，码头工人的待遇没有丝毫改善，码头工人的工资微薄，封建把头却千方百计地设法敲诈勒索。以把头"包饭制"为例，所有常工必须在封建把头处吃"包饭"，每月要交 10 元钱的伙食费，以强迫"包饭"为伎俩，榨取工人们的血汗钱。南京国民政府统治时期，制定了许多"码头规章"，由于大部分码头工人没有文化，那些规章根本看不懂、记不清，一旦违反，就被罚款。工人要是遇上工伤病老，下场就更悲惨了。当时有这样一首歌谣说："不能扛，不能抬，一脚踢出码头沿；不是上山挂大肉（上吊），就是挨街查门牌（要饭）。"④ 这是对当时码头工人悲惨命运的真实控诉。由此可见，码头工人收入低，生活毫无保障，整日为生计而发愁。

码头工人从事最累的工作，收入却很少。码头工人具体的收入情况参

---

① 胡汶本：《帝国主义与青岛港》，山东人民出版社 1983 年版，第 73 页
② 胡汶本：《帝国主义与青岛港》，山东人民出版社 1983 年版，第 73 页
③ 胡汶本：《帝国主义与青岛港》，山东人民出版社 1983 年版，第 74 页。
④ 胡汶本：《帝国主义与青岛港》，山东人民出版社 1983 年版，第 124 页。

见下表：

表 2.19　1935 年前后青岛港码头工人和高级职员的月工资比较表

码头工人		高级职员	
职别	工资（元）	职别	工资（元）
毛子工	12	委任官　周金溪	200
常工	20	荐任官　王锡昌	340
坞工　崔继根	40	局长　袁方乔	476
木工　黄锦泉	60	聘员　岩野次郎	260
坞工副目　陈纪松	60	聘员　小林象平	500
木工副目　梁苏	70	聘员　卜其尔	1100

资料来源：胡汶本《帝国主义与青岛港》，山东人民出版社 1983 年版，第 122 页。

由上表可知，局长袁方乔的月薪是毛子工平均工资的 38.67 倍，聘用的外籍职员卜其尔的月薪是毛子工平均工资的 90.67 倍，与常工相比，袁方乔和卜其尔的月薪分别是常工平均月工资的 22.3 倍和 54 倍，可见码头工人和高级职员的收入差距之悬殊。

3. 游民无产者

德租日据时期，乞丐不被重视，经常挨打受欺。直到中国收回青岛主权后，为了维持社会秩序，政府才开始关注乞丐的命运。青岛市社会局先后成立了乞丐收容所、感化所和游民收容所等收留乞丐，传授给他们自谋生计的技能。1931 年的《青岛市乞丐收容所暂行规则》规定："第一条：收容所隶属于社会局，以临时收容市内男女乞丐，分别教养、救济、习艺，使之能自谋生活为宗旨。第二条：收容所暂定收容额 300 名，必要时得呈请增加。第三条：收容所收容乞丐以衰老、残废、童稚及确是孤苦谋生无路者为限。第四条：收容所之待遇依照下列办理：一、膳食每人每日给食两餐；二、被服每人夏季给单衣裤冬季给棉衣裤各一件，每二人被褥一付；三、其他给予得酌量当时情形核给之。第五条：凡在收容所收容者，衰残废、童稚俟救济院成立得分别移送该院处置，其力能工作者得设习艺一部，使之习艺或使充其他工作，如确是工作勤敏、品性纯良，得为介绍职业，其确能自谋生活、情愿出所者听其自便。"① 通过政府的努力，确实收到了很好的效果。据1935年9月25日的《办理游民收容所以维持地方治安编制经营预算》记载，"借用乞丐收容所一部分房屋设立游民收容所，由法院判决执行，期满的偷窃惯犯授以简单工艺后可自谋生计。统计数月中窃盗案件减少，故经会议决定拟将游民收容所提前成立从十月十五日至明年三月底止计共5个半月，共需经费3957.5元。"② 后来，由于经费问题，游民收容所推迟到11月1日成立。1931年10月19日的《呈明游民收容所改期十一月一日成立》规定，"游民收容所拟提前于十月十五日开办一案，因经费问题曾会同社会局呈请在案，兹据第7889号指令，筹办游民收容所拟改期于十一月一日成立。"③ 由此可见，经费问题是解决游民问题的一大难题。为了解决游民问题，市政府每年都有财政预算支出。由于种种原因，游民人数不断增加，所以还要追加一部分费用，增加了政府的财政负担。具体的追加费用参见《青岛市公安局民国十九年度十二月份支付预算书》：

表 2.20　《青岛市公安局民国十九年度十二月份支付预算书》

教养人犯收容所经费 1455元	口粮	990元	教养人犯收容所开办费 789.3元	棉被	250元
	工匠工资	150元		追加冬防临时费合计铺草	30元
	煤炭费	225元		苇席	25元
	杂费	90元		炊具、食具	100元
				购料与工具	200元
				修理费	184.3元

资料来源：青岛市档案馆《青岛市公安局民国十九年度十二月份支付预算书》，1930年，A0017-003-00916-0091。

---

① 青岛市档案馆：《青岛市乞丐收容所暂行规则》，1931年，B0032-001-00453-00085。

② 青岛市档案馆：《办理游民收容所以维持地方治安编制经营预算》，1931年9月25日，A0017-003-00916-0059。

③ 青岛市档案馆：《呈明游民收容所改期1931年11月1日成立》，1931年10月19日，A0017-003-00916-0070。

从上表可见，1930 年 12 月份追加教养所经费 1455 元，教养所开办费 789.3 元，共计 2244.3 元。需要说明的是，"粮费全年 990 元，本月 330 元。容人犯 100 人，每日每人口粮 1 角 1 分，月支 330 元，以三个月计算共支 990 元。匠工资全年 150 元，本月 50 元。工匠 2 人，月各支 25 元，共洋 50 元，以三月计算共支 150 元。"① 由此可见，由于游民数量不断增加，政府不断追加预算，最大限度地解决游民问题。

社会下层是一个不稳定的群体。他们工作不稳定、收入不稳定、毫无社会地位。他们从事最脏最累的工作，却拿到最微薄的工资。他们所受的压迫最深，所以革命性最强。尤其是工人阶级，作为新生产力的代表者，在青岛工人运动史上发挥了主力军的作用。德租日据时期，青岛工人在恶劣的条件下工作，忍受剥削和压迫，要求解除枷锁的愿望十分迫切，反抗的意志也十分坚决。工人们以大罢工的形式抗议德日殖民者的蛮横行径。德占时期还出现过"抗德义勇队"，参加的人多是码头工人和人力车夫。日本第一次占领青岛时期，也时常发生怠工、对抗和逃跑事件。1921 年 3 月，1000 多名码头工人不堪日人压迫举行罢工。到 20 世纪 20 年代初期，出现早期工人的组织——"圣诞会"，不过，这个组织带有行会性质和迷信色彩，难以更广泛地团结工人向统治者展开斗争。

中国收回青岛主权后，"圣诞会"废除了只收技工入会的陋规，入会人数不断增加，"圣诞会"实际上成了四方机厂的工会。不久，又成立了胶济铁路总工会，这是青岛第一个按行业成立起来的产业工会。在四方机厂工会和胶济铁路总工会的影响下，全市的工人运动迅猛展开。工会的活动使日本厂主有所觉察。1925 年 4 月中旬，日本厂主指使厂警突然搜查工人宿舍，工会会员名册和有关文件落到日本人手中，日本厂主扣押了 3 名工会代表。工人们提出了"二十一条"，内容有：承认工会、增加工资、改善福利待遇等。经过较量，双方达成协议，协议规定："①改善工人待遇；②伙食增加

---

① 青岛市档案馆：《青岛市公安局民国十九年度十二月份支付预算书》，1930 年，A0017-003-00916-0091。

一分；③因工受伤者，由厂方支付医药费；④吃饭休息三十分钟；⑤午前三时及午后三时休息十分钟，夜间一律；⑥罢工期间支付两日工钱，但开工后五日不复工者，不在此限；⑦工钱从速支付；⑧赏罚公平；⑨不得任意殴打工人。"① 这是青岛纺织工人斗争史上取得的第一次胜利，之后，市内纱厂、火柴厂、面码头等几十个单位纷纷组织工会。工会的威望大大提高了，日本人的权威受到了挑战，遂制造了震惊中外的"五·二九"青岛惨案。在"青岛惨案"的第二天，上海发生了举世震惊的"五卅惨案"。在中国共产党的领导下，以"沪青惨案"为导火线，一个更大规模的反帝爱国运动在全国范围内蓬勃展开。工人罢工、学生罢课、商人罢市，通过种种形式抗议帝国主义的罪行，青岛广大工人、市民的觉悟空前提高。据《晨报》1925 年 6 月 30 日报道，"青岛理发业工会成立，大会议决自即日起，概不准与英日人理发。同业有犯者，一次罚洋三十元，二次游街，三次停止其营业。"② 为了进一步加强工人阶级的联合，胶济铁路总工会联合水道局、电话局等单位成立了"青岛工界联合会"，这是青岛历史上第一个全市性质的工人组织。

德租日据时期，工人们斗争的主要目的是为了增加工资，减少工时和改善待遇，属于经济性质的斗争，规模比较小，没有对统治者造成什么威胁。1925 年日纱厂工人的联合大罢工，就其性质、规模、意义来说已经是今非昔比了。概括起来有以下几个特点：

第一，这是青岛工人阶级有史以来第一次政治性大罢工。在这次罢工中，工人们提出了"打倒帝国主义""打倒军阀"等反帝反封建的口号，这标志着青岛工人阶级登上了政治舞台。

第二，这次大罢工自始至终都是在党组织的领导下进行的，如邓恩铭、王尽美、李慰农、刘少奇、刘俊才等中央和地方党组织、工会团体负责人给予了正确的指导。因此，这次大罢工是中国共产党领导工人阶级同国内外反

① 山东省总工会工运史研究室、青岛市总工会工运史办公室编：《青岛惨案史料》，工人出版社 1985 年版，第 10 页。

② 山东省总工会工运史研究室、青岛市总工会工运史办公室编：《青岛惨案史料》，工人出版社 1985 年版，第 230 页。

动势力进行的一场彻底的、不妥协的斗争。

第三，参加这次罢工的人数近两万人，而且大多数是产业工人。如果加上其他行业同情性罢工、停工和怠工，总人数约计有 3 万，占当时全市工人总数的 60% 左右。参加罢工人数之多、罢工时间之长以及规模之大是青岛工人运动史上前所未有的。

第四，在这次罢工和反帝斗争中，中国共产党组织的统一战线发挥了重要作用。以中国共产党为核心，联合了工人阶级、国民党左派、青年学生、商人以及各界爱国人士，形成了广泛的统一战线，从而确保罢工运动广泛而深入地开展。山东工人以质朴、勤劳闻名，不过在青岛工运史上，也曾有过 1925 年大日本纱厂、内外棉纺厂、日清纱厂等大罢工、1929 年和 1936 年三次大工潮。

总之，青岛社会下层群体人数最多，社会地位低下，在青岛社会经济转型的过程中，由于他们大多数没有接受过正规教育，缺乏一技之长，所以只能靠出卖劳动力谋生。再加上当时青岛无力消化整合这些无限增加的劳动力，劳动力供过于求，导致大批劳动力失业，相互之间竞争激烈，温饱问题难以解决。城市贫民的生活状况比产业工人的状况更差，他们处于社会的最底层，人数多，没有固定的工作和收入，收入仅能维持个人的最低生存线，他们只能靠出卖劳动力谋生，社会流动性大，在死亡的边缘徘徊。另外，处于社会最底层的乞丐、无业游民等构成了青岛社会的不稳定因素，从事违法活动，对社会秩序构成严重的威胁。"无论是乞丐讨饭还是娼妓赌徒，无论是帮派会党还是黑社会势力，种种与现代社会格格不入的行为方式，都反映了这批游离于现代社会圈子外的人群的自救行为……而其消极的生存方式与主动的反社会行为则构成现代的社会病态。"[1] 大量社会下层群体的存在，是青岛城市现代化的沉重包袱，需要花大力气使他们完成从传统人向现代人的转变。因此，从某种意义上说，社会下层是青岛城市现代化的基础力量和被

---

[1]　忻平：《从上海发现历史——现代化进程中的上海人及其社会生活（1927—1937）》，上海人民出版社 1996 年版，第 569 页。

动牺牲者。

小　结

近代青岛是一座移民城市，是一座由西方殖民者完全按照西方模式创建的城市，这是青岛与近代其他通商口岸城市的一个重要区别。正如有学者所说，"青岛城市现代化的西方色彩要比近代中国其他沿江沿海城市浓重得多，这也是青岛城市现代化的特色之一。"① 青岛先后被德国强租和日本霸占，德、日殖民统治者造成了青岛城市发展道路的特殊性，并在一定程度上影响了中国收回青岛主权以后城市发展的进程。

德国强租青岛后，按照他们的长期占有计划对青岛进行大规模的建设，青岛由一偏僻的小渔村迅速发展成为山东省首屈一指的现代化工业港口城市和华北的重要港口城市之一。随着经济的现代化和城市人口的剧增，青岛市民的社会阶层结构也发生了重大变化。青岛的社会阶层结构已突破了中国传统社会的士、农、工、商的阶层结构，出现了现代化的社会阶层结构的雏形。青岛社会上层、社会中层和社会下层形成了高低不等的序列。社会上层是青岛城市社会发展的主导力量。他们人数不多，但享有最多的政治、经济和文化资源，衣食无忧。他们是青岛城市现代化的最大受益者，为了维护其既得利益，反对社会革命。社会中层是青岛城市发展的中坚力量。这部分人也是青岛城市现代化的受益者，职业较稳定，收入比较可观，凭借自己的科学文化知识和一技之长在社会上立足，求得稳定是他们的普遍愿望。社会下层是青岛城市发展的基础力量和被动牺牲者。社会下层人数最多，文化水平低，绝大多数人缺乏一技之长，所以没有固定的工作，只能靠出卖自己的体力养家糊口，生活没有保障，生活在水深火热之中，因此，他们主张社会革命，改变现状。

社会流动是社会成员或群体改变其所处的社会位置的现象，在总体上

---

① 任银睦：《青岛早期城市现代化研究》，三联书店 2007 年版，第 18 页。

可分为两种类型：一是社会位置的改变引起社会地位向上或向下移动的纵向移动，如科员提拔为科长为向上流动；反之则为向下流动。二是社会位置的改变不引起社会地位变化的横向流动，如大学教授到研究所当研究员。① 社会流动是现代工业社会的一个特征，"社会流动中最具有意义的是社会阶层地位的流动。"②1897—1937年间青岛社会上层、社会中层和社会下层之间也发生较多的社会流动。如前文提及的傅炳昭，开始只是德国洋行里的一个伙计，后来学会了德语，结识了德国商人，慢慢地与德国殖民当局结识，经过自己的努力，当选为青岛市商会会长，开办了银行，从社会下层步入社会上层。也有从社会下层步入社会中层的，如那些善于经营的小商小贩，通过努力做了小老板，成为中小工商业主。另外也有少量从社会上层沦为社会下层的，限于资料，且付诸阙如。工业社会在职业上为人们提供了竞争的机会，只要有一定的能力，再加上自己的努力，就可以获得较高的报酬和较高的社会地位，这在某种程度上有利于激励人们去拼搏从而改变自己的命运。

1897—1937年，青岛先后经过了德租日据时期、北洋政府统治时期和南京国民政府统治时期，青岛的社会阶层结构也逐步形成了如下特征：

其一，青岛各阶层区域分化的特点明显。"居住区的划分成为阶级阶层划分的产物——洋人区、华人区、富人区、贫民区相互隔离，泾渭分明。"③这一点在德国强租青岛时期得到了鲜明的体现。"分而治之"是德国殖民统治的基本原则，德国殖民统治者实行"华洋分居""华洋分治"。"1900年德国殖民当局把青岛划分为九个区，界内大致分为四区：第一区为今德县路以南，一律修盖西式楼房，街道宽敞，水电齐全。区内路名全是以德国人名及地名命名，专供外国人居住，列强在此设衙门、银行、商会、洋行等机构；第二区为大鲍岛区（今四方路、胶州路一带），这是高等华人和华商聚集之地；第三区为小鲍岛（今益都路一带）；第四区是台东、台西两镇，地处荒

① 章人英主编：《社会学词典》，上海辞书出版社1992年版，第279页。
② 仇立平：《职业地位：社会分层的指示器——上海社会结构与社会分层研究》，《社会学研究》2001年第3期。
③ 任银睦：《青岛早期城市现代化研究》，三联书店2007年版，第9页。

僻，垃圾成堆，污水横溢，破屋烂舍，是贫民窟。界外为五个乡区。"① 由此可见，欧洲侨民与华人富豪、高级职员居住在原青岛区和大鲍岛区，东西两镇是工人、小商贩以及城市贫民居住的地方。青岛各阶层的居住区域有明显地域差别，这一点也充分体现了中西社会阶层的不平等。

其二，青岛现代化社会阶层结构的出现与帝国主义的侵略有直接联系。"青岛是一座因外力而兴起的近代城市，并按照德日殖民者的统治需要和利益要求，按照西方的城市模式发展起来。"② 也就是说，青岛城市现代化并不是自身新陈代谢的结果，而是被迫拖进了世界资本主义的圈子中。德国强租青岛后，青岛传统的士农工商四大阶层开始分化，出现了买办、大企业家、自由职业者、产业工人、游民无产者等各阶层，根据他们对社会财富的占有情况、受教育程度情况以及社会地位的不同，他们形成了社会上层、社会中层和社会下层，但这些阶层都不同程度地带有畸形色彩：资产阶级既有封建性，又有买办性；封建势力继续残留，为了维护他们的利益，容易和外来反动势力互相勾结；工人阶级多来源于贫困农民，还要受到封建势力的剥削和压迫。

其三，青岛社会阶层结构不合理。据各阶层对经济、政治和文化资源的占有情况而把青岛社会阶层划分为社会上层、社会中层和社会下层，他们依次呈现出"金字塔"结构：社会上层人数少，但占有经济、政治和文化资源最多。社会中层在经济、政治、文化等方面均居于中间状态，他们在社会上、下层的矛盾冲突中具有缓冲功能，所以社会中层的存在是社会稳定的基础。值得注意的是，与其他城市相比，青岛的自由职业者人数相对较少。据《1930 年青岛市市民职业分类统计表》可知，"总人口数为 261977 人，自由职业者共计 1498 人，仅占总人数的 0.57%。"③ 而这一时期的上海新知识分子人数却很多，据统计，"1936 年上海中小学教职员与新闻记者达 3 万人。30年代上海文化界知识分子人数大致在 20 万人上下，如果仅从受教育的程度

---

① 李宝金：《青岛历史古迹》，青岛出版社 1997 年版，第 128 页。

② 董良保：《二三十年代青岛城发展研究（1922—1937）》，博士学位论文，南京大学，2004年，第 2 页。

③ 青岛市档案馆编：《青岛数字全书》，中国文史出版社 2003 年版，第 53 页。

为指标计算的话，将其他领域的知识分子包括进去，人数不会少于 40—50
万人，甚至更多。"①上海新知识分子人数多，他们为上海乃至全国文化的发
展作出了卓越的贡献，上海的科学和文化事业出现了一派生机勃勃的繁荣景
象。而青岛直到 30 年代初，一大批文化名人相继来到青岛大学，才给被称
为"文化沙漠"的青岛带来了一片绿荫。社会下层人数最多，处于社会的底
层，拥有的各种资源量都非常少或者没有。随着大量外来人口的涌入，青岛
工业不发达，对劳动力的吸纳有限，再加上大多数人缺乏一技之长，所以大
批劳动力失业。与其他城市相比，包括工人、苦力等在内的下层群体的收入
偏低，即使是在工资基本一致的情况下，青岛下层市民的生活水平也低，这
是因为"青岛港口以物价最贵而闻名全国"②。这说明青岛下层居民在社会转
型中所付出的代价更大，这一点在青岛体现得更明显，所以贫困和失业成为
当时非常严重的社会问题。随着社会问题的日益严重和社会矛盾的激化，工
人罢工和劳资纠纷就不可避免。由此可见，社会各阶层的贫富差距很大，社
会阶层结构极其不合理。现代化的社会阶层结构应该是两头小中间大的"橄
榄型"结构，"金字塔"结构是一种贫富两极分化的社会结构，往往会成为
激进革命的温床。

其四，青岛社会阶层结构远未达到现代化标准。到 20 世纪 30 年代，青
岛已经具备了现代化社会阶层结构的雏形，但青岛的社会阶层结构远未实现
现代化。这是因为青岛是一个高异质的城市，移民是青岛居民的主体。"乡
村城市化和城市近代化并非同步进行的，比如在人口城市化过程中，并非是
由于农业劳动生产率大大提高，造成大量农村相对剩余人口，从而促使农村
人口向城市转移集中，而是由于农村经济破产、农村人口压力加重所造成
的'流民'涌向城市。结果城市人口虽然增长，而人口素质却没有相应的提
高。"③国内外人口涌入青岛，但青岛却无力消化整合这些劳动力。由于这些

---

① 忻平：《从上海发现历史——现代化进程中的上海人及其社会生活（1927—1937）》，上海
　人民出版社 1996 年版，第 136—137 页。

② 青岛市档案馆编：《帝国主义与胶海关》，档案出版社 1986 年版，第 141 页。

③ 隗瀛涛主编：《近代重庆城市史》，四川大学出版社 1991 年版，第 13 页。

人中大多数不具备现代化的素养和技能，所以青岛必须教化大批传统人成为现代人，这对于当时的政府来说是心有余而力不足，青岛市政府没有足够的能力来解决如此众多的穷人的生活及教育问题，这就成为青岛城市现代化的严重阻力。无业游民因绝望而对抗社会的行为，则更成为青岛社会现代化的不和谐因素，这就导致青岛现代化进程中的不稳定因素增多。由此可见，青岛要完成现代化还有一段很长的路要走。

综上所述，在1897—1937年青岛城市发展过程中，社会上层、社会中层和社会下层的不同阶级、阶层、群体都不同程度地对青岛社会发展进程起着影响，他们所形成的合力构成了青岛城市现代化的内部驱动力，在青岛城市现代化进程中留下了他们各自的历史痕迹。

第三章 近代青岛市民社会生活
（1922—1937）

一、近代青岛市民社会生活变迁的历史背景

近代青岛在 1897—1937 年短短 40 年之内城市发展取得巨大成就，从一个小渔村发展为著名东方都市，使青岛城市本身具有了社会变革能力，社会发展在政治、工商贸、文化教育等方面初步进入了良性循环，市民阶层逐渐形成。

（一）政局趋向稳定

1898 年，德国借口"巨野教案"，强行侵入并占领青岛，与清政府签订了《中德胶澳租借条约》，德国租借胶州湾为军港，租期 99 年。[1] 同年 8 月至 10 月，中德双方又陆续签订了《胶澳租地合同》《胶澳边界合同》，划定了包括胶州湾海域及其东岸即墨和西岸胶州的部分地区，海陆总面积 1128.25 平方公里的租借地界限。[2] 德国租借胶州湾以后，在租借地设立总督府，管理军政事务，并将租借地划分为青岛区和李村区两大行政区域，逐步建立起一套完整的殖民统治体系。为将青岛建成其在远东的模范殖民地，德

---

① 王铁崖编：《中外旧约章汇编》第一册，三联书店 1957 年版，第 738—740 页。

② 谭天凯：《山东问题始末》，商务印书馆 1935 年版，第 9 页。

国殖民统治者在租借地开辟市街，修筑码头和海港，修建铁路，投入大量资金进行城市规划和各项基础设施建设。经过十几年的努力，已经完全按照西方模式建设形成了一座现代化港口城市。

1914 年，一战爆发，青岛被德国转交给日本，重新进入殖民地时期。日本于 1915 年提出的"二十一条"中规定：将胶州湾及山东省所有德国取得的权利转让给日本。① 日本在青岛地区设立青岛和李村两个军政署，不久又成立了青岛守备军司令部，初步建立了军政合一的殖民统治机构。1916 年 5 月，青岛军政署和李村军政署合并，称为青岛军政署。②1917 年 1 月，日本宣布撤销军政署，改为民政署，并在李村、坊子、张店等地都设立了民政署。政治上，青岛在德日占领时期基本处于独立于中国以及青岛周边地区的其他行政领域，享有高度的"自治"，政治环境较为稳定。在此基础之上，各项施政方针都得到了有力的落实，取得了良好的效果，使得青岛这一时期奠定了一定的城市经济环境和社会环境，为各地商人和其他人才、劳动力的进入，做好了充分的准备。

1922 年青岛收回主权后，新的城市管理体制逐步确立，虽然由于受到当时国内政局的影响，青岛的市政体制几经变换，但却逐步走向稳定。

青岛接收初期的 20 年代，正值北京政府于 1921 年 7 月出台了《市自治制》《乡自治制》两个法令，提倡地方自治，地方自治运动在全国兴起。收回青岛后，鲁案善后公署组织青岛市暂时条例研究会研究自治条例实施办法，并先后制定了《青岛市暂行条例草案》32 条，规定青岛为山东之特别市，在条例暂行期内受中央政府监督，并由中央政府特设商埠督办一员，负责青岛市政之责。③ 由于详细制定了青岛自治的设想，该草案也成为后来城市自治构想的基础。1922 年 11 月又先后颁布了《胶澳商埠章程》《青岛市

① 赵琪修，袁荣叟纂：《胶澳志》，胶澳商埠局 1928 年，青岛出版社 2011 年影印版，第 70—71 页。

② 赵琪修，袁荣叟纂：《胶澳志》，胶澳商埠局 1928 年，青岛出版社 2011 年影印版，第 1475 页。

③ 青岛市档案馆藏：《青岛市暂行条例草案》，载于《胶澳志》第 651—657 页。

施行自治制令》和《胶澳各乡施行自治制令》等三个法令，为青岛城市市政
组织的建立提供了法律基础。事实上，青岛政局的混乱状态直到 1929 年才
结束。这一年南京国民政府设青岛为"特别市"，与南京、上海、天津、汉
口并列，成为中国 5 大直辖市之一，由国民政府行政院直辖。1931 年 11 月，
沈鸿烈被南京国民政府任命为青岛市市长，12 月正式上任。值得一提的是，
自 1922 年青岛收回以来，沈鸿烈虽非首任市长，但他确是青岛九任市长中最
有作为的一位，在他任职期间，青岛市政府"创立乡区办事处与市区联合办
事处，以求地方自治之循序实行"①，青岛地区的发展取得了前所未有的成绩。

虽然青岛经历了两次外国势力统治时期，但是政治环境整体相对稳定，
特别是 1922 年青岛接收以后，青岛在政治上相对独立于中国其他地区，呈
现出与中国动荡的大环境所不同的稳定的政治局面。这就使得青岛在政策制
定上能够不受中国传统模式的影响而较为独立，并享有优先权，从而为市民
生活提供了一个稳定安全的政治环境，也使得西方影响在市民的生活方式上
有一定的连续性。

（二）工商贸发展迅速

德日时期，青岛的工商业经过德日两国的开发，已经取得了一定的发展②。

---

① 李先良：《沈鸿烈市长青岛庶政述略》，青岛市政协文史资料委员会《青岛文史撷英·军
政风云》，新华出版社 2001 年版，第 3—4 页。

② 德租时期，青岛地区工业不发达，经营的工业主要是自来水厂、发电厂等生活所必需的
企业，经营者大都是德国殖民者。青岛城市经济结构仍以手工操作为主，工业经济所占
的比重很小。德租时期的青岛，只是青岛城市现代化进程的起步阶段。青岛城市现代化
真正的发展是在日据时期，此前德国投入了大量的人力、物力、财力到各项基础设施和
市政等方面的建设，日本则将德国在青岛的土地、港口、铁路、工厂等全部据为己有，
另外通过投资设厂或中日合办来控制经济命脉。青岛工业得到了较快发展，其中以纺织
业为主的制造业发展最为明显，在青岛经济中具有举足轻重的地位。日本除接收了战败
德国创办的所有工业以外，还把它侵略的触角伸向了盐业、制油、化工、丝织、火柴等
业，经济势力几乎扩大到青岛全部产业部门。1916 年 7 月至 1922 年 4 月，日本在青岛
开办的主要工厂有 14 家，其中以纺织业为主，内外棉纱厂、大康纱厂、宝来纱厂、富士
纱厂、公大第五厂、隆兴纱厂等 6 个厂的资本总额占 15500 万元，在当时素有"上青天"
之称，其中的"青"就是指青岛。可见青岛棉纺织业在当时的华北地区乃至全国纺织业
中都占有重要地位。

虽然德租日据都属于帝国主义的侵略行为，但是不可否认，由此带来的剧烈变动和资本冲击使得青岛城市经济结构完成了一次重要的被迫转型，即由传统的农业向机器化大生产的现代工业转变。这也是青岛城市经济发展的重要原因。及至北洋政府时期青岛收回主权以后，民族资本有了一定的发展。

表 3.1　1922 年青岛工业统计表

产业类别	青岛工厂数			青岛中国工厂资本总额	日本资本总额
	日	中	计		
纺织业	5	1	6	2000	不详
盐业	10	0	10		1750
酿造业	4	1	5	100	11000
制粉业	1	0	1		125
火柴业	4		4		625
制油业	7		7		1030
罐头蛋粉	4		4		275
铁工厂	3	2	5	200	700
制丝	1		1		2500
化学工业	7	1	8	150	215
窑业	4		4		1050
烟草业	4		4		1000

资料来源：青岛档案馆编《青岛数字全书》，第 86 页节录。

可以看出，1922 年青岛收回主权以后，虽然日本资金仍然在青岛的烟草、制油、酿造、制盐等关系国计民生的重要部门中占有很大的比重，但是青岛的民族资本已经在多年被日本控制的领域中萌生出自我发展的势头，尽管资本薄弱，数量不多，却标志着民族资本独立发展的起步。虽然这一时期日本仍然控制着青岛很多经济领域，但是在北洋政府的努力下，青岛工业、商业、贸易以及航运业发展迅速，城市经济结构进一步完善，城市功能日益突出。"以投资总额而论，外侨多于国人。目前我国重要工厂已有一百五十多家，唯大规模者甚少，所足称道者有茂昌蛋厂、冀鲁针厂、义利油厂、中国石公司、华新纱厂、永裕精盐公司等"①。到 1927 年，青岛民族资本先后设立大小工业企业 43 家，总资本 7710010 元。

从德占以来不断完善的工业体系，特别是 20 世纪二三十年代民族工业的发展为市民生活的繁荣奠定了物质基础。中国政府收回青岛主权后，青岛市政当局采取了一些鼓励发展民族工商业的措施。到了 30 年代，随着政治、经济环境的好转，以及民族资本的不懈努力，被外商长期操控的青岛城市经济命脉转移到了青岛人自己手中。1929 年以后，青岛市政府采取了一些鼓励和扶持民族工业的措施，同时健全政府机构、强化政府职能。比如：1931 年，在青岛市政当局的支持下，青岛市物品证券交易所筹备委员会成立，经营土产出口②。1933 年 12 月，青岛地方政府集合官、商、银行等各界的资金，组建青岛国货股份有限公司，廉价出售各国货物。1936 年，青岛国货公司同上海国货公司青岛联合营业所合作，组建青岛中国国货有限公司，以此促进国货的发展，年营业额达到 80 余万元。③ 青岛市政府还通过报刊这种舆论的形式引导民众抗击日本人的控制，夺回自己的经济命脉，30 年代的报刊中各种支持国货反对日货的宣传口号、广告可以用铺天盖地来形容。比如，1933 年 3 月 16 日《青岛时报》的《青光》副刊就发表了一篇名为《救国连索》的文章，作者结尾处提出救国誓言："一、永远不买日本货；二、永远不卖货给日本；三、对日本要存报仇雪耻之心；四、永远团结一致对日绝交。"④ 虽然有些激进，但是却充分显示出这一时期青岛市政府唤醒青岛民众爱国心的急切心情。

---

① 青岛市政府招待处编印：《青岛概览》，1937 年 1 月，第 140 页。

② 青岛市政府秘书处编印：《青岛市政府三年来行政摘要·社会》，1932—1934 年，第 3 页。按：该公司主要经营土产、纱布期货，扶持花生米等土产的出口。1932 年，由于世界经济危机的影响，青岛地区土货出口受到挫折，青岛市政府遂取缔交易所卖空买空的行为，并责令市土产商会、银行等出资 300 万元，来调节市场，维持市面平衡。1935 年，该公司达到鼎盛，从此日本人控制期货、土产市场的局面不复存在。

③ 吕文泉：《国货运动与青岛国货公司》，载青岛市政协文史资料委员会编《青岛文史撷英·工商金融》，新华出版社 2000 年版，第 187—189 页。

④ 《救国连索》：《青岛时报》1933 年 3 月 16 日，第 11 版。

　　随着贸易的进一步发展和大量外来人口涌入，青岛的商业发展非常迅速，商号不断增加，"到 1937 年，全市商业户数增加到 7349 家，而 1922 年，青岛商会的入会商号仅有 328 家。"① 青岛商业在 1927 年为 3000 多家②，到了 1931 年已经有 4438 家③，1937 年，全市商业户数已经达到了 7349 家④。可见这一时期青岛商业发展之繁盛。

　　青岛工商业的繁荣，仅仅是青岛城市整体繁荣的一个缩影，标志着民族资本已经完全战胜了日本等外资的控制，取得了经济发展的独立性和自主性，能够主动进行经济行为，发展国民经济。民族资本独立发展，是这一时期青岛城市繁荣的基础和保证，在此基础之上，青岛的政治、经济、文化等各个领域都将外国殖民残余势力彻底驱逐。工商业的繁荣为青岛市民生活方式的变化起到了推动的作用，把青岛市民生活带入了崭新的时期。

（三）文化教育事业日趋完善

　　文化教育事业的发展程度会直接影响到人口的科学文化素质，人们接受的文化教育越多，越注重人口质量，死亡率就会下降，生活水平的质量就会随之提高。在现代"大规模的复杂社会中，没有任何一种个人属性能比他所受到的教育更能一贯地、强有力地预言他的态度、价值和行为"⑤。作为大规模系统地培养人的现代性的机构，现代教育以整体的、系统的、强制的方式对学子进行社会化，从而塑造出成批具有现代人格与素质的人群。20 世纪二三十年代，青岛的各种教育事业都有了较大的进步。其中，以培养民众为目的的民众教育最具有代表性。作为这一时期市民生活中新出现的事物，平民学校，或称民众学校使得大众平民都能接触到先进的文化和思想，使西

---

① 青岛市档案馆：《青岛市政要览》（社会篇），1937 年，第 10 页。
② 赵琪修，袁荣叟纂：《胶澳志》，胶澳商埠局 1928 年，青岛出版社 2011 年影印版，第 826—828 页。
③ 青岛市社会局编印：《青岛市工商业概览》，1932 年版，第 1 页。
④ 青岛市教育局编印：《青岛市政要览·社会编》，1937 年版，第 10 页。
⑤ ［美］阿历克斯·英格尔斯等：《从传统人到现代人——六个发展中国家的个人变化》，殷陆君等译，中国人民大学出版社 1992 年版，第 197 页。

方先进的思想、文化、生活习惯和生活方式更好地被民众所了解和接受，对市民新型生活方式的形成以及民众思想解放起到了较大的推动作用。

德租日据时期青岛尚无平民学校，1924 年春，中国青年会创办平民教育促进会，"尚有平民教育机关三处，附设平民学校十所，有学生九百名"。[①]8 月，在市内设平民学校 7 所，学生共约 3000 余人，以 4 个月为期限毕业。

民国时期青岛识字的人口比较多，而且呈逐年增多的趋势，文盲率远远低于全国平均水平。这是青岛早期城市化发展的必然结果。

表 3.2　教育程度统计表

		1929	1930	1931	1932	1933	1934	1935
不识字	男					89052	77403	144037
	女					129948	120927	172255
	合计					219000	198330	316292
识字	男	71579	104312	113255	117383	119364	133433	167803
	女	10140	12696	16860	19090	18096	33374	35024
	合计	82140	117008	130115	136473	137460	166877	202827
女性识字百分比		14.16	10.85	12.95	13.98	13.16	19.99	17.26

资料来源：《人口资料汇编（1897—1949）》（内刊），第 21—22 页，节录。

1929 年青岛识字人口有 8 万人左右，经过 10 年的发展，到 1939 年则达到 20 万人。这主要归功于青岛现代教育事业的发展和青岛政府这一时期对文化教育的重视态度与政策。文盲人口不断减少直接反映了民国时期青岛教育事业的发展。青岛的教育同上海等沿海城市相比，有很大差距。[②] 但是与内陆地区比较，水平还算相对较高。

① 《胶海关十年报告（1912—1921）》，载青岛市档案馆编《帝国主义与胶海关》，档案出版社 1986 年版，第 163 页。

② 上海市政府秘书处编印：《上海市市政报告（1932—1934）》，汉文正楷印书局，1936 年，第 219 页。按：同时期的上海从 1929 年到 1934 年有初等学校 895 所、中等学校 149 所、高等学校 32 所，总计 1076 所学校。

同时从表中我们也能看出，民国时期青岛的识字女性数量虽然只占到总识字人口的 15% 左右，但是女子上学从无到有，女子教育作为一种新生的事物在青岛人的生活中起到了不可忽视的作用，大量的新思潮伴随着辛亥革命的成功传播而广为人知，妇女解放运动、女权思想等都极大地影响了这一时期的青岛人。

民国时期青岛教育的一个突出特点是社会教育的繁荣。这个时期政府开办的民众学校具有很强的强制性和公益性①。在政府的强力驱使之下，社会教育工作取得了巨大的进步，从 1929 年到 1936 年，民众学校共开办 15期，有大约 24000 人顺利毕业②，为社会生产和城市人口素质的提高作出了重要贡献。

国民政府时期的社会教育还有职业补习学校，③ 到 1937 年，青岛共有商业补习学校 3 所，妇女职业补习学校 2 所。④

---

① 20 世纪二三十年代，青岛市政府开办民众学校的主要目的，就是面向非学龄的社会大众："使一般年长而无力读书的民众，都得有受教育的机会"，所以带有很强的强制性："全市不识字的民众都要强迫入学。凡应入学而不自行报名入学者，由公安局派警按名强制入学，强制仍不入学者予以惩罚。"但是青岛市政府的这一举措并不是劳民伤财的无义之举，而是一项完全服务民众，为提高民众文化水平和素质的一项福利措施，因为入学民众的一切学习设备"由公家提供，民众可不花一文钱"。（青岛市档案馆藏《关于执行民众学校暂行规程及强迫民众入学办法的训令》，B0021-003-00458）1931 年青岛市颁布了《青岛市工厂职工补习学校实施办法》，从其规定中我们可以看出这一时期青岛政府对社会教育的一些基本态度。比如："第一条：凡在本市区域内外工厂均应按照本办法之规定设立职工补习学校。第二条：各校经费全由工厂负担，有特殊情况时振幅得酌予补助。第三条：各工厂工人均须一律入校不惜，不得借故规避，如有借故规避者，由市职工教育委员会通知工厂酌予惩罚。"从中我们可以看出很强的政府强制性和公益性（青岛市档案馆藏：《青岛市工厂职工补习学校实施办法》，B0032-001-00434）。

② 青岛市档案馆藏、青岛教育局编：《青岛市政要览·教育篇》，1937 年影印版，第 24 页，A910。

③ 青岛市档案馆藏、青岛教育局编：《青岛市政要览·教育篇》，1937 年影印版，第 25 页，A910。

④ 青岛市政府教育局编印：《青岛教育》（复员专号），1947 年版，第 20 页。按：职业补习学校分为商业和妇女职业两种形式。商业补习学校以培养商业实用人才为主要目的，妇女职业补习学校则主要以提高妇女生产能力、职业技能、家事训练等方面的能力为目标。两者的培训期也不同，妇女职业补习学校相对较短，为 6 个月，商业补习学校为 1 年。

"为提高工人知识，增加生产效能起见，劳工教育之设施万不容缓。"①
可见国民政府时期青岛市的社会教育，主要以提高工人的劳动水平和技能为
主要目的，更加强调应用性，侧重于实用型人才的培养。1931年青岛市颁
布了《青岛市工厂职工补习学校实施办法》，其中"第七条：各班人数不得
超过八十人。"②避免了班级人数过多影响教学效果的情况。"第八条：初级课
程暂定国语、党义、珠算、常识、技艺等五科。高级课程暂定党义、国语、
珠算、技艺、工会法、合作法等六科。（技艺视工厂之需要自行酌定之）"③
保证工人学到必需的技能，同时也保证了工厂可以为本工厂自身的生产来设
置课程，提高自身效益。在工厂自行培训的同时，政府还组织劳工教育委员
会，办理劳工学校，提高劳工素质。共计有劳工学校9所，开办班次24次，
有1000多人参加了学习。可见，此一时期青岛政府极力发挥社会教育的应
用性，处处都以工厂、工人、社会三方的共赢为主要目标。

同时，面对社会下层及无劳动技能的社会弱势群体，青岛市政府还加
强了对他们的生产、生活等方面技能的培训，从而提高他们适应社会的能
力。为救济妓女，使他们养成自立自救能力，同时提高自身素质和觉悟，政
府尝试用教育的力量解决妓女从良后的生计问题，从而希望把妓女这一社会
不良现象彻底消灭。当时的妓女补习学校共有5所，计有学生167人，课程
主要分国语、常识、家事、缝纫、刺绣、音乐、珠算等科。④为帮助残疾人，
青岛市政府在1932年将原有私立盲童学校收归市办，加以整顿以后"免费
招收盲人入学，并供给膳宿、衣服、书籍、文具等项"⑤。考虑到盲人学校的
优厚条件，为避免养成盲人好吃懒做的习性，政府在后期更加注重技术课程
的设置，以此来培养学生习得过硬的工作技能，解决盲人工作、生计等问
题。这些特殊教育给社会下层以及无行为能力的残障人群提供了学习文化和

---

①　青岛市政府教育局编印：《青岛教育》（复员专号），1947年版，第20页。

②　青岛市档案馆藏：《青岛市工厂职工补习学校实施办法》，1931年，B0032-001-00434。

③　青岛市档案馆藏：《青岛市工厂职工补习学校实施办法》，1931年，B0032-001-00434。

④　青岛市档案馆藏、青岛教育局编：《青岛市政要览·教育篇》，1937年影印版，第26页。

⑤　青岛市档案馆藏、青岛教育局编：《青岛市政要览·教育篇》，1937年影印版，第26页。

技能的空间，使得他们能够更好地融入社会，帮他们找回了自信和生活的勇气，也为社会减轻了负担。这些都是青岛市政府社会教育应用性的充分体现。可以说，民国时期青岛的平民教育方法、教育目的都已经初步具备了现代化的色彩，对推进青岛城市现代化起到了很大的作用。

各类学校及社会教育机构不仅直接培养学生，影响其教育对象，而且作为文化、科学知识和现代文明的专业传播中心对青岛市民整体发挥着很大影响，通过其存在本身感染、暗示和影响着大众，潜移默化地促进人们生活方式和观念变革。

（四）市民阶层形成

人类文明的产物之一是创造了城市，而城市生活最重要的产品就是创造了一种新的人类——市民。在青岛的城市发展中，市民阶层逐渐形成，他们密集地聚居在日益变化的青岛城市中，逐渐形成了共同的价值观念、行为准则和生活方式，他们是城市发展的产物，又是城市文明的创造者。作为城市的人格化表现，他们的人格特征、文化心态、生活方式形成了一种独特的文化景观，市民阶层既是社会生活变迁的载体，更是社会生活变迁的直接动力。随着青岛城市化进程的加速发展，由此而造成了市民队伍的壮大，不断给"市民大军"补充新鲜血液，也不断改变着城市社会生活的内容。

20 世纪二三十年代是青岛发展的黄金时期，城市人口更是增长加速，具有现代生活方式的新型城市市民[①] 在这个过程中逐渐形成。全市人口在 1923 年为 262117 人，1933 年已达到 444690 人[②]，城市移民是人口增长的重要原因[③]。由于大量外来人口的涌入，使得青岛人口迅速膨胀。这种人口大

---

① 本章中的市民主要包括：官僚、高级买办、大商人、高级职员、大学教授、前清遗老等社会上层群体；教职员、律师、医生、中小资本家、手工业者、摊贩等社会中层群体；妓女、乞丐、苦力、工人等社会下层群体。外国人不包括在市民统计范围之内。
② 青岛市档案馆编：《青岛数字全书》，中国文史出版社 2003 年版，第 50 页。
③ 以青岛市轮船乘客统计为例，从 1922 年到 1935 年间，入青人口数量远远大于离青人口数，平均每年都有 3 万左右的人口滞留在青岛，1924 年、1932 年、1935 年滞青人数甚至一度达到了 5 万人左右。参见青岛市档案馆编《青岛数字全书》，中国文史出版社 2003 年版，第 174 页。

规模迁移从经济发展的角度来看，为青岛带来了丰富的人力资源，他们中的大部分是年轻力壮的青壮年，有着充沛的体力、旺盛的精力、渊博的学识和作为管理者所必需的经验。他们为近代青岛城市化提供了发展所必需的劳动力、先进的技术水平、管理技能和文化理念。青岛城市生产力水平得到极大的提升，加速了青岛城市的建设①。同时，许多商人和前清遗老看中青岛稳定的投资环境和居住环境，携巨资来青岛投资，这些资金就成为青岛城市工商业发展的早期资本之一，极大地推动了青岛城市经济的繁荣。经济的发展为生活水平的提高提供了保证。但是，还有相当庞大数量的人口群体，由于缺少进入城市生存所必需的准入技能，未被青岛这个新兴的城市充分吸纳，沦为乞丐、强盗、妓女等，给青岛城市的发展增加了负担，分散了本该投入到城市现代化建设当中的人力、物力、财力，导致青岛出现了"城市中的村庄""传统和现代物质文明共处一市的现象，影响了城市化的进程"②。这些导致了青岛市民的社会生活中依然存在着许多恶习。外来人口为了适应在青岛生存面临的巨大压力，必须再次学习新的生活方式、生产方式，接受自己之前没有经历过的各种新的思想与观念，尤其是辛亥革命之后各种西方思想、自由思潮风起云涌的社会背景下，外来谋生人员必须让自己迅速接受新观念并理解青岛本地人和居住此地的外国人的思维方式。涌入青岛的外来人口虽然并非所有都最终转化为市民，但是移民是构成青岛新市民不可缺少的群体，使得青岛人的生活开始呈现出多元发展的趋势。

外来移民除了人数多，涉及地区也广。由于青岛地区经济繁荣程度和社会稳定性明显高于周边地区，所以与青岛接界的山东周边省市的人口大量涌入青岛。

---

① 许慈青：《青岛人口问题研究（1912—1949）》，硕士学位论文，青岛大学，2008 年，第20 页。

② 任银睦：《青岛早期城市现代化研究》，三联书店 2007 年版，第 324 页。

表3.3　人口籍贯统计表

	1930	1931	1932	1933	1934
青岛	217200	229951	238314	232520	248527
山东	142379	142271	155268	174470	169322
河北	8488	6065	8209	8853	9485
河南	1015	1134	1730	1184	3003
山西	184	63	57	138	99
陕西	14	9	27	163	30
甘肃	17	15	4	35	15
辽宁	559	502	1093	938	1136
吉林	48	73	118	203	133
黑龙江	1	1		70	41
江苏	10571	10538	11210	9869	12945
安徽	946	1253	1251	1168	1290
江西	205	237	347	322	388
浙江	2876	2794	2850	2680	2840
福建	639	381	459	722	554
湖北	509	640	771	861	1036
湖南	380	355	565	532	439
四川	109	174	146	180	169
云南	12	10	16	8	24
贵州	31	14	29	14	25
广东	1473	1063	1137	1029	1074
广西	12	48	110	66	56
青岛人口在总人口中的百分比	56.03	57.83	56.24	53.32	54.91
外地人口在总人口中的百分比	43.97	42.17	43.76	46.68	45.09

资料来源：青岛市档案馆编《人口资料汇编（1897—1949）》（内刊），第17—18页，节录。

从上表可见，青岛的外来人口主要来自山东及河北、河南、辽宁、江苏、浙江等周边省份和地区，外省人口即青岛这一时期非自然增长部分人口和青岛本市人口的比例基本达到1∶1。外来人口的迁入为市民生活多元化提供了动力。近代的青岛移民中还有部分是滞留在中国的侨民[①]，他们虽然数量有限，但是外国人口在青岛人口中所占的比重不断加大，而且把他们的生活方式也带到了青岛，对青岛市民的生活产生了深远影响，使得青岛形成了与山东内地不同的一些社会风俗，如春季赏樱花的习俗就与日占青岛有关。如此复杂的人口构成与中国旧式城市的模式区别明显，东西方文化在这里并存，大量外国人和其他省市的移民带来了他们各自的风俗习惯、宗教信仰、行为理念、知识体系。青岛当地人在同异质文化碰撞、冲突的过程中，各种思想、文化一时间难以被人理解和认同，就出现了各种社会问题，有人因此而更加开放、文明，有人也因此更加迷茫、困惑，甚至在各种文化的冲击中因为无所适从而堕落，直至走上违法犯罪的邪途。

开埠以后，随着各种新经济形式进入青岛，青岛的人口职业构成也发生了很大的变化。从事传统农业的人口不断减少，从事工商业和其他产业的人口不断增加，还出现了一些新兴职业，建立在这种新模式上的市民生活也呈现着一种新局面。青岛社会的职业构成正在从一个传统农业社会的职业构成向工商业的职业构成转变，现代化的程度提高，社会生活的现代性因素逐步提升。

表3.4　职业类别、性别统计表

	1925			1927			1930		
	男	女	合计	男	女	合计	男	女	合计
农业	51146	24067	75213	79563	70119	149682	54723	14821	69554
工业	25194	1369	26596	23036	6395	29431	24262	13291	37553

---

① 青岛市档案馆编印：《人口资料汇编（1897—1949）》（内刊），第41—44页。滞留的侨民主要是驻华工作人员的家属或随从或者军人，来自日本、德国、美国、英国、法国、俄国等十几个国家和地区。

续表

	1925			1927			1930		
	男	女	合计	男	女	合计	男	女	合计
商业	28475	1591	30066	29041	2096	31137	38626	3914	42540
交通业	923	107	1030	795	46	841	297	29	326
水产业	4933	974	5907	4915	1884	6799	1132	612	1744
矿业	7		7	25		25	20		20
公务	5837	13	5850	9508	50	9558	4529	62	4591
劳力	13767	514	14281	12397	3	12400	18954	62	4591
自由业	540	477	1017	492	546	1038	1142	992	2134
无业	27103	69443	96546	20580	28747	49327	4128	45900	50028
学生	4467	662	5129	7440	2194	9634	2936	1602	4538

	1934			1935		
	男	女	合计	男	女	合计
农业	58894	34833	93727	74938	49822	12476
工业	42720	25107	67827	42442	21585	64027
商业	37542	3793	41335	41634	4841	46475
交通业	18376	30	18406	16563	38	16601
水产业	5185	1464	6649			
矿业	2369	40	2409	1955	28	1983
公务	6511	74	6585	7219	73	7292
劳力						
自由业	4790	3322	8112	5474	2098	7572
无业	86631	74025	160656	115678	95623	211301
失业	142	29	171	239	9	248
人事服务	10524	27230	37754	16450	47407	63857

资料来源：青岛市档案馆编《人口资料汇编（1897—1949）》（内刊），第10—13页，节录。注：农业包括农、林、畜牧、蚕业等；商业包括贩卖、经纪、金融、保险、商店、饮食服务等项目；交通业包括邮政、运输等；公务包括官吏、军人、警察等项；自由业包括教师、教士、律师、记者、医生、文艺、娼妓等；人事服务包括侍从、佣役、家庭管理等；劳力一般指码头及其他地方劳力工人。1935年无业者包括学生。

从表中可以看出，1925—1935 年间，青岛市区人口职业类别中从事工矿、交通等行业的产业工人的数量从 1925 年时的 47821 人，急速增加到了1935 年的 95291 人[①]。从事自由职业、人事服务的人口在 1925 年仅为 36933人，到 1935 年已经发展到 125196 人。以知识分子为主体的自由职业者和各种专门的职业阶层的形成，包括律师、医生、新闻工作者等，更是此前青岛社会未曾出现过的，而且占有相当的比例。这些新兴职业阶层的出现和发展，是青岛城市现代化和青岛人口现代化的重要表现，市民阶层也在这个过程中逐渐形成。上述职业构成，从一个侧面说明了青岛市民生活的多样性，不同职业的劳动者在青岛有着很不相同的生活方式，比如 1931 年《青岛快报》刊登邹学藩的《今年的青岛》一文，文中作者这样描述青岛一部分市民的生活："所谓职员们，到了工作闲暇时候，无处闲游，遂不是向平康里打茶围，就是要向各街巷逛私货。"[②] 倪锡英也在他的游记作品中细致入微地写到了青岛的市民生活[③]：

> 第一类便是政务人员的生活。青岛市内有许多大机关，如胶济铁路管理局、青岛市政府等等。这些政务人员的生活大多很优裕，他们都住在海滨或者山麓一代的小洋房里，每天除了办公时间以外，其余便全是游乐的时间。他们也去游泳，也去上运动场，也去钓鱼，有时合家上一个名胜的地方野餐一次。日常生活的方式中已掺进了若干欧西的东西在里面，这因为他们每月都有丰富的薪金收入而同时职位又是很有保障的，因此他们的生活可算十分安定。
>
> 第二类便是有闲阶级的生活。这一班人他们大多是富绅或要人，他们有钱有势，在青岛市区内占有一幢广大的住宅，住宅不妨僻静一点，出入都有汽车代步，一天到晚便是见客、赴宴，忙于应酬。他们

---

① 虽然青岛的工矿、交通等产业进步很大，但是事实上，青岛的工商业在经济中占有较少的成分，处于从属地位，而且始终未能成为二三十年代青岛城市经济的主要支柱。

② 《今年的青岛》：《青岛快报》1931 年 1 月 4 日，第 2 版。

③ 倪锡英：《青岛》，中华书局 1936 年影印版，第 134—140 页。

看到别人跳到海的怀抱里面去，自己却只是看着他们，从不肯亲身参与游泳……他们只是为求生活的闲散而来的。有时间或游兴来时，便坐着汽车到崂山兜一圈……他们的观念是把青岛的一切作为享受的对象，因此他们的生活是极度享乐的生活。

第三类便是外国侨民的生活。侨民又可分为两类，一类是到海外来享福的侨民，他们大半都住在湛山和太平角的别墅内……另一类是到青岛来做生意的职业侨民，他们大多住在太平路和中山路一带，以开设酒排间、跳舞厅或是食品公司、娱乐场为最多。每年夏季是他们最忙时间，许多驻华军舰都轮流开到青岛来避暑，水兵们上岸了都需要找求本国的娱乐以安慰客中的寂寞……大多数欧美侨民天生的习性是好动的……他们总是喜欢参加种种游戏活动，如游泳、爬山、球戏等等……

青岛一班普通市民的生活也比别的都市来的生动。他们受了生活环境的感染，对于生活的态度非常认真进取，在青岛市内游手好闲的市民是非常少的……空闲时间总是消磨在海滨、运动场或是公园里去。

倪锡英的这段描述是对青岛三类市民生活的生动再现，让我们可以想象到形形色色的职业和人群在青岛城市生活中扮演的角色。

总之，在青岛城市经历从传统向现代转变的过渡中，伴随着城市生产力发展水平和现代化水平不断提高，市民阶层逐渐形成。这既是青岛城市现代化的直接结果，反过来也进一步促进了青岛城市现代化的进程。虽然青岛的工商业以及第三产业的规模不断扩大，但由于各种原因，始终未能走出这个过渡时期，完成真正的现代化的转型。因此青岛城市、社会的现代化进程仍然需要付出相当大的代价才能完成，市民生活也必然出现新旧杂交、落后与现代并存的局面。

综上所述，自 1897 年德国强租青岛始，青岛就进入了城市现代化的进程，以政治、经济的变化为基础，带动了科学技术、教育文化、城市建设、医疗卫生诸领域的变化，最终使得市民的生活方式发生了巨大的变化。德日强占青岛时期，青岛作为不受外界干扰的"国中之国"，有着特殊的政治地位和稳定的社会环境，从而为其顺利推行各项市政方针和建设提供强有力的保证，使得青岛能够迅速形成一套和国际水平相适应的城市模式。虽然在主观上德日殖民者对青岛的建设是为其利用青岛廉价的原料和劳动力投资办厂，从中牟取暴利，为侵略青岛服务，但是在客观上也使青岛能够在封闭自守的情况下接受到外来先进文化的冲击，由一个默默无闻的小渔村迅速发展成为一座具有现代气息的国际化都市。德国殖民统治者注重道路港口、市政建设、公用事业、城市规划等方面的建设与规划，而且取得了较显著的效果。尤其是胶济铁路和青岛港的建成使青岛拥有了明显的区位优势，这一优势成为推动青岛城市经济发展的两大支柱，为青岛城市经济的发展、城市商贸功能增强起到了不可替代的作用。日占时期，青岛城市发展速度减慢，但是亦有相应的提高。青岛主权收回以后，特别是在沈鸿烈执政时期，青岛城市建设受到了高度重视，市政当局提出了"施政十大纲领"以推动青岛城市建设的发展，提出了城乡并重、物质建设和文化建设并重的思想。随着城市发展的加速，各种思想观念和生活方式的变迁也随之而来，一些新兴的生活方式不断涌现，市民阶层应运而生。广大市民们既是城市变迁的受益者，更是城市现代化进程的参与者，在城市的现代化进程中市民们实现了人的现代化，也促成了青岛现代生活方式的逐步形成。

二、衣食住行：新旧交替下的生活方式变迁

衣食住行是社会生活中最重要的内容，也是反映社会变革最为直接的领域。从民国时期青岛市民生活衣食住行的变化里，我们可以一窥青岛城市发展中政治、经济、文化、社会、民俗、心理等多种因素的变迁。

由于民国时期青岛人口流动性大，不同阶层社会传统、消费习惯等有很大不同，具体生活可能有所差别。但是伴随二三十年代青岛经济贸易日趋繁荣，就业机会增多，民众易于谋生，生活水平在一定程度上有所提高，使得普通市民在衣食住行用各个方面提高生活质量成为可能。由于德日的相继

占领，异域生活方式被引进到青岛。而上海、广东等风气较为开化的南方地区来到青岛的商人、技工、监工等的到来，也将这些地区的生活方式移植到青岛，影响不小，这些使得青岛的"衣食住之嗜好乃混合南北各地风尚"。①

（一）饮食生活

"民以食为天"——饮食在人类日常生活中地位显要，也是民众生活最直观的表现。

一个地方的饮食具有一定的稳定性，有些食俗传承下来后不易改变。青岛地区的饮食文化属于我国北方类型，"受京津一带影响很深"②，又具滨海特色。"本市五方杂处，食尚所习……大抵北人以粟麦豆类为主，南人则仍食大米。食物之中以鱼虾为多。"③ 人们的饮食以玉米、小麦、地瓜为主，杂以谷子、高粱、豆类（黄豆、绿豆、豇豆、红豆）、黍子等五谷杂粮。副食以蔬菜为主，肉类、蛋类过去是寻常人家办喜事和待客的珍品。"市内贫民，大都每日两餐，以上午八九时为早餐，以下午四五时为晚餐，其食物以甘储为主。甘储之外，杂以粟，豆，高粱，小麦之属，而以白菜，菠菜，韭菜，茄子，豆腐等为最普通佐食之需。极贫之家，则以甘储之嫩，晒干磨粉，制成团子，以供常食……视为美味，其食品之粗劣，概可想见也。"④ 靠山吃山，靠海吃海。由于靠海，青岛鱼虾等海产品的价格比肉、米、面等价格要相对低廉一些（参见下表），所以鱼虾等海产品就成为市民的主要肉食来源。

表 3.5　1923 年食品价格

名称	价格	名称	价格
上海白米（斤）	七分五厘	高粱米（斤）	四分八厘
香港白米（斤）	七分	小白菜（斤）	二分三厘

---

① 赵琪修，袁荣叟纂：《胶澳志》，胶澳商埠局 1928 年，青岛出版社 2011 年影印版，第 372 页。
② 李森堡等：《青岛指南·生活纪要》，青岛市政协会青岛分会 1947 年影印版，第 348 页。
③ 李森堡等：《青岛指南·生活纪要》，青岛市政协会青岛分会 1947 年影印版，第 347 页。
④ 李森堡等：《青岛指南·生活纪要》，青岛市政协会青岛分会 1947 年影印版，第 350 页。

续表

名称	价格	名称	价格
大麦（斤）	四分五厘	茄子（斤）	六分二厘
小麦（斤）	五分五厘	洋葱（斤）	三分五厘
小米（斤）	六分五厘	大蒜（斤）	一角
玉蜀黍（斤）	七分三厘	黄豆芽（斤）	一角四分
绿豆（斤）	一角	银刀鱼（斤）	三分
黄豆（斤）	七分	鸡蛋（个）	二分
豌豆（斤）	三分八厘	白糖（斤）	二角三分
红糖（斤）	一角三分	高粱酒（斤）	二角八分
甘储（斤）	一分四厘	芹菜（斤）	八分五厘
虾（斤）	三角五分	蟹（斤）	二角六分
淡水鲫鱼（斤）	六角	黄花鱼（斤）	三角二分
偏口鱼（斤）	二角五分	沙鱼（斤）	一角
韭菜（斤）	七分	鸭蛋（个）	二分至三分
粉丝（斤）	二角一分	咸菜（斤）	六分
花生仁（斤）	一角六分	即墨老酒（斤）	一角二分
陈年老酒（斤）	五分	豆油（斤）	二角四分
花生油（斤）	二角六分	猪油（斤）	三角五分
上等酱油（斤）	三角	次等酱油（斤）	一角六分
樱桃（斤）	一角	鸭（斤）	三角五分
文蛤（斤）	七分	海鳗（斤）	一角
梨（斤）	五分至一角六分	苹果（斤）	二角二分
荸荠（斤）	一角	粗盐（斤）	三分二厘
精盐（斤）	七分	绍兴酒（斤）	二角四分
豆腐（斤）	三分五厘	芝麻油（斤）	三角四分
猪肉（斤）	三角二分	羊肉（斤）	二角六分
红枣（斤）	一角至二角	胡桃（斤）	八分
柿（斤）	九分		

资料来源：《青岛指南》，第348—350页。

青岛市的菜馆大概可以分为"西餐馆、中菜馆、料理店三项"[①]，其中"西菜馆，十之七八为西人所开设；料理店，则多为日商所经营。唯菜饭馆则尽为华商所组织"[②]。青岛市民的饮食习惯伴随城市的变迁，在原有的基础上还发生了巨大变化，特别是由于外来人口的大量迁入，各地美食云集于此，西式食品和饮食习惯也被引入。

表3.6　中菜馆

名称	地址	口味种类	零整售卖方法	附记
顺兴楼	北平路十三号	纯粹北平味道	一元至五元为租菜，六元至三十元为酒席零点随意	
亚东饭店	河南路六〇号	平津江，口味俱全	中菜西吃	
春和楼	天津路三号	天津口，青市素著	一元至五元为租菜，六元至三十元为酒席零点随意	
东华旅社	天津路三九号		全	
厚德福	河南路五五号	豫菜出名	全	
阳春居	天津路二九号	北平口味	全	
合源楼	高密路六五号	胶州菜肴	全	
岳阳楼	大沽路二〇号	全	全	
上海饭店	湖南路三五号			中
马牙饭店	莱阳路三〇号			俄
斯拉特	莱阳路一七号			英
不郎打饭店	海阳路一〇号			美
可乐地饭店	汇泉路二号			俄
汇泉社	南海路一四号			英
汇泉面包房	南海路一四号			德
长生园	太平角五路			日
松树饭店	王子涧一二号			俄
崂山大饭店	柳树台二一号			中

---

① 骆金铭编著：《青岛风光》，兴华印刷局1935年版，第208页。
② 骆金铭编著：《青岛风光》，兴华印刷局1935年版，第209页。

续表

名称	地址	口味种类	零整售卖方法	附记
北九水饭店	观崂石屋五三号			德
毕方珂饭店	华严寺			俄

表 3.7　西菜馆

名称	地址	国籍
大同西菜馆	大沽路一八号	中
花园饭店	曲阜路一三号	俄
青岛咖啡店	中山路五三号	俄
门德来	中山路四二号	德
波连司酒馆	肥城路一〇号	俄
吉美饭店	中山路三二号	美
由爱司饭店	中山路七五号	美
马克司饭店	广西路四四号	德
可乐地饭店	汇泉路二号	俄
青岛咖啡	南海路一〇号	俄
汇泉社	南海路一四号	英

表 3.8　御料理

名称		名称	名称
西洋料理	聊城路九号	雪月花	清平路一号
九胜料理	高唐路三号	蒲烧	聊城路一一三号
西洋御料理	阜平路三号	千古满	市场三路四四号

资料来源：骆金铭编著《青岛风光》，兴华印刷局 1935 年版，第 210 页。

　　从表中可以看出，民国时期青岛地区如福兴楼、新美楼等专做全国各大菜系的中菜馆有五六十家之多，分布在青岛的新老市区、大街小巷。西菜馆如吉美饭店、青岛咖啡等，主要集中在中山路、南海路等外国人相对集中的地区。日本料理店主要集中在高唐路、阜平路等日本人相对集中的地方。

这一时期还有相当多的副食品商店，反映了市民生活质量的提高。其中"以包子铺最多，此等铺中，大致以专卖包子、锅贴为营业，盖亦北方风尚使然也。"① 其他也有带卖馄饨、汤面的，比如快活林、四时春、可可斋、文兴园等中小菜馆里将此作为副业出售。这些点心铺分布在南村路、四方路、中山路、新疆路、乐陵路等青岛各个地区，据统计有 17 家之多。② 这都极大地丰富了青岛市民的饮食，满足了不同口味人的需求。旧式菜馆与新式酒店共同分布在青岛的不同街区，反映了青岛在饮食文化上的多元化。一些追求新颖的富裕青岛市民尝试着诸如西餐等时尚饮食，传统的饮食习惯面临着新的挑战。当然对于广大下层贫民来说，仅仅能维持温饱而已，能够享受到美食的大多只为社会中上层。

随着西方的饮食习俗逐渐进入青岛，以蛋糕、面包、牛奶、洋酒为代表的西方饮食迅速占领了青岛。比如西方用先进发达的机器制造面粉，改变了青岛市民的口味，"华人厌故喜新，面粉舶来进口日多"③，面包、蛋糕和其他各种西式糕点带来的巨大消费需求，促使青岛的面粉工业迅速发展起来。民国时期，青岛是国内面粉工业最发达的几个城市之一，双蚨、恒兴等面粉厂共有十多个品牌的面粉进入市场。④ 当时还出现了大量的牛乳房，牛乳房主要分布在太平镇地区（计有 17 家），如双顺永、东发祥等；另外贵州路、南海路、东吴家村、台东新民路、湛山路等地也有一小部分（计有 10 家），如福昌和、俄美乳房等。这些牛乳房既有中国人创办的，也有欧美等外国人创办的。⑤ 牛奶作为一种新型食品在青岛繁盛起来，丰富了青岛人的饮食习惯，在当时饮食相对匮乏的年代，增强了人们的体质。开埠以后，随着德军驻防人数的增加和欧洲侨民的不断涌入，青岛的啤酒消费日益普遍，啤酒消费量逐年上升，并在 1903 年建成了青岛本地的啤酒厂——青岛啤酒

---

① 骆金铭编著：《青岛风光》，兴华印刷局 1935 年版，第 320 页。
② 骆金铭编著：《青岛风光》，兴华印刷局 1935 年版，第 325 页。
③ 刘锦藻：《清朝续文献通考》（四），浙江古籍出版社 2000 年版，第 1314 页。
④ 青岛市档案馆藏：《青岛工商季刊》，"青岛市工商状况　青岛市棉纱火柴面粉及食盐产销情况"，第 94 页。
⑤ 骆金铭编著：《青岛风光》，兴华印刷局 1935 年版，第 321 页。

厂，这也是青岛历史最悠久的啤酒生产企业。青岛啤酒厂以青岛崂山泉水做原料，由德国酿酒师按照德国啤酒酿造配方标准进行生产。该公司建厂初期的年生产能力 2000 吨。产品除供应本市外，还销往我国上海、天津、大连等城市。据统计，1936 年青岛啤酒厂实际产量 4 打装 103202 箱，3208 吨，最高年产量曾经达到 4663 吨。而同时期其他酒类的消费就稍显逊色，传统白酒市场遭到啤酒的挑战，份额有所下降，销量基本与啤酒持平，并且有逐年下滑的趋势。

这一时期，从各大报刊以及宣传海报中可以看出，青岛啤酒已经变成市民生活中不可或缺的一部分了。此外，西式的各类罐头、饼干等食品，也在青岛建立了各种食品工厂。"以中国人的口味来说，西式食品未必比得上中国传统的饮食，但是，从清末社会上时兴起来的崇洋风气至民国时期更加浓厚，西餐、西式食品作为西方文化的组成部分，也成为社会上一种时髦的东西。"① 在青岛，除了前清遗老、大商人、官僚、买办等频繁地与洋人打交道的社会上层需要西餐、西式食品外，多数人只是为了追时髦、尝新鲜而用西餐、洋酒等西式饮食的。各种西方的饮食文化和习俗，一定程度上打破了青岛的传统饮食习惯，使青岛市民的食谱更加丰富。但是近代青岛贫富两极分化严重，对大多数为温饱而奔波的人来说，西式饮食距他们实在是太遥远了。因此整体上来看，青岛的传统饮食地位并未受到太大的冲击，西式饮食只是作为一种新型的生活方式，犹如一颗石子，在青岛市民生活的湖面中逐渐荡开涟漪。

（二）服饰生活

服饰主要表现为人们在服装、鞋帽、佩戴、装饰方面的风俗习惯。服饰和饮食一样，是每个人都离不开的。时代、气候以至人的地位、职业、性别、年龄都对服饰有着直接的影响。大都市是中国近代以后服饰变革的中心，五方杂处的港口城市青岛自然也是中国服饰变革的中心之一。

---

① 周俊旗：《民国天津社会史》，天津社会科学院出版社 2002 年版，第 75—77 页。

　　从《胶澳志》的相关记载来看，德占青岛时期服饰已经有所变化，"昔日男女大多穿用自家织成的土布，且大多是灰色或蓝色，女子也罕有穿花衣的，现在由于国外的棉织品价格低廉，于是穿各色国外进口的色布做成衣服的人逐渐增多，女子也间着花纹或红色之衣服。也有部分家庭自织布，然后用外国染料主要是德国染料加以染色的。"①

图 3.1　1901 年潍县路上的青岛市民

资料来源：阎立津编《青岛旧影》，人民美术出版社 2004 年版，第 56 页。

　　从以上德占时期华人街区青岛市民的着装来看，他们有的头戴毡帽（这种帽子主要多为农民和商贩在天冷时戴用。帽分左、右块，翻上去是一圆形帽头，折下来可盖住面颊和后颈，多右、后为褐色），除此以外还有男子戴瓜皮帽（因其形状像半个西瓜而得名，用上尖下宽的多块绸布做成）。衣服则为粗布短衣，俗称"便衣"。下衣为单裤，裤腰都很肥大，穿时用布腰带扎住。这种穿衣基本只是为了遮蔽身体、抵御风寒，根本谈不上装饰和审美功能。由于尚属清末，在大街上行走的路人穿着长袍马褂者亦有之。②

----

① 赵琪修，袁荣叟纂：《胶澳志》，胶澳商埠局 1928 年，青岛出版社 2011 年影印版，第 377 页。

② 鲍远昌、李国增：《青岛民俗》，青岛出版社 1997 年版，第 25 页。

　　随着人们生活水平的不断提高，20世纪二三十年代服饰的变化也是十分明显的。男子穿着西装和中山装得到认同，不仅官员、知识分子喜欢穿，其他阶层也有喜欢穿的人。[1] 人们将着西装、中山服作为一种时髦、新时尚，"互相效法，以为非此不能厕身新人物之列"，一般民众生活较宽裕者"亦必备洋服数套，以示维新"[2]，"洋布、洋伞、洋鞋、呢帽之类的洋货，在上层人物身上以及他们的屋里，一天天增多了"。[3] 西服的日益普遍使得丝袜、皮鞋、领带等与西服配套的东西也流行起来。

图3.2　20世纪30年代在农村举行的讲演会会场

　　20年代起，马褂渐被淘汰，但长袍、长衫（亦称"大褂"）仍很流行，是知识分子、商人的常用服装。戴礼帽、穿长衫是会亲访友和礼节交往中的最好穿戴。20—30年代，男子大多戴礼帽，此外还有在清代的基础上进行改进的，花样更多、质料也更加讲究的瓜皮小帽。"在校学生平时多戴鸭舌便帽，夏季则戴白帆布制成的圆形阔边帽。夫役农人，冬戴毡帽，夏戴草

①　周俊旗：《民国天津社会史》，天津社会科学院出版社2002年版，第74页。
②　《大公报》1912年6月1日。
③　中国人民政治协商会议浙江省委员会文史资料研究委员会编：《辛亥革命回忆录》（二），浙江人民出版社1986年版，第366页。

帽，雨天戴笠毛帽等。"① 青岛地区也受此风影响，习此风气。在交际时，青岛地区"男子穿长袍马褂，女子则换新衣……戴金银饰物"②。礼帽在民间流行，多与长衫配合穿用。男子剪去长辫子，城镇人多蓄发，发式有平头、分头两种，分头又有正分、偏分、背头等样式。

图 3.3　20 世纪 30 年代青岛市体育代表团出发前合影

资料来源：阎立津编《青岛旧影》，人民美术出版社 2004 年版，第 40—90 页。

进入 30 年代，男子服饰的变化不太显著，而妇女的服饰随着外国衣料的大量输入，各种时尚的服装逐渐兴盛。"我国装饰，将来必尽行欧化：现在妇女的时装，既多仿效西式；风气所趋，男子的服装，必亦尽行欧化；此亦势所必至者"③。尤其在青岛这样的沿海口岸，人口集中，工商业和文化事业比较发达，所以成了妇女时装的中心。妇女服装，在 20 年代以前，一般都保持着上衣下裙的形制。20 年代以后，"妇女皆衣旗袍"④，汉族妇女也开始穿着旗袍，并在原来的基础上不断改进，到 30 年代，已经完全脱离了原来的形式，而变成了一种具有独特风格的妇女服装样式："旗袍的领关撑得高高的，旗袍的下衩开得低低的，一副严冷方正、清教徒的风格。"后来就

① 周汛等主编：《中国衣冠服饰大辞典》，上海辞书出版社 2001 年版，第 304 页。
② 李森堡等：《青岛指南》，青岛市政协会青岛分会 1947 年影印版，第 376 页。
③ 李寓一：《清末民初中国各大都会男女装饰论集》，台湾中山图书公司 1972 年版，第 19 页。
④ 李森堡等：《青岛指南》，青岛市政协会青岛分会 1947 年影印版，第 376 页。

出现了大胆的变革："近年来最重要的变化是衣袖的废除，同时衣领矮了，袍身短了，装饰性质的镶滚也免了，改用盘花纽扣来代替，不久连纽扣也被捐弃了，改用揿扣，总之，这笔账完全是减法——所有的点缀品，无论有用没有，一概剔去。剩下的只有一件紧身背心，露出颈项，两臂与小腿。"① 二三十年代青岛的各种刊物、报纸上的各种广告中女性大多穿着旗袍，同时，各种成衣店关于制作旗袍的广告也屡见报端，佐证了这一时期旗袍在青岛妇女中的流行程度。比如青岛瑞蚨祥就曾打出广告，出售绸缎、皮货兼营旗袍制作等项目。② 1932 年《青岛日报》刊登了一则广告，用于宣传厂家的旗袍，广告中即为两个身着旗袍、端庄优雅的女士。③

　　总体来说，民国时期青岛市民的衣着大多和北京、上海等沿海开放城市相同。"工商业都衣毛织品及丝织品，比较俭约者则穿蓝布大褂，冬季则黑布棉袍。妇女皆衣旗袍，其质料以人造丝织品为最多数，其次为棉织品，而毛织品为最少，仅限于富家妇女而已。公务员及教育界以穿西装者为多……因此著中山装者亦不复少。"④ 稍微时髦一点的女性大多崇尚欧美风俗，"脚踏高跟鞋，身披呢大氅"⑤。但是市民生活水平毕竟还有限，至于绸缎呢绒等高级面料，仅仅是富家女子出嫁的时候才会穿。由于服饰上的变化，很多人崇尚西方的衣饰，开始出现西装成衣铺。价格方面相对较贵，"帆布西装，非八九元不办；夹西装、哔叽全套，大衣在外，二十四元至三十元；哈拉呢，三十四五元至五十元上下。大衣二十四五元至六七十元不等，视衣料如何以定价格高下"⑥。但是与上海等更发达的城市相比，青岛地区成衣铺作出的西装至少要"贵十之一二"。为了招徕生意，各大商家都想尽办法做广告，扩大自己的知名度，比如位于中山路的升昌商店即打出广告，"冬

---

① 洪丕谟：《走进女性世界》，中国国际广播出版社 2000 年版，第 101 页。

② 青岛工商学会：《青岛工商季刊》1933 年（内刊）。

③ 青岛市档案馆藏：《青岛日报》（1931—1932 年）。

④ 李森堡等：《青岛指南》，青岛市政协会青岛分会 1947 年影印版，第 380 页。

⑤ 李森堡等：《青岛指南》，青岛市政协会青岛分会 1947 年影印版，第 381 页。

⑥ 李森堡等：《青岛指南》，青岛市政协会青岛分会 1947 年影印版，第 384 页。

季自 12 月 1 日起绸缎呢绒、布八扣……多买照码再打八扣。"① 华北百货商店也打出广告："大减价，同时举行惊人大赠品，购货满洋二元，赠山东大戏院入场券一只，多购多赠。"② 以此促销。虽然光顾西装成衣铺的人相对很少，但是作为一种新的生活方式，已经进入到青岛市民的生活中来了。

（三）居住生活

房屋是人类抵御风寒和休息繁衍的场所，是人们赖以生存的重要条件之一。受生活的地域、环境条件等影响，我国各地居住类型、房屋样式都有所不同，居住风俗也多种多样。

"鸦片战争以前，中国的城市是封闭型的，尽管由于地区不同而在建筑样式、材料、内部结构等方面不尽相同，但大体上都属于同一风格的传统形式，一般都采用低层木构架、大屋顶结构和密集、形式简单的居住构架"③，青岛也不例外。开埠以后，具有西方风格的建筑逐渐形成规模。青岛有着一大批欧陆风格的建筑艺术，其中不乏名师之作，许多都被列为近代中国优秀建筑。山东省 300 多处优秀历史建筑中，青岛占了 130 多处，占总数的 1/3以上。"青岛房屋约分为三种：华洋折中式、德国式、日本式。比如在青岛区别墅均为德国式。大鲍岛区为华洋折中式，新街及若鹤山下附近均为和洋折中式。"④ 德占时期胶澳总督府大楼、基督教堂、胶澳总督府医院、胶澳总督官邸（今迎宾馆）、青岛火车站、青岛观象台、胶澳警察署大楼、国际俱乐部大楼、亨利王子饭店、胶澳邮政楼等欧式建筑拔地而起，青岛变成一座欧陆风情十分浓郁的东方殖民城市。日据时期，居民又比之前增加了两万余人，为了适应急速增加的人口，日本殖民当局只是注重增加建筑数量，而对房屋质量却不如德国人关注，"急速谋建筑之加多，以为扩张经济之基础，故较之德人时代，坚牢远逊。然所泽町一带，如太古、铃木、三井、正金、

---

① 青岛市档案馆藏：《青岛时报》1932 年 12 月 16 日，第 7 版（广告）。
② 青岛市档案馆藏：《正报》1934 年 12 月 4 日，第 1 版（广告）。
③ 周俊旗：《民国天津社会史》，天津社会科学院出版社 2002 年版，第 87 页。
④ 叶春墀编：《青岛概要》，上海商务印书馆 1922 年版，第 16 页。

邮局，及将来之取引所信托会社之建筑，亦为青岛有数之建筑物。"① 为了谋求建筑数量的增加，日本殖民者"更与东镇、四方方面，著著进行填大港海滩，计市街之扩张，改筑民船码头，以增进沿海贸易，故今日之青岛，较之昔日德人时代扩张二三倍以上，然房价对于建筑费犹在一二分利之间，较之津沪资本所得，尚为优厚，住房之不足，于此可见。"②

表 3.9　住宅国别及面积、类型情况统计表

归属		建筑类型	建筑面积	建筑费
华人		市宅	33029	2083153
		住宅	11393	690928
		仓库	2799	103960
		工厂	823	104998
	总计		48056	2983029
欧美		住宅	1930	328672
		仓库	1492	172120
		工厂	635	9700
	总计		4089	510492
日本		市宅	706	5902530
		住宅	491	4833597
		仓库	114	965622
		工厂	170	4523149
	总计		1481	16224898

资料来源：笔者根据《青岛概要》相关资料整理编制。

从表中可以明显看出，自从日本占领青岛以后，日本人投资在建筑方面的资金已经累计达到 1600 万元，而其他国家则比较少，其中有很大一部分原因就归根于日本为满足急剧增加的外来日本人口而扩充房屋等建筑，这

① 叶春墀编：《青岛概要》，上海商务印书馆 1922 年版，第 16 页。
② 叶春墀编：《青岛概要》，上海商务印书馆 1922 年版，第 16 页。

体现了青岛城市的殖民特点。

中国政府收回青岛主权后，特别是 1929 年至 1937 年，青岛工商业发展较快，其建筑也出现又一次高潮，建筑风格更加多样化，有西方现代建筑风格的引进，如大陆银行、中国银行青岛分行、山东大戏院、第一体育场等；有中国传统建筑的复兴，如水族馆、栈桥回澜阁等，使青岛建筑的基色呈现深厚的民族文化内涵；有多样化的宗教建筑，圣弥爱尔大教堂、路德堂、湛山寺等；有风格各异的住宅和别墅建筑，其中以八大关建筑群最著名，比如地处八大关的花石楼。

图 3.4　花石楼

花石楼，现位于青岛市黄海路 18 号，是一幢融合了西方多种建筑艺术风格的欧洲古堡式建筑，既有希腊和罗马式风格，又有哥特式建筑特色，体现了那个时代独特的建筑风格。

南京国民政府接收青岛以后加大了对青岛的城市建筑规划，完善了管理制度。

表 3.10　民国十九年一月　青岛特别市工务局市民建筑未决案件表

业主	地址	建筑类别	未决原因	批示日期
吉田房次郎	聊城路	楼房	土地名义不符	十八年九月十六日

续表

业主	地址	建筑类别	未决原因	批示日期
王元德	阳新路	花窖子	设计不合	十月三十一日
刘作田	下四方村	平房	土地面积不符	十一月十八日
陈金堂代表松仓末雄	黄台路	住宅	土地四至不符	十一月二十五日
殷桐声	湛山一路	楼房	传知改图	十二月十八日
加藤重太郎	长山路淄川路	楼房	传知改图	十二月十三日
犬丸铁太郎	济宁路	平房	设计不合传知改正	十二月十八日
大运制水社代表儿岛幸吉	冠县路	改筑房屋	未呈土地证明文件	
王锡贵	嘉禾路	平方	设计不合法式土地尺寸不合	十二月十九日
铁路局租户春原一雄	青海路	楼房平房	图样不合传知改正	十九年一月二十日
林鸿儒	大成路	平房	传知改图	一月二十日
许绍德	无棣二路	楼房	图样不合传知改正	一月二十七日
汤启龙	莱芜路	楼房	设计不合传知改正	一月二十七日
蔡焕章	福寺路	楼房	传知另行设计	一月二十七日
刘东园	莱芜路	楼房	传知改图	一月二十七日
徐聘章	肥城路	楼房	传知缴呈变更图	一月四日
牛成裕	单县路	楼房	传知改图	一月二十九日

表 3.11　民国十九年一月　青岛特别市工务局市民建筑已决案件表

业主	地址	建筑类别	给照月日	结果
大英烟公司爱普施	孟庄昌邑路	平房太平梯	1—13	准予建筑
库特跑儿	湛山路	汽车房	1—13	准予建筑
王云飞	齐东路	同上	1—13	准予建筑
崔东寅	苏州路	楼房	1—13	准予建筑
张道周	莱芜路	平房院墙	1—18	准予建筑
马叔谦	观象二路	楼房	1—25	准予建筑

资料来源：青岛市档案馆《青岛市政要览》，1937年，第14页。

　　政府在加强管理的同时，力图通过政策倾斜改善普通市民的住宅条件。青岛的西镇地区原先有一个八大院，是青岛解放前人力车工人居住比较集中的地方。这里的房屋低矮、密集，以平房为主，被人戏称为"八大公馆"。八大院是 30 年代中期建造的，而在这以前，人力车夫的住处更为脏乱不堪。所谓的房屋只是一些用破砖碎瓦、破油纸、草席、破铁皮搭建的建筑，冬天不能遮风，夏天无法挡雨。辛劳了一天的人力车夫就是在这样的住所里完成一天的休息，生活之艰辛实与乞丐无异。为了改善下层市民的居住环境，政府做了巨大的努力。"平民住宅之由市政府建设者，有城武路第一平民住宅，及四川路第二平民住宅，合计房屋 400 余间。每间每月租价仅收修缮费一元而已。其租赁规定，专限平民，凡教员学生，机关职员，海陆军官，警士，公役，以及营业资本在伍佰元以上之商人等，一律不得租赁居此项住屋。平民赁居者，亦限丁口成年者，以二人或者三人合住一间，未成年者四人合住一间，每户租领，至多不超过三间以上。"① 此外，妇女正谊会也在台西四川路建有平民住宅 268 间，起名叫平民村。附近有平民礼堂和平民学校等设备，每月每间房屋的租价和公有住宅相同。这三处平民住宅区共计收容平民 700 余家。然而在挪庄、马蜂窝一带还有大量靠搭建简易板房居住，没有住进上述这样的政府修建的公益房屋内的平民，他们大多男子从事拉车、撑船或者捕鱼等粗重的体力劳动，妇女靠拾煤核、打海蛎子、糊洋火柴盒等补贴家用。这样的简易草屋板房非常简陋，其高度竟然有"低头而不能直立者"②，只能是"聊避风雨，与上海闸北交通路一代情形相仿"③，每日休息的卧室和烹调的厨房互相连接，杂物凌乱，屋内空气极为污浊。所以市政府决定在台西四路以及台西五路两处公地上修建第三平民住宅，让平民无偿领取，自行建筑，"目下自行领地建筑者亦有 700 余家之多。"④ 可谓效果明显。据社会局调查显示，当时青岛市共修建或存留的里院建

①　李森堡等：《青岛指南》，青岛市政协会青岛分会 1947 年影印版，第 385 页。
②　李森堡等：《青岛指南》，青岛市政协会青岛分会 1947 年影印版，第 386 页。
③　骆金铭编著：《青岛风光》，兴华印刷局 1935 年版，第 280 页。
④　李森堡等：《青岛指南》，青岛市政协会青岛分会 1947 年影印版，第 390 页。

筑 506 号，16701 间，住户达到 10669 家。租住者中有数家合租一间，再用板子隔开分做数人居住的，面积只能容纳一张床，条件虽然有些艰苦，但是对于下层市民来说，比起之前漏雨透风的简易板房来说已经是很大的改善了。

　　对于无房的市民来说，只能租房居住。民国时期青岛住宅的租赁手续十分简单，只需要向房主"克具铺保，立具备租约（此项租约，房主皆有印刷底稿，只需依式填写），租金先付后住，无押租小租等等陋习"[1]。而且每月每间房屋租价只在 2 元至 6 元之间，大部分平民能够负担起。由于手续简便且易于操作，价格低廉，大量城市新移民靠租住他人的房屋得以在城市立足，这解决了不少无房在青做工普通人的燃眉之急，也缓解了部分社会和政府的压力。下图为部分房屋名称及其租价表：

院名	地址	每間租價
九如里	東冲路	三元至四元
九安里	李村路	每間四元
九如里	博山路	三元至六元
人和里	即墨路	每間五元
三合順院	觀城路	三元至六元
三歷里	建縣路	三元至六元
三興里	濰縣路	三元
三多里	章邱路	四元
三祝里	博山路	三元至四元
三益里	遼寧路	四元至五元
大港里	高苑路	三元至五元
大生里	甘肅路	三元至五元
小洪祥	濟南路	三元至五元
小紅樓	高密路	四元至五元
久亨里	青城路	三元

图 3.5　部分房屋租价

资料来源：《青岛指南》，第 385—395 页。

（四）交通通信

　　随着青岛社会性质的变化和外来文化的冲击，青岛市民的物质生活和社会习俗发生了深刻的变化，人们的思想观念也逐渐发生变化，这种变化的体现形式之一就是对于西方的一些先进的器物由排斥走向接受，交通和通信工具的进步就是如此。

---

[1]　李森堡等：《青岛指南》，青岛市政协会青岛分会 1947 年影印版，第 392 页。

现代市民生活离不开现代化的交通事业。城市与交通，尤其是公路交通有着密切的关系。发达的城市，必然有发达的公路交通。道路不整齐，交通闭塞，难以形成完善的城市规模，也就不会带来相应的市民生活的变迁。

德日时期青岛市区和乡区道路总面积共计11713794.13平方公尺，其中市区道路占到91%，总面积10652196.56平方公尺，乡村道路只占9%，总面积1061597.57平方公尺。[①]"民国十四至十七年之间，白沙河、韩河、五龙河及龙口河，皆有石桥架设，以便车人往来。而大车道路洼下之处，亦建涵洞及阴沟，以资宣泄。兹将十二年以来公路建设成绩，列表如下：

表 3.12　民国十二年至二十年青岛区公路建筑情形表
（表内长宽度以公尺、面积以方公尺为单位）

公路类别　　年份	碎石路面改修沥青者		新修路基		碎石路面重加铺砌者		混凝土修	
	长度	面积	长度	面积	长度	面积	长度	面积
民国十二年	1595	12752	1585	14865				
民国十三年	195	1600			2933	40433		
民国十四年			2540	34466				
民国十五年	5955	44862						
民国十六年	586	5771	1940	15524				
民国十七年	4892	28195						
民国十八年	7527	57920	1680	13437			795	
民国十九年	8840	46150	2383	16174	320	5120	4257	
民国二十年	4562	25901	15443	110395	11881	62277		

---

① 赵琪修，袁荣叟纂：《胶澳志》，胶澳商埠局1928年，青岛出版社2011年影印版，第878—891页。

表 3.13　民国十二年至二十年青岛区公路建筑情形表（续）

公路类别　年份	暗水管			砖路		河道石阶		石块铺筑之大车道	石板道路	
	泄水管	污水阴沟	沉淀池	长度	面积	沟渠长度	石阶长度	长度	长度	面积
民国十二年						8262	10	1500		
民国十三年								9830		
民国十四年								593		
民国十五年	2506	3169	886	165	968	1350		2249		
民国十六年								8514		
民国十七年								782		
民国十八年				100	600					
民国十九年								11858	600	4874
民国二十年								1115		

资料来源：《帝国主义与胶海关》之 1922—1931 年报告（1934 年 6 月），第 221—225 页。（表内长宽度以公尺、面积以方公尺为单位）

从表中可以看出，截止到 1931 年，青岛市政府共计将碎石路面改为沥青路面的，长度 34152 公尺，面积 223151 平方公尺；新修路基长度 25571 公尺，面积 204861 平方公尺；重铺碎石路面长度 15134 公尺，面积 107830 平方公尺；修筑混凝土道路长度 5052 公尺，面积 6254 平方公尺；桥梁 8 座，涵洞 108 个；修建砖路长度 265 公尺，面积 1566 平方公尺；石块铺筑的大车道 36441 公尺；铺筑石板道路长度 600 公尺，面积 4874 公尺。大量公路的翻修、铺设，大大改善了城市的道路交通环境，使得各种现代化的交通工具能够畅通行驶，为城市现代化交通的顺利推广铺平了道路。

20 年代末，青岛的汽车数量明显增多。除了出租汽车以外，公共汽车、长途汽车等相继开始运营，摩托车、自行车的增长也极为迅速，客货人力车和客货马车也保持发展趋势。"本埠各项汽车数目，据民国二十年统计，共有载客汽车六百辆，马达货车一百二十七辆，长途汽车一百零二辆，脚踏汽车九十二辆。回顾十一年间，载客汽车仅一百五十六辆，马达货车及长途汽车不过九辆，及脚踏汽车二十六辆而已。"① 其中汽车作为新型交通工具发展迅速，从 1900 年秋到 1901 年春的青岛官报刊登的推销汽车的广告来看，在1900 年前后，汽车就应该已经输入青岛。除了北京、上海等极少数城市以外，在青岛出现汽车的 10 到 15 年以后，中国的其他城市才陆续有汽车出现。1907 年青岛还出现过汽车、摩托车比赛。1924 年，全市共有各种汽车 154辆，到 1934 年则超过 1000 辆。

表 3.14　1936 年华北各省汽车统计表

省市别	自用汽车	客车	货车	其他	合计
河北省	40	281	31		352
山东省	60	615	224	5	904
山西省	167	120	41		328
绥远省		16	57		73
察哈尔省	60	15	26		101
北平	1454	109	165	53	1781
青岛	819	137	233	16	1205
天津	235	149	61	13	458
合计	2835	1442	838	87	5202

资料来源：《青岛公路交通史话》，第 53 页。（编者注：青岛当时不属于山东省的一部分，为国民政府直属）

从以上统计数字可以明显看出，1936 年，青岛的汽车数量就有 1205 辆，仅次于 1781 辆的北平，在山东省这类公路交通相对比较发达的省份，汽车数量也仅占青岛的 75%，不怪乎青岛有所谓华北的"汽车城"之称。②

为了加强其管理，建立健全交通法规，从法律上加强对交通运输的管理就显得非常重要。从 1929 年底到 1931 年 5 月，短短的一年半的时间里，

① 青岛市档案馆编：《帝国主义与胶海关》之 1922—1931 年报告（1934 年 6 月），档案出版社 1986 年版，第 197 页。

② 王传铎、李茂贤：《青岛公路交通史话》，青岛出版社 1990 年版，第 54 页。

青岛市政府根据市公安局的呈报，先后批准并公布了十几个公路交通运输的管理法规，几乎涵盖了所有的车种。① 这些交通法规的规定比较详细、严密，具有一定的时代特点。同时，这些法规也是以青岛的实际情况为基础制定的切实可行的法规，在今天还有值得借鉴的地方，比如在《汽车司机人须知》中明确规定，汽车喇叭只能用于：1. 超车。2. 倒车。3. 要路。除此以外不能使用，因为乱鸣笛"不但不能促人注意，且声音嘈杂，很足以妨碍大家的安宁"。② 可见这些规则在制定之初就充分考虑到了各方面的要求，既保证了道路正常行驶的需要，又保证了广大市民不会因此而被噪音困扰，体现了人性化的一面。在制定和实施交通法规的同时，青岛当局还采取措施，进一步改善交通管理设备和交通设施③。30 年代制定、实施的一系列交通法规，交通管理设备和交通设施的改善，对青岛交通秩序的好转起到了积极的作用，并为以后的进一步发展奠定了基础。

青岛还是我国现代公路交通运输的发端之一，开创了我国现代公路交通运输的新纪元。"青岛十年之前，市内仅只营业客车，为数不多，比来因供求关系，数量渐增，客车设行营业之外，复有载货、公共、长途等汽车，相继应运而生，又有山东省汽车路局之汽车，驰行青岛、烟台、黄县、沙

---

① 青岛市秘书处：《市政公报》第四期，1929 年 11 月，A000597。按：这些管理法规包括《青岛市营业人力车夫管理规则》《青岛市汽车管理规则》《青岛市管理公共及长途汽车规则》《青岛市人力车管理规则》《青岛市脚踏车管理规则》《青岛市货车管理规则》《交通指挥法》等在内的十几个法规。公路交通运输管理法规对营业和自用车辆领取牌照、换照、过户、人力车夫的身体状况、载货车辆的载重数量等应该注意的事项以及违反规定后的处罚办法等，都做了十分详细的规定。
② 王传铎、李茂贤：《青岛公路交通史话》，青岛出版社 1990 年版，第 54—58 页。
③ 青岛市政当局采取的改善交通和管理的措施，比如 1930 年 5 月，青岛市政府通过安装灌汽油机的决定，这也是青岛建加油站的开端。1931 年，在中山路—天津路口、中山路—胶州路口等多处路口首次装设了交通信号灯，便于交通指挥。另外还在市区主要街道用白油标志人行横道，保障行人安全横过马路。这些措施在今天看来都是先进、科学的。增设完善交通标志使之前数量不足、种类不全的状况大为改观。1933 年底，青岛市政府部门还在搬运工人、小商贩等劳动大众经常路过的普及路、武林路（今杭州路立交桥）、云门路（实际在威海路）、水源地路（今海泊桥）等六处地方兴建"劳动休息亭"，方便劳动人民休息。

河、海阳、金口等处，出入本市载客，从此交通上，大有一日千里之势，行旅便利，远非昔比。"[①]普通营业汽车有大车小车之别，每小时定价5元或者4元，但是实际价格还可以适当当面调整。公共汽车则无论在市内还是市外行驶都是每站耗资两分，乘客可以随时上下车。由于竞争激烈的原因，长途车虽然也有定价，但是价格也可以当面商谈，价格也比较便宜，所以旅客对此也感觉十分满意，评价甚高。当时计有客车行37家，载货车行34家，公共汽车行7家，长途车行22家。[②]

从下图中可以看出，从青岛开往城阳、即墨等地的汽车（包括快车和普通客车），票价仅0.5元，随着路程的加长，票价有所上涨，到达烟台等地需要票价1元左右。不但可以到达青岛周边的较近省市，甚至可以到达招远、黄县等较远地区，可见这一时期青岛交通的发达与便利。

公共交通是城市的窗口，在很大程度上体现了一个城市的现代化水平，也与市民的生活息息相关。青岛的公共交通系统源起于1926年，创办实则在1934年。1926年夏，青蚨汽车公司在太平路成立，划定固定行车路线，主要在市内行驶，也有台东、李村、沧口等近郊路线[③]，设站售票，按照班次运行，十分便利。当时《青岛时报》载文《洋车末路》写道："本埠青蚨公司之汽车，往来市内。价目便宜。洋车行将倒霉……"[④]7月1日，青蚨汽车公司正式运营，这是近代青岛公共交通发展新时期的开始。二三年后，青岛公共汽车行发展到三四十家。1927年，青蚨汽车公司改名永兴汽车公司，汽车增加到20辆，是当时颇具规模的大型公共汽车商家。1933年10月，青岛市政府再次提出整顿改革公共交通事项，要求不再分散经营，从根本上解决现存问题，后经共同讨论方案，统一以官督民办的形式组建公共汽车股份有限公司。1934年7月5日，召开成立大会并通过章程，青岛市公共汽

---

① 骆金铭编著：《青岛风光》，兴华印刷局1935年版，第228页。

② 李森堡等：《青岛指南》，青岛市政协会青岛分会1947年影印版，第287—304页。

③ 赵琪修，袁荣叟纂：《胶澳志》，胶澳商埠局1928年，青岛出版社2011年影印版，第992页。

④ 《洋车末路》，《青岛时报》1927年7月15日，第7版。

表 3.15　青烟路快车价目表（单位：元）

到站＼自	青岛	流亭	城阳	即墨	灵山	水沟泊	莱阳	沐浴店	杨础	栖霞	松山镇	臧格庄	高疃	福山
流亭	、七〇													
城阳	一、二〇	、一〇												
即墨	一、九〇	、六〇	、五〇											
灵山	二、六〇	一、三〇	一、二〇	、七〇										
水沟泊	三、六〇	三、〇〇	二、九〇	二、四〇	、七〇									
莱阳	四、六〇	四、〇〇	三、九〇	三、四〇	二、七〇	一、〇〇								
沐浴店	五、〇〇	四、四〇	四、三〇	三、八〇	三、一〇	一、四〇	、四〇							
杨础	六、〇〇	五、四〇	五、三〇	四、八〇	四、一〇	二、四〇	一、四〇	一、〇〇						
栖霞	六、七〇	六、一〇	六、〇〇	五、五〇	四、八〇	三、一〇	二、一〇	一、七〇	、七〇					
松山镇	七、三〇	六、七〇	六、六〇	六、一〇	五、四〇	三、七〇	二、七〇	二、三〇	一、三〇	、六〇				
臧格庄	八、一〇	七、五〇	七、四〇	六、九〇	六、二〇	四、五〇	三、五〇	三、一〇	二、一〇	一、四〇	、八〇			
高疃	八、六〇	八、〇〇	七、九〇	七、四〇	六、七〇	五、〇〇	四、〇〇	三、六〇	二、六〇	一、九〇	一、三〇	、五〇		
福山	九、一〇	八、五〇	八、四〇	七、九〇	七、二〇	五、五〇	四、五〇	四、一〇	三、一〇	二、四〇	一、八〇	一、〇〇	、五〇	
烟台	九、六〇	九、〇〇	八、九〇	八、四〇	七、七〇	六、〇〇	五、〇〇	四、六〇	三、六〇	二、九〇	二、三〇	一、五〇	一、〇〇	、五〇

表 3.16　青黄路客车价目表

单位：元

青岛	流亭	城阳	即墨	长直	刘家庄	店埠	院上	日庄	夏店	道头	招远	黄山馆	北马	黄县
青岛														
0.70	**流亭**													
1.20	0.60	**城阳**												
1.80	1.20	0.60	**即墨**											
2.40	1.80	1.20	0.60	**长直**										
3.00	2.40	1.80	1.20	0.60	**刘家庄**									
3.40	2.80	2.20	1.60	1.00	0.40	**店埠**								
4.20	3.60	3.00	2.40	1.80	1.20	0.80	**院上**							
5.00	4.40	3.80	3.20	2.60	2.00	1.60	0.80	**日庄**						
5.60	5.00	4.40	3.80	3.20	2.60	2.20	1.40	0.60	**夏店**					
6.20	5.60	5.00	4.40	3.80	3.20	2.80	2.00	1.20	0.60	**道头**				
7.00	6.40	5.80	5.20	4.60	4.00	3.60	2.80	2.00	1.40	0.80	**招远**			
7.50	6.90	6.30	5.70	5.10	4.50	4.10	3.30	2.50	1.90	1.30	0.50	**黄山馆**		
8.10	7.50	6.90	6.30	5.70	5.10	4.70	3.90	3.10	2.50	1.90	1.10	0.60	**北马**	
8.70	8.10	7.50	6.90	6.30	5.70	5.30	4.50	3.70	3.10	2.50	1.70	1.20	0.60	**黄县**

资料来源：《青岛指南》，第 287—304 页。

车股份有限公司正式宣告成立，青岛的公交系统渐趋完善。①

图 3.6　1936 年的青岛公共汽车及其司乘人员

资料来源：阎立津《青岛旧影》，第 126 页。

青岛市公共汽车股份有限公司的成立，使得青岛的公共交通面貌焕然一新，进入了一个发展的新时期。公司成立后，由于价格便宜，路线又多②，普通百姓也得以享受到现代交通工具带来的生活便利。

青岛市公共汽车股份有限公司成立之初有职工 300 余人，1936 年改选负责人后裁减职工 40 人。公司成立后每天收入 1000 元左右。1934 年纯利润达 5 万元，1935 年则超过 8 万元。城市公共交通的发展极大地方便了市民的出行。

通信工具的发展也十分迅速，邮政、电报等现代通信方式逐渐被引入到青岛。

1899 年，当时胶海关根据殖民地当局的请求，开辟了第一条邮差送信的路线，解决青岛和内地主要地区之间通邮的迫切要求。到 1900 年底，胶海关附设了 12 个邮政分局。1901 年胶济铁路的青岛—胶州段开始通车，这

①　青岛市政府秘书处编印：《青岛市政府三十年来行政摘要》（1932—1934），社会，第 2 页。
②　这一时期青岛全市公交路线共分 10 路：河南路—文登路、大窑沟—文登路、河南路—台西三路、大窑沟—台西三路、沧口—夏庄、大窑沟环行线、五里岗—大崂、九水岔口—登窑、河南路—白沙河、河南路—板房，青岛公共汽车公司的运价为每站 2 分。

表 3.17 公共汽车价目表

站　别	价目		
	元	角	分
青岛至四方		1	2
四方至沧口		1	8
沧口至狗塔埠		3	0
青岛至东镇		1	0
东镇至李村		1	4
青岛至沙子口		6	0
青岛至乌衣巷		6	0
青岛至汇泉		1	0
青岛至码头		1	0
青岛至西镇		1	0
青岛至小水		6	0
汇泉至浮山所		2	0
浮山所至大麦岛		2	0
青岛至柳树台	1	0	0
市内行驶	每站二分		

资料来源:《青岛指南》，第 304 页。

条铁路是青岛邮政事业大规模发展的第一步。1906 年双方又订立协议，规定铁路配备单独的邮政车厢并由中国邮政人员负责传送邮件。"过去出青岛的邮件，需要两天时间，现在只要几个钟点就可到达了。"[1]1914 年以后，日本当局在青岛和山东铁路沿线各地设立了一些邮政和电报机构[2]。1921 年以

---

[1] 青岛档案馆编:《帝国主义与胶海关》，档案出版社 1986 年版，第 119 页。

[2] 日本占领青岛以后，青岛邮政管理机构与日本邮政管理机构之间，互相传送邮件和电报的工作中断了一段时间。直到 1918 年 11 月 1 日，中日双方签订了一份协议书，在山东铁路沿线八个地点直接互相传送电报，在青岛、潍县、济南三个地点直接互相传送邮件和邮包。通过这项协议，中国政府管辖的青岛邮政和电报机构重新复业。

后都改为一般邮政机构，在青岛原租借地内共计设立邮政分局 9 处，支局 5 处。1921 年，共计发出邮件、邮包 7661150 件，传送邮件、邮包 10287889 件。现代邮政的建立，改变了人们传统的通讯方式。

表 3.18　民国十四年来青岛邮务概况表

类别 年份	邮局				邮件				快信	
	一等	二等	支局	代办所	寄发		收到		本埠	外埠
					普通	挂号	普通	挂号		
民国十四年	1	2	5	11	2929865	139410	492799	1313	389	59706
民国十五年	1	2	5	12	3093800	150435	408963	947	160	67681
民国十六年	1	2	5	12	3357988	158484	476018	859	127	62099
民国十七年	1	2	4	13	3440577	160558	987246	1062	83	54451
民国十八年	1	2	4	13	3649500	179100	1816100	1400		55900
民国十九年	1	2	4	13	4246400	216100	1034800	2900		81000
民国二十年 （上半年）	1	2	4	14	2506800	116200	572600	1300	100	44600

资料来源：《帝国主义与胶海关》，第 224 页。

从统计表中看出，1925 年青岛共有邮局 11 家，收发邮件 3563396 件，快信 6 万多件；1926 年有邮局 12 家，收发邮件 3654145 件，快信 67000 多件；1927 年有邮局 12 家，收发邮件 3993349 件，快件 62000 多件；1928 年有邮局 13 家，收发邮件 4589443 件，快件 54000 多件；1929 年有邮局 13 家，收发邮件 5646100 件，快件 55000 多件；1930 年有邮局 13 家，收发邮件 5500200 件，快件 81000 多件；1931 年有邮局 14 家，收发邮件 3196900 件，快件 44000 多件。

民国十四年至民国二十年，共计接收邮包 141625 件，重达 547032 公斤；汇出汇入钱款达 12370975 元（汇出 8634758 元，汇入 3736217 元）。可见，民国时期，邮政事业已经作为市民生活不可缺少的部分在发挥作用，极大地方便了市民，也方便了青岛地区商贾资金的周转，带动了青岛城市经济的发展。

表 3.19　民国十四年来青岛邮包及邮汇统计表

类别 \ 年份		民国十四年	民国十五年	民国十六年	民国十七年	民国十八年	民国十九年	民国二十年（上半年）
包裹	数量	17717	25350	14650	15862	38350	18240	11456
	重量（公斤）	39684	97420	32488	30871	254828	57594	28149
汇款（银元）	汇出	972610	1142167	1345401	1204186	1343453	1669798	957143
	汇入	328533	581641	494461	559458	664823	638226	469075

资料来源：《帝国主义与胶海关》，第 224—225 页。

　　1922 年 2 月，日本接受华盛顿会议的决定，取消了西方各国在中国的"客邮"，[①]并将其在青岛设立的 16 处邮局撤销。[②]二三十年代，青岛通信发展进一步加快，且平民化更为明显。自 1925 年以来，邮件、包裹以及输入、输出的款项都呈逐年递增的良好发展趋势，表中可以看出，仅 1925 年到 1929 年的短短五年间，汇款额就已经增加到原来的两倍。[③]这也反映出在青岛市民生活中，邮政已经成为其中不可或缺的重要组成部分，在市民生活中的作用也是日益明显。民国初期青岛的无线电报通信距离可达 2000 英里，主要作为外洋和沿海船只的联络使用。[④]二三十年代，青岛市政府在接收德日时期原有 600 多哩水底电线的基础上，又于 1929 年"增设无线电报台两座，一隶交通部，一属国民政府建设委员会。是年八月，该两电台合并为一，称为国立青岛无线电台"[⑤]。虽然因为有线电报等各种行业的竞争，电台收入也受到影响，"但十九年各局收入之报费，仍

---

① 王铁崖：《中外旧约章汇编》第三册，三联书店 1957 年版，第 201 页。

② 武康、魏镜：《青岛指南》，胶东书社 1933 年影印版，第 3 页。

③ 赵琪修，袁荣叟纂：《胶澳志》，胶澳商埠局 1928 年，青岛出版社 2011 年影印版，第 923—924 页。

④ 赵琪修，袁荣叟纂：《胶澳志》，胶澳商埠局 1928 年，青岛出版社 2011 年影印版，第 928 页。

⑤ 实业部国际贸易局编：《中国实业志·山东省》（丁），第 133 页。

达国币六十万元之巨。分析计之，青佐线（青岛——佐世保间）四十万元，大北、大东两电报公司各在五千元，中国电报局十九万元，是为本期电报收入之最高额也"。① 据统计，1931 年一年中，青岛无线电台，"平均每月接收之无线电报，共为三千五百八十五次，计四万零四百二十字；发送三千八百五十一次，计四万九千二百六十四字。此外驻青海军及市政府，各设无线电台一座，专备传递之用焉"。② 可见这一时期电报行业在市民生活中逐渐普及，并发挥着越来越重要的作用，其影响也日益广泛。

青岛市的电话在德国人占领时期有 422 号，③ 日本占领后期到 1922 年，有电话 2300 多号，此后需求不断增加，到 1928 年，青岛市内电话数量已经达到 2700 号。④1922 年，中日双方约定："1. 青济长途电话准公共应用。2. 胶济铁路沿线增设长途电话线通达各重要城镇。"⑤ "故至十四年四月一日，该线始行敷设完竣，开始通话。青济间通话费，每五分钟银元二元。"⑥ 从 1922 年由中国接收后至 1932 年，青岛的电话用户逐渐增多，"查民国十一年，青岛共有电话机二千三百八十具。今则增为三千二百八十一具（计商埠三千二百具，沧口八十一具）。"⑦ 同时青岛市政府还着力更换腐杇的电话架设线路，共计修换电线杆 650 根，并"又订购六百根，以备续换"。到 1937 年，青岛市内的电话机已经达到 5080 号。⑧ 市内所设电话线，经过重新分配之后也"增加电线三千零二十八码。再青岛商埠至沧口间，向有双线六

① 赵琪修，袁荣叟纂：《胶澳志》，胶澳商埠局 1928 年，青岛出版社 2011 年影印版，第 926—927 页。

② 青岛档案馆编：《帝国主义与胶海关》，档案出版社 1986 年版，第 224—225 页。

③ 赵琪修，袁荣叟纂：《胶澳志》，胶澳商埠局 1928 年，青岛出版社 2011 年影印版，第 929 页。

④ 胶澳商埠局：《胶澳商埠行政纪要续编》，1929 年版，第 252 页。

⑤ 青岛档案馆编：《帝国主义与胶海关》，档案出版社 1986 年版，第 227 页。

⑥ 青岛档案馆编：《帝国主义与胶海关》，档案出版社 1986 年版，第 226 页。

⑦ 武康、魏镜：《青岛指南》，胶东书社 1933 年影印版，第 15 页。

⑧ 青岛日本商工会议所：《青岛的现势》，昭和 12 年（1937）版，第 96 页。转引自任银睦《青岛早期城市现代化研究》，三联书店 2007 年版。

条，今则增为十条而私人租用者计达二十名之多焉"。① 仅 1930 年一年，青岛市的电话费，就已达43万元之多②。足见二三十年代的青岛，邮政、电报、电话等通信事业已经在市民中广泛推广开来，并取得了良好的效果，得到了广大市民的认同，为市民生活带来了巨大的便利。有学者认为："电话机供不应求的现象，足以说明青岛经济发展之迅速。可以认为，城市经济的发展与城市公用设施的发展是一个彼此促进的关系。"③ 因为，电报的设立与发展使青岛与中国其他地区乃至与世界的联系加强，能够较为迅速地了解中国和世界形势的变化，逐步改变了青岛原有的封闭状态。

城市公用事业的发展，作为青岛城市现代化的重要标志，极大地满足了人们的生活需要，提高了人们的生活质量和效率，对于城市人口的流动、商业的繁荣乃至人口的城市化，都产生了重要的影响。二三十年代，青岛城市公用事业的发展，大大促进了青岛城市的繁荣和现代化水平。

作为反映市民生活变革最为敏感的领域，衣食住行承载着大量的信息。从民国时期青岛市民的衣食住行等各个方面，我们可以看出，青岛市民的生活方式在经历了中西方文化的猛烈对冲之后，逐渐接纳并消化、吸收新型生活方式，摒弃了某些旧有生活习俗中的陈规陋习，从而形成了中西兼容、积极向上的社会生活模式。青岛市民各阶层在充分享受新型生活方式带来的便利的同时，也在这样的生活中为青岛城市的进一步现代化作出积极的贡献。

三、精神生活：时代投影下的新型市民文化生活整合

人是能思想有精神的存在，他适应生活，又不断创造生活；置身现实，又希冀超越现实。单调生硬的城市因为人的精神而洋溢出盎然的生气与活力，机械刻板的城市因为人的思想而蕴蓄有不尽的玄机和奥妙，包括大众娱

---

① 青岛档案馆编：《帝国主义与胶海关》，档案出版社 1986 年版，第 353 页。
② 青岛档案馆编：《帝国主义与胶海关》，档案出版社 1986 年版，第 225—230 页。
③ 任银睦：《青岛早期城市现代化研究》，三联书店 2007 年版，第 174 页。

乐、宗教信仰、社会风俗等方面的精神生活及其变化构成了民国时期青岛市民生活的精神内核。

（一）大众娱乐

现代生活离不开现代的娱乐方式，二三十年代，青岛市民业余文化生活较前有了明显变化。

为了增进市民文化生活，提高全民身体素质和体育文化知识，青岛市政府大力提倡体育运动，尤其是新式体育运动，举办群众体育竞赛活动，先后开辟海水浴场 5 处，并修建了市立体育馆一处。[①] 在此基础之上，青岛市政府多次开展各类比赛，市民也积极参与。其中最著名的是 1933 年 7 月举行的第十七届华北运动会，共有 12 个单位、1034 名男女运动员参加。运动会分球类、游泳、国术等 8 个项目，这次运动会打破了 8 项全国纪录。当时会期有 4 天，观众达到十余万人，其中绝大部分都是青岛市民。

图 3.7　1933 年青岛第 13 届华北运动会

资料来源：阎立津《青岛旧影》，人民美术出版社 2004 年版，第 101 页。

此次华北运动会后，青岛地区的足球运动逐渐兴盛起来，在市民中成

① 李森堡等：《青岛指南》，青岛市政协会青岛分会 1947 年影印版，第 161 页。

为一种普及的体育活动，并在各学校的体育课堂和学生的课余休闲中占有一席之地。在倪锡英的游记中有这样的描述："青年学生的生活是充满着活泼与进取的精神。青岛市内所有的大中学生每天除读书求学外，更喜欢从事于各种游艺活动。青岛市内举办的各种比赛都以青年学生为活动的中坚人物。体育场和海水浴场几乎是他们的大教室，每年暑期内放了假，喜欢运动的，便终天奔跃在运动场上……一个个都晒得像黑罗汉一样。所以青岛学生的体格，要比其他各都市内的学生壮健。"[①]

图 3.8　参赛青岛足球队合影

资料来源：阎立津《青岛旧影》，人民美术出版社 2004 年版，第 102 页。

可见，青岛市政府大力推行体育运动的措施在市民中收到了良好的效果。此外，青岛体育协进会从 1932 年起，每年都在春、冬时节举行两次体育运动会，并组织全市篮球、足球、排球、帆船等各种比赛，大力推进体育运动。

青岛的帆船运动始于 1904 年，系当时为德国皇家帆船俱乐部在青岛举行帆船比赛时引进，但是直到 1936 年之前，还发展缓慢，很少举行定期比赛。1936 年是青岛帆船运动的发迹时期，此后青岛的帆船运动蓬勃发展起来。

---

① 倪锡英：《青岛》，中华书局 1936 年影印版，第 129 页。

图 3.9　汇泉海水浴场的帆船

资料来源：祝在时、于新华《青岛帆船运动百年史话》，青岛出版社 2008 年版。

　　1936 年 5 月 31 日，青岛帆船俱乐部办公楼在汇泉路 5 号开建，市长沈鸿烈曾亲自为其主持奠基仪式，并于同年 9 月 13 日，首次在汇泉湾举行"市长杯"帆船竞赛。当时各大报纸争相报道，在市民中引起很大轰动，观者如潮。此后帆船运动一直在每年 5—10 月的春夏秋三季比赛，每年的这个时节正好是青岛气候最好，市民最活跃，游人最多的时间，因此青岛的帆船运动很快就在青岛乃至全国闻名起来。据当时的《青岛画报》记载，"青岛繁荣促进会"还专门购买了游艇和帆船，停放在栈桥、汇泉湾等处，供游人游玩。仅 1939 年，全市举行比赛就不下 25 场。[①] 可见当时帆船运动在青岛市民中的普及程度。随着西方娱乐项目逐渐进入青岛市民的生活而被青岛人熟悉，青岛体育协进会等体育团体还举办了青岛划船竞赛会，虽然不是帆船运动，但是作为一种新式的西方娱乐项目也被介绍到青岛市民生活中来。在帆船运动和划船运动等新式运动的传播过程中，各种文明的竞赛规则和管理理念也被带入青岛，极大地丰富和发展了青岛市民的竞技意识与传统理念，更新了青岛市民的固有观念和意识。

　　青岛市政府还设立无线广播电台一座，用于宣传青岛市行政报告和教育宣传事宜，也播放学术演讲、科学常识、气象、音乐、戏曲等大众喜闻乐见的节目。设立民众教育馆、图书馆等设施，加强对民众的教育，馆场的开

---

① 　祝在时、于新华：《青岛帆船运动百年史话》，青岛出版社 2008 年版，第 15 页。

放时间也从上午 6—8 点开始直到晚间 8—9 点，尽力满足市民学习、休闲的需要。鉴于以往茶社、书场等休闲场所中大量下层民众聚集消遣，而这些场所的书词都低俗、封建、怪诞，不能适应"教化"的需要，所以市政府还专门设立了鼓词训练班，培训说书人员，改良鼓词。①

现代艺术也在渐进中普及起来。以音乐为例，1901 年，德国人在汇泉湾附近修建了两个音乐演奏场，"每天下午有演奏音乐的管弦乐队"② 来此演奏。1905 年，德国人还在亨利王子饭店建立亨利王子饭店音乐厅，进行音乐活动，吸引了当时青岛人的注意。德日时期的西方音乐主要在教会学校中传播，到了二三十年代，青岛市立中学、礼贤中学、文德女中、圣功女中等普遍设立了音乐课，组成了联合歌咏团。一批专职音乐教师为普及音乐、培养音乐人才，发起成立了青岛音乐会，组织和协调各学校音乐活动，举办小型音乐会。③ 比如崇德中学成立了口琴队，社会上还成立了溪音歌咏队。青岛市立中学联合歌咏团先后教唱了《旗正飘飘》《垦春泥》《民主建国进行曲》等进步歌曲，还多次与青岛发电厂职工歌咏队联合举办音乐会，演唱过《同唱中华》《黄河大合唱》《插秧谣》等歌曲。④ 暑假期间，青岛音乐会组织外地音乐家和市内音乐爱好者进行交流和演出。学校音乐的发展带动了整个音乐文化事业的前进，音乐会这一纯粹西洋生活方式，被较大范围的市民所接受，逐渐变成青岛城市的生活方式。1930 年即墨县立中学举行音乐会，就有青岛音乐工作者王玫、谭抒真参加，并演奏了 3 个小时。30 年代中期，青岛音乐工作者组织上海音乐家在福禄寿电影院利用放映空隙举办音乐演奏会，开创了在电影院内举办器乐演奏会的先例。⑤ 此外，中国乐器制作方面

① 青岛市档案馆藏、青岛教育局编：《青岛市政要览·教育篇》，1937 年 6 月影印版，第 29—30 页，A 910。
② 青岛档案馆编：《帝国主义与胶海关》十年报告（1902—1911 年），档案出版社 1986 年版，第 50 页。
③ 青岛市史志办公室编：《青岛市志》（文化志·风俗志），新华出版社 1994 年版，第 102 页。
④ 青岛市史志办公室编：《青岛市志》（文化志·风俗志），新华出版社 1994 年版，第 103 页。
⑤ 青岛市史志办公室编：《青岛市志》（文化志·风俗志），新华出版社 1994 年版，第 103—104 页。

也取得了可喜的成就，1935 年王玫首次自行制造出了小提琴，此前青岛乐器制造落后的情况得以改变。为此，1935 年 9 月 10 日的《青岛民报》还专门开辟出一个整版，发表《音乐家王玫》《介绍中国提琴制造成功者》等文章来报道此事，表达喜悦之情。[①] 这些音乐实践的开展，培养和造就了一大批音乐人才，为青岛近代音乐文化的建立和西方音乐的进一步传播奠定了基础。

　　与音乐这种高雅艺术相比，电影艺术因为其通俗性在市民中广泛普及开。1933 年青岛有电影院 5 家，每家电影院每日放映电影两场，循环放映，随时购票入座。[②] 参见下表：

表 3.20　青岛市放映电影类别统计表（民国二十三年一月至六月）

	1	2	3	4	5	6	合计
社会	8	8	13	7	16	6	58
伦理		1					1
历史		1		1			2
教育			2			1	3
军事	2		2	1	1	1	7
侦探	2	1	3		1		7
冒险				1	2	1	4
武侠	1					2	3
爱情	2	8	2	4	5	9	30
歌舞		1	2	1	2	2	8
滑稽	7		3	4	2	5	21
新闻		1				1	2
合计	22	21	28	19	29	28	147

资料来源：青岛市档案馆编《青岛市放映电影类别统计表》B0021-003-00178，节录。

　　仅 1934 年 1 月至 6 月间，青岛市就播放电影 147 部，其中涉及社会题

---

① 青岛日报报业集团、青岛市文化局编著：《弦上青岛》，中国青年出版社 2006 年版，第 77 页。
② 青岛市档案馆藏：《青岛数字全书》，中国文史出版社 2003 年版，第 196—199 页。

材的有 58 部，爱情题材的 30 部，占到总数的 60% 左右，可以看出这一时期的民众除了出于休闲的需要而去观看电影以外，对社会情况也是比较关心的。

表 3.21　青岛市放映电影名称统计表

发表日期	影片名称	宣传内容
1927 年 7 月 8 日	《同室操戈》	特选场景、美丽表演、奇特惊险、爱情佳片
1931 年 7 月 5 日	《秋风扇》	爱情浓厚之情景片，实须一看而仿佛此片似预为现在婚变之先兆
1932 年 12 月 16 日	《海上风光》	写英国水兵的趣事别开生面，有男扮女装的舞团银幕创见
1933 年 2 月 8 日	《巴黎血案》	巴黎发生有世纪以来未曾听闻之奇异血案
1933 年 4 月 23 日	《奋斗》	为个人而奋斗，为国家而奋斗
1934 年 8 月 14 日	《雪死》	苏联名厂特殊贡献，本片立意的正大足为积弱贫病产业落后的我国效法
1934 年 8 月 20 日	《无名先生》	机警侦探离奇残杀巨片

资料来源：转引自林丰艳《青岛市民文化研究：以报纸所见资料为中心（1922—1937)》，节录。

　　从报刊中经常会看到关于电影的宣传广告，可见这一时期电影在青岛民众中的流行程度。比如《正报》中这样描写电影《红玫瑰》："今日开映法国革命历史剑侠艳情伟大巨片……有飞腾的剑术、有热烈的艳情、有惊险的情节、有伟大的场景。"① 在 30 年代战争的大背景下，民众对于社会与战争也是极为关心的，为了激发市民的爱国热情，也为了丰厚的利润，各大影院纷纷推出战争题材的影片，以此"搜集近代战事凶器、鼓励同胞科学救国。"②

　　电影充实了民众的休闲生活，减少了因为生活缺乏激情和热闹而产生的犯罪行为，同时还具有重要的教育作用，能够通过电影向市民传播国家的重要政策，灌输市民应该具有的基本技能和常识，培养市民的爱国、爱市、

①　《正报》1928 年 6 月 27 日，第 2 版（广告）。

②　《青岛时报》1932 年 9 月 7 日，第 7 版（广告）。

爱家意识，增加市民的社会生活阅历和各种自然知识。

除了影院，民国时期青岛的跳舞场也很多，市民在工作劳累之余，还可以通过跳舞来舒缓压力。跳舞既是一种好的休闲方式，也是十分时尚的新型生活方式。有专门为美国水兵提供的具有很强季节性的跳舞场："本市跳舞场营业，亦与咖啡店酒排间相同，夏季最甚……盖此辈专做美国水兵生意，故美舰来青即舞场林立，美舰出口，则停营业。经营此种投机生意者，以白俄为最多。不过终年设立，以供一般中西摩登青年之需要者，亦复不少。"① 据《青岛风光》上记载，当时分布在青岛冠县路、聊城路、清平路等地的跳舞场有六七家之多，大部分为俄国、日本、美国人所开设。② 当时的报刊上有大量的关于教授跳舞方面的广告，比如1932年12月13日《青岛时报》刊登的名为《由哈尔滨来青教授跳舞专门家》的广告："本校专门教授男女跳舞，舞术精良、富有经验。"③ 另外，1934年7月6日、9日、14日相继刊登教授跳舞学校的信息，广告画中一对青年男女舞姿翩翩，并配有文字写道："本校专门教授男女跳舞，欲学狐步等，均用最新法教授并有两洋女士擅授钢琴。"④ 可见跳舞在青岛市民生活中开始流行。除了跳舞场，还有许多分布在中山路、锦州路、观海路、文登路等青岛各地的以研究戏曲文化、工艺娱乐、文艺球类、饮食等各种内容的俱乐部，共有8家。还有棒球场7家，哥尔夫球场（即今天的高尔夫球场）2家，跑马场1家。⑤ 这些新奇的生活方式在以后的生活中，冲击着青岛市民的传统思维方式和社会习俗。

民国时期青岛市政府的各种措施多能积极鼓励或努力践行大众文化事业的繁荣，使得这一时期的文化更加走向平民，大众文化传播基本实现了传播对象的大众化。1922年至1931年，"青岛先后成立之报馆，共有17家，而以《民国日报》为最著……次为《白话报》，则以启发民众教育为目

---

① 青岛市档案馆：《青岛指南》，青岛市政协会青岛分会1947年影印版，第338页。

② 青岛市档案馆藏：青岛教育局编《青岛风光》，1935年6月，第242页。

③ 《青岛时报》1932年12月13日，第7版（广告）。

④ 《青岛时报》1934年7月6日，第7版（广告）。

⑤ 青岛市档案馆：《青岛指南》，青岛市政协会青岛分会1947年影印版，第341页。

的。"① 全市报纸覆盖率比较高。报纸价格低廉，传播迅速，方便人们了解国内外发生的大事，促进文化知识的传播，推动现代教育事业的发展，以一种为最大多数人经济能力能够承受的方式起着教化民众的作用。现将 30 年代初期青岛报纸出版情况列表如下：

表 3.22　30 年代初期青岛报纸出版情况及销量统计

名称	出版年月	每日销售数（份）
民国日报	1929 年 6 月	3500
青岛时报	1924 年 9 月	3200
正报	1929 年 3 月	3000
平民白话报	1925 年 8 月	700
民报	1930 年 2 月	2500
中华报	1926 年 7 月	1600
工商新报	1929 年 7 月	800
大中日报	1930 年 12 月	1000
胶济日报	1931 年 7 月	700
公报	1930 年 5 月	1000
晚报	1931 年 9 月	1000
快报	1929 年 8 月	800
磊报	1931 年 9 月	700

资料来源：《帝国主义与胶海关》，第 242—243 页。

可见 30 年代青岛共有《青岛时报》《平民白话报》等报刊 14 种之多，每天的销售份数达 2 万份之多，这些报刊丰富了市民生活，方便了市民了解基本的生活常识和国内外大事。此外，定期刊物也十分发达，② 到 1933 年，青岛

① 青岛档案馆编：《帝国主义与胶海关》，档案出版社 1986 年版，第 241—242 页。
② 青岛档案馆编：《帝国主义与胶海关》，档案出版社 1986 年版，第 242—243 页。比较著名的刊物有：青岛观象台编印的《观象月刊》《海岸半月报》《天文报告》，青岛市教育局编印的《教育半年刊》《民众学校概况》《民众识字册》，国民党市党部印发的《党务旬刊》《半月刊》，社会局印发的《工作报告》，胶济铁路局印发的《铁路月刊》《铁中月刊》，青岛大学印发的《青大周刊》等。

的中文报纸数量增加到 20 家，国内外通讯社也有 15 家之多，还出现了大量的印刷所和书坊。① 这些新闻传播媒介，特别是报纸和杂志的作用日益增强，拉近了青岛和中国其他省份乃至世界的联系，把受众的群体扩大到了全民的范围，不论男女老幼，都可以用最方便的形式接受到新知识、新思想、新观念，促进了青岛社会的进步。②

图书馆的建设也丰富了青岛市民的业余文化生活。1924 年青岛市创设通俗图书馆一处，馆内"民众读物甚多，阅书人数亦甚为踊跃。"30 年代初，改为民众图书馆，另设立市立图书馆。③ 图书馆的书报杂志种类十分齐全，分类也更为合理、科学，适合各个年龄段和文化层次社会群体的阅读需要。为方便民众在游散之余阅览书报、增进知识，青岛市图书馆特制流动书车多架，分驻市内各处。④

民国时期青岛的大众文化事业很活跃，各种学术团体纷纷成立，这些学术团体涵盖了众多的学科门类。以 1933 年的青岛市学术团体为例：

表 3.23　青岛市学术团体统计表

名称	组织者	职能
青岛体育协会	市政府	发展体育事业
工商协会	工商学三界要人	发展工商事业
教育研究会	教育局	研究中小学教育
学术演讲会	观象台	每月邀请科研人士进行专题演讲 1 次

① 武康、魏镜：《青岛指南·社会纪要》，胶东书社 1933 年影印版，第 56—60 页。
② 董良宝：《二三十年代青岛城发展研究（1922—1937）》，博士学位论文，南京大学，2004 年，第 100 页。
③ 青岛市档案馆藏：《民国三十五年青岛市市立图书馆报告》，B0021-006-09176。市立图书馆有 4 个阅览室，分别为阅书室，有日文书籍 248 册、英文书籍 379 册、古书 776 册、中文书籍 11974 册，其中中文书籍有语言文学类、宗教类、哲学类、自然科学类、美术类等；杂志阅览室，有杂志 80 种；儿童阅览室，有儿童读物 600 册；书报阅览室，有本市报纸 10 份，外埠报纸 5 份。
④ 青岛市档案馆藏：《为拟将流动书车每日推往中山公园以便游众阅览函请查照由》，B32-1-641，1936 年，第 138 页。

续表

名称	组织者	职能
通俗学术演讲会	民众教育馆	每月聘请专家讲演通俗学术问题 2 次
劳工竞赛会	社会局	每周聘请名人向各工厂讲演工人常识
演讲竞赛会	教育局	召集各级学校学生进行演讲竞赛
化学研究会	山东大学化学系	研究化学，内设实验室
海滨生物研究所	山东大学生物系	研究海滨生物
国术馆	市政府	提倡国术，研究传统体育
水族馆	中国科学社	展览各种海洋生物

资料来源：青岛市档案馆编《青岛数字全书》，第 197 页。

30 年代，大约有国术馆、水族馆等十几个学术团体，它们有的召集各级学校学生进行演讲竞赛，从而增进市民的文化素质，有的则为学术性研究机构，还有的则是为了向市民普及各种自然、社会科学知识。以上这些学术团体中除了工商协会是由工商学界的要人组织发起的以外，均为正规单位，这也就保证了这些学术团体能够更好地发挥其在社会中的作用。这些学术团体涉及体育、经济、教育、科学、化学、海洋生物等多个门类，面向工商精英、教育人士、体育爱好者、社会大众、工人、学生、自然科学爱好者等各个文化层次、职业、年龄段的人群学术团体，通过自身的活动推动文化、教育事业的发展，提高了青岛城市人口的素质，丰富了市民业余生活，加速了青岛城市现代化的步伐。

二三十年代也是青岛城市市民旅游发展的黄金时期。德据青岛时期现代旅游开始在青岛萌芽。日据时期，汇泉海水浴场对青岛市民开放以及中山公园樱花树的大规模增植，吸引了大量外埠游客，纷纷在春季观樱和夏季的海浴时节来青观赏樱花和海浴。同时在国内比较新鲜的赛马每月都会吸引一些国内游客来青。这些都使得青岛的旅游业发展比较快。1921 年夏，来青海浴的国内游客已达 7588 人。1922 年我国政府收回青岛后，在继承德日城市公园建设基础上，除中山公园外，相继开设了第二公园、第三公园、第五公园、第六公园、第七公园、第八公园、海滨公园、四方公园、栈桥公园、观象山公园等十处较大的城市公园。20 年代中期中山公园"规模最大，园内奇花异卉，珍禽怪兽很多，每种花木及动物上面，都加以说明，使市民在游览时能获得各种常识。园内有一条樱花路，每逢花开时节，倍形热闹。"① "游园活动开始普及，首批引进的樱花也进入盛花期。……樱花竞相怒放，前来观花的不仅有市区的市民，李村、沧口、崂山等近郊农民也蜂拥而至，一年一度的春季樱花会由此沿习而生。"②30 年代，中山公园的樱花十分出名，每当三四月间则"纷缤夹道，宛若红霞，蔚为大观"③。"东园花海"还被列为青岛十景之一，著名作家臧克家、孟超曾分别著有《青岛樱花会》《樱花前后》，当代散文家何洛也曾著文《樱花之忆》，记叙青岛樱花会的盛况。到了 30 年代，中山公园与汇泉海水浴场颇近，每年夏季游人如织。同时政府还采取了一系列措施刺激旅游经济的发展，比如：1923 年，胶济铁路局对来青海浴、观樱游客，团体购票减收四分之一。30 年代青岛的旅游市场在全国都堪称鼎盛，赛马和观樱等各种旅游活动更加活跃，各种度假场所和旅游观光设施得以较大修建和完善。完善的旅游设施、便利的交通，使得青岛市民也纷纷在春季赴丹山、少山、中山公园等名山、公园踏青观花，夏季则在海水浴场等海浴场所游泳避暑。同时，青岛地区各寺庙、教堂的修建，特别是湛山寺、圣弥爱尔教堂等中西宗教建筑的建设，以及各种开光庆典等宗教活动和庙会等民俗（比如起源于海云庵庙会的海云庵糖球会、清溪庵萝卜会等）的兴盛，都吸引了许多市民宗教信徒，形成了种类繁多的宗教旅游。这一时期，青岛旅游市场已由德、日侵占时期的以国外游客为主体转变为以国内旅游市场占主导地位，而青岛市民由于地利之故，能够做到近水楼台先得月，充分、便捷地享受到青岛旅游设施带给市民的便利，市民自发游玩的人数也不少。

---

① 倪锡英：《青岛》，中华书局 1936 年影印版，第 144 页。

② 青岛市史志办公室编：《青岛市志·园林绿化志》，新华出版社 1999 年版。

③ 武康、魏镜：《青岛指南》，胶东书社 1933 年影印版，《第五编 游览纪要》，第 2 页。

（二）宗教信仰

开埠以来，"青岛宗教有如群蕊百卉，丰硕芬芳"。① 宗教信仰日趋复杂化、多元化，不仅继承了中国传统的道教、佛教，还吸收了来自德日的天主教、基督教等外来宗教。德日时期的殖民统治者，对待宗教问题的态度相对较为宽松，同时也极力支持本国宗教对青岛的文化入侵。这一时期湛山寺、清真寺、天主教堂、基督教堂、理教公所等宗教场所的修建，满足了东西方人对各种宗教信仰的需求。② 各种宗教团体在青岛也可以自由开展活动、宣传教义、招收教徒，互不干涉。

民国时期青岛的道教、佛教等传统宗教依然旺盛，有太清宫、神清宫、龙王庙、明道观、塘子观、东华宫、上清宫、五清宫、太平宫、迎真观、凝真观、明霞洞、天后宫（市南区）、太和观等 26 处道观。③ 同时，随着青岛城市的兴起，青岛的有识之士，为了弘扬佛教文化，于 30 年代筹资兴建了湛山寺。青岛湛山寺在倓虚法师的精心经营下，很快成为天台宗在国内外都有很大影响的名刹。④ 蔡元培曾亲自为其撰写楹联："薜崖直上飞双履，云洞前头岸幅巾。"⑤ 可见其名声在外。著名学者郁达夫在游览完湛山寺以后，也撰写七绝一首以示纪念："湛山一角夏如秋，汪酒卢茶各赠投。他日倘修流寓志，应书某为二公留。"⑥ 此外还有法海寺、华严寺、于姑庵、观音寺、清凉院等多所佛教建筑。⑦ 由于香火旺盛，每年都吸引了大批的香客，逐渐形成了青岛特有的民俗文化，比如海云庵糖球会和清溪庵萝卜会。海云庵糖

---

① 李森堡等：《青岛指南》，青岛市政协会青岛分会 1947 年影印版，第 174 页。

② 李森堡等：《青岛指南》，青岛市政协会青岛分会 1947 年影印版，第 174—178 页。

③ 赵琪修，袁荣叟纂：《胶澳志·民社志·宗教》，胶澳商埠局 1928 年，青岛出版社 2011 年影印版，第 375 页。

④ 青岛市史志办公室编：《青岛市志·民族宗教志》，新华出版社 1997 年版，第 219 页。

⑤ 中国蔡元培研究会编：《蔡元培全集》第十八卷，浙江教育出版社 1998 年版，第 571 页。据青岛大学张亚利抄录提供，在此致谢。

⑥ 《郁达夫诗词笺注》，上海古籍出版社 2006 年版，第 375 页。诗中的"汪"指著名诗人汪静之，卢指卢叔桓。

⑦ 赵琪修，袁荣叟纂：《胶澳志》，胶澳商埠局 1928 年，青岛出版社 2011 年影印版，第 376 页。

球会起源于海云庵庙会，庙会每年从农历正月十六开始，是当时青岛市区规模最大的庙会，赶庙会的民众很多，也吸引了大量的小贩前去兜售自己的商品，久而久之就形成了"庙内香火鼎盛，庙外摊贩云集"①的局面。庙会的食品中以糖球居多，制作精美，品种繁多，深受赶会者喜爱，于是，海云庵庙会就因糖球而出名，并且形成了糖球会的民俗。清溪庵萝卜会每年农历正月初九至十一举办，清溪庵香火鼎盛，逐渐形成庙街集市。当地及周边即墨、潍县等地盛产的萝卜成为庙会的主要产品，故而庙会又被称为萝卜会。以后虽然清溪庵庙宇年久失修，古迹不在，但萝卜会却一直作为青岛的民俗被延续下来。另外，由于沿海船民的信仰，妈祖神作为一位重要神，被沿海人民推崇，并在民国青岛地区的市民中占有一席之地。

外来宗教中，以基督教在市民的传播中最有成效。基督教最初传入青岛是在19世纪后半期，当时的民众对其了解不多。德占青岛后，基督教迅速发展起来并对青岛地区的社会发展产生了巨大的影响。基督教在青岛地区的传播过程中，德国的侵略扩张势力为其提供了必要条件和基础，使其传播成为可能。另外，教会在传播的过程中对于德国在青岛的扩张具有辅助作用。教会通过教会学校、教会医院等手段在促进传教的同时，对了解居民及当地的情况，缓解调和德国殖民当局与中国百姓之间的矛盾具有重要作用。一方面作为殖民统治者安抚青岛人民的精神鸦片，有利于强化殖民统治；同时，作为一种文化载体，也在客观上带来了西方先进的工业文明，加速了青岛社会近代化的进程。

1897年11月14日，德国借口山东巨野教案强占胶州湾。德国占领青岛后，来青的教会数量迅速增多，德籍传教士纷纷来到青岛，基督教的传播进入相对的快速发展时期。②为了更好地进行精神麻醉，以便其最大限度地

---

① 青岛市史志办公室编：《青岛市志·旅游志》，新华出版社1999年版，第239—245页。

② 1898年，北美长老会派罗阁等人来青岛传教。1898年4月德国基督教信义会柏林教会派牧师昆祚到青岛传教。1898年同善教会华之安移居青岛任差会代表，后由卫礼贤来青岛继任。1902年德国圣言会在青岛曲阜路建立规模宏大的天主教堂。其中也有中国人发起组建的基督教会，比如1901年由刘寿山等人发起组建青岛中华基督教自立会。1908年美籍牧师德位恩、巴乐满和中华基督教自立会长老刘寿山（鹤亭）发起创"青年会筹备处"。

对青岛进行物质、文化、精神等多领域控制，这一时期德国殖民当局对青岛地区的基督教进行了充分利用，并为其传播提供了很多支持和保护。过度地支持基督教和民众对基督教的各种误解与猜疑，一度使得基督教对青岛地区市民生活的融入极为困难，导致这个时期教案时有发生。于是，基督教会主动通过自身调整传教的方式，改变和重塑传教士的形象，加强同当地人民的沟通与融合，使人们对基督教的看法有所变化，基督教传播的外部环境得到改善，信教人数逐渐增多。1914年日本取代了德国占领青岛，使得基督教的传播失去了靠山，青岛地区的基督教传播受到冲击。

20年代初基督教在青岛的传播已取得了一些成就，在市民中产生了巨大影响。经过半个多世纪的发展，到民国十五年（1926），据警察厅统计青岛有天主教徒1950人，基督徒1000余人，总计3400余人。信徒主要集中在市区，占总教徒的95%。[①] 二三十年代的青岛基督教传播继续进行，并进入相对快速的发展时期，首先表现为在青教会数量上的增长。基督教传教士的活动主要有：1925年美国信义会派遣传教士到达青岛，后将柏林教会改组为"鲁东信义会"；1924年牧师部文昭受加拿大神召会的差派来到青岛，并先后在北京路、胶州路、安徽路设址传教；1928年5月，安息日会山东区会牧师沈建盘来到青岛，并在高密路建青岛分会；1931年方济各玛利亚修会（美国修会）来到青岛承办圣功女子中学。[②]1935年夏，基督徒聚会处倪柝声派张子洁来青岛，在锦州路建青岛基督徒聚会处。

二三十年代青岛基督教传播的另一特点是教会的自立趋势更加明显。随着20世纪开始的基督教"本色化"和天主教"中国化"运动在青岛地区的深入开展，基督教的传播在20年代以后进入了一个崭新的时期。以青岛中华基督教会（自立会）发展为例：早在1901年刘寿山就发起组织自立会，自行设立会所举行礼拜，对外布道，虽然人数较少，但是也在一定程度上反映出基督教已经被青岛市民所接受，其思想能够得到青岛市民的认同。辛亥

---

① 赵琪修，袁荣叟纂：《胶澳志》，胶澳商埠局1928年，青岛出版社2011年影印版，第370—380页。

② 青岛市史志办公室：《青岛市志·民族宗教志》，新华出版社1997年版，第105—175页。

革命后，刘寿山等认为有利于其传播教义的社会形式已经到来，"团体更新，信仰自由，应该乘时振作，力图发展"，于是倡议办理自立会，提出除去依赖性，组织建立完全纯粹的自立教会。值得注意的是他们的自立倡议得到了广大市民的积极响应，可见这一时期青岛地区市民的宗教信仰与社会风俗已经发生了很大的变化。1915年，刘寿山成立山东中华基督教会。由于这一时期青岛的民族工业有所发展，自立会信徒相对之前具有较好的经济基础和较高的文化水平，教内一些实业家和商人成为教会独立自主运作的主要经济支柱。比如在创办山东自立会过程中提供过巨资帮助的创办者刘寿山本人，就是一个房地产业建筑业的事业家；教会长老王元德也曾给教会大量财务予以资助；教会教友捐款达2500元，这些财产足够支付教堂的日常费用。① 这些都使得自立教会能够做到独立发展：拥有三个礼拜堂，教友263名，90%的教友识字，财产约19000元。② 还兴办了医院、学校、养老院等附属事业，并于1920年、1926年先后在上海路、城武路各建一个礼拜堂，自立教会的发展初具规模。这一时期在青岛先后创立的自立会还有：1931年由信徒张兰亭等建立青岛中华圣公会；同年3月开始的由常子华等建立的青岛灵恩会；1932年常子华在陵县路37号另行聚会建立"神的教会"；1933年5月，由万振海、郭树清等在松柏路33号创立的沧口灵恩会。③1936年12月由周子溪出资兴建，由王虎文任牧师的武定路46号礼拜堂；1937年常子华在登州路46号创立登州路神的教会。

　　与青岛地区传统佛道教的传教方式不同，为了使青岛人更加信教，基督教在青岛地区的传教过程中注重以教育慈善等社会事业作为传教的辅助手段，以此来吸引教徒。在传教过程中教会创办了多所教会医院、学校等社会慈善事业，以此招募更多的信徒并扩大影响。虽然其初衷并没有考虑到为青岛的文化教育、医疗卫生、慈善与社会保障等方面作出启蒙作用，但在客观

① 陶飞亚、刘天路：《基督教会与近代山东社会》，山东大学出版社1995年版，第90页。
② 中华续行委办会调查特委会：《中华归主——中国基督教事业统计（1901—1920）》中册，中国社会科学院世界宗教研究所译，中国社会科学出版社1987年版，第818页。
③ 青岛市史志办公室：《青岛市志·民族宗教志》，新华出版社1997年版，第105—125页。

上却促进了青岛教育、医疗以及慈善事业的发展，加速了青岛城市近代化的进程。直到青岛解放前夕，教会办的学校仍然在青岛普通教育中起巨大作用。在自立会大量出现和信教人数大幅增长的过程中，传统社会旧有的思想意识受到了严重冲击，而教会学校的建立使得西方自然科学、伦理道德、社会心理等各种文化得到传播，自由、民主、平等的西方先进思想文化被青岛民众所接受，并成为市民新生活方式的组成部分，也使青岛民众的思想意识更为开放。虽然信教人数相对较少，但是这种西化的宗教信仰反映了市民在思想领域的多元化。

（三）社会风俗

民国时期是社会风俗大变革的时代，早在中华民国成立不久，政府便颁布了《命内务部晓示人民一律剪辫令》（1912 年 3 月 5 日）：

> 满虏窃国，易于［吾］冠裳，强行编发之制，悉从腥膻之俗。……嗣是而后，习焉安之，腾笑五洲，恬不为怪。剚兹缕缕，易萃霉菌，足兹疾疠之媒，殊为伤生工具。……凡我同胞允宜涤旧染之污，作新国之民。……以除虏俗而壮观瞻。①

还有《令内务部通饬各省劝禁缠足文》（1912 年 3 月 13 日）：

> 缠足之俗……恶习流传，历千百岁，害家凶国，莫此为甚。夫将欲图国力之坚强，必先图国民体力之发达。至缠足一事，残毁肢体，阻阏血脉，害虽加于一人，病实施于子姓，生理所证，岂得云误？至因缠足之故，动作竭蹶，身居简出，教育莫施，世事罔问，遑能独立谋生，共服世务？以上二者，特其大端，若他弊害，更仆难数。当此

① 中国社会科学院近代史研究所中华民国史研究室、中山大学历史系孙中山研究室：《孙中山全集》（第二卷），中华书局 1985 年版，第 177 页。

除旧布新之际，此等恶俗，尤宜先事革除，以培国本……①

　　在全国大潮流下，青岛市政府除大力革除社会弊端，深化推行国民政府以剪辫风潮和不缠足为代表的风气以外，传统的婚丧嫁娶、日常礼仪、衣食住行等生活方式遭到了全面的挑战。青岛作为全国几个最先受到西方文化冲击的口岸之一，在经济与社会发生许多变革的同时，社会风尚也出现诸多新变化。

　　首先是西式礼俗的传入及其影响的逐渐扩大。自开埠以后，伴随着青岛先后经历德租日据的时期，作为主要的贸易口岸之一，青岛同外国政治、经济交往逐年增多，驻外使馆官员、德日军人及其家属、各国商人、中国在欧美日本等地的留学生及来华传教士等向青岛传播西式礼俗，使西式礼仪在青岛乃至在国内逐渐流行起来。民国时期，青岛已经比较全面吸收了西式礼俗，并从青岛的上层社会开始，向社会全面扩散开。除上述剪辫、不缠足、婚丧嫁娶等习俗的变化以外，丧礼也出现了西式风俗。同传统的丧葬风俗相比，至民国时代，火葬、公墓在青岛已经比较普遍。青岛当时有古山公墓、万国公墓以及李村、阴岛区的两座乡区公墓，共计4处。其中古山公墓："规定埋葬者不得为凸起坟冢，须与地面相平，俾墓地上可以种植花草或农作物，每一墓穴，成年者以二公尺五公寸长一公尺二公寸宽为限，未成年者以一公尺长九公寸宽为限，深度需在二公尺以上，置有看守工人，司看管及预掘坟穴等事……公墓用地一律免费，贫者并由公家发给墓碑。"② 从这个规定中可以看出，青岛地区的丧葬习俗已经从传统的"深埋大葬"逐步向简单化的西式丧礼转化。丧葬习俗出现西化趋势表明传统丧葬习俗和各种传统迷信思想在现代科学文明的冲击中走向没落，民众的思想也渐趋文明和理性。民国时期，青岛社会上逐渐出现如不请僧道，改用乐队，改吊丧为追悼会，行鞠躬礼等西式葬礼。比如：1913年逊清隆裕太后"梓宫奉安"遗老在京的

① 孟昭华、王涵编著：《中国民政通史》（下卷），中国社会出版社2006年版，第1183页。选自中国第二历史档案馆编《中华民国史档案资料汇编》（第二辑）。

② 青岛市档案馆藏：《青岛市政要览》，1937年影印版，第45—46页。

和在青岛的徐世昌、劳乃宣等去西陵号哭，如丧考妣，作为民国外交总长的孙宝琦也参加了。逊清遗老仍穿着前清袍服，在民国任官的也着中式袍褂，唯孙宝琦穿着一身西服，并且他不叩拜，只是三鞠躬，引得遗老们大为不满，梁鼎芬骂他："洋鬼子，你是什么东西!"劳乃宣指着他鼻子说："你快滚蛋，不要脸的东西。"被记者发表在报上。① 可见虽然不能被当时的社会所完全理解，但是青岛的上层社会中确实已经出现了此类简化的西式丧礼风俗。此外，民国时期的青岛社会已经很少看见传统的拱手、跪拜等礼节，虽然这些礼节到民国后还施行，但在民国时期的青岛，西式的握手、鞠躬等新式礼已越来越多地出现在社会生活中，西方礼仪在生活交往中占据了越来越重要的地位。

虽然西方文化在青岛流行多年，政府也大力反对传统迷信，但是传统迷信历经几千年，在人们心里留下了深刻的烙印，一时间难以清除，民国时期的青岛地区仍然有大量的传统迷信行为，市民的文化、习俗等各方面还存在着低俗的一面。比如1927年《青岛时报》副刊中《述鬼》一文写道："近世文明，对于鬼怪之迷信谈，亦渐渐消减，而究其有无，则亦不能一决。"②同时报纸中可见各种相士的广告。

作为一个沿海城市，青岛从德占时期社会风俗开始发生变化，民国建立以后亦受到了巨大影响，这其中女性群体发生的变化最大。

二三十年代青岛市政府建立了中小学校，推动青岛教育的现代化，对推动女子思想的解放，为女子进入青岛社会分工，进一步加速青岛城市化进程起到了有力推动作用。旧社会"女子无才便是德"的观念，造成了中国传统妇女丧失了受教育的权利和机会。开埠以来，从德日时期女子教育的兴起，到民国时期女子教育的发展，青岛女子教育获得了长足的发展。③

---

① 鲁勇：《逊清遗老的青岛时光》，青岛出版社2006年版，第201—202页。

② 《青岛时报》1927年7月15日，第7版。

③ 1898年德国租界胶州湾开始，至民国政府接收青岛之前，青岛地区相继出现了许多培养女子的教会学校，比如：1902年由天主教创办的女学校；1905年由瑞士同普会创办的淑范女学；1907年由德国女教士莆正清创办的女学堂等。天主教会举办的神学院，完全是为培训本地传教人员设立的，全部课程要学9—10年的时间，开头5—6年专门学习拉

图 3.10　青岛相士广告

资料来源：《青岛社会》，中国国家图书馆，1929 年第 1 期。

随着自然经济的解体和商品经济的发展，青岛妇女就业的机会增多。在这一过程中，青岛妇女的生活也发生了深刻的变化，与妇女生活密切相关的各种陋俗，像缠足、早婚、童养媳等，遭到社会的批判，进而得到逐步的革除和改良。古代中国衡量女性的标准是"贤妻良母"，一双"三寸金莲"成了衡量妇女美与丑的重要标准，这种畸形的审美情趣、婚配观念和价值取向使女性很少有机会参与到社会分工中去。由于受到辛亥革命的冲击，西方

丁文、数学、地理、历史和音乐。这些课程考试及格后再学两年哲学和两年神学。青岛自中国收回后，女子教育事业蓬勃发展，比如：成立于 1924 年的国立青岛大学，有男女学生 110 人；1924 年秋成立的青中女学，有女学生 20 余人；成立于 1923 年秋的女子职业学校，有女学生 40 余人；成立于 1927 年 8 月的公立女子中学校，有女学生 3 个班。此外，男女合校的学校有二所市立学校和一所私立学校，共计男生 617 人，女生 16 人。市立女中一所，学生 190 人，私立女中一所，学生 165 人。1929 年至 1937 年女子教育情况可参考本书教育程度统计表及相关论述。

各种先进的思想文化大量涌入，传统价值观念有所改变，大量的女性走出家门，进入社会，从事的职业分布越来越广泛。女性大多集中在棉纺织、食品等劳动密集型行业和人事服务行业，这些行业只需要少量体力而不需要技巧与知识，所以就集中了相对较多的女性工人。分析表 3.4 青岛民国时期的职业性别表可以看出，女性作为无业人口的主体（平均占 62.9%），就业率明显低于男性，在工业、商业以及新兴的公务行业表现最突出。这表明，即便是在近代中国开放程度比较高、相对先进的城市青岛，社会传统和历史文化在短期内仍然具有很强的稳定性，不能被彻底改变，以男性为中心的社会结构和社会意识依然存在，对女性的歧视仍然十分严重：很多工作岗位拒绝录用女性，女性在政治、经济、文化等各个领域都不能和男性同等地创造和享有城市现代化发展的成果。而且由于不少女性本身缺乏教育，没有能够完全、充分地认识自身的价值与能力，旧时的"抛头露面"的传统错误思想依然存在，导致她们自愿放弃了很多进入社会、参与城市建设的机会。尽管女性在职业选择上也存在着很大的局限性，但是近代青岛女性的就业人数和就业面与同期内陆其他城市相比，发展要快得多，甚至在会计、律师、记者、医生等一些新兴的产业、职业中都有了女性的身影。虽然在这些职业中女性所占的比例非常小，但是女性的工作能力以及社会地位都得到了很大提高，这是以前社会中所不敢想象的。作为青岛城市现代化进程中的巨大进步，是值得肯定的。

在家庭生活中，女性的地位和观念也有了明显的变化。近代之初，青岛妇女的婚姻生活，大都还是延续着中国传统的婚姻观念和习俗，早婚、童养媳等陋俗，在青岛仍很普遍。民国时期，传统的婚姻观念和婚姻制度遭到挑战，青岛妇女的贞节观念、节烈之风渐渐淡化，改嫁和离婚现象日渐增多；早婚、童养媳等陋俗受到强烈抨击，并在法律上被禁止；传统婚礼中的繁文缛节逐渐被抛弃，中西合璧的新式婚礼在青岛逐渐兴起。比如：1927年 5 月 3 日《青岛时报》副刊《杂俎》板块中刊登署名一冰的文章《妇女时髦的要素》写到了五种时髦要素："一、装饰；二、自由，所谓自由者，不顾父母拘束训谕之闻也；三、恋爱，随自己心意；四、平权，自由结婚后，如有不适宜于自己生活之处，或其他有害于己之特别情形，则宣告离婚；五、节育，生产为女子一生最苦之事。在守旧女子目为最苦之事。且以不生产为不荣耀，今则不然，为免去自己痛苦，增添自己快乐起见，而提倡极时髦的节育主义。"① 考察近代青岛妇女生活的变化，我们可以感受到：政治变革、经济的变迁以及社会上有识之士对男女平等的提倡，是青岛妇女生活变化的推动力量。《青岛社会》1930 年第 2 期就刊登过一副号召女性放足的宣传画，可以说是这一时期社会风俗变革的写照。

图 3.11　号召女性放足的宣传画

资料来源：《青岛社会》，中国国家图书馆，1930 年第 2 期。

在这样的大背景下，为了提高本市居民的身体素质，青岛市政府也加大了对过去吸食鸦片、偷盗窃、赌博、嫖娼、卖淫、缠足等不良社会风气的打击，开展了禁烟禁毒运动。针对社会上的吸毒现象，1920 年青岛市政府规定："青岛所有之烟馆……全行关闭……对于吸烟人户，并发布严厉之章程。"② 并且自 1921 年 1 月 29 日起，政府以青岛警备司令官的名义，向社会

---

① 《妇女时髦的要素》：《青岛时报》1927 年 5 月 3 日，第 7 版。

② 青岛市档案馆编：《帝国主义与胶海关——胶海关历年华洋贸易论略　一九二〇年贸易论略》，档案出版社 1986 年版，第 304 页。

公布一项新的鸦片管理新制度，对贩卖、制造、吸食鸦片等各种行为以及销售对象等都加以严格的限制，规定："第四条：非得官方允许，任何人不得进口、制造或贩卖鸦片……第六条：除持有医师证明，需要长期吸烟，并领有官方吸烟执照者外，任何人不得吸鸦片烟……第十四条：领有营业执照的鸦片贩卖商人，须将每笔销售数量登记入账，并供稽查人员审查，鸦片烟不得售与无吸烟执照的人。"① 这些措施表明了青岛市政府对烟土、毒品的严格管制态度，并在一定程度上遏制了毒品的泛滥，改善了民国时期青岛人口的身体素质。但是在社会上仍然存在大量不良行为，吸食鸦片、暗娼、卖淫等不良现象依然存在。据统计，1929 年青岛仍然有日本人和韩国人在芝罘路、招远路等地开设烟馆，对外出售鸦片、注射海洛因、吗啡等。总计有此类烟馆如隆昌洋行、金水等 27 家，每日注射人数接近 2000 支，留宿人数接近500 人。②

图 3.12　反吸食鸦片烟广告

资料来源：《青岛社会》，中国国家图书馆，1930 年第 2 期。

　　针对社会上大量的妓女造成了传染病的泛滥和各种不良风气的蔓延，民国时期青岛市政府也采取了大量措施予以制止。"1901 年，日本人在青岛

---

① 青岛市档案馆编：《帝国主义与胶海关——胶海关十年报告　一九一二至一九二一年报告》，档案出版社 1986 年版，第 160 页。

② 《青岛社会》，1930 年第 2 期，中国国家图书馆。

仅有五六十人，大多数为妓女……1912 年日妓有 32 人。"[1] "1927 年共有妓女 449 人。""1930 年娼妓有 1054 人，其中华妓 772 人，外妓 312 人。1931年 1169 人，其中华妓 739 人，外妓 430 人。1932 年共 1335 人，华妓 873 人，外妓 462 人。"[2] 青岛接收以后，1925 年青岛市警察局对青岛市的娼妓业进行了第一次治理，划定朝阳路平康一里、平康二里，金乡路升平一里，冠县路平康三里，云南平康四里，黄岛路平康五里，四方路平康东里，按照官厅规定价目营业。1931 年出台《青岛市管理乐户规则》，进一步限定了娼妓业的人数和营业范围。规则"第二条：本市乐户……不许新设外。第三条：本市乐户指定地点及家数如下：一、平康一二三四里及升平一里为一等；龙门路、长兴路、台东七路及山西路为三等。一等乐户限定 57 家，三等乐户限定 201 家。"[3] 到了 1935 年，共有一等娼妓 232 人，二等娼妓 136 人，三等娼妓 333 人，俄妓 31 人，总计 732 人，[4] 数量逐渐减少。

青岛市政府制定了许多措施约束娼妓行业，对娼妓行业的管理十分严格。1930 年的《青岛市娼妓管理规则》规定："第三条：凡娼妓均须由公安局领得娼妓许可执照方可营业。……第五条：未满十六岁之幼女或已满十六岁而身体未发达者不得为娼妓。第六条：(3) 身体传染病及花柳病者不准仍在班内接客；(6) 不准容留客人聚赌吸烟及其他违法事项。……第八条：娼妓于固定乐户地点外不得赁屋招引游客。第九条：娼妓须遵照检验简则受身体之检查，如果患病必于治愈复验后方得接客。……第十四条：违犯本规则各条之规定者依其情节之轻重比照违警法分别处罚。"[5] 外妓办理许可执照时，还要写明姓名、籍贯、出生年月日、住所、有无亲族及居留执照或中外各官署所发之证照等等，这些措施都严格地限制了娼妓业在青岛的泛滥，起到了较好的管理效果，娼妓业和妓女人数在民国时期没有很大发展，并且逐

①　[韩] 李俊熙、赵显镐：《1914 年以前日本人在山东》，《东方论坛》2000 年第 4 期。

②　青岛市档案馆编：《青岛数字全书》，中国文史出版社 2003 年版，第 53—55 页。

③　青岛市档案馆：《青岛市管理乐户规则》，1931 年，B0032-001-00453-00041。

④　骆金铭编著：《青岛风光》，兴华印刷局 1935 年版，A001566-00000121—AO01566-0000012。

⑤　青岛市档案馆：《青岛市娼妓管理规则》，1930 年，B0032-001-00453-004。

渐在减少，有效遏制了社会上的不良风气，也控制了各种传染病的流行。

另外，为了进一步鼓励娼妓从良，青岛市政府还规定娼妓享有某些权利，比如《青岛市管理乐户规则》规定，"第十条：乐户营业应遵守下列各项：一、不准虐待娼妓；二、不准强迫妓女留客住宿……五、娼妓有欲从良或投济良所者，乐户不得妨害其身体自由。六、娼妓如有疾病时应由乐户负责医治，不得强迫留客住宿。第十一条：乐户对娼妓放债应遵守下列各项：……三、此项借贷应准娼妓分期归还；四、此项借贷年息不得过二分。"[①]以此促使妓女萌生从良之意，以期将娼妓业以一种温和的方式消灭。

青岛市政府通过严格的进入限制和营业规定，使得妓女的从业人数和从业范围急剧减少；同时，又制定出各种措施保障妓女的权益，使得妓女萌生从良之心，并为其营业和从良提供了法律法规方面的保障，通过各种职业补习学校的建设，加大了对从良妇女从业技能的培训，使其掌握从良后的营生问题，这样就使得相当一部分数量的妓女主动从良，净化了社会风气。应该看到，虽然民国时期的青岛政府由于历史心理因素、社会习俗、各方面的压力以及社会稳定等方面的原因，没有足够的勇气彻底禁止嫖娼、卖淫等恶习，但是青岛市政府着实在减少妓女人数方面下足了功夫。

图 3.13　废娼广告

资料来源：《青岛社会》，中国国家图书馆，1930 年第 2 期。

---

① 　青岛市档案馆：《青岛市管理乐户规则》，1931 年，Bo032-001-00453-00041。

综上所述，民国时期是社会风俗大变革的时代，传统的婚丧嫁娶、日常礼仪、衣食住行等生活习惯和生活方式，都遭到了以去海水浴场游泳、吃自助餐、穿流行服饰为代表的西方文化的全面挑战。政府虽然有心大力革除社会弊端，但是由于固有的历史文化传统的影响，其有限的措施仍然没能使社会风气彻底改变。

四、民国时期青岛市民社会生活的时代、区域特色

自开埠以后，德日先后霸占青岛，它们带来的不仅仅是西方的商品和资本，同时也把外国的思想、文化带到了青岛。德日两国在占领青岛以后，大量资本注入青岛，在青岛修建了大量的工厂和其他市政基础设施，把以工业文明、科学文化和生活方式为核心的近代文明移植到青岛，拟将青岛建设成为可以和香港抗衡的"模范殖民地"。青岛社会的物质生活，自开埠后至德日占领时期再至民国时期，经历了由盲目排外到向西方学习、由过去的封建传统社会向现代化社会趋进的过程，呈现出既追新慕异、去土存洋，又新旧并存、中西合璧的特征，青岛与世界联系愈加紧密，逐渐跟上了国际的潮流。

政治上的稳定为青岛开创了一个平稳的社会环境，在这样的环境下，各地商人纷纷前来投资建厂，很多外国人也携带资金来青投资，使得青岛自开埠以后，各种纺织厂、火柴厂等现代化企业如雨后春笋般先后创立。德租日据时期，青岛城市经济获得较快发展，城市经济结构日趋完善，城市功能得到充分体现。而这一时期正是青岛现代化发展的鼎盛时期，经过德日近十几年的准备与积累，各地人才与物资源源不断受吸纳而向青岛集中，青岛的生产力呈跳跃式发展，一个包括工人阶级、资产阶级、知识分子等在内的新青岛市民群体已经形成，新的社会生活方式逐渐取代过去旧有的生活方式成为青岛生活的主流，"以利为指向的新的价值观已为社会基本认同"[1]，新的社会

---

[1]　忻平：《从上海发现历史：现代化进程中的上海人及其社会生活（1927—1937）》，上海人民出版社 1996 年版，第 28 页。

环境、新的职业、新的生活方式造就了一大批具有新型人格的青岛人。与全国各地其他未经殖民统治的地区比较，青岛的城市化进程毫无疑问是相对完善的，然而，严格意义上来说青岛的社会转型远没有完成，青岛并没有成为高度现代化的城市。传统的封建社会仍没有彻底消失，从而使民国时期的青岛社会生活呈现出德、日、中多元文化并存而且相互冲突的文化结构。这一时期青岛社会现代化进程有其明显的自身特征，是当时中国社会发展的特殊模式。

作为后起之秀的青岛，现代化进程最初是被强加的外来派生物。青岛的兴起，是以德日为代表的第二次工业文明完成国家强占青岛并对青岛进行商品与资本的输出等为前提的，是中国典型的半殖民地半封建社会的缩影。这种有意或无意的强行介入，刺激了青岛的现代经济、文化、社会生活方式。最初青岛只能被动接受，但是在之后的长期被占领过程中，青岛逐渐适应并开始逐步仿效和发展这种生活方式。到民国期间，现代大机器工业逐步建立，市场经济运行趋于良好，法制观念得到一定普及，传统价值观和现代价值观都在一定程度上被承认。这一时期开始有人租房而居、乘车上班、按时读报，形成新的生活消费习惯。这些生活方式在客观上促进了青岛社会现代化的起步，加速了青岛城市的发展，但也增加了青岛后期城市发展的复杂性和艰难性，使得青岛无法完全脱离这些生活方式的束缚而发展出自己的生活模式。有学者已论："德租日据时期，青岛市政建设中从'华洋分居'到'华洋分居'现象的打破，既形成了青岛城市极为丰富多彩的社会生活图景，同时也是一个从不断分化到不断整合而呈现出的多元势差结构的过程。德国殖民当局对胶澳地区的划分却实际上造成了青岛人文地理上的多元势差结构。这种区域间的划分所形成的隔离式社区是中西两种社会文化制度、习俗、观念悬隔太深的表现。"[1] 这种长期的区域划分，使得青岛市民逐渐接受并认可了这种病态的中外隔离模式，这也为日后"青岛市民的排外（包括区与区间的排斥及对市外的排斥）心理"[2] 埋下了隐患，而这样的

---

[1] 任银睦：《青岛早期城市现代化研究》，三联书店 2007 年版，第 18 页。

[2] 任银睦：《青岛早期城市现代化研究》，三联书店 2007 年版，第 20 页。

心理必然造成青岛本土人口形成一种天生的自我优越感和认同感，认为自己优于其他地区的人口，并且以自己所在的生活方式为时尚和荣耀，对外来的生活和文化存在本能的排异反应，造成青岛人在相当长的时间里无法克服殖民时代生活方式对其造成的畸形影响，成为青岛城市现代化进程中的严重阻力。

此外，由于青岛城市化进程中，外国人在青岛城市中占有一定的比例，[①] 使青岛民众有机会接触到西方先进的科技文化和现代生活方式；加上青岛城市的移民特点，"传统文化的底蕴在青岛显得并不很深厚，致使西方文化在青岛的传播要容易得多。正因为如此，东西方文明在青岛缺乏强烈碰撞，西方文化意识传入后的人文主义的批判也较其他城市为少。两种文明的交融显得粗糙。"[②] 与其他城市几十年乃至上百年的文化积淀相比，青岛城市缺乏这样的过程，短期内的巨大经济发展使得青岛民众心理素质上整体认同并且向往一种"强烈的、浅层次的商业气息及满足于盲目的自我欣赏、自我陶醉的心理。"[③] 短期内的经济突变造成民众心理的非正常转型，使得青岛市民的人文素养不够，而重利心理较盛，形成了近代青岛众人皆知的恶名："文化沙漠"。

尽管青岛城市现代化的兴起与发展的动力很大程度上来自国外，但是青岛城市的发展历史仍是中国社会发展的一个组成部分，离不开中国与青岛社会的内部动力与青岛人的努力。有学者认为，"即使在上海这样西方影响最大的口岸城市中，这条奇妙的中国'剧情主线'仍然没有被西方抢占或代替，它仍然是贯穿19乃至20世纪的一条最重要的中心线索。外国势力的渗入，加速了中国半殖民地化的进程与速率，却未中断中国社会内部发展的'自然历程'。在新的时空条件下过去受压抑的某些内部要素的激活，与本土现代经济力的发展和新的价值理性，构成上海现代社会发展的普遍取向与中国社会发展的新型动力，整个社会生活已逐渐被纳入到现代生活的轨道中去

---

① 详见表3.3"人口籍贯统计表"。
② 任银睦：《青岛早期城市现代化研究》，三联书店2007年版，第20页。
③ 任银睦：《青岛早期城市现代化研究》，三联书店2007年版，第20页。

了"①。德日的外在压力和青岛本身发展的内在需求成为青岛城市迅速发展的强大推动力，加速了青岛社会现代化的转型。

经过德日十几年对于城市文明和基础设施的积累，青岛已经形成了大批新的市民群体，这部分人具有现代知识和技能，能接受新的价值观和生活理念，是形成青岛新的价值观与社会生活方式，加速青岛城市现代化的主体。德日本质上是按其利益与需要来改造青岛的，然而在客观上也为现代化在青岛安家落户培植了基础，而且当青岛逐渐适应这种外来的压力之后由此激发出了城市发展的自身动力。固然德日的外来力量在青岛城市化进程中的作用力要大于青岛城市自身的动力，但是不可否认两者都促进了青岛城市现代化的进程和这一进程中新型生活方式的形成。无论是著名的"1929—1930年全市人力车大罢工""五四运动"，还是市政建设方面的"乡村建设运动"，以及民族工商、文教事业的发展，"无不是以积极回应外部世界的挑战、与之竞争媲美为主题并贯穿交织于整个现代化进程之中的社会实践"②。青岛传统社会内部也蕴含着资本主义商品经济的萌芽，但是由于受到封建社会体制的压抑而难以形成气候。从20—30年代青岛现代化进程来看，内在需求已经在很大程度上发展成为其城市发展的主要动力。城市发展内在动力的产生必然带来青岛城市现代化进程的速度。作为"国中之国"的租借地从开埠后到中国政府收回主权，我们无法说青岛到底是按传统方式生活，还是按现代方式生活。就生活方式而言，两种生活方式在华、租界都各有表现。现代化并非彻底摒弃传统，青岛城市的现代化进程中形成的现代生活方式必然留有浓厚的传统内容而与西方现代生活方式的原型不完全相同。经过德日占领时期十几年与外来文化的相互融合，到20—30年代，传统文化已经明显融合到现代化进程之中，并形成了一个混合的青岛城市的市民生活方式。"尽管整合不断地在进行，但割裂的人文地理格局使之先天

---

① 忻平：《从上海发现历史：现代化进程中的上海人及其社会生活（1927—1937）》，上海人民出版社1996年版，第28—31页。

② 忻平：《从上海发现历史：现代化进程中的上海人及其社会生活（1927—1937）》，上海人民出版社1996年版，第31页。

不足，这就给整合带来了局限。现代化进程中，如果一个社会不能随着分化而不断实现整合，那么，就会出现分裂与失序，社会生活中原先存在的多元势差结构就会严重凸现出来，形成一种巨大的悖论。这固然是转型社会中常有的现象，更是上海现代化进程中的重要特征。"① 这一上海现象同样适用于青岛。

虽然青岛市民生活在 20 世纪二三十年代较德日时期获得了新的发展，但是同时我们也应该看到，市民生活存在如下问题：

首先，同全国其他城市如北京、天津、上海等城市相比，青岛市民社会生活仍然带有滞后性，生活水平较低。根据笔者从青岛市社会局编制的《青岛市工厂名录》等史料统计，青岛市各商店的资本金中 8 家银行排名第一，共有资本金 93600000 元，而关系到市民生活的产业部门中，饮食店 679 户，总资本 704767 元，水产品店 511 家，总资本 126690 元，交通用品店 130 家，总资本 87742 元，教育用品店 69 家，总资本 155820 元。② 可见这一时期各个产业发展明显偏重于能够短期取得巨大经济效益的类别金融银行类，而和市民生活息息相关的各类民生企业发展相对落后，这反映出这一时期青岛市民实际生活质量依然不高。

一般情况下，人口的自然增长变动与经济以及社会发展水平支持下的社会环境、生活水平、医疗卫生等情况成正比。受社会条件限制，这一时期青岛人口的增加主要是外来移民，而青岛本土居民的死亡人数还是高于出生数，1924—1934 年青岛市主要年份人口自然变动表显示，每年自然出生的男女比例大致为 1∶1，平均每年出生人口 2000 人，30 年代由于青岛医疗卫生水平的进步，出生人口可以达到 4000 人，而同期死亡人数则稍高于人口出生率。

---

①　忻平：《从上海发现历史：现代化进程中的上海人及其社会生活（1927—1937）》，上海人民出版社 1996 年版，第 35 页。

②　青岛市档案馆藏、青岛市社会局编制：《青岛市工厂名录》，1936 年版，A00568。

表 3.24 青岛市主要年份人口自然变动表（1924—1934）

年份	出生人数		死亡人数	
	男	女	男	女
1924	1208	1070	1567	1512
1925	1023	817	1430	1332
1926	1178	873	1920	1443
1929	1082	891	1076	1003
1930	1685	1301	2239	1894
1931	1931	1580	2239	1894
1932	1037	832	1310	979
1934	2282	2015	2845	2285

资料来源：青岛市档案馆编《青岛数字全书》，第 51 页。

从表中可以看出，1924—1934 年，青岛的死亡人数均大于出生人数，人口自然增长率均为负数[1]，而几乎是同时期的上海，1927—1936 年间的年均人口自然增长率为0.95%[2]，天津为 0.3%—0.4%[3]，可见该时期青岛市民的实际生活质量依然落后于上海、天津等城市。

其次，市民社会生活中各阶层水平发展不均衡。社会财富很大一部分集中在以买办、大商人、官僚等为主体的社会上层手中，而社会中、下层人民的生活还是相对窘迫的。

表 3.25 专任职员之薪俸

单位：元

职别		教务主任	训育主任	事务主任	文牍	教务员	训育员	事务员	书记
高级中学	第一级	80	80	80	60	60	60	55	35
	第二级	70	70	70	55	55	55	50	30
	第三级	60	60	60	50	50	50	45	25

---

[1] 人口自然增长率 =（年内出生人数 − 年内死亡人数）/ 年平均人口数 *100%。

[2] 张开敏主编：《上海人口迁移研究》，上海社会科学院出版社 1989 年版，第 33 页。

[3] 张利民：《论近代天津城市人口的发展》，《城市史研究》第四辑，1991 年版。

续表

职别		教务主任	训育主任	事务主任	文牍	教务员	训育员	事务员	书记
初级中学	第一级	60	60	60	45	45	45	40	35
	第二级	50	50	50	40	40	35	35	30
	第三级	40	40	40	35	35	35	30	25

资料来源：青岛市档案馆《青岛市特别市市立中等学校教职员任用及待遇暂行规程》，1930年，
　　B0032-001-00424-0137，节录。

从表中可以看出，30年代，市立中等学校教职员的工资最多的80元，
最少的只有25元。根据1934年上海628名小学教师收入分类表统计，同时
期上海教职员的工资在1934年时平均为41.9元[①]，按照当时的物价水平来说，
他们的生活属于中等，能够解决温饱，但是并不很宽裕，与同时期的上海、
天津等地相比，还存在一定的差距。

表3.26　1935年前后青岛港码头工人和高级职员的月工资比较表

码头工人 职别	工资（元）	高级职员 职别	工资（元）
毛子工	12	委任官	200
常工	20	荐任官	340
坞工	40	局长	476
木工	60	聘员	500
木工副目	70	聘员	1100

资料来源：胡汶本《帝国主义与青岛港》，山东人民出版社1983年版，第122页，节录。

码头工人是整个下层社会的代表。"码头工人的工资很低，常工每月

---

① 陆庄：《小学教师课余生活问题》，教育编译馆1935年版，第41页；张仲礼：《近代上海
城市研究》，上海人民出版社1990年版，第724页。

只拿十元到十二元；毛子工每天只有二角五分，平均月工资比常工还低一半。"① 局长的月薪是毛子工平均工资的 38.67 倍，外籍职员的月薪是毛子工平均工资的 90.67 倍。

据统计，"1930 年无职业者 52004 人，1931 年，无职业者 33911 人，1932 年，无职业者 19548 人。"② 虽然政府为解决无业游民的问题下了力气，青岛市社会局先后成立了乞丐收容所、感化所和游民收容所等收留乞丐，并供给食宿，但是依然存在大量的无业者。

最后，市民生活方式依然存在着较大的落后性，许多社会弊病尚未消除。市民生活的繁荣与发展无法掩饰其中存在的问题，各种社会弊病并没有在现代化过程中消除。青岛城市工商业发展迟缓，吸收农村劳动力的能力薄弱，由于周边地区来青的人口绝大部分缺少相关的知识水平和技能，在青岛只能靠出卖劳动力来寻找工作，很难找到好的工作以改善社会地位。大量的无业、失业人口，以及大量的虽然有职业但却只能在温饱线上挣扎的社会下层贫民，使青岛这个新兴城市始终面临一个十分棘手的问题，加上新中国成立前青岛的社会救济工作虽然有一定程度的发展，但是仍然无法满足庞大移民人口的压力，社会救济工作十分有限，社会上存在大量的无业游民和失业者因得不到适当的安置而滋生出各种社会问题。从表 3.4 职业类别性别统计表中可以看出，1925 年的无业游民就达到 96546 人，几乎占到青岛人口总数的 35%。这就意味着青岛城市中三分之一左右的人口，而且是青壮年等适龄人口，长期处于没有工作的状态，他们只能成为社会的贫民阶层，沦为失业者、强盗、扒手、妓女、黑社会成员。以此时期的犯罪为例，在对青岛地方审判法庭 1923—1927 年发生的犯罪事件进行统计分析后发现，犯罪人员中 96% 为男性，年龄大多集中在 20—40 岁，而且其中未婚男性居多。③1931—1933 年青岛市共发生强盗、偷窃财物 2681 件，平均每天就有

---

① 胡汶本：《帝国主义与青岛港》，山东人民出版社 1983 年版，第 34 页。

② 青岛市档案馆编：《青岛数字全书》，中国文史出版社 2003 年版，第 53—55 页。

③ 赵琪修，袁荣叟纂：《胶澳志》载《青岛市公安局缉获强盗偷窃财物统计表（1931—1933年）》，胶澳商埠局 1928 年，青岛出版社 2011 年影印版，第 109 页。

2—3件盗窃案件发生。[①] 类似案件在相关档案中还有很多，于此略见不良社会风气并没有根本改善。

民国时期青岛地区的平均未婚率达到41.59%，男性未婚比率高达45.34%，大多数无法婚配的男性都是没有经济基础，也没有文化、没有必需的技术水平的社会贫民，他们处在社会的底层，无法享受家庭带给他们的温暖，当家庭对个人生理、心理的抚慰无法实现时，他们很容易进行抢劫、强奸、杀人、盗窃等各种犯罪行为。男女数量相差如此悬殊，必然使很多未婚男性生活枯燥，缺乏家庭的温馨和生活上的照顾，有稳定职业的人会寻求其他解决办法，而无业游民久而久之就赌博、吸毒、嫖娼，甚至变成匪类，严重破坏了社会秩序，影响社会稳定。大量农村青壮年劳动力涌入城市，其基本欲求无法得到满足，加上社会上层一夫多妻、宿娼等不良导向，就出现了大批妓女。据记载，青岛"1927年共有妓女449人，1930年有娼妓1084人，1931年为1169人，1932年为1335人"[②]，各种传染病因此滋生。

综上，这一时期的青岛与天津相比，缺乏必要的城市底蕴，从而造成了文化素养的缺失；同上海相比，由于经济的巨变式飞跃，使得民众心理转型不充分，盲目乐观、自大，对外来地域的人口和生活方式具有一定的排斥性，生活方式故步自封，这些都极大地限制了青岛城市现代化发展的模式，也使得青岛人口在城市化的进程中没有充分完成其社会人格的塑造过程，各种犯罪、失业、贫富差距尖锐等社会问题同内地其他地区以及天津、上海等地相比比较突出。

---

① 赵琪修，袁荣叟纂：《胶澳志》载《青岛市公安局缉获强盗偷窃财物统计表（1931—1933年）》，胶澳商埠局1928年，青岛出版社2011年影印版，第109页。笔者从山东青岛地方审判厅刑事判决的公文中统计，仅1934年6月7中就有郑永暄、郑永照、古礼宽等三人吸食鸦片被判刑；6月14日，刘玉材妨害业务罪被判刑；6月16日至18日，石开忠、孙兴祥、王景海、宫垂兹等因盗窃被判刑；6月17日杜新正轻微伤害及连续猥亵案件。虽然政府重视社会不良风气的改善，但是因为这一时期政府法制不健全，惩处力度并不够大，所以这些案件的判决中轻则仅判2日刑罚，重则不过9个月。

② 青岛市档案馆编：《青岛数字全书》，中国文史出版社2003年版，第53—55页。

小　结

社会生活是社会生产力发展水平的反映，是社会进步程度的体现。青岛社会结构在近现代处于急剧的变革之中，社会生活和社会面貌发生了深刻巨大的变化，无论是衣食住行、习俗风尚都出现了新的特征。20 世纪二三十年代是中国社会生活变迁的一个重要阶段，也是青岛社会生活变化的显著时期，这一时期的服饰、饮食、建筑等都表现出中西合璧、土洋结合的特点。交通工具日新月异，轮船、火车、汽车等传入青岛，邮电通信设施、报纸广播等方面也经历了从无到有、由传统到近代的转变。青岛社会快速发展，科技在民众生活中的比重逐渐增加并改变着人们的生活。

青岛自开埠以后，随着外来资本主义政治、经济、文化等各种势力的渗透，社会环境也发生了变动，由此引发了青岛市民的物质、文化生活和社会习俗等方面的变化，西方的生活方式也被带到了青岛。人们的衣食住行等发生了改变，西式生活方式成为时尚。随着商品经济的发展，以利为价值取向的功利主义价值观支配着人们的社会行为；喜新好奇的时髦心理支配着人们的审美观；随着学术机构、剧院、公共娱乐场所等文化设施的出现，市民的生活方式和生活质量也发生了很大变化。随着中外各种社会文化因素的相互激荡和交汇，出现了许多新鲜事物，形成了青岛社会生活和物质、文化生活走向近代化的开端。这种变化经历了对外来的一些先进文化和实物由排斥走向接受，到最终兼容中外的过程，呈现出由以往的闭关自守转而为被迫面向世界，由过去的封建传统逐渐走向现代化与国际接轨的趋势。

民国时期，青岛的人口数量和质量、城市规模和功能、社会习俗和风尚都在潜移默化中发生了变化。二三十年代的青岛，是其城市现代化发展的重要时期，在充分吸收、借鉴德日时期的经验以后，逐步完善自身的城市功能，并在此过程中形成了基本定型的青岛城市社会生活模式，并对青岛的现代化产生了影响。

二三十年代的青岛社会是一个转型并逐渐定型的社会，在这个旧社会逐渐瓦解，新社会逐渐形成的过渡阶段，整个社会分化成不同的阶层。如果社会不能合理地调节各阶层的利益分配，做到社会利益的公平分配，就会产生巨大的社会问题，这些问题积累到一定程度必然以一种毁灭性的方式对社会造成巨大的冲击，引起社会的动荡。因为社会分配的不合理，导致部分市民被遗弃在现代生活之外，这部分人群在悲伤、无奈、气愤之余，被迫采取一种非正常、非理性的手段来维持自身的生存，而这种方式很可能就是他们最为熟悉的乞讨、赌博、抢劫、盗窃、娼妓。在充分了解那个年代不同人群的生活方式，尤其是社会下层的生活方式之后，我们应该注意到，所有积极的、消极的、合理的、不合理的生活方式，都是不同阶层对于自身生存的一种自救行为。因此而产生的各种边缘化阶层，以及消极的生存方式和主动的反社会行为所构成的社会病态，都是可以通过政府引导和积极作为而予以消除的。

不可否认，青岛在民国时期的社会现代化进程中少量社会上层拥有社会绝大部分的政治、经济、文化等各方面资源，大量的社会中层和社会下层在为城市经济的发展作出重大贡献的同时，却无法享受到相应的利益而使生活处于相对艰难的境地，并由此激生出各种社会矛盾，比如盗窃、娼妓等不良风气，导致青岛现代化进程中的不稳定因素增多，成为青岛城市现代化的严重阻力，减缓了城市现代化的速度。当然这些问题在上海、天津等其他城市的现代化进程中同样存在，并非青岛所独有，这些都是和当时特殊的政治、经济环境以及国际背景相联系的。调整产业结构、优化资源配置、消灭失业以及各种歧视，切实完成青岛城市的现代化还有诸多艰巨的工作要做。

第四章 近代青岛的帆船运输
（1897—1922）
——兼与烟台、天津、上海的比较研究

一、开埠前的青岛帆船运输

（一）交通自然地理概况

自然地理条件，决定着海港的兴衰存亡。古代海港选址往往在河口，即为濒海河口港。在当时陆上交通不甚发达的情况下，水运比之陆运运量大、费用低，且河运有直接沟通海洋和内陆腹地的优势。

1. 地理位置

《胶澳志·方舆志》记载："胶澳商埠之区域，以胶州湾为中心，沿胶州湾之四围划出陆地若干，成为胶澳商埠区。东北界崂山与即墨县接壤，西跨海西以抵胶县境，北境距离即墨县城十五公里，西北距离胶县城十公里，北部西部所占陆地甚狭，东北方与西南方所占陆地较丰，俨然城东西两半岛，青岛市内及李村等处属东半岛，而海西则属西半岛。胶澳区东半岛之南端为团岛与西半岛之北端海西岬相对峙，以扼胶州湾之咽喉，犹之辽东半岛与山东半岛相对峙以绾渤海之出入也。"[①]

---

① 赵琪修，袁荣叟纂：《胶澳志》载《方舆志》，胶澳商埠局 1928 年，青岛出版社 2011 年影印版，第 15 页。

青岛地区位于我国南北交通之要冲，濒临中原地区，有众多河流可以利用。这里漫长的海岸线约 730 公里，在山东省全部海岸线中约占四分之一，可作为港口，用以避风、停泊、供水的港湾。且沿海一带拥有众多岛屿，岛屿同海岸毗连而形成众多的海湾。这些海湾湾口小，水深湾阔，泥沙淤积成的湾底较为平坦，海岸多山环绕而海岸线曲折，形成一个半封闭的港湾，为港口开发建设提供了良好的自然条件。

山东半岛和直隶、山西号称三辅，而且处于黄海、渤海中间，就国防、交通等方面看，在我国北部位置至为重要。与威海卫、大连相比，青岛与渤海虽然距离较远，但却位于黄海腹心，是东方第一门户。"北绾奉直，东航日韩，南通海州上海，位置适中，不仅司山东贸易之出入，实兼握北方航运之枢机也。"[1]

表 4.1　由青岛赴国内外重要商港水程距离（以 1 海里为单位）

天津	烟台	大连	安东	海州	上海	福州	厦门	香港	仁川	釜山	长崎
484	239	256	416	150	335	863	1062	1235	340	500	563
神户	横滨	敦贺	函馆	高雄	海参崴	马尼拉	新加坡	西尔特尔	马塞尔	伦敦	纽约
845	1130	1519	1732	1271	1870	1030	2659	5507	8381	11401	11008

位于山东半岛东南部的青岛，是我国重要的对外贸易口岸之一，它像一颗灿烂夺目的明珠，镶嵌在黄海之滨。就陆路交通而言，胶济铁路直达济南，接津浦路与全国各大干线有联运之便利。黄河流域诸省进出口的货物，都将青岛港为转运枢纽。[2] "以轮航而论，北达烟津，东抵日满，南至江苏上海，可直放台湾及闽粤。其交通之便利，地位之重要，举国内沿海商港中，实无出其右者。"[3]

---

[1] 赵琪修，袁荣叟纂：《胶澳志》载《方舆志》，胶澳商埠局 1928 年，青岛出版社 2011 年影印版，第 1 页。

[2] 李森堡：《青岛指南》，中国市政协会青岛分会，1947 年影印版，第 2 页。

[3] 赵琪：《青岛指南》，青岛特别市公署，1939 年，第 6 页。

2. 自然条件

青岛地区属于海洋性气候，气候温和，冬无严寒，夏无酷暑，因此有"东方瑞士"之称。据观象台历年气候报告，年平均气温为 12.1 度；8 月份最高，曾达 36.32 度，平均 25.1 度；1 月最低，曾至 −16.9 度。夏季南及东南风自海上吹来，冬季北风及西北风自陆上吹来，春、秋二季多南、北风交替；平均风力为 3 级，6—7 级以上的风，平均每年 50 天左右，台风影响甚少。雨量每年各区均在 550 公厘（毫米）至 600 公厘上下，6—9 月 4 个月为降雨期。胶州湾历史上偶尔有冰冻，但近百年来，真正影响航运作业的时候极少。胶州湾潮流平稳，没有强急回旋障碍航泊，而且满潮时的差度较小，通常小潮升时相差 1.7 公尺到 3 公尺，大潮升时，差额也仅 4 公尺，且港口宽有 1 海里半，深 10 公尺，因此船舶出入非常便利。[1] 统而言之，胶州湾降水正常，风袭的危害较少，也没有封冻之忧，是一个夏无酷暑，冬无严寒，雨不虞涝，风不忧灾的建港良址。[2]《北华捷报》也记载："在山东所有的海港中，或者我们可以说在整个中国沿海，没有一个港口能比得上胶州湾这样的独特了。"[3]

作为我国第一良港，胶州湾水深湾阔，波平浪静，冬无严寒，夏无酷暑，少淤不冻，具备了天然良港的条件。[4]

（二）贸易基础与经济腹地

胶州湾港航贸易的基础同它的腹地是分不开的。胶州湾经济腹地辽阔，有丰足的腹地经济，有丰富的各类经济资源以及各种农副产品，外贸出口货源充足。青岛地区人口密度大，腹地经济较为发达，消纳和输出能力较强。

《德人割据胶州湾始末》记载："十九世纪末，驻上海的德国领事已向

① 赵琪：《青岛指南》，青岛特别市公署，1939 年，第 7 页。
② 寿杨宾：《青岛海港史》（近代部分），人民交通出版社 1989 年版，第 2 页。
③ 青岛市档案馆、中国第一历史档案馆、青岛市社会科学研究所：《德国侵占胶州湾史料选编（1897—1898）》，山东人民出版社 1987 年版，第 467 页。
④ 寿杨宾：《青岛海港史》（古代部分），人民交通出版社 1989 年版，第 4 页。

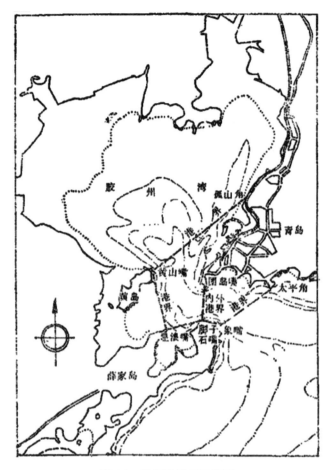

图 4.1　青岛港港界示意图

资料来源：青岛市史志办公室《青岛市志·海港志》，新华出版社 1994 年版，第 18 页。

他的政府报告：如占领胶州湾，即可握山东全省的利权，中国内地所生产的物资，可由海路运到德国。"[1] 可见，胶州湾的腹地，不仅是山东省，而且包括中国内地。只要把铁路建筑起来，山东省内即墨、平度、昌邑、齐东、禹城、胶州、安丘、泰安等处即连成一片，内地可达河北、河南、山西、安徽诸省，仅此 5 省的总面积即近 80 万平方公里。

　　青岛港的经济腹地比较广阔，有地方腹地、直接腹地和通过腹地。向

---

① 　寿杨宾：《青岛海港史》（近代部分），人民交通出版社 1989 年版，第 4 页。

续表

地别	特产	加工产品
青州府	盐、硝石、牛皮、山东绵羊皮、药材、牛黄、蚕、丝、狗皮、胡桃、红枣、红白石头、绿黄黑明矾	丝带、丝缎子、白布、玻璃器皿
登州府	盐、茶、石膏、牛黄、白蜡、铁	无
莱州府	盐、麦秆、琼脂、金刚砂、烟叶、大麻、猪鬃、药材、皂石、各色水晶石	草帽、草鞭、绣花丝、丝带、丝织品、丝绸

资料来源：青岛市档案馆编《帝国主义与胶海关》，档案出版社 1986 年版，第 8I 页。

19 世纪 70 年代英国人也曾对山东经济状况做过调查。根据这次调查，全省 12 个府和 107 个县，总人口约 3000 万人。资源情况为：金属矿有 6 种，非金属矿 4 种，水果 11 种，农产品 24 种，畜产品 6 种。

表 4.3　山东物产及资源分布

物产种类	物产或资源名称	主要产地
金属矿	金	宁海、诸城、栖霞、莱阳、南阳、沂水
	银	宁海、黄县、章城、蒙阴、即墨、胶州、日照
	铜	莒州、临淄、沂水
	锡	莒州、沂水
	铅	登州、莒州
	铁	登州、莒州、莱芜、邹平、长山、博平、蒲台、宾州
非金属矿	煤	光州、沂州、潍县、莒州、新台、邑县、章丘、博山、长山
	玉石	莱州、莱阳、邹平
	大理石	平度（掖县、莱阳、栖霞、海阳皆有）
	水晶	即墨、兖州

续表

物产种类	物产或资源名称	主要产地
农产	蚕丝、棉花、大米、小麦、草编制品、粉丝、小米、高粱、麻、玉米、蓖麻油、大豆、豆饼、豆油、干辣椒、人参、靛蓝、百合、甘草、药材、芝麻、海菜、蔬菜、鸦片	各地不一。如蚕丝主要是胶东，棉花主要是鲁西，草编制品主要是掖县及烟台附近，鸦片主要是曹州等
水果	核桃、桃子、油桃、梨子、梨、苹果、樱桃、柿子、杏、瓜类、葡萄	胶东等
畜产	猪肉、猪鬃、羊毛、羊角、牛油、皮革	各地不一

资料来源：丁抒明《烟台港史》（古、近代部分），人民交通出版社 1988 年版，第 3 页。

　　总之，广阔而富饶的经济腹地，是港口发展的必要条件，再加上良好的港湾环境，因而使得青岛港贸易活跃。

（三）开埠前的青岛帆船运输

　　发展航海活动较早的山东，是我国北方海上交通以及对外贸易最为发达的地区，从历史上看，胶州湾一带唐、宋时代就是南北贸易重镇。隋唐时期胶州湾诸港如板桥镇和山东东北部的登州港、莱州港，接待了大部分来自日本、新罗诸国的使者和商人。北宋时在密州板桥镇（今胶州市）设市舶司，是我国北方唯一设司的地方。《胶澳志》记载："盖宋都汴京海外往来以胶澳为最捷"，一时"人烟市井，交易繁伙"，商业极盛一时，号称"百货辐辏"，密州商税额为"天下诸港之首"。[①] 南宋时，青岛在金朝统治下，在宋金互市贸易中，曾设胶西榷场，北上互市的南宋商船，纷纷到青岛诸港互市交易。元朝漕粮由海道北运京师，密州、胶州成为重要的转运码头。明朝嘉靖、隆庆年间胶州开始成为大豆、海产品输往江南的重要码头。此后海禁政策较长时间的实行，限制了南北沿海贸易的发展。[②]

---

① 　青岛市档案馆：《青岛城市历史读本（1891—1949）》，青岛出版社 2013 年版，第 4 页。
② 　吴松弟：《中国百年经济拼图：港口城市及其腹地与中国现代化》，山东画报出版社 2006 年版，第 235 页。

清代的海禁并未使青岛沿海诸港的商业贸易停止，在烟台开埠之前，塔埠头以及金家口港是山东最重要的港口。塔埠头港有 5 条航线通往南北方，北可到满洲，南可至上海、浙江、福建等地，而且又有如沙子口、登窑口、沧口等兴起。①清康熙年间开放海禁后，胶州地区和南方的贸易变得更加兴旺。乾隆以后胶州商业发展较快，胶州湾内"估客云集，千樯林立"，"夷货海估山委云积"。青岛被德国占领前，胶州出口大豆、花生、豆油、花生油、豆饼、鲜果等物，进口棉花、纸张、瓷器等必需的物品。②

此外，和塔埠头同在胶州湾内的青岛口、女姑口也较为繁荣。所谓"旅客商人，云集于此"，"宏轲连轴，巨舰接舻"③，形象地描述了胶州湾航运盛况；而"青岛、女姑等口百物鳞集，千艘云屯，南北之货既通，农商之利益普。"④则直接道出了"南北之货"交流贸易的情景。

近代胶州湾的贸易和经济，较古代又有发展，这里除了有自给自足的自然经济，还拥有丰富的矿藏以及诸多特产的山东全省以及华北作为经济腹地，它吸引着全国的商贾，特别是南方苏、浙、闽、粤等省的商人；它既有渔盐等农副产品，又有煤铁等矿产资源可供出口，它对进口的需求也是多种多样的。⑤

《天津条约》的签订，使芝罘遂成为通商口岸之一。此后，其作为山东省唯一的交易市场贸易而日趋繁盛，但是胶州湾一直保持原状没有变动，仅仅依靠帆船在塔埠头、女姑口、沧口等海港进行有限的贸易活动。原因是该湾背后山峦起伏，与山东内地各商业区的交通甚为不便，使得贸易的发展极

① 寿杨宾：《青岛海港史》（古代部分），人民交通出版社 1989 年版，第 8 页。
② 吴松弟：《中国百年经济拼图：港口城市及其腹地与中国现代化》，山东画报出版社 2006 年版，第 238 页。
③ 《重修天后宫》碑文，青岛，1865 年立，引自寿杨宾《青岛海港史》（近代部分），人民交通出版社 1989 年版，第 3 页。
④ 《重正旧规》碑文，女姑口，1871 年立，引自寿杨宾《青岛海港史》（近代部分），人民交通出版社 1989 年版，第 3 页。
⑤ 寿杨宾：《青岛海港史》（近代部分），人民交通出版社 1989 年版，第 8 页。

为缓慢。①

青岛地区各港口，胶州湾内外的红石崖、女姑口、沧口、塔埠头、青岛，以及沙子口、金家口等，主要是从事沿海航运，南北的物资交流，以其传统的方式发展着、演化着。

1. 塔埠头港

塔埠头在胶州城南 12 里处，塔埠头河南岸，距离大沽河入海处约 20 里，为青岛港兴起前山东主要港口之一。历史上，胶州内港让位与塔埠头后，塔埠头即成为货物集散的重镇。南北来的货物，"完全改由塔埠头卸载，货物转移于东、西、北各地，一时商贾辐辏，帆樯云集，故有金胶州，银潍县之谚。"② 从塔埠头中转的货物，东至即墨，西到潍县，北达烟台地区，进出口活动特别活跃。

道光本《胶州志》首次明确记载了塔埠头通向北、南方的航线，附有《海疆道里表》，从胶州出发"二十里至塔埠头上舟"，即以塔埠头为始发港，以 5 条航线北联盛京，南达上海、宁波、福州、香港等处，同时对每条航线所经各处的里程均做了大致的记载。

表 4.4　海疆道里表

航线	路经港	终点港	计程
盛京线	淮子口、石岛、成山头、威海、庙岛、天津、金州卫	田庄台	4190 里
江南线	淮子口、千里岛、大沙头、铜沙	上海	1800 里
浙江线	淮子口、千里岛、大沙头、铜沙	宁波	3090 里
福建线	淮子口、千里岛、大沙头、铜沙、宁波	福州	3690 里
广东线	淮子口、千里岛、大沙头、铜沙、福州	香港	4590 里

资料来源：张同声修、李图等纂《胶州志》，（台北）成文出版社 1977 年版，第 143 页。

---

① 青岛市档案馆、中国第一历史档案馆、青岛市社会科学研究所：《德国侵占胶州湾史料选编（1897—1898）》，山东人民出版社 1987 年版，第 19 页。

② 赵文连、匡超等纂：《胶志·民社志》，第 52 卷，（台）北成文出版社 1969 年版，第 5 页。

东海关塔埠头分关于 1865 年设立。塔埠头港的码头，北从海神庙起，南至海关分关，长约 750 米。大沽河沿岸尚有 100 米货物装卸地。光绪朝，进出塔埠头的主要有宁船、福船、沙船。塔埠头河可通装 200 篓的船，即 20 吨。

独轮车是其和腹地相联系以及中转货物的主要工具，一推一拉，可装运 1000 斤左右。由于商贾往来频繁，车水马龙，道路拥挤，一时曾南北分道，有人指挥车辆，担杖通行。

从贸易的货物来看，从南方运入的主要是纸张、砂糖、竹、陶器等。从胶州输出的则有油、豆饼、白菜以及其他各物。此外，木材、棉花、果品、油饼、干粉、腌肉等货物也是大宗。

由于塔埠头的地理位置处在胶州湾的西北部，正好是胶州湾淤浅日甚的地方，对港口航运带来不利影响。大型帆船只能在胶州湾中心，无法进港。货物要过驳到舢板上或小平底船上，再运入塔埠头港卸载。由于自然条件限制了塔埠头的发展，加上后来青岛港的兴建，导致了它的没落。

2. 金家口港

金家口港，又称金口，位于丁字港之西，莱阳县和即墨县的交界河南岸，距入海口约 30 海里，涨潮时海水倒灌，船才能得以入港。港区河道宽 60 米，低潮时河道中心水深尚有 1.5 米。码头和塔埠头的相同，都是自然顺岸码头，长约 300 米。

李希霍芬在调查后写道："自古以来，胶州和金家口是山东的主要门户，南方的商船，特别是宁波来的商船以此为转运站。此外，汕头来的商船，常常载着糖和其他货物。"①

清道光二十五年（1845），金家口贸易亦极为繁盛，在胶州湾诸港中地位十分显要。其进出口贸易对象主要有：青口、苏州、夹仓、胶州、文登、洋河、牛庄等地。此外，和宁波、汕头以及朝鲜等地也都有贸易往来。进口

---

① 《山东及其门户——胶州》1898 版，第 19 页，引自寿杨宾《青岛海港史》（近代部分），人民交通出版社 1989 年版，第 17 页。

货物主要是棉花、纸张、布等，还有大米；出口货物则主要是豆饼和豆油。[①]

清光绪时期，金家口的进出口贸易进一步发展。据记载，金家口运往江南的物资主要有披猪、沙参、花生、豆油、方瓜子、豆饼等，进口主要是木材、竹、桐油、杂粮、棉花、布等。[②]

金家口的发展，与其地理位置、海域条件优越是分不开的。金家口交通贸易的范围很广。其紧靠的五龙河，是莱阳与即墨的界河。金家口港通过五龙河可以直达内地，同时有陆路可通。[③] 据《莱阳县志》记载："二百年前……曾于羊郡集开设商场，南通浏河，北达营口，东至仁川，西南至海州贸易。"[④]

3. 青岛口、女姑口

二口同处胶州湾东岸。青岛口为海港，主要活动地点在青岛村、青岛湾一带。女姑口则位于白沙河口。青岛口和女姑口都是于明万历年间兴建的。青岛、女姑口虽然不及塔埠头和金家口，但在青岛诸港中也占有相当重要的地位。

胶州湾沿海诸港，同山东半岛以及宁波、福州等地均有帆船贸易。帆船因所徙来之地点不同，故其名称亦各不相同，航行往来于青岛诸港的主要是江苏、浙江、福建等地的沙船、宁船、刁船和山东的舢板、瓜篓船等。

表 4.5　各地到港帆船的主要情况

类别	船种	属地	载重（担）	船员数	最高造价（美元）
福建民船	大中小	福建	2000—3000	26	30000
宁波民船		宁波			

---

①　寿杨宾：《青岛海港史》（近代部分），人民交通出版社 1989 年版，第 17 页。

②　寿杨宾：《青岛海港史》（近代部分），人民交通出版社 1989 年版，第 18 页。

③　寿杨宾：《青岛海港史》（古代部分），人民交通出版社 1989 年版，第 132 页。

④　王丕煦等纂，梁炳琨等修：《莱阳县志》卷 1《疆域·海岸》，（台北）成文出版社 1968 年版，第 171 页。

续表

类别	船种	属地	载重（担）	船员数	最高造价（美元）
沙船	大 中 小	盐城、海州、潮河、阜宁、青口、日照	2600 1500 600	20 15 7	10000（大）
山东民船	舢板 大 小	山东南端到胶州北端	300 200	7 5—6	400—500 150—200
	瓜篓	胶州东北角和关东		26	
	石岛船	石岛、乳山	1—5 万斤		2000

资料来源：青岛市史志办公室编《青岛市志·海港志》，新华出版社 1994 年版，第 165 页；青岛市档案馆编《帝国主义与胶海关》，档案出版社 1986 年版，第 83 页；庄维民《近代山东市场经济的变迁》，中华书局 2000 年版，第 127 页。

福建民船：又称刁船或鸟船。福建民船大的可以装货 2000 担到 6000 担，小的在 2000 担左右，每艘船载船员 25 人以上。船身有三根桅杆，高峰式的主帆，船首突出前，帆较小，后帆置于船尾，它们的外观线条要比我们常见的一般沿海装货民船好看一些。每只福建民船造价约在 3 万块银圆左右。最初福建船禁止来山东进行贸易，所以他们多在宁波象山县领取牌照。所载货物，进口主要以纸为最，往年盛时载十六七万担，其次则是竹竿陶器花席砂糖为主，出口则载豆、花生米、花生油、胡桃、甜瓜、粉条、柿饼、药材等。①

宁波民船：又称宁船。宁船多由浙江省的郑县、镇海而来，其外形、大小和构造都与刁船相同，但船体稍狭小，载货容积也和刁船相等。他们一般持有萧山县、镇海县的船舶登记，宁船带来的主要进口货物为：粗糙的纸张、陶器、毛竹、糖、席子等。回程所载的货物主要是豆油、花生油、豆类、豆饼、胡桃、瓜子、粉条、柿饼、中药材等。所载货物多属塔埠头、女

---

① 赵琪修，袁荣叟纂：《胶澳志·交通志》，胶澳商埠局 1928 年，青岛出版社 2011 年影印版，第 55 页。

姑口等处土产商委托贩卖，进口后即时卸货开回南方。①

沙船：江苏境内之船多属于此，概属平底，是其构造之特征，它们可分为大、中、小三种类型，载重量自 600 至 2600 担不等。最大的沙船一般来自上海，每年到青次数不多，装来的货物主要是棉花。每船载重量约 2600 担。船员人数 20 人，造船价格约 1 万两银子。中型沙船可以载货约 1500 担，船员十五六人，它们大都来自盐城、海州、潮河、阜宁等地，装来的货物主要是棉花、黄麻、大蒜等，回程所载货物主要有新鲜水果、大白菜、咸猪肉、杂货、火柴、豆油等。小型沙船载重量约 600 担，船员人数 7 人。它们大都来自海州、青口和苏鲁边境的日照。装来的货物主要是由青口海州装载胡桃、芝麻、杂类以及黄麻、粮食、大蒜等等。他们在秋天所载回程货物是大白菜和新鲜水果，其余月份大都空舱压载回南方。②

山东民船：

舢板船——一名鸡子，乃山东省之民船。从山东的南端到胶州的北端都采用一种有 2 到 3 根桅杆，船身尖长，船尾较宽，且无舱篷的民船。舢板船分内口舢板和外口舢板。内口舢板通常只在胶州湾从事航运，船只载重从四五千斤到两三万斤不等，造价在 200—500 元。外口舢板主要在胶州湾外地区，专事湾内外港口间的航运，船型大致和内口舢板相似，但航运能力和载重量大于内口船，造价约 2000 元。③ 它们多往来于山东半岛及江北之间。所载货物与沙船相似，装来的货物是粮食、大蒜、黄麻等，回程所载货物是新鲜水果和大白菜。船面上货物是以铺盖席子保护的。④

瓜篓——又称丁油。这种民船构造流行于胶州东北角和关东一带（"瓜篓"和"丁油"是以它们的前桅杆设在货舱前面，还是设立在货舱中间来区别的）。它们外观笨拙粗糙，一般有三根桅杆，船舷很低，舱口高于两边甲板

① 赵琪修，袁荣叟纂：《胶澳志·交通志》，胶澳商埠局 1928 年，青岛出版社 2011 年影印版，第 55 页。
② 参见青岛市档案馆编《帝国主义与胶海关》，档案出版社 1986 年版，第 83 页。
③ 参见庄维民《近代山东市场经济的变迁》，中华书局 2000 年版，第 126 页。
④ 赵琪修，袁荣叟纂：《胶澳志·交通志》，胶澳商埠局 1928 年，青岛出版社 2011 年影印版，第 56 页。

约3—4英尺。这种船只装载木材很是方便，每年从大东沟运来木材不少。①"瓜篓"的大小差别很大，这里常见的是一种很大的"瓜篓"，有船员26人。

石岛船：石岛船籍属石岛、乳山等地，船底平坦，船舱浅阔，通常载重1—5万斤，造价2000元。

表4.6　刁船和宁船进入胶州湾艘数一览表（1892—1896）

单位：艘

	刁船	宁船	总计
1892	43	52	95
1893	64	50	114
1894	49	41	90
1895	54	53	107
1896	62	55	117

资料来源：青岛市档案馆编《帝国主义与胶海关》，档案出版社1986年版，第84页。

开埠前，青岛传统的帆船贸易就已具有一定规模。尽管没有轮船进出，靠着传统的帆船，胶州湾的贸易活动还是很活跃的。

综上所述，近代青岛地区在中国的地理位置较为重要，北达直、奉，东航日、朝，南通海州、上海，是北方第一门户。胶州湾湾口小，水域深，湾底平坦，海岸线曲折，而且夏无酷暑，冬无严寒，不冻少淤，具备了天然良港的条件。胶州湾还有辽阔的经济腹地，有丰足的腹地经济，有丰富的农副产品和各类经济资源。这些都是胶州湾港航贸易的基础。

青岛诸港自古以来水路运输就比较发达，船舶往来极盛。胶州湾一带在唐、宋时代就已成为南北贸易重镇。元朝时，胶州是重要的漕粮转运码头。胶州在明嘉靖、隆庆年间，已经是大豆、海产品南输的重要码头。清代，青岛诸港的商业贸易活动并没有因为海禁而停止，康熙年间开放海禁之后，胶州贸易更加兴旺。其贸易对象主要有：苏州、绍北、青口、文登、南锦州、牛庄等地。另外，和宁波、福州、汕头以及朝鲜均有贸易往来。由于

---

① 青岛市档案馆编：《帝国主义与胶海关》，档案出版社1986年版，第86页。

帆船从不同的地点而来，所以其名称也各不相同，航行往来于青岛诸港的主要是福建船、宁波船、江苏沙船以及山东的舢板、瓜篓船等。

从贸易的货物来看，从南方进口货物，主要是棉花、纸张、布等，还有大米、砂糖、竹、木材、陶器、桐油、杂粮、棉花等等，从青岛输出的则有油、豆饼、白菜、水果、粉条、花生、瓜子、腌肉等。青岛被德国占领前，胶州出口大豆、花生、豆油、花生油、豆饼、鲜果等物，进口棉花、纸张、瓷器等必需的物品。

近代胶州湾的贸易和经济，较古代又有发展。山东拥有丰富的矿藏以及诸多特产，它吸引着全国的商贾，特别是南方苏、浙、闽、粤的商人；它既有渔盐等农副产品，又有煤铁等矿产资源可供出口，它对进口的需求也是多种多样的。

无论是战争和对峙，还是罢海运和海禁，青岛地区各港口，以其传统的方式发展着、演化着。帆船作为近海沿海航运以及南北物资交流的主要工具，在国内外交通和贸易方面发挥了重要的作用。

二、帆轮并举时的帆船运输

（一）青岛开埠及港口铁路的建设

1.青岛开埠

19世纪末，德国作为后起的帝国主义国家，迫切希望在远东有一个港口，作为其远东舰队的军事基地。1868年，李希霍芬就开始调查中国的地质、资源和搜集各种商业情报，并为德国侵略中国寻找一个合适的地点。经过长达4年的调查，最终唆使德国占领胶州湾。他指出："胶州湾是适合德国占领的理想地点，胶州湾交通方便，有广阔的腹地，资源丰富。"[①] 此后，德皇派遣德国远东舰队司令梯尔批茨、天津海关德籍税务司德璀琳先后对胶州湾进行秘密调查。他们认为胶州湾有以下突出优点："（一）它的港口

---

① 王守中：《德国侵略山东史》，人民出版社1988年版，第41页。

位置优越，不仅足以控制山东，且亦足以控制整个华北的进出口货物；（二）适合于设置船坞和码头；（三）它的地后资源丰富并有消纳力量，如煤、铁以及其他矿产资源开发；（四）交通路线已经有一部分了，另一部分也容易修筑；胶州湾堪为一条到达北京的铁路的良好终点；（五）气候适宜欧人居住；（六）筑港容易且无需顾虑泥沙淤积。"①通过一系列的调查，德国最终确定侵占胶州湾。1897 年 11 月，德国借口"巨野教案"，派遣远东舰队占领胶州湾，并逼迫清政府签订了《胶澳租借条约》。

2. 港口的建设

德国强占胶州湾后，一心想把胶州湾变成德国在远东地区进行商品输出的基地。德国为了达到"欲在中国得一商业地"的目的，特别重视对于港口的建设。德国人在 1899 年开始建筑大港，在建设大港的同时，在其南约一海里处建筑船渠港及小港。作为轮船的停泊之处，大港被圆形的大防波堤围绕，防浪堤是将石块沉于岩礁岛屿相连的地方，然后用洋灰及切石敷设而成，堤高约 5 米。堤上修筑铁道与胶济路相连接，直达堤端。小港筑有二道防波堤，入港水路深约 5 米，小港西南及东北岸水底由岩石铺设而成，便于民船停泊，因此自小港建成以后，胶州之大沽河口、塔埠头、红石崖等处民船都转移到这里。②

（1）德占时期，港口建设的重点是大港

1898 年末，青岛大港防浪堤开始动工修建；次年，大港码头开始修建；1901 年，青岛大港建设全面展开。大港的建筑主要包括巷道港池的疏浚，围墙式的防波堤、港区码头、船厂、船坞等；海上设施如灯塔、航标灯；陆上各种应用建筑如仓库、堆栈、旗台、工场、港区专用铁路、起重机以及其他种附属建筑。

南堤长 1100 米，即依堤身而筑第一码头。第一码头仅完成北岸；上有 4 个堆栈，3 条铁路，以及器具修理工厂，第一码头于 1904 年 3 月 6 日正式

---

① 王守中、郭大松：《近代山东城市变迁史》，山东教育出版社 2001 年版，第 136 页。

② 赵琪修，袁荣叟纂：《胶澳志·建置志》，胶澳商埠局1928 年，青岛出版社2011 年影印版，第 16 页。

对外开放。此时，胶济铁路已通至港口，铁路、港口即连成一线。

第二码头和第一码头相平行而建，此两码头之间还筑有一座船桥，即中央栈桥。第四码头和第二码头平行，在北防波堤则建成了第五码头。每个码头都铺有铁路和胶济铁路相接。到1906年，先后完成第二、五码头和中央栈桥。第四码头建于1908年，用作石油码头。

表 4.7　各码头情况

	码头规模	用途	备注
第一码头	长约720米，宽120米，深9.5米	普通商船	堆栈 ABCD，码头上配起重机、铁路
第二码头	长400米，宽100米，深9.5米	海军专用	堆栈 GHF，码头上配起重机、铁路
第四码头	长165米，宽30米，深7.5米	石油专用	后方有石油公司，配铁路
第五码头	长766米，深9.5米	造船所、军用煤	浮船坞、150吨起重机，铁路
中央栈桥	长11.5米	工作船	木造

青岛大港设备虽较完善，但其第二码头为德国海军专用，第五码头为军用煤和船厂用，真正用于商泊的不过是第一码头北岸的5个泊位，第四码头的1个泊位，总共只有6个泊位。[1]

小港位于大鲍岛西北端，大港港址之南。1899年春，小港动工修建，港口筑有南北防浪堤，港口内有一长150米、宽6米的码头，并有铁路岔道与铁路干线相连。建成的小港口门宽100米，水域面积34000平方米。建成初期，小港码头由德国殖民政府直接控制，专供轮船停泊，以后则作为民船贸易港。[2]

（2）日占时期，港口建设以小港建设为主

日本从掠夺的目的出发，仅有大港是不够的。大港从事的外贸活动，

---

① 参见寿杨宾《青岛海港史》（近代部分），人民交通出版社1989年版，第58页。

② 参见寿杨宾《青岛海港史》（近代部分），人民交通出版社1989年版，第55页。

必须有小港这样的内贸港来补充。日本在侵占青岛之前，就已准备在占据以后扩建小港，"以使小港成为沿岸地带帆船的贸易港，发展成为中国帆船的一大集中地，和具有世界水平设备的未来大港相辅相成。"① 日占当局在扩建小港时，既希望小港成为"中国帆船的一大集中地"，当然还采取多种措施，如："锐意奖励民船贸易"、吸引各地来船等。②

小港的扩建工程有三项：一是于 1916 年 12 月开工的小港堤岸工程，沿小港的北、东、南海岸筑堤，总长计 1700 多米。这样，和大港一样，只留其门，余岸均可资利用。此工程 1918 年 5 月全部竣工。二是新筑码头工程。小港原来仅有一座长 150 米，宽 6 米的木码头，显然不敷应用。1920年，日占当局还大规模地疏浚了整个小港码头，以确保较大的帆船能够安全停泊、抛锚。在此同时兴建了一座有供近海轮船装卸设备的浮码头，此项工程于次年 4 月完工。由于该两项工程建成，小港轮船和民船出入顿形增加。③

这座民船港口经过修砌堤岸以后，它的用途有了很大的提高。新筑的堤岸，北侧长 810 码，南侧长 526 码，东侧长 576 码，全部堤岸工程自 1916 年开始，到 1918 年竣工。1920 年间，又对小港进行过一次大规模的疏浚挖泥工作，以便可以安全地停泊较大的民船。1921 年 4 月，又新添一座长约 53 码的浮动码头，代替了原有的直码头，这样有利于沿海行驶的船只，容易加快装卸货物。④

3.胶济铁路的建设

1898 年中德签订《胶澳租借条约》，条约规定中德两国合作在山东修建铁路。关于胶济铁路的修建，德国并没有遵守条约规定，一切都是由德国人单独决定和一手包办的。⑤

---

① 《最近山东铁路沿线事情》，日文版，第 11 页，1917 年版，转引自寿杨宾《青岛海港史》（近代部分），人民交通出版社 1989 年版，第 105 页。

② 参见寿杨宾《青岛海港史》（近代部分），人民交通出版社 1989 年版，第 105 页。

③ 参见寿杨宾《青岛海港史》（近代部分），人民交通出版社 1989 年版，第 1 页。

④ 青岛市档案馆编：《帝国主义与胶海关》，档案出版社 1986 年版，第 164 页。

⑤ 王守中：《德国侵略山东史》，人民出版社 1988 年版，第 210 页。

图 4.2　青岛小港

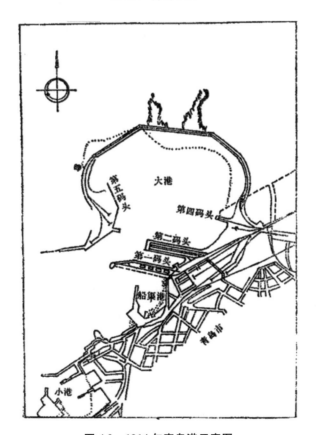

图 4.3　1914 年青岛港示意图

资料来源：青岛市史志办公室《青岛市志·海港志》，新华出版社 1994 年版，第 33 页。

1899 年 9 月 23 日，胶济铁路按照德国殖民地轻便铁路标准开始动工修建。1901 年 4 月 8 日，修成自青岛至胶州一段。1902 年 7 月 1 日，按原计划修至潍县，并开始通车。1904 年 3 月 15 日，胶济铁路全线贯通。同年 6 月 1 日，胶济铁路及博山支线正式建成通车。青岛至济南干路总长 395.2 公里，支线长 45.7 公里。①

胶济铁路自青岛出发，蜿蜒于广阔的山东大地，它把从青岛港进口的货物消纳于胶济沿线，并由此扩及他处。它把邻省和山东本省的物产运达青岛港，出口国外或他埠。②

（二）外轮的兴起与发展

1897 年底，德商禅臣洋行的货轮"龙门号"就已随德舰队到了胶州湾，船上装了建筑工人和建筑材料。"龙门号"货轮为 197 吨级的货轮，这可以理解为第一艘有名的货轮航行至青岛。1901 年 3 月 25 日，德国汉美轮船公司率先开辟了青岛航线，这是青岛的首条远洋航线。

随着青岛港的建设及港口经济的发展，其远洋和近海航线都大为增加，青岛与各地的联系变得越来越密切，在全国港口中的地位逐渐上升，各国在青岛的海运势力也迅速发展。德国、英国、日本等国的轮船公司，开辟了青岛至香港、上海、烟台、天津、牛庄、海参崴、神户、长崎以及欧洲诸港的定期航线和不定期航线。这一时期，往来于青岛和欧洲的外国公司主要有：汉美轮船公司、禅臣洋行、美最时洋行、捷成洋行、瑞记洋行、怡和洋行、太古洋行等。③日本与青岛首次直接通航开始于 1908 年，以后至少每月直接通航一次。不久香港也直接通航青岛，主要运送食糖来青。第二年，德国和英国的几家大轮船公司也相继加入欧洲到青岛的客货运营。1908 年太平洋轮船公司也有船到青岛，次年其他大的轮船航线接着来青通航。④

---

① 青岛市档案馆：《青岛城市历史读本（1891—1949）》，青岛出版社 2013 年版，第 22 页。

② 寿杨宾：《青岛海港史》（近代部分），人民交通出版社 1989 年版，第 114 页。

③ 寿杨宾：《青岛海港史》（近代部分），人民交通出版社 1989 年版，第 72 页。

④ 青岛市档案馆编：《帝国主义与胶海关》，档案出版社 1986 年版，第 112 页。

表 4.8 以青岛为中心的航线及海运公司一览表

	航线		船数	总吨数	航行地	航次	备注
汉美轮船公司（德）	不定期欧洲线		10	25723	青岛、鹿特丹、韩波、安特卫普、马赛等	每月2—3次	
	定期近海线				青岛、烟台、大连、天津、上海		冬季停航天津
怡和洋行（美）	定期航线	上海牛庄线	2	2172	上海、青岛、牛庄	每周一次	
		香港天津线	4	7925	香港、汕头、青岛、威海、天津	每月一次	
		上海青岛线	1	977	上海、青岛	每周一次	
	不定期航线						香港——芝罘线
	近海航线		3	3149	海州、石臼所等		
禅臣洋行（德）	不定期欧洲线				青岛、热那亚、马赛、利物浦、伦敦、安特卫普	每月一次或两月一次	
	不定期日本线				青岛、烟台、大连	每月一、二次	
美最时洋行（德）	不定期欧洲线		4	18041	青岛、上海、香港、新加坡、科伦坡、槟城、压顶、安特卫普、不莱梅	每月一次，偶有经过日本的	一艘吨位不明，不计于总吨内
	近海航线		2				
捷成洋行（德）	不定期欧洲线		5	29033	神户、青岛、门司。马赛、安特卫普	每一、二月一次	日本邮船会社代理
瑞记洋行（德）	不定期欧洲线		10	51300	青岛、上海、新加坡、马赛。安特卫普、伦敦	每一、二月一次	一艘吨位不明，不计于总吨内
太古洋行（英）	定期近海线				香港、宁波、青岛、烟台、大连、牛庄		
	不定期欧洲线		3				

资料来源：寿杨宾《青岛海港史》（近代部分），人民交通出版社 1989 年版，第 73 页。

表 4.9 青岛进出港轮船数量吨位表

年份	进港		出港		合计	
	船只	吨数	船只	吨数	船只	吨数
1900	194	216580	190	209060	384	425640
1901	219	229715	221	233212	440	462927
1902	236	246325	237	247190	573	493515
1903	277	285015	277	287384	554	572399
1904	343	376904	344	377693	687	754597
1905	400	414926	399	412670	799	827596
1906	438	497547	438	499160	876	996707
1907	492	556456	490	552457	982	1108913
1908	447	556100	448	559401	895	1115501
1909	515	692363	515	692363	1030	1384726
1910	555	832245	554	830236	1109	1662481
1911	613	1069287	614	1071296	1227	2140583
1912	779	1201388	774	1198363	1553	2400751
1913	865	1338799	868	1340520	1733	2679319
1914	471	830184	469	826174	940	1656358
1915	202	218320	201	218271	403	436591
1916	649	593034	652	595529	1301	1188563
1917	756	802069	748	793390	1414	1595459
1918	866	795043	861	793343	1727	1588386
1919	1213	1133285	1212	1131633	2425	2264918

资料来源：1900—1911 年数据来源：青岛市档案馆馆藏档案 Kiaochow Trade Reprot；1912—1919 年数据来源：中国海关总署办公厅、中国第二历史档案馆编《中国旧海关史料》，京华出版社 2001 年版。

　　远洋航线的开通，不仅加强了青岛与国内上海、烟台、天津、香港、牛庄诸港的货运联系，而且使青岛通航范围远及鹿特丹、汉堡、安特卫普、马赛、热那亚、利物浦、伦敦、不莱梅等欧洲著名港口。[1]

---

[1] 庄维民：《近代山东市场经济的变迁》，中华书局 2000 年版，第 49 页。

随着青岛港的建设和胶济铁路的开通，青岛港无论船舶进出数、吞吐量、贸易额以及关税收入都有大幅度增长。

图 4.4　青岛港轮船数量走势图

通过图表可以看出，自 1897 年"龙门号"来青以来，进出青岛港的轮船数量总体上呈不断增长的趋势，载重量也随着轮船数量的增长而不断增长。1900 年进出青岛港的轮船数量为 384 艘，到 1919 年已经增长到 2425 艘，载重量也由 1900 年的 425640 吨增长到 2264918 吨。其中，1914 年，因日德战争，青岛进出港轮船数量由 1913 年的 1733 艘减至 940 艘，1915 年减至 403 艘。载重量 1914 年减至 1656358 吨，1915 年仅为 436591 吨。

表 4.10　各国在青航运势力轮船数量表（1900—1922）

单位：艘

年份	英国	美国	德国	日本	俄国	其他	合计
1900	69	6	249	17	8	10	404
1901	25	2	345	56	8	13	449
1902	20	6	379	63	4	16	488
1903	32	14	400	106	——	16	468
1904	196	11	402	6	——	75	690
1905	170	12	515	8	4	92	801

续表

年份	英国	美国	德国	日本	俄国	其他	合计
1906	208	7	502	80	8	58	863
1907	253	—	561	116	4	38	972
1908	219	—	454	188	2	40	903
1909	244	2	530	142	4	46	968
1910	354	—	525	158	2	20	1059
1911	472	—	521	144	8	58	1203
1912	542	4	503	352	20	98	1524
1913	514	36	368	536	26	25	1805
1914	246	17	399	264	46	26	998
1915	54	2	—	409	—	—	465
1916	112	8	—	1237	2	4	1363
1917	28	132	—	1426	16	16	1618
1918	124	54	—	1728	10	10	1926
1919	216	56	—	2327	23	10	2592
1920	274	74	—	2163	20	8	2539
1921	273	64	—	2015	7	54	2413
1922	397	36	16	2029	14	61	2553

资料来源：交通部烟台港务局《近代山东沿海通商口岸贸易统计资料（1859—1949）》，对外贸易出
版社 1986 年版，第 91 页。

表 4.11　各国在青航运势力轮船吨位表（1900—1922）

单位：吨

年份	英国	美国	德国	日本	俄国	其他	合计
1900	107668	7118	298480	15210	4516	23268	456260
1901	53428	3278	339158	58473	5538	17128	477003
1902	36710	4690	381830	58651	3732	27310	521923
1903	27920	12574	422004	102154	—	25422	590074
1904	227966	10510	454654	5694	—	61577	760401

续表

年份	英国	美国	德国	日本	俄国	其他	合计
1905	228228	19860	500696	6700	6220	73766	835470
1906	247546	8180	580491	94192	7654	49124	987097
1907	228092	—	627871	138726	8024	37536	1100249
1908	303791	—	587598	200342	5946	39896	1137573
1909	380682	4146	721094	179934	6028	41532	1333416
1910	541946	—	931687	209210	2176	21122	1606141
1911	809446	—	1003281	205500	8282	83998	2110508
1912	903214	8292	1003288	299469	19986	126762	2366011
1913	842218	74628	1173914	471805	24928	57544	2645037
1914	471356	29930	705800	312198	79312	41434	1640030
1915	71858	7460	—	362399	—	—	441717
1916	136822	20080	—	1011625	2844	14842	1186213
1917	59560	315318	—	1129474	21048	63184	1588584
1918	198720	116448	—	1259207	6582	14456	1595413
1919	509326	136558	—	1574453	21153	20004	2261494
1920	601302	221212	—	1837375	20970	9214	2690073
1921	457532	191754	—	1793016	4263	114442	2561037
1922	720650	147068	620072	2119451	14636	187879	3251756

资料来源：交通部烟台港务局《近代山东沿海通商口岸贸易统计资料（1859—1949）》，对外贸易出版社 1986 年版，第 91 页。

在德国占领青岛时期，德国的轮船进出青岛港的艘次和吨位，除最后几年外，多数时间约占各国轮船艘次和吨位总数的一半或一半以上。英国由于在中国的海运中一直占据绝对优势，因而在青岛的海运方面势力也比较大。1913 年，悬挂德国旗的船只占总数的 33%，载货吨位占总数的 42%；英国轮船占 29%，载货吨位占 31%；日本船占 29%，载货吨位占 18%。到 1921 年，日本轮船只数显著上升，占总数的 74%，载货吨位占 69%；英国居次，轮船只数占 12%，载货吨位占 17%；美国轮船只数占 3%，载货吨位

占 8%；而中国轮船只数占 9%，载重吨位占 7%；其余轮船只数和载货吨位
则为荷兰和法国。[①] 日本是后起的海运大国，到 1913 年，它在中国对外贸
易的海运中仅次于英国占了第二位。日德战争以后，日本占领青岛。此后，
日本海运开始超过英国，日本轮船开始在青岛港占绝对优势。

表 4.12　青岛在德国统治时期主要出口土货及其流向（1913）

货物名称	计量单位	往德国		往其他国家		往通商口岸	总计
		直达	经上海转	直达	经上海转		
牛	匹	—	—	27918	—	495	28413
豆油	担	—	—	108291	—	12218	120509
猪鬃	担	1315	—	1711	588	61	3675
煤	吨	17898	—	35019	45	108531	161523
棉花	担	—	—	25384	2817	20074	48275
蛋白	担	1203	—	137	253	4	1602
蛋黄	担	6846	—	573	1513	77	9009
干蛋	担	91	—	101	84	—	280
大麻	担	2436	—	1841	348	—	4625
花生	担	14851	—	72145	27798	55	114849
花生仁	担	83998	—	364935	49491	412213	910637
药材	关平两	—	—	50145	158367	159159	367671
豆油	担	5282	—	14258	164	6975	26679
花生油	担	—	—	5547	3348	138227	147122
杏仁	担	5694	—	2047	1271	202	7574
芝麻	担	—	—	254	—	594	848
黄丝	担	—	—	—	—	4596	4596
乱丝头	担	—	—	14	—	8578	8592
山东茧绸	担	223	—	671	1663	4337	6894
生牛皮	担	2296	—	16902	1582	18077	38857

[①]　参见青岛市档案馆编《帝国主义与胶海关》，档案出版社 1986 年版，第 157 页。

续表

货物名称	计量单位	往德国		往其他国家		往通商口岸	总计
		直达	经上海转	直达	经上海转		
草帽辫	担	9578	—	61900	14137	1673	87288
牛油	担	807	—	29074	665	1312	31858
粉丝	担	—	—	473	1336	665	2474
绵羊毛	担	—	—	2378	689	32	3039

资料来源：交通部烟台港务局《近代山东沿海通商口岸贸易统计资料（1859—1949)》，对外贸易出版社 1986 年版，第 141 页。

表4.13　青岛在日本统治时期主要出口土货及其流向（1918）

货物名称	计量单位	直达日本	直达其他国家	往上海	往通商口岸	总计
牛	匹	99	—	—	445	544
豆饼	担	75946	147	5	44	76142
鲜牛肉	担	28031	72207	522	2541	.103351
兽骨	担	67840	—	—	8	67848
猪鬃	担	174	—	5006	—	5180
小麦	担	365800	—	—	2465	368265
山东煤	吨	68941	3895	97291	2148	172311
紫铜锭	担	33785	—	—	12498	46283
棉花	担	19222	529	5395	6284	31430
黑枣	担	516	—	970	304	1790
红枣	担	—	6720	214	229	7163
蛋白	担	103	—	925	—	1028
蛋黄	担	407	—	3250	—	3657
鲜蛋	个	3177470	32100	6700	15500	3231770
面粉	担	150	5475	75	20280	25980
料器	担	2	112	1999	2709	4822
花生	担	123	15	—		138

续表

货物名称	计量单位	直达日本	直达其他国家	往上海	往通商口岸	总计
花生仁	担	279475	8584	113479	93198	494736
生牛皮	担	471474	647	1872	804	44797
豆油	担	22614	—	1063	142546	166223
花生油	担	215398	11354	5847	110420	343019
盐	担	2513089	800481			3313570
杏仁	担	58	167	390	66	681
芝麻	担	1221	39	41	162	1463
白丝	担	—	—	462		462
黄丝	担	30		3264		3294
蚕茧	担	213	—		65	278
乱丝头	担	737	—	11593	145	12475
烂茧壳	担	37		2	—	39
茧绸	担	—	105	3190	52	3347
山羊皮	张	48453	—	35538	564	134555
草帽辫	担	9075	520	1352	140	11087
牛油	担	35433	—	4512	11788	51738
核桃	担	—	381	910	26	1317
绵羊毛	担	2212	—	2570	—	4782

资料来源：交通部烟台港务局《近代山东沿海通商口岸贸易统计资料（1859—1949）》，对外贸易出版社 1986 年版，第 142 页。

德占青岛时期，青岛港直接出口德国的货物主要是煤以及食品类。日本占领青岛后，一项明显的贸易特征是向日本出口大量食品。此外青岛还出口一些新的机制商品，例如水泥、棉纱、火柴等等。1919 年世界市场紧缺，日本国内需求增大，日本控制下的胶海关即对棉纱、牛肉、大豆、鸡蛋等货物免出口税一年，使得牛肉、鸡蛋输出极盛。

德占当局是从长远考虑出发，其主要的目的是要把青岛建成军、商混

合港，因此优先发展港口航运、铁路、矿山，并以其发展促进城市建设。[①] 续表
而日本的主要目的是掠夺我国的资源，把青岛港作为其掠夺的基地，一方面
把其国内的剩余物资倾销我国，一方面疯狂地掠夺我国的各种资源。日本控
制青岛港的经济腹地和腹地资源，它们国内需要什么，青岛港就只能输出什
么，这样广大腹地农副产品和矿产资源就源源不断地由胶济铁路运到青岛
港，然后运往日本。

表 4.14 历年胶海关轮船贸易货值总数

年份	洋货进口	土货进口	出口	合计
1900	—	—	—	810517
1901	3430187	232551	323107	3985845
1902	5845729	257790	839081	6942600
1903	8452668	235289	1577353	10265310
1904	8746268	724321	3838659	13309248
1905	10830947	1348509	4881356	17060812
1906	17014885	2282604	6333733	25631222
1907	16606545	3813750	8478325	28898620
1908	15980081	4076247	12033307	32089585
1909	19600119	5914181	14736629	40250929
1910	20877294	5691699	17171415	43740408
1911	21139956	5827021	19853669	46820646
1912	24197452	7133409	24999360	56330221
1913	26467353	8089124	25692373	60448850
1914	18434342	3910150	16597990	38942482
1915	6228578	899344	6318642	13466564
1916	19497466	5174243	22934187	47605896
1917	23650896	10048186	25711770	59410852
1918	23294023	12001408	29534540	64829971

[①] 寿杨宾：《青岛海港史》（近代部分），人民交通出版社 1989 年版，第 107 页。

续表

年份	洋货进口	土货进口	出口	合计
1919	22161155	1023226	38744608	71136989
1920	26896633	9939712	32653092	69489443
1921	34264404	14372007	34167008	82801419
1922	44497483	18702023	34952092	98351598
1923	42741780	23389763	42232330	108363873

资料来源：赵琪修，袁荣叟纂《胶澳志·食货志》，胶澳商埠局1928年，青岛出版社2011年影印版，第56—60页。

　　青岛港进出口商品货值是随着进出港轮船数量和吨位的增长而增长的。其中1914年由于德日战争的影响，进出港轮船的数量和吨位减少，进出口商品货值也相应地减少。

　　总之，青岛开埠以后，外国轮船开始进入青岛。随着青岛港口经济的发展，其远洋和近海航线都大为增加。胶济铁路的建设，加强了青岛和内地的联系。一方面，它把山东省及邻省的农产品运至青岛港，从青岛出口国外或者转运到沿海其他港口。另一方面。它把从青岛港进口的货物消纳于胶济铁路沿线。[1] 随着青岛港的建设和胶济铁路的修建，青岛港无论船舶进出数、吞吐量、贸易额以及关税收入都有大幅度增长。但是青岛轮船运输的发展，受殖民主义影响严重，青岛港轮船航运自开港伊始，便被外国航商所垄断，所运载的货物也是根据殖民当局的需要所决定的。

（三）外轮冲击下的青岛帆船运输

　　青岛诸港地处南北海运要道，自古以来水路运输就比较发达。青岛开埠后，青岛港航运通达，船舶往来极盛，外通朝鲜，北通辽宁，南通江浙闽粤以及山东诸港。[2] 胶州湾和沿海一带的港口，从山东半岛东南海岬起，到扬子江口、宁波、福州等地，都有广泛的民船贸易。

---

[1]　寿杨宾：《青岛海港史》（近代部分），人民交通出版社1989年版，第114页。
[2]　青岛市史志办公室：《青岛市志·海港志》，新华出版社1994年版，第154页。

表4.15 出入青岛港口名称和船次表

单位：只

港口	1906 年	1907 年	1908 年	1909 年
福州	47	56	42	37
宁波	136	155	131	98
海州	2805	2791	4434	6761
上海	372	499	480	373
盐城	465	648	516	621
通州	215	242	154	124
山东西南港口	3080	1587	2907	3749
山东东北港口	1219	1127	2341	2828
其他	318	549	499	492
合计	8463	7645	11564	12083

港口	1910	1911	1912	1913	1914	1915	1916	1917	1918	1919
大连	19	19	77	18	15	16	14	196	131	10
满洲其他港口	177	191	108	52	11	26	107	172	198	32
烟台	23	21	14	15	10	2	25	30	33	38
石岛	726	577	338	566	294	296	859	1235	1235	1187
乳山	682	515	582	852	248	395	1004	802	732	661
金家口	1134	1262	1123	1151	422	530	1374	1401	1353	1316
胶州海港	968	616	737	777	473	273	409	529	471	231
陈家官庄	1126	539	721	733	268	508	653	962	930	886
涛雒	2594	1737	2704	2211	1254	478	1337	1862	2940	3630
海州	1905	1814	2396	2770	1018	1376	3198	2559	4593	7161
上海	326	181	77	174	92	138	223	314	322	103
江苏其他	1403	1295	1460	887	280	442	525	849	1185	1531
宁波	114	116	129	133	81	27	97	89	83	61

续表

港口	1910	1911	1912	1913	1914	1915	1916	1917	1918	1919
福州	39	24	24	17	22	13	22	17	23	24
合计	11299	8876	10490	10030	4489	10030	9947	11017	14241	16986

资料来源：1906—1911 年数据来源：青岛市档案馆馆藏档案 *Kiaochow Trade Reprot*；1912—1919
年数据来源：中国海关总署办公厅、中国第二历史档案馆编《中国旧海关史料》，京华
出版社 2001 年版。

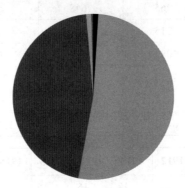

■满洲 ■山东 ■江苏 ■浙江 ■福建

图 4.5　1905—1919 年进出青岛港船只来源分布饼状图

　　航行往来于青岛诸港的主要是来自江苏、浙江、福建等地的帆船。进
出青岛港的帆船中，在 1903 年共有 6333 只，其中来自山东沿海诸港的帆船
有 3074 只，1390 只来自海州，670 只来自上海，来自浙江福建的帆船仅有
六七十只。[①] 至 1908 年，进出青岛港的帆船共 11564 只，来自山东沿海诸港
的帆船为 5248 只，海州的帆船为 4434 只，上海的帆船为 480 只，宁波的
帆船为 131 只，福建的帆船仅为 42 只。[②] 1919 年进出青岛港帆船共 16986
只，其中来自山东沿海诸港的帆船为 8051 只，来自江苏诸港的 8802 只，满
洲的仅 42 只，浙江的 61 只，福建的 24 只。1905—1919 年进出青岛港帆船
共 147444 只，其中往来于满洲的 1579 只，占 1.1%；山东的 76636 只，占

---

① 参见青岛市档案馆馆藏档案 *Kiaochow Trade Reprot*，1903：B0047-003-0037。
② 参见青岛市档案馆馆藏档案 *Kiaochow Trade Reprot*，1909：B0047-003-0047。

52%；江苏的 67225 只，占 45.5%；浙江的 1546 只，占 1.1%；福建的 458 只，占 0.3%。

由此可以看出，进出青岛港的帆船主要来自青岛近海各港口，尤其是山东沿海诸港和江苏海州等港，帆船运输成为青岛与近海各港口的主要运输工具。在同这些港口进行运输往来的同时，促进了青岛与这些港口间的商品交流和经济发展。

青岛港的兴建，吸引了国内外商贾和大量进出口货物，入港帆船数量也逐年增加。1901 年建成的青岛小港，改变了胶州湾的港口布局，打乱了传统的贸易秩序。1900 年，从南方到东北均有帆船来青，其中进港帆船 2514 艘，出港帆船 2190 艘，合计为 4704 艘。进入的船只主要是到塔埠头港，还有沧口等港，青岛口的地位还不显著。青岛小港建成后，进出的帆船逐年增加。1907 年，来自福建和宁波的 20 只帆船第一次到达青岛小港，这标志着小港的发展有了重要的转折。[1] 到 1912 年，青岛小港帆船进口数量已经达到 5504 艘次，出口 4986 艘次，合计 10490 艘次，比 1900 年增长了 2.25 倍之多，青岛小港逐渐成为民船的集中地。[2]

随着小港的建成和使用，小港的民船贸易越来越发达，胶州湾帆船航运业逐渐转以青岛为中心，沿海航路北抵辽东半岛诸港，南达江苏、浙江、福建沿海港口，与青岛港有固定航线相同的帆船港口，包括胶东半岛的海阳、乳山口、石岛等港口，鲁西南诸城、日照所属各港，江苏沿海的青口、海州、盐城、阜宁、浒浦、上海和宽港，浙闽沿海的宁波、福建，渤海湾的烟台、牛庄、大连以及安东等港。[3]

小港的建成和使用，对胶州湾诸港的影响也越来越大。沧口和女姑口早就一蹶不振，金家口受烟台港和青岛小港的影响，也逐渐衰落。塔埠头先是受金家口、烟台的影响，货运"一分与金家口，再分与烟台"。[4] 青岛

---

① 参见青岛市档案馆馆藏档案 *Kiaochow Trade Reprot*，1907：B0047-003-0043。

② 寿杨宾：《青岛海港史》（近代部分），人民交通出版社 1989 年版，第 84 页。

③ 庄维民：《近代山东市场经济的变迁》，中华书局 2000 年版，第 127 页。

④ 郭嵩焘：《郭嵩焘日记》第 1 卷，湖南人民出版社 1981 年版，第 267 页。

小港建成后，塔埠头几乎丧失了独立性，变成了青岛港的民船货运辅助港。1916年出入塔埠头的民船总共7000只，其中单是往来青岛小港间的民船就占了5000只。[①]

表 4.16　青岛进出港洋式帆船数量吨位表

年份	进港		出港		合计	
	船只	吨数	船只	吨数	船只	吨数
1899	—	—	—	—	—	—
1900	10	15310	10	15310	20	30620
1901	5	7765	4	6311	9	14067
1902	7	8977	8	10431	15	19408
1903	8	9189	8	9189	16	18378
1904	8	8153	7	6581	15	14734
1905	6	7747	6	8287	12	16034
1906	1	2057	2	2819	3	4876
1907	—	—	—	—	—	—
1908	1	1578	1	1578	2	3156
1909	2	4549	2	4549	4	9098
1910	—	—	—	—	—	—
1911	1	1578	1	1578	2	2156
1912	—	—	—	—	—	—
1913	2	3640	2	3640	4	7280
1914	1	794	1	794	2	1588
1915	12	878	12	878	24	1756
1916	30	2222	27	2171	57	4393
1917	53	4340	52	4314	105	8654
1918	63	7552	62	7593	125	15145
1919	78	10385	79	10459	157	20844

资料来源：1898—1911年数据来源：青岛市档案馆馆藏档案 *Kiaochow Trade Reprot*；1912—1919年数据来源：中国海关总署办公厅、中国第二历史档案馆编《中国旧海关史料》，京华出版社2001年版。

[①]　庄维民：《近代山东市场经济的变迁》，中华书局2000年版，第123页。

表 4.17　青岛进出港帆船数量吨位表

年份	进口		出口		合计	
	船只	吨数	船只	吨数	船只	吨数
1899	1237	—	1185	—	2422	—
1900	2514	—	2190	—	4704	—
1901	3062	—	3356	—	6481	—
1902	2906	—	2825	—	5758	—
1903	3088	—	3245	—	6333	—
1904	3990	—	4517	—	8507	134120
1905	4389	83643	4536	86297	8925	169940
1906	4429	89520	4234	83443	8633	172963
1907	3389	89584	3765	85519	7154	175103
1908	6014	110059	5550	106482	11564	216541
1909	6126	692363	5957	100848	12083	793211
1910	5721	105833	5578	101134	11299	206967
1911	4716	91208	4160	81363	8876	172571
1912	5504	102878	4986	96861	10490	199739
1913	5350	101323	4680	93369	10030	194692
1914	2333	52215	2156	48807	4489	101022
1915	2310	36956	2220	32446	10030	69402
1916	5142	88162	4805	79955	9947	168117
1917	5553	94092	5464	92311	11017	186403
1918	7143	114509	7098	113509	14241	228018
1919	8458	137604	8528	135284	16986	272888
1920	—	—	—	—	20404	6394783
1921	—	—	—	—	20431	6942670
1922	—	—	—	—	9098	2586669
1923	—	—	—	—	15856	4040288

数据来源：青岛市档案馆馆藏档案 *Kiaochow Trade Reprot*（1898—1919）；赵琪修，袁荣叟纂《胶澳志·交通志》（中册），胶澳商埠局 1928 年，青岛出版社 2011 年影印版，第 53—55 页；青岛市档案馆编《帝国主义与胶海关》，档案出版社 1986 年版，第 248—329 页。1914 年数据自 1 月至 6 月止，1915 年数据自 9 月至 12 月止。

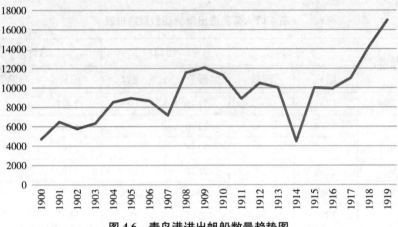

图 4.6　青岛港进出帆船数量趋势图

由图表可知，自青岛开埠后帆船进出港的数量和载重量总体都呈上升趋势。其中，木帆船的数量由 1899 年的 2422 艘增加到 1923 年的 15856 艘，帆船的载重量由 1905 年 169940 吨增长到 1923 年的 240493 吨。1911 年春季，由于港口严格实行检疫制度，以及江苏边境海上海盗劫船事件频发，青岛帆船贸易受到限制，来青帆船只数大为减少，载重量仅为 172571 吨。[1]1914 年，因日德战争，青岛进出帆船数量减至 4489 艘。1915 年的载重量仅为 69402 吨，其后帆船数量又逐渐增加至 1923 年的 15856 艘，载重量增至 240493 吨。

青岛农产品贸易主要是由帆船承担的，只有一小部分经由青岛转口，大部分农产品都是在青岛的帆船港口卸货。开埠后，尽管受到外轮入侵以及民族轮运业兴起的影响，帆船运输并没有走向衰落，通过帆船的进出口贸易依旧活跃，帆船贸易额总体上呈逐年增长趋势。

表 4.18　1900 年青岛帆船贸易额表

单位：海关两

港口	进口	出口	转口
烟台和山东东北其他帆船港口	67189	36425	1937
日照和山东西南其他帆船港口	23844	930	122
海州、盐城和江苏北部其他帆船港口	707037	170982	8627

---

[1]　青岛市档案馆编：《帝国主义与胶海关》，档案出版社 1986 年版。

港口	进口	出口	转口
镇江	76947	—	52
上海和江苏南部其他帆船港口	476024	262981	195
宁波	434987	289380	—
福州	441810	209209	100
合计	2233092	1104574	11033

资料来源：青岛市档案馆馆藏档案 *Kiaochow Trade Reprot*（1899），第 94 页。

表 4.19　历年胶海关帆船贸易货值总数

年份	土货由各口进口	土货出口到各口	合计
1900	—	—	3148676
1901	2231774	2438763	4770537
1902	2003308	1430311	3443619
1903	2591548	1754691	4346236
1904	2166038	2410412	5576450
1905	2947070	2343902	5290972
1906	2955448	2137181	5092629
1907	3390588	2052291	5442879
1908	3346486	2442044	5789530
1909	3528648	1720989	5249637
1910	3976361	2001396	5977757
1911	3341909	1799006	5140915
1912	4473793	1856944	6330737
1913	4323820	1638074	5961894
1914	2304307	951322	3255629
1915	539622	613950	1153572
1916	2566531	1743527	4310058
1917	3242140	1520896	4763125
1918	3904765	2138888	6043653
1919	5986786	1425614	7412400

续表

年份	土货由各口进口	土货出口到各口	合计
1920	6800547	1463482	8264029
1921	7039295	1873489	8912784
1922	3630333	1700332	5331165
1923	5502759	2304072	7806831

资料来源：青岛市档案馆馆藏档案 *Kiaochow Trade Reprot*（1898—1911）；赵琪修，袁荣叟纂《胶澳志·食货志》，胶澳商埠局 1928 年，青岛出版社 2011 年影印版，第 57—62 页。

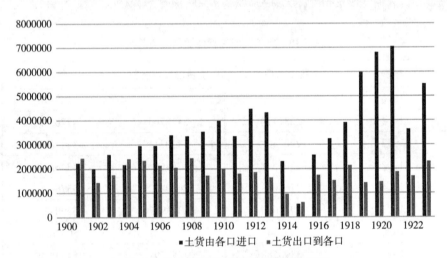

图 4.7　历年胶海关帆船进出口贸易货值

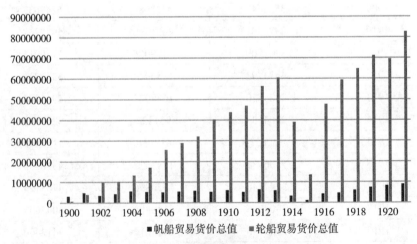

图 4.8　历年胶海关帆轮船进出口贸易货值

　　青岛帆船贸易的对象主要是山东沿海诸港以及江苏、浙江、福建等地的帆船港口。青岛帆船运输进口的商品主要来自于南方，出口的商品主要是本地的农产品。表 4.2、4.3、4.6 和表 4.2、4.3、4.7 中的各种货物是几百年来胶州的传统农产品贸易项目。进口的南方货物主要有：竹制品、棉花、纸张、陶瓷器、桐油、豆类、锡箔、药材，还有一些当地看来是奢侈品的糖和茶叶等。出口农产品主要有：花生油、豆油、豆类、花生、瓜子、咸猪肉、新鲜水果、柿饼、胡桃和粉条等。大部分农产品都是通过帆船运输，轮船仅在很有限的程度上参与了运输。[1]1912 以后，进口货物新增牛骨、糠、大麦、高粱、面粉等，出口货物则增加了棉花和煤。

表 4.20　青岛帆船运输出口货物表（1900—1911）[2]

货物名称	单位	1900	1901	1902	1903	1904	1905	1906	1907	1908	1909	1910	1911
猪	头	—	—	10963	22336	27458	23762	17153	23232	37407	21193	12043	5258
青豆	担			2510	6988	1527	17120	2026	7758	607	3142	4423	3993
黄豆白豆	担			3687	10125	3418	24514	4100	8374	419	3616		5074
小米	担			1934	4042	20	16261	10946	22	56	23	645	135
小麦	担			10965	19479	490	2412	12820	60	—	—	842	350
毡帽	顶	321537	620576	665577	496062	1017279	834864	1137892	661454	1046956	724578	587442	1175881
柿饼	担	—	—	3975	2749	4583	6854	1806	7346	12834	10429	12279	9418
花生仁	担	11155	30953	17632	18361	16035	15852	15146	13050	20140	10730	12076	11226
花生	担										801	229	361
药材	担	—	—	1051	1142	1604	1222	1300	555	1012	890	594	666
豆油	担	29161	37093	37178	69925	83206	111916	121944	65315	34940	47532	70922	76085
花生油	担	54803	114903	61696	79507	82056	70233	69610	93495	112696	76917	64030	52614
梨		—	—	109550	65707	104706	109187	31528	91178	35120	111310	82274	68007
瓜子	担	20814	44130	28212	24607	33487	23935	28093	15590	39049	12327	13822	16259
鲜蔬菜	担	—	—	44163	62316	62009	106532	102799	104825	141630	75641	93049	32052

①　青岛市档案馆馆藏档案：*Kiaochow Trade Reprot* 1899：B0047-003-0031。

②　数据来源：青岛市档案馆馆藏档案 *Kiaochow Trade Reprot* 1911，第 234 页。

续表

货物 名称	单位	1900	1901	1902	1903	1904	1905	1906	1907	1908	1909	1910	1911
粉丝	担	3270	6773	5029	6343	4838	10655	6540	7277	9295	5231	5947	4505
胡桃	担	17191	18738	13730	11235	17666	20661	19858	17540	26173	17083	20544	11875

表 4.21　青岛帆船运输出口货物表（1912—1919）

货物 名称	单位	1912	1913	1914	1915	1916	1917	1918	1919
鲜豆	担	585	—	34	—	231	—	30	2018
青豆	担	1156	3994	872	1631	1237	50	655	1532
黄豆 白豆	担	4014	9003	5374	1384	14452	3139	5116	6471
毡帽	顶	240895	452500	394644	181642	269175	587838	788608	606813
小米	担	—	38	54	63	3622	31	232	192
小麦	担	4533	3196	56	17008	15768	6059	1575	5578
煤	吨	5416	6337	4588	1849	5630	6289	5568	4929
棉花	担	3950	4514	94	3296	4075	758	7064	8693
黑枣	担	4081	9139	424	1051	4254	9245	2195	2636
花生	担	9352	7923	6058	1040	6548	5596	6298	4939
花生仁	担	138	393	854	111	356	537	711	709
药材	担	389	821	440	132	709	807	523	549
豆油	担	55856	65741	49894	22597	47163	42827	33727	33485
花生油	担	56708	31748	28160	20061	76485	42917	58923	32118
梨	担	22413	31399	—	57408	11311	82263	83777	88914
柿饼	担	5613	8218	3298	1567	5791	2646	8508	1350
咸猪	只	1595	573	1493	2312	2426	1312	3524	2474
瓜子	担	7674	12939	5450	8868	23504	8983	15896	6440
鲜蔬菜	担	16575	43894	22345	16635	30107	47211	56507	25344
粉丝	担	4072	2762	2855	1026	3741	1864	4312	1908
胡桃	担	8729	13850	3610	2099	8596	7965	9556	9106

资料来源：中国海关总署办公厅、中国第二历史档案馆编《中国旧海关史料》，京华出版社 2001 年版，第 369 页。

表 4.22　青岛帆船运输进口货物表（1900—1911）

货物名称	单位	1902	1903	1904	1905	1906	1907	1908	1909	1910	1911
明矾	担	1942	7423	4131	2165	2662	6313	6567	1393	2671	5071
竹扫帚	件	503272	479889	234104	649215	669751	776017	882827	671196	498532	539696
竹竿	件	42496	43820	49015	56751	89510	95276	102176	57700	57386	56716
竹篾	件	5053	5702	6001	5403	8038	9376	4677	6341	4132	2051
豆饼	担	10372	14528	25301	13006	13443	18048	161042	113257	23082	44714
豆类	担	55449	13428	10660	12781	28280	201	30980	42195	8227	326
大米	担	3249	5112	9253	9144	10825	8034	7430	10567	5757	3523
粗瓷器	担	9666	17913	11342	7650	6543	17044	19601	4566	3445	2588
棉花	担	12603	28782	15524	24741	25181	18503	18188	6540	3733	1213
菜蔬	担	1802	2800	3367	2973	4559	4508	5374	3342	4685	1498
咸鱼干	担	1078	791	1344	1803	2959	2642	2926	7125	15665	13010
花生米	担	—	—	—	—	—	386	36008	89292	195789	188125
药材	担	2076	4023	5463	5571	2916	2483	2353	1456	1232	1976
桐油	担	1491	1672	1688	969	1029	759	734	453	457	181
上等纸	担	1551	1690	1898	1487	1135	7233	517	286	320	273
次等纸	担	23004	19394	46949	127080	158761	166355	125969	121458	166868	138603
锡箔	担	50717	73435	63456	1811	1255	2251	1537	694	296	56
虾米虾干	担	3850	1749	4344	2664	3578	467	105	43	115	5
木杆	根	8484	33610	28055	41833	42490	238585	7478	63122	85245	23643

资料来源：青岛市档案馆馆藏档案 *Kiaochow Trade Reprot* 1911，第 232 页。

表 4.23　青岛帆船运输进口货物表（1912—1919）

货物名称	单位	1912	1913	1914	1915	1916	1917	1918	1919
明矾	担	2099	5125	4133	177	5568	7390	1637	1180
竹扫帚	件	314444	745689	371625	1470	502486	584216	471072	436518
竹竿	件	36855	45221	106111	18957	128346	185227	85583	60679
竹篾	件	1459	2507	1163	1096	2808	2263	3507	5427

续表

货物名称	单位	1912	1913	1914	1915	1916	1917	1918	1919
豆饼	担	145977	205197	132126	30692	98494	83076	231219	296838
黑豆	担	917	2093	18	926	2536	3740	8329	1574
青豆	担	20544	2371	10	5013	5301	2876	4538	3071
白豆黄豆	担	32564	15179	1063	5152	11726	60233	106774	32922
其他豆类	担	14396	24218	165	5290	102482	18192	9468	52306
牛骨	担	1799	2858	1950	846	1754	2624	3764	4270
糠	担	18014	17580	6069	1079	24748	8821	46196	77913
大麦	担	3456	1338	193	2169	19103	1076	8425	14647
高粱	担	5532	29315	5333	1781	20631	125112	69535	32670
玉蜀黍	担	24813	20909	14177	5437	74729	82146	75857	108899
米	担	5229	6505	2068	2213	4027	6603	35928	54115
小麦	担	3606	8344	206	5849	3637	4343	7600	196348
粗瓷器	担	3049	6036	2747	1447	2731	2150	2856	1676
棉花	担	1160	1671	1371	211	1004	1743	335	875
鲜蛋	个	395950	887200	2305625	248680	443610	404900	1577920	9134992
菜蔬	担	2363	2560	954	2740	2628	4074	7483	5192
咸鱼干鱼	担	8320	10530	9156	1802	14728	31656	29895	23847
面粉	担	13115	39912	20269	4515	57291	17516	62663	90263
花生	担	6778	14167	31786	736	1340	424	670	2012
花生仁	担	225108	199220	14984	7313	45268	82630	94357	210998
生牛皮	担	1718	2607	455	697	2134	2225	3087	3548
药材	担	1397	1530	952	961	1603	2036	1990	1138
豆油	担	695	219	116	97	1862	3116	821	6360
花生油	担	58729	33156	14069	7282	21476	30119	65614	124764
桐油	担	99	190	128	149	307	176	177	443
上等纸	担	96	254	175	126	238	267	149	214

续表

货物名称	单位	1912	1913	1914	1915	1916	1917	1918	1919
次等纸	担	139658	139070	88261	22724	92748	13761	13746	11577
下等纸	担	140	—	—	—	—	98960	88385	69150
咸猪	只	1403	220	74	228	—	—	—	—
虾米虾干	担	41	453	120	60	520	698	1090	42
盐	担	28687	23266	1505	263	4081	4315		
草帽辫	担	286	306	37					
牛油	担	592	1269	585	25	598	483	1036	1434
重木桨	平方尺	741573	30194	—	—	15634	421232	58566	222339
轻木桨	平方尺	7677474	1175577	84581	659620	7217485	8669733	8684428	1935330
木杆	根	27754	20797	25982	13049	13637	21627	22343	10470

资料来源：中国海关总署办公厅、中国第二历史档案馆编《中国旧海关史料》，京华出版社 2001 年版，第 366 页。

在南方进口商品中以粮食和纸张为最，1899 年青岛进口商品的价值总计达 1110398 两，大部分都是通过帆船运达的。1899 年进口纸张约 57212 担，价值约 269600 两；粗糙的中国瓷器约 4119 担，价值 41189 两；谷物约 148000 担；豆类和豌豆约 94524 担；糖类 7500 担，价值 32000 两；棉花 6390 担。1900 年各种豆类进口 121368 担，价值 267865 两；纸张 69218 担，价值 755760 两，比 1899 年的 6 个月仅多 14000 担；皮棉进口 9985 担，价值 129805 两。带籽棉花进口 2916 担，价值 30326 两。原棉从 1900 年 9985 担增长到 1901 年的 20688 担；纸张增长到 1901 年的 100533 担。[1]

---

[1]　翻译自青岛市档案馆馆藏档案 Kiaochow Trade Reprot [B] .1899—1902：B0047-003-0031—B0047-003-0035。

本地出口的农产品花生和油类是主打产品，瓜子也是出口大宗。1900年豆油出口 29161 担，花生油 54803 担，瓜子 20814 担，胡桃 17191 担。1901 年豆饼出口 39558 担；蔬菜 1350981 担；花生油 114676 担；1902 年花生油出口下降到 72727 担；豆饼出口 7788 担；花生从 30953 担降到 26493担；瓜子从 44136 担降到 29153 担；胡桃从 18738 担降到 14711 担；豆油从37093 担增长到 55827 担。①

通过这些数据，我们可以发现近代青岛帆船进出口贸易没有摆脱传统自然经济的特征和影响。这种贸易往往受到农业收成丰歉的影响上下波动。如果是丰年，进口粮食减少，其他货物的进口就相应增加。如果是歉收或者灾年，则主要进口粮食，这样其货物的进口就相应减少。例如 1899 年，山东省遭遇了霜冻、干旱和虫害，农作物受到相当大的影响，因此 1900 年的贸易，除粮食进口以外，其他货物都减少了。1900 年棉花的进口仅达到了 6390 担，以往的进口比这多好几倍，这是由于粮食产量的下降，人们用剩余的钱买粮食了，就没有多余的钱来购买棉花了；还有咸猪肉的出口出现严重的下降，由 1899 年 6 个月的 36970 头下降到 1900 年的 13555 头，这是由于 1899—1900 年饥荒季节食物短缺，农民自己都没有足够的粮食，更没有多余的粮食去喂猪了。由于 1900 年的一场丰收，以及 1901 年春季作物小麦和大麦充足，所以对粮食只有很小的需求，结果是粮食进口从 1900 年的 225172 担下降到 1901 年的 54579 担，咸猪肉出口则由 7250 头增长到 13689 头。

表 4.24　1899—1901 年民船货物交纳常税和厘金表

单位：海关两

年份	进口税	出口税	进口厘金	出口厘金	合计
1899*	10376	11718	2594	2929	38160
1900	15388	17522	3847	4380	67710
1901	27515	24720	6878	6180	120473

---

①　翻译自青岛市档案馆馆藏档案 *Kiaochow Trade Reprot* [B]．1899—1902：B0047-003-0031—B0047-003-0035。

续表

年份	进口税	出口税	进口厘金	出口厘金	合计
……	……	……	……	……	……
1906	28475.937	33768.830	7118.987	8442.203	77805.957
1907	32706.955	36407.523	8176.740	9101.880	86393.098
1908	29483.798	27007.768	7370.951	6751.941	70614.458
1909	35684.984	28237.729	8921.247	7059.433	79903.393
1910	29175.560	28510.265	7293.891	71293.816	72118.532
1911	26634.404	26060.415	6658.600	6515.103	65868.522
1912	41047.978	25665.877	10261.994	6416.470	83392.319
1913	40253.155	26837.362	10063.286	6709.343	83863.146
1914	23865.509	18127.490	5966.377	4531.873	52941.249
1915	7659.862	11331.903	1914.966	2832.976	23739.708
1916	32640.876	26294.178	8160.218	6573.544	73668.817
1917	42965.666	22521.816	10741.416	5630.454	81859.352
1918	5113.057	26806.534	12783.264	6701.634	97424.489
1919	73165.664	23654.219	18291.416	5913.555	121024.854

资料来源：青岛市档案馆馆藏档案 *Kiaochow Trade Reprot*（1906—1911）；中国海关总署办公厅、中国第二历史档案馆编《中国旧海关史料》，京华出版社2001年版。笔者按：1899年为6个月的数字，1906年以前未单独列出。

表4.25　胶海关历年贸易额增长表

单位：海关两

年代	轮船贸易货价总值	帆船贸易货价总值	合计
1900	810517	3148676	3959193
1901	3985845	4770537	8756382
1902	9942606	3443619	13386225
1903	10265310	4346236	14611546
1904	13309748	5576450	18868198
1905	17060812	5290972	22351784

续表

年代	轮船贸易货价总值	帆船贸易货价总值	合计
1906	25631222	5092629	30723851
1907	28898620	5442879	34341499
1908	32089695	5789530	37878225
1909	40250929	5249637	45500566
1910	43750411	5977757	49728168
1911	46820646	5140915	51961561
1912	56330221	6330737	62660958
1913	60448850	5961894	66410744
1914	38942482	3255629	42198111
1915	13466564	1153572	14620136
1916	47605896	4310058	51915954
1917	59410852	4763125	64173977
1918	64829971	6043653	70873624
1919	71136989	7412400	78549389
1920	69489443	8264029	77753472
1921	82801419	8912784	91714203

资料来源：赵琪修，袁荣叟纂《胶澳志·食货志》（中册），胶澳商埠局 1928 年，青岛出版社 2011
年影印版，第 57—62 页。

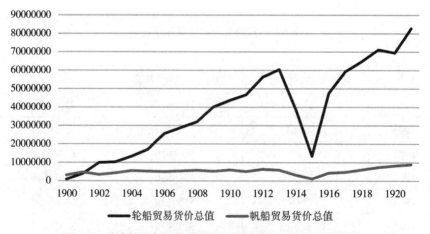

图 4.9　胶海关历年帆轮贸易额增长趋势图（单位：海关两）

1900 年帆船贸易额为 3148676 两，1912 年为 6330737 两，1921 年则增长到 8912784 两。通过图 4.9 可以看出，青岛帆船贸易额除 1914 年外，总体上处于逐渐增长的趋势。帆船贸易额在 1901 年以前高于轮船贸易额，1901 年以后轮船贸易额则高于帆船贸易额，而且增长速度快于帆船贸易额。尽管帆船数量和帆船贸易额不断增长，但是帆船贸易在青岛进出口贸易中的比重逐渐变小。

青岛开埠以前，胶州湾与沿海口岸往来贸易主要依靠帆船。青岛开埠后，随着外轮入侵以及民族轮运业的兴起，许多国家和地区的轮船到青岛港进行贸易。但是青岛帆船运输并没有因为轮船的入侵而迅速走向衰落，通过帆船的进出口贸易依旧活跃，而且帆船贸易额随着青岛社会经济的发展和航运事业的扩大而总体上呈逐年增长趋势。但是，近代青岛帆船进出口贸易没有摆脱传统自然经济的特征和影响，帆船贸易往往受到农业收成丰歉的影响而上下波动。

19 世纪末，德国强占胶州湾后，即一心想把胶州湾变成德国在远东地区进行商品输出的基地。为达此目的，德国特别重视对于港口的建设。德占时期，港口建设的重点是大港。1898 年末，青岛大港防浪堤开始动工修建；次年大港码头开始修建。修建港口的同时，胶济铁路于 1899 年 9 月开始动工修建，1904 年 6 月全线开通。日占时期，主要以掠夺为目的，港口建设以内贸港小港建设为主，希望使小港成为沿岸地带帆船的贸易港，发展成为中国帆船的一大集中地。

帆船是胶州湾与沿海口岸往来贸易主要工具。青岛开埠后，随着外轮入侵以及民族轮运业的兴起，许多国家和地区的轮船到青岛港进行贸易。随着青岛港口经济的发展，其远洋和近海航线都大为增加。胶济铁路自青岛出发，联通广阔的山东大地，把从青岛港进口的货物消纳于胶济铁路沿线，并由此扩及他处。它把邻省和山东本省的物产运达青岛港，出口国外或他埠。随着青岛港的建设和胶济铁路的修建，青岛港无论船舶进出数、吞吐量、贸易额以及关税收入都有大幅度增长。但是青岛轮船运输的发展，受殖民主义影响严重，青岛港轮船航运自开港伊始，便为外国航商所垄断，所运载的货物也是根据殖民当局的需要所决定。

青岛港和胶济铁路的修筑，使得进出青岛港的轮船数量不断增加。尽管轮船不断发展，但是帆船运输并未由此衰落，帆船进出口贸易依然很活跃，进出青岛港的帆船数量呈不断增长的趋势，且远远超过轮船。值得一提的是，和轮船运输相比，在运载量和贸易值方面，帆船运输都低于轮船运输，轮船贸易在青岛进出口贸易中占主体地位，帆船贸易所占比例较小。而且近代青岛帆船贸易具有传统自然经济的特征，更易受到农业收成的影响。

三、青岛和烟台、天津、上海帆船运输的比较

青岛、天津、上海的水路运输历史悠久，烟台港是在清代漕粮海运以后逐渐发展起来的。鸦片战争以后，上海、天津、烟台、青岛先后开港。上海和天津乃南洋和北洋海域的主要代表港口城市，烟台在青岛开埠前则是山东最重要的港口城市。选择烟台、天津、上海作为比较对象，希望从整体上认识近代中国沿海航运发展，以及南北方航运的地域性差异。

(一) 与烟台帆船运输的比较

烟台古称芝罘，在清代恢复海上漕粮运输之前，烟台海上比较荒凉。漕粮海运后，南来的漕船"每因北洋风劲浪大，沙洲弯曲，时有搁浅触礁之患，非熟谙北洋海路舵手不敢轻进，往往驶至烟台收口，另雇熟悉北洋小船，将货物分装搭载，拨至天津。"[1] 遂促使烟台贸易的兴起。随后，除了漕船到这里停泊外，也渐渐有些商船抵达烟台。《福山县志》记载："其始不过一渔寮耳，渐而帆船有停泊者，其入口不过粮石，出口不过盐鱼而已，时商号仅三二十家。继而帆船渐多，逮道光之末，则商号已千余家矣。"[2] 烟台港

---

[1] 咸丰九年山东巡抚崇恩：《登莱青碍难举办抽厘，烟台从无收税折》，藏中国第一历史档案馆，转引自王守中、郭大松《近代山东城市变迁》，山东教育出版社2001年版，第104页。

[2] 王陵基修：《福山县志稿》卷五之一，商埠志，民国二十年铅印版，第2页。

的发展和海上漕粮运输有着密切的联系，烟台作为海漕运输线上的一个重要中转港，在北方的天津、牛庄、烟台三港开放之前，抵烟船只数量逐年增加。

　　第二次鸦片战争后，《天津条约》规定开放登州作为通商口岸，后英国将登州改为烟台。烟台取代登州作为通商口岸以后，外国船只开始进入烟台，其后海运主要为外国所把持，不仅烟台与国外货物运输全由外轮垄断，就是与中国沿海其他港口的运输，中国船只也不占优势。① 自烟台开埠后，轮船开始进入烟台，至青岛开埠期间，烟台港进出口轮船数量呈不断增加的趋势。1873 年，进出烟台港的轮船为 643 艘，1882 年增长至 1158 艘，到 1897 年则增长到 2560 艘。

表 4.26　烟台港轮船进出港数量吨位表

年份	进口		出口		合计	
	船只	吨数	船只	吨数	船只	吨数
1899	1631	1351464	1630	1352648	3261	2704112
1900	1351	1038205	1352	1037395	2703	2075600
1901	2498	1744477	2492	1742412	4990	3486889
1902	3615	1790898	2620	1794762	5235	3585660
1903	2416	1767609	2465	1767268	4926	3534887
1904	1838	1490349	1825	1484460	3663	2974809
1905	2089	1742231	2091	1744121	4180	3486352
1906	2791	2152023	2785	2149721	5576	4301744
1907	2648	1955596	2647	1963313	5295	3928909
1908	2549	1920364	2554	1923936	5103	3844300
1909	2369	1953436	2368	1956779	1737	3910215
1910	2260	1842251	2263	1844143	4523	3686394
1911	1954	1598967	1955	1597429	3909	3196396
1912	1990	1565115	1992	1567160	3982	3132275

---

①　王守中、郭大松：《近代山东城市变迁》，山东教育出版社 2001 年版，第 106 页。

续表

年份	进口		出口		合计	
	船只	吨数	船只	吨数	船只	吨数
1913	2175	1726929	2170	1724650	4345	3451579
1914	1848	1688481	1850	1689594	3698	3378075
1915	1693	1434569	1691	1435591	3384	2870160
1916	1571	1207635	1570	1207277	3141	2414912
1917	1370	1075447	1370	1075447	2740	2150890
1918	1293	917447	1293	917447	2586	1834894
1919	1349	1091168	1349	1091168	2698	2182336

资料来源：青岛市档案馆馆藏档案 Chefoo Trade Statistics（1898—1911）；中国海关总署办公厅、中国第二历史档案馆编《中国旧海关史料》，京华出版社 2001 年版。

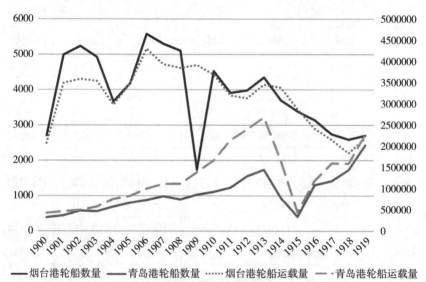

图 4.10　青岛港、烟台港进出轮船数量及运载量趋势图

资料来源：根据表 4.9 和表 4.26 制作。

　　烟台港轮船在 1906 年以前总体上是呈增长的趋势，随着青岛的开埠，青岛港和胶济铁路的建设，烟台港轮船数量逐渐减少，而青岛港轮船数量总体上一直呈增长趋势。1919 年以前，烟台港轮船数量一直大于青岛港轮船数量。烟台港轮船载重量和轮船数量一样，1906 年以前基本呈增长趋势，其后则随着轮船数量的减少而逐渐减少。

表 4.27　烟台港洋式帆船进出港数量吨位表

年份	进口		出口		合计	
	艘次	吨位	艘次	吨位	艘次	吨位
1897	17	8027	14	6627	31	14654
1898	12	8299	15	9699	27	17998
1899	15	11048	15	11048	30	22096
1900	6	7928	6	7928	12	15856
1901	4	3110	4	3110	8	6220
1902	2	2148	2	2148	4	4296
1903	1	2079	1	2079	2	4158
1904	4	2165	2	2156	6	4321
1905	6	6800	8	6809	14	4194
1906	6	898	4	874	10	1772
1907	2	73	2	73	4	146
1908	3	209	3	209	6	418
1909	22	903	22	903	44	1806
1910	10	317	8	247	18	564
1911	7	286	9	356	16	642
1912	2	95	2	95	4	100
1913	1	14	1	14	2	28
1914	3	37	3	37	6	74
1915	2	12	2	12	4	24
1916	8	196	8	196	16	392
1917	10	620	10	620	20	1240
1918	5	340	5	340	10	680
1919	7	870	7	870	14	1740

资料来源：青岛市档案馆馆藏档案 *Chefoo Trade Statistics*（1898—1911）；中国海关总署办公厅、中国第二历史档案馆编《中国旧海关史料》，京华出版社 2001 年版。

表 4.28　烟台港中国帆船进出港数量吨位表

年份	进口		出口		合计	
	数量（艘）	载重（担）	数量（艘）	载重（担）	数量（艘）	载重（担）
1905	6275	—	5170	—	11445	—
1906	6261	1186864	3863	712420	10124	1899284
1907	5178	926706	2869	539705	8047	1466411
1908	5527	924657	2718	438930	8245	1363587
1909	8607	1456959	7349	127306	15956	2674265
1910	7971	1361027	7966	1343575	15937	2704602
1911	8262	1396011	8186	1393523	16448	2789534
1912	7309	1194833	7419	1207149	14728	2401982
1913	7780	1161053	7466	1085858	15246	2246911
1914	7650	1038143	7518	1014690	15168	2052833
1915	8430	1132759	8436	1125312	16866	2258071
1916	7593	1019946	7424	1009555	15017	2029501
1917	7203	—	7168	—	14371	1784329
1918	7535	981613	7637	993876	15172	1975481
1919	7190	973668	7073	980883	14263	1954551

资料来源：青岛市档案馆馆藏档案 Chefoo Trade Statistics（1898—1911）；中国海关总署办公厅、中国第二历史档案馆编《中国旧海关史料》，京华出版社 2001 年版。

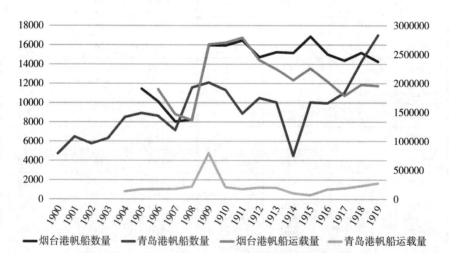

图 4.11　青岛港、烟台港进出帆船数量及运载量趋势图

资料来源：根据表 4.16 和表 4.27 制作。

烟台港进出口帆船数量除 1907 年至 1909 年上升外，总体上呈下降趋势，青岛帆船数量总体则呈上升趋势，但烟台港帆船在数量上总体上大于青岛帆船数量。在运载量方面，烟台帆船的运载量除 1914 年和 1915 年高于青岛帆船运载量外，其余年份运载量都低于青岛。进出烟台港帆船数量总体呈下降趋势，主要是由于烟台开埠后，外国轮船开始进入烟台，帆船运输的货源被轮船所夺，使得烟台帆船数量在开埠后出现下降。1862 年，在英国的压力之下，清政府正式对外"许开豆禁"，沙船的大宗豆石贸易被外商夺走，进出烟台港的外国商船数目急剧增长，使得沙船数量出现下降。[1]

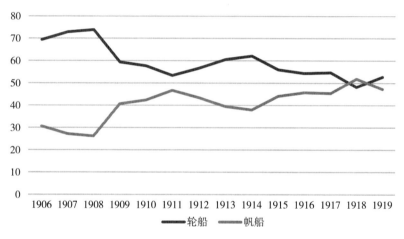

图 4.12 烟台港帆、轮运载量百分比趋势图

资料来源：根据表 4.25 和表 4.27 制作。

烟台港帆船运输在烟台进出口运输方面所占的比重总体上呈上升趋势，这是因为烟台港的轮船运输由于青岛的开埠、青岛港和胶济铁路的修建而逐渐下降。

1905 年进出烟台港的帆船有 11445 只，其中往来于满洲的 3105 只，直隶的 768 只，山东的 1546 只，江苏的 579 只，浙江的 50 只，福建的 123 只，朝鲜的 271 只；往来南洋帆船仅占 8.9%。1909 年进出烟台港帆船有 15956 只，其中往来于满洲的 5594 只，直隶的 835 只，山东的 8700 只，江苏的 325 只，

① 张后铨：《轮船招商局史》，人民交通出版社 1988 年版，第 10 页。

■满洲 ■直隶 ■山东 ■江苏 ■浙江 ■福建 ■朝鲜 ■广东

图 4.13　1905—1919 年进出烟台港船只来源分布饼状图

资料来源：根据青岛市档案馆馆藏档案 Chefoo Trade Statistics（1905—1919）制作。

浙江的 62 只，福建的 161 只，广东的 6 只，朝鲜的 273 只，往来南洋帆船仅占 3.5%。1919 年进出烟台港帆船有 14263 只，其中往来于满洲的 2932 只，直隶的 855 只，山东的 10097 只，江苏的 185 只，浙江的 70 只，福建的 94 只，广东的 3 只，朝鲜的 18 只，往来南洋帆船仅占 2.5%。1905 年到 1919 年间，进出烟台港的帆船有 52825 艘来自满洲，占 25.5%；11387 艘来自直隶，占 5.5%；133088 艘来自山东沿海诸港，占 64.5%；4460 艘来自江苏，770 艘来自浙江，1765 艘来自福建，24 艘来自广东，南洋帆船共占 3.4%；2314 艘来自朝鲜，占 1.1%。由此可以看出，进出烟台港的帆船大部分来自山东沿海诸港，满洲其次，直隶次之，南方诸港数量较少，且进出烟台港的南洋帆船在烟台港帆船总数中所占比重逐年下降。[1]

　　总的来说，近代烟台港的帆船数量在 1909 年以后趋于平稳，烟台港的帆船数量多于青岛港帆船数量，但是烟台港的帆船运载量低于青岛港帆船运载量。烟台帆船运输在整个进出口贸易中所占比重呈上升趋势。往来于烟台港的帆船多来自北洋，少量来自南洋。

　　（二）与天津帆船运输的比较

　　天津港航运历史悠久，自古就是南北海漕的必经之路。在明清时期，

————————

[1]　青岛市档案馆馆藏档案：Chefoo Trade Statistics（1905—1919）。

逐渐发展成为北方重要的商港，南北往来船只数量不断增长。清代晚期，由于大运河年久失修，漕运逐步变为海运，漕粮海运便是由国家及民间沙船承载的。鸦片战争后，进入天津港的船只除来自广州、福建、厦门、宁波、上海等地的帆船外，西方的轮船也逐渐增多。

　　清咸丰十年（1860），天津被迫开放为通商口岸。英法美等国将租界选在紫竹林，并建设码头。天津开埠后，各国来天津的船只日益增多，多停泊在紫竹林码头。紫竹林码头的修建，使得外国轮船可以直接进入海河停靠租界码头。天津开埠初期，进入青岛港的外国船只，除了直接来自殖民主义国家外，多数来自外国人在上海创办的轮船公司。据1861年海关贸易报告记载："1861年5月1日至12月31日，共有轮船94艘到达紫竹林码头停靠。其中英国船只41艘，美国船只19艘，其他国家船只34艘。到1863年，到达紫竹林码头的外国轮船增加至134艘。总吨位已达36276吨。"[①]

　　第二次鸦片战争以后，天津是殖民主义推进掠夺贸易和航运入侵的重点港口之一，外国航运业在天津港也快速增长。一战前，天津的海上航运几乎全部控制在外国手中，尤其是英国，始终垄断着天津口岸的远洋和近海的航运业。1895年以后，日本在华的航运势力逐渐发展起来。

表 4.29　天津港轮船数量吨位表

年份	进口		出口		合计	
	数量	吨位	数量	吨位	数量	吨位
1905	795	873324	793	873321	1590	1746645
1906	1017	1196156	1016	1195830	2033	2391986
1907	856	1095422	854	1092652	1710	2188074
1908	788	977491	786	975627	1574	1953118
1909	950	1158999	950	1158749	1900	2317748
1910	890	1150569	889	1150316	1779	2340493
1911	1094	1360690	1093	1359857	2189	2720547

---

① 李华彬：《天津港史》（古、近代部分），人民交通出版社1986年版，第62页。

续表

年份	进口		出口		合计	
	数量	吨位	数量	吨位	数量	吨位
1912	908	1170854	907	1169639	1815	2340493
1913	1001	1247767	998	1244188	1999	2491955
1914	241	242392	242	242139	483	484531
1915	982	1124860	980	1108543	1962	2233403
1916	867	961292	873	957149	1740	1918441
1917	756	829012	754	826379	1510	1055391
1918	803	798598	806	799694	1609	1598292
1919	1062	1090158	1060	1091440	2122	2181598

资料来源：青岛市档案馆馆藏档案 Tientsin Trade Statistics（1905—1911）；中国海关总署办公厅、中国第二历史档案馆编《中国旧海关史料》，京华出版社 2001 年版。

随着外国轮船的进入，轮船招商局的创办以及豆禁的开放，天津沿海帆船运输出现不同程度的衰落。据《天津港史》记载："十九世纪六十年代，到天津港的帆船吨位占各类船舶总吨位的百分之五十。1880 年到港帆船为 117 艘，36916 吨；轮船到港数为 292 艘，209944 吨，帆船到港不足总船数的三分之一，总吨位的六分之一。1890 年只有 52 艘帆船来津，而轮船却有 533 艘。到 1900 年，只有 4 艘帆船。1905 年以后，再无一艘帆船进入天津港。"[1]1868 年天津贸易报告中也曾提到："1867 年，有一百三十七艘广东和福建木船驶抵天津，而且在当时刚刚结束的五年一度的期间内，每年到达该港的船只平均为一百三十艘，同时据观察，下一个五年期间，平均数可能会下降，甚至南方木船有可能从该港完全消失。而 1868 年的抵港数量似乎已经表明有这种可能性和或然性，因为与 1867 年的一百三十七艘相比，1868 年仅仅到了八十一艘，就是说一年之内，减少了五十六艘。"[2]

---

[1]　李华彬：《天津港史》（古、近代部分），人民交通出版社 1986 年版，第 62 页。

[2]　Commercial Reports，1868，天津，第 134 页，引自聂宝璋《中国近代航运史资料》（第一辑）下，上海人民出版社 1983 年版，第 1273 页。

天津海关 1902—1911 年十年调查报告指出："随着轮船运输的发展，天津港的帆船运输逐年减少。1905 年进出天津港的帆船计 10 艘，吨位 24358吨。其中，7 艘是装有俄勒钢和木材的帆船，3 艘是从福州来的带圆蒿的帆船。"[①]

　　这里值得一提的是，他们所指的帆船并不是中国传统的帆船，而是外国的洋式帆船。天津港的中国传统帆船运输尽管受到轮船的冲击，但实际上并未因此而走向衰亡，而是顽强地与轮船进行竞争。

表 4.30　天津港帆船进出口数量表

年份	进口		出口		合计	
	中国	洋式	中国	洋式	中国	洋式
1905	0	12	1557	12	1557	24
1906	1962	—	1939	—	3901	—
1907	632	—	600	—	1232	—
1908	1093	—	1035	—	2128	—
1909	1000	2	1006	2	2006	4
1910	556		566		1122	
1911	503	—	490	—	993	—
1912	502		484		986	
1913	573		595		1168	
1914	486		490		976	
1915	380		397		777	
1916	279		285		560	
1917	568	—	548	—	1116	—
1918	913		991		1904	
1919	536		563		1099	

资料来源：青岛市档案馆馆藏档案 *Tientsin Trade Statistics* (1905—1911)；中国海关总署办公厅、中国第二历史档案馆编《中国旧海关史料》，京华出版社 2001 年版。

[①]　《天津海关 1902—1911 年十年调查报告》，引自李华彬《天津港史》（古、近代部分），人民交通出版社 1986 年版，第 126 页。

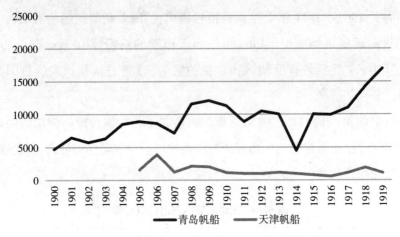

图 4.14　青岛港、天津港进出帆船数量趋势图

资料来源：根据表 4.16 和表 4.29 制作。

　　通过图表可以看出，天津港洋式帆船在和轮船的竞争中走向了衰亡。天津在开埠后，由于洋式帆船的排挤，使得天津港帆船数量不断下降。洋式帆船衰亡后，中国传统帆船在一定时期内在天津港进出口贸易中仍占有一席之地。

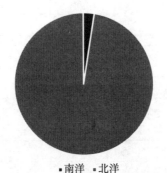

■南洋　■北洋

图 4.15　1907—1919 年进出天津港帆船来源分布饼状图

资料来源：根据青岛市档案馆馆藏档案 Tientsin Trade Statistics（1905—1919）制作。

　　进出天津港的帆船主要来自满洲、直隶、奉天、山东、江苏、浙江、福建等地沿海港口。1907 年进出天津港帆船数量为 1232 只，往来于北洋诸港的帆船为 1179 只，南洋仅为 53 只，仅占总数的 4.3%。1914 年天津港帆船进出口数量为 976 只，其中往来于直隶的 202 只，奉天的 485 只，山东的 278 只，浙江的 7 只，宁波的 2 只，福建的 2 只，南洋帆船仅占 1.1%。1917 年天津港帆船进出口数量为 1116 只，往来于直隶的 250 只，奉天的 312 只，满洲的 355 只，山东的 186 只，福建的 6 只，浙江的 3 只，上海的 2 只，江苏的 2 只，南洋帆船仅占 1.2%。1918 年进出天津港帆船数量为 1904 只，往来于满洲的 872 只，直隶的 322 只，奉天的 251 只，大连的 28 只，山东的 371 只，浙江 37 只，福建的 28 只，南洋帆船占 3.4%。1907 年至 1919 年进出天津港帆船有 15673 艘来自北洋诸港，仅有 394 艘来自南洋诸港，往来于北洋的帆船占 97.6%，南洋的帆船仅占 2.4%。由此可以看出，进出天津港的帆船多来自北洋诸港，南洋诸港较少。[①]

总的来说，和青岛港帆船相比，天津港帆船数量远低于青岛港帆船，而且天津港帆船在 1906 年以后呈下降趋势。

（三）与上海帆船运输的比较

上海港历史悠久，隋唐时期上海地区贸易港口正式形成，宋代已经跻身于我国重要的外贸港口行列。至清康熙年间开放海禁，并设立江海关后，上海港迅速发展，沙船运输复苏并迅速发展。鸦片战争前的上海港已经成为沙船的基地和海运漕粮的中心。"南北物资交流，悉藉沙船。南市十六铺以内，帆樯如林，蔚为奇观。"[②] 除沙船外，进出上海港的还有其他船只，如天津、山东各埠的卫船、闽广船、浙江的蛋船等。

鸦片战争后，1843 年 11 月 17 日，上海正式开港。上海开港前，吴淞口已有 7 艘外国商船等候进港。上海港开港不久，外国航运势力便蜂拥而至。19 世纪 60 年代前，来到上海港的西方商船多是洋式帆船。

上海港开港初期，外国航运势力的活动主要集中在上海港的远洋航线上。除远洋航线外，外国航运势力还入侵了我国南方沿海航线。随着上海对

---

① 青岛市档案馆馆藏档案：*Tientsin Trade Statistics*（1905—1911）；中国海关总署办公厅、中国第二历史档案馆编：《中国旧海关史料》，京华出版社 2001 年版。

② 《上海钱庄史料》，第 6 页。转引自茅伯科《上海港史》（古、近代部分），人民交通出版社 1900 年版，第 71 页。

外贸易的发展，进出港口的外国船只逐年增加。1856 年后，进出上海港的外国船只越来越多。19 世纪 50 年代后期，每年进出合计在千艘上下。

表 4.31 上海轮船进出港数量吨位表

年份	进港		出港		合计	
	数量	吨位	数量	吨位	数量	吨位
1899	3272	4338366	3279	4299954	6551	8638320
1900	3273	4596350	3269	4580489	6542	9176839
1901	369	5277381	3692	5266207	7390	10543588
1902	3979	5911884	3965	5900651	7944	11812535
1903	4093	6060121	4079	6038884	8172	12099005
1904	4057	5953280	4057	5985746	8116	11939026
1905	4591	7088194	4548	7037725	9139	14125919
1906	8538	8056503	8482	8049802	17020	16106305
1907	7977	8234791	7959	8253155	15936	16487946
1908	7677	8379877	7648	8384876	15325	16764753
1909	7975	8735441	7959	8752186	15934	17487627
1910	7670	8841600	7638	8836956	15308	17678556
1911	7422	9008909	7382	9170563	14804	18179472
1912	7289	9067942	7299	9300759	14588	18368701
1913	7435	9597478	7417	9737208	14852	19334686
1914	7348	9301875	7292	9431292	14640	18733167
1915	6404	8249745	6405	8327228	12809	16576973
1916	6703	8198150	6659	8340224	13362	16538374
1917	6179	7682869	6110	7694144	12289	15377013
1918	5832	6847500	5798	6898623	11630	13746123
1919	7009	9141590	6989	9176468	13998	18318058

数据来源：青岛市档案馆馆藏档案 *Tientsin Trade Statistics* (1905—1911)；中国海关总署办公厅、中国第二历史档案馆编《中国旧海关史料》，京华出版社 2001 年版。

上海港是沙船业的主要基地，在开埠初期，沙船业还较为繁盛。《最近百年中国对外贸易史》中提到："道光二十三年十月十五日（1843 年 11 月 17 日），上海始正式辟为通商口岸。开埠伊始，对外贸易，即甚发达，阅时一年，洋行即有十一家之多；而中国航业，亦颇繁盛，往来华北沿海各区之帆船，约有一万四千至两万艘之谱。"①

开到上海的船只有北洋船、福建船及广东船。北洋船主要来自关东、辽东、天津及山东省。关东船和辽东船与天津船相同，山东船是从山东省不同的口岸开来的，这些船统称为北洋船，全部于东北季风开始时开来上海。

北洋船只运来大量的豆饼，即榨过油的大豆残渣，此种大豆榨油后的豆饼可以作为肥料；从北方运来的还有大量未榨过油的大豆、火腿及腌肉、油脂、烈酒、造船用的木材、小麦、栗子、梨子、水果、蔬菜等等。从福建运来的有糖、靛水和干靛、甘薯、咸鱼、纸张、红茶及肥皂；从广东运来的有糖、肉桂、广东土布、水果、玻璃、水晶、香水、肥皂、百铅等等。

从上海到广东、山东、盛京和辽东去的帆船，都载着苏州和南京出产的棉花、茶、丝和棉布，以及欧洲出产的货物，鸦片、火石、海参、燕窝和砂糖。②

1862 年，"豆禁"解除后，行驶于上海和北方沿海开放口岸的外国轮船和帆船迅速增加。由于大量外国商船的涌入，加速了上海民船业的衰落。

表4.32　上海港帆船进出口数量表

年份	进口		出口		合计	
	中国	洋式	中国	洋式	中国	洋式
1907	4515	12977	5597	23791	10112	36768
1908	4680	11572	5309	21684	9989	33256
1909	5132	10781	5298	21856	10430	32637
1910	1350	10039	1350	20523	2700	30562

① 班思德：《最近百年中国对外贸易史》，第 38 页，转引自聂宝璋《中国近代航运史资料》（第一辑）下，上海人民出版社 1983 年版，第 1252 页。

② H.C.Sirr，China and the Chinese Vol I，p.223，转引自聂宝璋《中国近代航运史资料》（第一辑）下，上海人民出版社 1983 年版，第 1255 页。

续表

年份	进口		出口		合计	
	中国	洋式	中国	洋式	中国	洋式
1911	1734	3050	1735	7974	3469	11024
1912	6057	3060	4619	4695	10676	7755
1913	5623	3001	4762	3056	10385	6057
1914	5343	2483	4870	3554	10213	6064
1915	4622	2873	4177	5565	8799	8348
1916	5122	2614	4166	4696	9288	7310
1917	17176	1732	16051	5832	33227	7564
1918	18174	1616	18056	4536	36230	6152
1919	21885	1695	21161	2143	43016	3833

数据来源：青岛市档案馆馆藏档案 Tientsin Trade Statistics（1905—1911）；中国海关总署办公厅、中国第二历史档案馆编《中国旧海关史料》，京华出版社 2001 年版。

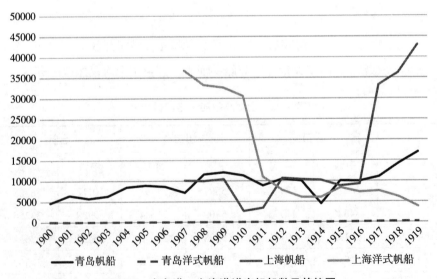

图 4.16　青岛港、上海港进出帆船数量趋势图

资料来源：根据表 4.15、表 4.16 和表 4.32 制作。

1862 年清政府"许开豆禁"后，沙船承运的豆石锐减，曾经盛极一时的沙船业受外国航运势力的冲击而逐渐衰落。①外国夹板帆船的侵入对中国沙船业造成了致命的打击，19世纪60年代就有人做过专门的评述："沙船之所以日见少者，皆因夹板日见多之故，沙船船货皆有捐厘，而夹板无之，此其利息不如夹板也；沙船非顺风不可行驶，而夹板则旁风亦能开行，此其迅速不如夹板也；沙船有风涛之险，有盗贼之虞，而夹板则炮火齐全，船身坚固，皆无是虑，此其安稳不如夹板也。沙船之利，初则为夹板所分，继且为夹板夺，阅日既久，遂成废弃。"②

随着轮船运输的发展，洋式帆船与轮船的来港比重也发生了重要的变化，轮船所占比重越来越大，而洋式帆船则不断下降。洋式帆船的衰落，为上海港中国帆船运输的发展留下空间，中国帆船呈现出不断增长趋势，并于1912年超过洋式帆船。

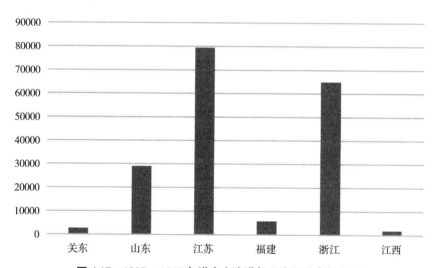

图 4.17　1907—1919 年进出上海港船只来源分布柱状图

资料来源：根据青岛市档案馆馆藏档案 Shanghai Trade Statistics（1907—1919）制作。

进出上海港的帆船主要来自关东、山东、江苏、江西、浙江、福建、台湾等。1907年进出上海港帆船数量为10112只，其中往来于关东的169只，

---

①　张后铨：《轮船招商局史》，人民交通出版社1988年版，第10页。

②　（清）丁日昌：《河运难复扩充海运情形疏》，《皇朝经世文续编》卷49，"户政"21，"漕运下"，第22页。转引自辛元欧《上海沙船》，上海书店出版社2004年版。

山东的 2431 只，江苏的 3122 只，福建的 457 只，浙江的 3783 只，江西的 150 只。1913 年进出上海港帆船数量为 10385 只，其中往来于关东的 156 只，山东的 2423 只，江苏的 3701 只，福建的 357 只，浙江的 3623 只，江西的 125 只。1919 年进出上海港帆船数量增长至 43016 只，其中往来于关东的 142 只，山东的 2064 只，江苏的 22825 只，福建的 561 只，浙江的 17366 只，江西的仅 58 只。[①]

1907—1919 年间进出上海港帆船总数为 184011 只，其中来自关东的 2639 只，占总数的 1.4%；来自山东的 290 只，占总数的 16%；来自江苏的 79445 只，占总数的 43.2%；来自浙江的 64907 只，占总数的 35.3；来自福建的 5773 只，占总数的 3.1%；江西的 1884 只，占总数的 1%。进出上海港的帆船以江苏、浙江和山东为主。

总的来说，进出上海港帆船数量在 1908—1912 年低于进出青岛港帆船数量，1912 年以后则高于青岛港帆船数量，且在 1916 年以后增长速度明显快于青岛。在帆船来源方面，进出上海港的帆船和青岛港一样，都主要是来自近海诸港。

综上，青岛港进出帆船数量除 1914 年由于日德战争影响出现下降外，总体上呈上升趋势。和青岛港相比，烟台开埠后，由于轮船运输的发展，帆船运输的货源被轮船所夺，使得烟台港进出口帆船数量除 1907 年至 1909 年呈上升趋势外，总体上呈下降趋势。但在总量上，烟台帆船的载重量除 1914 年和 1915 年高于青岛帆船载重量外，其余年份烟台港帆船运载量都低于青岛帆船运载量。

天津开埠后，由于洋式帆船的排挤，使得天津港帆船数量不断下降。轮船运输兴起后，天津港洋式帆船在和轮船的竞争中走向衰亡。而中国传统帆船则在一定时期内在天津港进出口贸易中仍占有一席之地。和青岛港帆船相比，天津港帆船数量远低于青岛港帆船，而且天津港帆船在 1906 年以后呈下降趋势。

---

① 青岛市档案馆馆藏档案：Shanghai Trade Statistics（1907—1919）。

上海开埠后，轮船运输不断发展，洋式帆船逐渐衰落。洋式帆船的衰落，为中国帆船运输的发展留下空间，中国帆船呈现出不断增长趋势，并于1912年超过洋式帆船。和青岛相比，上海港进出口帆船数量在1908—1912年低于进出青岛港帆船数量，1912年以后高于青岛港帆船数量，且在1916年以后增长速度明显大于青岛。

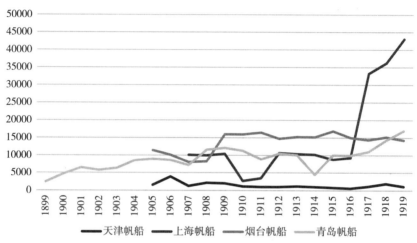

图4.18　青岛港、烟台港、天津港、上海港进出口帆船数量趋势图

资料来源：根据表4.16、表4.28、表4.29和表4.32制作。

航行往来于青岛诸港的主要是来自江淮闽浙等地的帆船。进出青岛港的帆船主要成为青岛近海各港口，尤其是山东沿海诸港和江苏海州等港。进出烟台港的帆船大部分来自山东沿海诸港，满洲其次，直隶次之，南方诸港数量较少，且进出烟台港的南洋帆船在烟台港帆船总数中所占比重逐年减少。进出天津港的帆船主要来自满洲、直隶、奉天、山东、江苏、浙江、福建等地沿海港口，其中往来于北洋诸港的帆船占绝大多数，往来于南洋诸港的帆船则较少。进出上海港的帆船主要来自关东、山东、江苏、江西、浙江、福建、台湾等地，其中以往来于江苏、浙江和山东等地的帆船为主。无论是青岛港，还是烟台港、天津港、上海港，其往来帆船主要来自相临近省份，这主要是由于轮船运输的兴起和发展，使得帆船运输成为近海各港口的主要运输工具。

四、青岛帆船运输生存发展的原因

近代以前，我国沿海往来贸易主要依靠帆船。鸦片战争以后，轮船运输的兴起与发展给帆船运输带来了巨大的冲击，近代帆船运输生存发展面临着诸多不利因素。尽管同轮船的竞争中，帆船明显处于劣势，但由于青岛特殊的地理环境以及帆船本身的特点等原因，青岛帆船运输业仍然顽强地生存适应着，在近海短途运输中占据重要地位。

（一）影响帆船运输生存发展的因素

1. 和帆船相比，轮船所具有的某些优越性

外国轮船运载量大、速度快、守时，受气候影响较小，并受条约保护，既不需要交纳厘金，也不受沿途关卡勒索。和以自然力与人力为动力的传统木帆船相比，轮船的运载量大、航速快、风险小等长处是帆船无法相比的。

"中国的商人充分感觉到把他们的货物交由外国轮船运输，能有迅速和安全的优点，他们知道外国轮船可以在任何季节和季风气候里航行。他们在贸易中已经大量雇佣各种外国轮船，他们所喜欢的轮船是那种三百到四百吨的。"[1] 另外，商人也需要一些小型轮船，运送一些容易腐烂的货物，例如鲜水果等，这类货物需要快速地运输到目的地。"同时他们也很精明，对于海上保险制度的好处日益重视，由于外国保险公司当然不承保中国的帆船，他们看中外国轮船运货可以保险的方便，所以非常普遍地愿意使用外国船只。"[2] 海运中使用外国船舶的结果是差不多完全避免了被海盗袭击。

2. 轮船对帆船货源的争夺

豆类货是北上漕船的主要回程货，是清政府诱使沙船运输漕粮的重要手段。1862 年清政府为借师"围剿"太平军，再次出卖权益，解除豆禁。

---

① 聂宝璋：《中国近代航运史资料》（第一辑）下，上海人民出版社 1983 年版，第 1272 页。

② 聂宝璋：《中国近代航运史资料》（第一辑）上，上海人民出版社 1983 年版，第 602 页。

豆禁解除后，外籍船只纷纷涌入。据东海关统计，在历年的进出口船舶中，1863 年有 78 只空船，占当年（9 个月的统计）进口总数的 29%；1864 年增至 131 只，占进口总数的 41%；这些空船的平均吨位都在 300 吨上下。这些数字说明，有不少外籍船只只是专程为载运豆货而进港的。

烟台、天津和牛庄三港的开放，使外国航运在中国北方的势力急剧扩张，特别是在烟台，不仅洋货均由外籍轮船运送，中国土货和旅客也都由外国轮船来发送。外国航运势力的肆意扩张，使活跃在北方沿海的中国沙船业大受摧残，大批沙船无货可运，停港停航，生计断绝；而外籍轮船则频繁地往返于各港口之间，获利颇丰。

外国轮运势力入侵后，使得关系到国计民生的漕粮运输难逃厄运。为解决漕粮运输问题，同治七年（1868），雇佣洋船试运漕米，后因清政府中持否定意见的人占上风而结束。同治十一年（1872），清政府创办轮船招商局。江浙漕粮由招商局轮船承运，最初定为沙八轮二，后改为沙六轮四。后来因为沙船逐渐减少，轮船逐渐增加，到光绪二十六年（1900），漕运全部归为轮船。

轮船运输的兴起和不断发展，凭借其快捷、安全、运量大等优势，很大程度上抢夺了传统帆船的货源和业务，尤其是豆禁解除以后，使传统的沙船贸易受到严重摧残，以至于逐渐凋零衰败，大批船民因此流离失所。

3. 外来侵略势力对帆船的迫害

除了外国航运势力的入侵，抢夺木帆船的货源，排挤木帆船外，外来侵略势力还对帆船进行直接迫害。

外来侵略势力在中国沿海肆意抢劫和勒索中国帆船。"据文彩等奏称，江苏钮隆盛沙船一只，于十一日进口，被夷人将船掳去，抢去漕米九百余石。据该沙船耆民称，北上时，见其沙卫米船数百只，在山东石岛俚岛一带停泊，未敢前进。"[1]《申报》报道："昨日有旗昌行保大轮船上有人述及，

---

① 咸丰朝《筹办夷务始末》，第 22 卷，第 43 页，转引自聂宝璋《中国近代航运史资料》（第一辑）下，上海人民出版社 1983 年版，第 1275 页。

由津来沪，途中见有中国商船装运米石，被法人所获，迫令耆民充当工役，其货劫掠一空，船纵火焚毁。此等情形，在大戢山洋面共见三起，初疑船上失慎，后用望远镜细窥，见相距数里，即有法船泊守，始知系强敌所为。查法人前在海面查船，尚有假仁假义之说。今竟若此暴虐，是真狂窥之不如矣。"①

除了抢劫勒索中国帆船外，外国船只还直接碰撞中国帆船。由于外国船只高大而且坚固，以机械作为动力，可以轻易撞翻以风力为动力的中国木帆船。"外国轮船在遇有舢板或小船碍路时，总是直冲过去将它们撞沉，不管它们上面的乘客有多挤，在中国的水道上，难得有一天没有船只被这样撞沉的。"②"同治四年（1865 年）三月二十日，据楚运商人焦体贞等船户胡公发等禀称：上面前赴泰州遵奉新章，办运楚盐一百二十五引，驰抵草鞋峡停泊，本年三月初七，奉委查验后，奈因连日南风大作，船舶原处守风。不料十二日辰刻有旗昌行名湖广轮船，突由观音门进口由草鞋峡内江经过，奔腾忽至，盐船不及起锚开避，鸣锣知会洋船开走，而洋船不理，竟行一撞而过，将商船撞沉，内江盐一千包尽行消沉，并淹死船户女眷三口，护票文件衣履等，一概沉没。……乃旗昌行之湖广轮船不由大江直上，潜行驶入夹江支流，直视胡公发盐船任意撞没。"③

此外，还有英商轮船碰沉盐船、俄商轮船碰沉民船溺人毙命、澳顺轮船碰沉福星轮船等。

4. 国人对轮船态度的转变

19 世纪 60 年代，清政府中一些官僚开始从事以"自强求富"为宗旨的洋务运动。洋务派官员对西方的船坚炮利非常羡慕，开始酝酿创办近代军事工业，并且在从事洋务活动的过程中认识到了近代工业与交通运输业的相互

① 《申报》，光绪十一年二月初三日，1885 年 3 月 19 日，转引自聂宝璋《中国近代航运史资料》（第一辑）下，上海人民出版社 1983 年版，第 1276 页。

② ［德］施丢克尔：《十九世纪的德国与中国》，乔松译，三联书店 1963 年版，第 23 页。

③ 《通商章程成案汇编》，第 30 卷，第 26—27 页，转引自聂宝璋《中国近代航运史资料》（第一辑）下，上海人民出版社 1983 年版，第 1277 页。

依存关系。李鸿章于 1866 年拟定华商购买洋船章程，左宗棠也向清廷奏请设立福州船政局。左宗棠在奏折中对轮船的重要性加以强调："轮船成则漕政兴，军政举，商民之困纾，海关之税旺，一时之费，数世之利也。"①1872年，盛宣怀奉李鸿章之命，筹划创办招商局，后改派朱其昂负责筹建事宜。1873 年 1 月 17 日，招商局正式成立。

除了洋务派官员外，许多中国商人都越来越欣赏轮船和帆船相比所具有的优越性。中国商人时时为货物的安全考虑，使用帆船可能造成时间的延迟、运输费用的加大，以及太平军引起的秩序失常所造成的种种损失，还有内地贸易征课日益加重的负担，迫使他们必须另寻他途，使得他们可以迅速而安全地把货物运送到目的地。没多久他们就发现了解决办法："设备齐全、管理完善的外国轮商提供了他们所希望的那些便利，诸如行驶比较迅速、防范海盗比较有保障，以及他们所非常渴望的那种海上保险的利益等等。"②

不论是洋务派官员还是中国商人，他们对轮船的态度逐渐发生变化，由排斥逐渐开始接纳。

除以上因素外，还有盘踞中国沿海的海盗对于帆船的迫害。咸丰朝《筹办夷务始末》曾记载："十三日，见有火轮船一只，带来被劫商船十一只；十四日，见有火轮船一只，带来被劫宁船一只，卫船沙船各一只。并据该旗民地方呈报，被劫船户，于初九、初十、十二等日，先后登岸。讯据上海船户金锡蕃、高畅堂、顾永昌、陆缤彩等供称，均由江苏领漕米，赴津交卸回空，至没钩营装载出口，行至山东洋面被劫。杨振声，供系山东丁油船，由江苏领漕米一千零八十石，行至威海城山岛被劫，水手具惊，跳落水内三名，不知下落。邢继周，供系江苏沙船，由上海装载货物，行至岑山洋面被劫。王天成，供系天津卫船，由山东贩卖豆石完竣，欲赴牛庄装载行至

---

① 《左文襄公全集》，奏稿，卷 18，第 2—5 页，转引自张后铨《招商局史》，人民交通出版社 1988 年版，第 19 页。

② 莱特：《中国关税沿革史》第 185—187 页，转引自聂宝璋《中国近代航运史资料》（第一辑）上，上海人民出版社 1983 年版，第 182 页。

外洋，被夷船抢劫银二千一百两，均带至和尚岛外停泊。"①

（二）外轮冲击下青岛帆船运输生存发展的原因

青岛诸港地处南北海运要道，濒临中原地区，河流众多。尽管经历了战争和对峙，经历了罢海运和海禁，青岛诸港仍然循其本身的规律缓慢地发展，还在国内外交通和贸易方面显示了重要的作用。青岛开埠后，在外力的冲击下，商品经济得到迅速的发展，对外贸易不断扩大，商品流通频繁，这些都为木帆船运输提供了充足的货源；其次，青岛开埠通商以来，虽然受到西方资本主义工业的强力冲击，但近代化的总体水平还是很低的，帆船运输作为轮船运输的补充还有存在的必要。除此之外，还有以下几大原因：

1. 水运条件的限制

由于青岛港水运地理条件的限制，胶州湾大部分地区只适合于木帆船行驶而不适合于轮船的行驶；胶州湾东西南北各 15 英里，有 5 条小河流流进胶州湾，但没有一条适用于航行的。这些河流每年大部分时间是干涸的，7—9 月雨季的时候，河水带着大量的泥沙沉淀物流进胶州湾。因此，胶州湾超过一半的地方，尤其是南边、西边和北边都是沙滩，沙滩使船接近陆地成为不可能，除了小船在高水位时或者极少的地方适合行驶，适合于吃水深的外国轮船抛锚地只限于胶州湾的东南部。②

1898 年至 1899 年间，德国海军当局曾对青岛港和胶州湾内水深做了细致的测量，湾内只有部分地方的海水深度足够停泊远洋航轮。海湾的西部、北部和东北部的海底在低潮时就露出水面，并且交错着许多海水渠道，只能允许当地小船沿着湾内海岸的村庄进行贸易，③ 这就为青岛的传统木帆船运输业留下了生存的空间。而且木帆船的种类较多，大小不一，大到两三千担，小到几十担。船体较小，吃水较浅，能装各种货物，可以适应各种航

---

① 《筹办夷务始末》，咸丰朝，第51卷，第34页，转引自聂宝璋《中国近代航运史资料》（第一辑）上，上海人民出版社 1983 年版，第 133 页。

② 青岛市档案馆馆藏档案：*Kiaochow Trade Reprot*，1899：B0047-003-0031。

③ 青岛市档案馆编：《帝国主义与胶海关》，档案出版社 1986 年版，第 65 页。

道，不论是港口水道还是乡村小河，都能方便地来回运输。这些木帆船可以将青岛及各通商口岸的洋货运销至小城镇，也可将小城镇的土货运销至通商口岸，再由轮船转运出口。①

2. 和轮船相比，木帆船的运输成本较低

帆船造价低，依靠风力和人力行驶，不需要动力机器，也不需要燃料，维修保养比较简单。轮船的造价成本要比木帆船高，轮船需要交纳的海关关税也比木帆船高许多，木帆船也没有保险费用，而且本地劳动力便宜。这些都使得木帆船的运输成本比轮船要低。另外，木帆船装舱比轮船仔细，而且帆船运费比较合理，因此人们愿意雇佣木帆船来运输笨重和易损的货物了。

3. 作为轮船补充工具，木帆船与轮船互补共存，共同发展

轮船比帆船有优势，但也有自己的缺点；木帆船虽然不如轮船，但也有自己的优点。轮船对时间要求比较严格，一般都是定期航行，有固定的航线和规定的班次。近代中国人时间观念尚不强，而木帆船可以无限期地停泊在港口内，等待装卸货物。时间对帆船来说，根本无所谓。他们可以一天一天地等待着顺风。"早晨成群结队出港，可是，一发现港外风向不对或者天气恶劣，又全部返航，而且一连几天都可能这样。"②因此他们宁愿选择可以无限期停泊的帆船，而不喜欢那些刚进港就又要启航的轮船。"租用一艘帆船可给中国人很多时间去盘算生意和考虑他要采取的步骤，而对一个中国人来说，还有什么比充裕的时间更令他高兴呢？他不愿意被逼着仓促行事，谁不给他考虑的时间，他就回避谁。只有当轮船能在时间上迁就他时，他才会把注意力转移到轮船方面。"③

在承运的货物上，轮船运载的是日常消费品和能节省保险费的贵重物品，而木帆船承运的大都是不求运输速度的粗笨货物和价廉体大的物品和轮船无法运送的货物，如：盐、米、煤、铁、木材、油类、火柴、木材和大宗药材等运费不高的货物。

---

① 郭孝义：《轮船兴起后的江苏木帆船》，《西北第二民族学院学报》1990 年第 2 期。
② 聂宝璋：《中国近代航运史资料》（第一辑）下，上海人民出版社 1983 年版，第 1297 页。
③ 聂宝璋：《中国近代航运史资料》（第一辑）下，上海人民出版社 1983 年版，第 1295 页。

4. 中国帆船所享有的特殊便利之处

中国帆船享有特殊便利之处，为数不少。

中国帆船为国人自有船只，不仅在各大通商口岸都可以随意贸易，在那些没有对外国船舶开放的南方港口兜揽生意，他们在这些港口也可以随意出入。而外洋船只，则以条约为限，营业范围仅限于通商各埠。常关税率，实较海关为轻，对于查验放行，手续亦比较松懈，且可稍事通融，以故商民趋之若鹜。总税务司颁布的《轮船行驶内港章程》第二条规定："凡有轮船欲在内港行驶，该船主应持有牌照，另具以函，附呈税务司处收存换领关牌，此项关牌以一年为限，期满应即换领新牌。第三条：此项持有关牌轮船准在青岛水面随意行驶，或按第一条内载各章程。由青岛赴内地各处，并由该内地处驶回青岛，或由青岛驶赴内地，转过通商口岸至内地驶回青岛，但非奉允准不得由此不通商口岸之内地至彼不通商口岸至内地专行往来"。[①]中国帆船还享有许多的特殊便利之处。1899 年 7 月胶海关成立。根据协定的条款规定，来自外国的商品交纳全部关税，用帆船运输的农产品的手续费暂时固定在外国关税税率的一半，来自国内的农产品在运达青岛之前不用交税。[②]

还有一个原因就是，青岛大、小港和胶济铁路的修建，使得青岛对外贸易迅速发展。农产品贸易的发展带来了市场的需求，经济作物种植得到推广，农产品的产量在缓慢增长，农产品商业化程度加深。由于铁路和水路的联系，使得青岛港腹地范围扩大，农产品可以通过铁路更安全、更快速、更便宜地运到青岛，这就为帆船贸易提供了充足的货源。

综上，和帆船相比，轮船具有运载量大、速度快、守时、受气候影响小等优势，且外国轮船受条约保护，既不需要交纳厘金，也不受沿途关卡勒索。海运中使用外国船舶不仅有保险公司承保，还可以避免海盗袭击。因此，中国商人在贸易中大量雇佣各种外国轮船。轮船运输的兴起和不断发

---

① 谋乐辑：《青岛全书》，青岛出版社 2014 年版，第 162 页。

② 青岛市档案馆馆藏档案：*Kiaochow Trade Reprot*.1899：B0047-003-0031。

展，凭借其快捷、安全、运量大等优势，很大程度上抢夺了传统帆船的货源和业务，尤其是豆禁解除以后，使传统的沙船贸易受到严重摧残，以至于逐渐衰败。此外，外来侵略势力还对帆船进行抢劫和勒索、碰撞等直接迫害。除此之外，中国各阶层轮船的态度由排斥到接纳的转变，也是影响帆船运输发展的重要因素。

外国轮船的入侵和轮船招商局的创建，对近代青岛帆船运输造成了一定程度的打击，但由于青岛特殊的地理环境以及帆船本身所具有的普遍性、便利性和低廉性等不能取代特点，同时，尽管轮船兴起后逐步发展，其数量还是相对较少，木帆船仍旧是不可缺少的工具，仍然能够顽强地生存适应，并未因此一蹶不振，而能随着青岛社会经济的发展和航运事业的扩大有所发展。

小　结

青岛诸港地处南北海运要道，濒临中原地区，河流众多，自古以来水路运输就比较发达。胶州湾口小，湾内水域深阔，湾底平坦多为泥沙淤积质层，且海岸多山环绕形成了曲折岸线，气候条件优良，不冻少淤，具备了天然良港的条件。胶州湾经济腹地辽阔，腹地经济发达，有丰富的农副产品和各类经济资源。这些都是胶州湾港航贸易的基础。其贸易对象除了山东沿海诸港外，主要是江淮闽浙等地沿海诸港。从贸易的货物来看，从南方进口货物主要有棉花、纸、布，还有大米、砂糖、竹、木材、陶器、桐油、杂粮等等，从青岛输出的则有豆油、花生油、豆饼、白菜、水果、粉条、花生、瓜子、腌肉等。尽管经历了战争和对峙，经历了罢海运和海禁，近代青岛沿海诸港，仍能相对稳定地从事近海沿海航运，在南北的物资交流和贸易方面发挥了重要的作用。

19世纪末，德国占领胶州湾后，一心想把胶州湾变成德国在远东地区进行商品输出的基地。为此，德国特别重视港口建设。德占时期，港口建设的重点是大港。修建港口的同时，又开通了胶济铁路。日占时期，从掠夺的目的出发，港口建设以小港建设为主。

　　青岛开埠后，外国轮船开始进入青岛。随着青岛港的建设和胶济铁路的修建，青岛港无论船舶进出数、吞吐量、贸易额还是关税收入都有大幅度增长。但是青岛轮船运输的发展，受殖民主义影响严重。

　　随着外国轮船的入侵和民族轮运业的诞生与发展，近代青岛帆船运输遭受到了一定程度的打击。很明显，和以机器为动力的轮船相比，传统木帆船无论是在运载量还是运输速度等方面都无法比拟。但是青岛帆船运输并没有因为轮船的入侵而迅速走向衰落，进出青岛港的帆船在数量上远远超过轮船数量。帆船进出口贸易依旧活跃，而且帆船贸易随着青岛社会经济的发展和航运事业的扩大而总体上呈逐年增长趋势。另一方面，和轮船运输相比，在运载量和贸易值方面，帆船运输都低于轮船运输，轮船贸易在青岛进出口贸易中占主体地位，帆船贸易所占比例较小。但是，近代青岛帆船进出口贸易受传统自然经济的影响明显，农业收成丰歉使得帆船贸易上下波动。

　　航行往来于青岛诸港的主要是来自江淮闽浙等地的帆船。进出青岛港的帆船主要来自青岛近海各港口，尤其是山东沿海诸港和江苏海州等港。进出烟台港的帆船大部分来自山东沿海诸港，满洲其次，直隶次之，南方诸港数量较少。且进出烟台港的南洋帆船在烟台港帆船总数中所占比重逐年减少。进出天津港的帆船主要来自满洲、直隶、奉天、山东、江苏、浙江、福建等地沿海港口，其中往来于北洋诸港的帆船占绝大多数，往来于南洋诸港的帆船则较少。进出上海港的帆船主要来自关东、山东、江苏、江西、浙江、福建、台湾等地，其中以往来于江苏、浙江和山东等地的帆船为主。无论是青岛港，还是烟台港、天津港、上海港，其往来帆船主要来自相临近省份。主要是由于轮船运输的兴起和发展，使得帆船运输成为近海各港口的主要运输工具，既有开埠通商的港口，也有未开放的自然港。

　　近代以来，列强通过战争打开中国的大门，通商口岸不断增多，外国轮船开始进入中国，中国帆船业面临巨大的挑战。影响中国帆船运输发展的因素主要有：

　　其一，和帆船相比，轮船所具有的运量大、快速、准时、受气候水流影响小等优越性。轮船受条约保护，不需要交纳厘金、不受沿途关卡勒索。海运中使用外国船舶不仅有保险公司承保，还可以避免被海盗袭击。

其二，轮船对帆船货源的争夺。轮船运输的兴起和不断发展，凭借其快捷、安全、运量大等优势，很大程度上抢夺了传统帆船的货源和业务，尤其是豆禁解除以后，使传统的沙船贸易受到严重的摧残，以至于逐渐凋零衰败，大批船民因此而流离失所。

其三，外来侵略势力对帆船的迫害。外国航运势力除了抢夺木帆船的货源，排挤木帆船外，还对帆船进行抢劫和勒索、碰撞等直接迫害。

最后，中国人对轮船态度的转变。洋务派官员和商人等阶层对轮船的态度由排斥到接纳的转变。

尽管面对诸多的不利因素，青岛帆船运输并未因此而走向衰落，而是作为不可缺少的工具顽强地生存适应着。青岛帆船运输能够存在的原因主要是：

其一，青岛特殊的水运地理条件的限制。胶州湾大部分地区只适合于木帆船行驶而不适合于轮船的行驶。

其二，和轮船相比，木帆船的运输成本较低。帆船造价低，不需要动力机器，也不需要燃料，维修保养比较简单。木帆船装舱比轮船仔细，运费合理。

其三，作为轮船补充工具，木帆船与轮船互补共存，共同发展。轮船对时间要求比较严格，一般都是定期航行，有固定的航线和规定的班次。而木帆船可以相对无限期地停泊在港口内，等待装卸货物。在承运的货物上，轮船运载的是日常消费品和能节省保险费的贵重物品，而木帆船承运的大都是不求运输速度的粗笨货物和价廉体大的物品以及轮船无法运送的货物。

其四，中国帆船享有特殊便利之处为数不少。中国帆船在各大通商口岸都可以随意进行贸易，在那些没有对外国船舶开放的南方港口他们也可以随意出入兜揽生意。而外洋船只，则以条约为限，营业范围仅限于通商各埠。

最后，青岛大、小港和胶济铁路的修建，使得青岛港腹地范围扩大，农产品可以通过铁路更加安全、更快速、更便宜地运到青岛，使青岛对外贸易得到迅速发展。

通过对近代青岛帆轮运输状况的探讨，可以发现，和以机器为动力的轮船相比，传统木帆船无论是在运载量还是运输速度等方面都无法比拟，但是青岛帆船运输并没有因为轮船的冲击而走向衰亡，而是作为不可缺少的工具顽强地适应着，在近海短途运输中占据重要地位，而且随着青岛社会经济的发展有所发展。帆船运输作为轮船的补充，加强了青岛同近海诸港的商品交流，促进了青岛港口运输新格局的形成和对外贸易的分工，在区域商品经济的交流方面发挥了重要的作用。

帆船运输业的存在和发展状况也从一个侧面反映出 1897—1922 年的青岛航运近代化水平较低。先进的运输方式代替传统的运输方式有一个过程，航运近代化的进程不是一蹴而就的，而会是漫长曲折的。传统的帆船运输方式有其合理的生存发展空间，能和轮船运输互补共存，共同发展。

第五章 亦儒亦仙

——胡峄阳与青岛民间社会

一、儒者胡峄阳与青岛民间社会——
以胡峄阳家训著作为中心

胡峄阳，生于明崇祯十二年（1639），卒于清康熙五十七年（1718），作为青岛历史上著名的民间学者，他的生平事迹最早可见于清乾隆五年（1740）的《莱州府志》：

> （胡）翔瀛操履端洁，邃于理学，邑人所称峄阳先生也。

随后，乾隆二十八年（1763）的《即墨县志》则对胡峄阳有了更为详细的记载：

> 胡翔瀛，字峄阳。生有异禀，研精《周易》，于濂洛之学别有微契。家贫甚，一介不苟取，蓬室瓮牖。悠然自适，雅工制艺，视进取之途泊如也。年七十余预示死期，无疾而逝。所著有《柳溪碎语》《易大象说》等书，存于家。

这两篇记载文虽不长，却对胡峄阳生平做了精辟的概括，而对胡峄阳身份的确定，却并不容易。今天的研究者多赋予胡峄阳"乡贤"一称，对此，笔者并不认同。理由有二：其一，"乡贤"一词自明代兴起以来，地方志书中多有记载，但《即墨县志》"乡贤祠"的供奉者，多为出身即墨的官员及在当地以孝义闻名之人，其中并无胡峄阳的名字[①]；其二，从其他地区的志书来看，"乡贤"的组成复杂，既有"取得举人以上功名或为官在知县（或相当于知县）以上的中上层绅士和以贡生或生监为主体的下层绅士"，也包括"未取得功名的读书人、技艺人、商人及少量一般劳动者"，[②]"乡贤"一词外延甚广，并不能精准地概括胡峄阳的身份阶层。相对而言，笔者认为"布衣儒者"的身份更为适合胡峄阳。"布衣"指胡峄阳并无功名，强调其平民内涵及生活于社会底层的特征。"儒者"点明胡峄阳作为儒家知识分子的道德伦理教化之职。而中国传统家训，作为传统社会长辈告诫子侄兄弟，用以规范家人或家族行为、处理家庭或家族事务的一种言行准则，正是儒者表达道德伦理的方式之一。儒者胡峄阳的家训著作《竹庐家聒》和《女闲》，既体现了他的学术思想及生活经验，也表达了其借家训这种教化之作影响家族子弟及地域社会的期待。另一方面，地域社会的经济、政治及思想文化状况也通过影响胡峄阳的生活经历进一步在其家训著作中留下印记。由此看来，这两部家训著作正是儒者胡峄阳与地域民间社会相互影响下形成的产物，体现的是两者间的互动关系。而这，也是笔者选择以胡峄阳家训著作为中心探讨胡峄阳与青岛民间社会关系的主要原因。

（一）胡峄阳家训的成书背景

1. 中国传统文化的影响

家训是在中国封建社会"家国同构"的政治格局下，为了更好满足家族的外部生存竞争需求、家族内部的矛盾协调需求及家族事务的有效处理需

---

① 即墨市史志办公室编：《即墨县志》（同治版），和平出版社 2005 年版，第 82—83 页。以下简称清同治版《即墨县志》，若所引区域与此处相同，则不再加注。

② 余新忠、惠清楼：《清前期乡贤的社会构成初探——以浙西杭州和湖州府为中心》，《苏州科技学院学报》（社会科学版）2003 年第 3 期。

求而产生的。"作为一种特殊家庭教育形式的传统家训，它的内容来源于我国传统文化信息的质和量。"① 在中国家训文化的发展过程中，中国传统文化起到了重要的影响作用，对胡峄阳的家训著作《竹庐家聒》及《女闲》的成书也有深刻的影响。

儒家思想对胡峄阳家训的成书起了十分重要的作用。胡峄阳多次引用孔子、孟子及程朱之言来阐述自己的观点。如在《竹庐家聒自叙》中，胡峄阳在阐明自己"先防后戒"的家庭教育思想时，先后引用孔子"性相近也，习相远也"② 及"少成若天性，习惯之为常"③ 的论断指明改正孩童不良习气教育的及时性与紧迫性。接着，又化用程颢"道莫贵于识时"④ 的思想进一步讨论了防止孩童沾染不良习气的重要性。

又如，在《防子弟欲事便口辞》中，无论是胡峄阳列出的子弟应防的八件"欲事"⑤，还是他提供的"防欲事"之法，我们都可看出其背后理学思想的影子。

"《周易》是古代中国贤人面向人身展开思考和探索的智慧结晶，它热情关注人在现实世界的生存问题。"⑥ 家庭问题是生存问题的一个重要方面，《周易》中亦包含着家庭生活的智慧，《周易》思想对胡峄阳家训的成书也有重要影响。胡峄阳在《竹庐家聒》及《女闲》中多次引用《周易》的内容，"女闲"⑦ 的"闲"字便是出自《易经·家人卦·初九象》，曰："闲有家，志未变也。""闲"即预防，防范的意思。"女闲"，指女子居家应注意之事。此外，《周易》在趋利避害的利弊选择及男尊女卑的夫妻关系等方面，也对胡

---

① 曾凡贞：《传统家训与传统文化关系探析》，《玉林师范学院学报》（哲学社会科学版）2006年第4期。

② 《论语·阳货》。

③ 《大戴礼记·保傅》。

④ 《程氏遗书》卷25。

⑤ （清）胡翔瀛：《竹庐家聒》，《胡峄阳文集》，上海古籍出版社2011年版，第10页。本文所引《竹庐家聒》出自该本者，后文不再出注。

⑥ 尹旦萍：《周易的生存智慧与家训文化》，《孔子研究》2002年第2期。

⑦ （清）胡翔瀛：《女闲》，《胡峄阳文集》，上海古籍出版社2011年版，第33页。本文所引《女闲》均出自该本，后文不再出注。

峄阳家训产生了深刻的启迪作用。

除儒家思想外，胡峄阳也多次引用佛教及道家经典。在《防子弟欲事便口辞》中，胡峄阳指出"防情"是"制欲之第一功夫也"，并且引用老子的"不可见欲，使心不乱"①，《阴符经》中的"心生于物，死于物，机在于目"以及《般若波罗蜜多心经》中的"无眼耳鼻舌身意"等佛道经典来进一步论证"防情"的首要在于"制眼"。除此之外，《竹庐家聒》中也多有"金刚""灵通""憨僧"等佛家用语。从侧面来看，我们也可以从中发现儒、佛、道"三教合一"在胡峄阳家训的体现。

中国传统文化是家训文化的活水源头，引导着家训的发展与演变。而传统家训，通过运用通俗易懂语言，将中国传统文化的深刻精神表达出来。由此可见，"传统家训与传统文化既是部分与整体的关系，又是系统与环境的关系。"②

2.清初家训的繁盛

中国的家训发展，自明代起进入繁盛时期，并在清代前期达到鼎盛。究其原因，主要有以下三点：其一，清初统治阶级借理学加强思想专制的需求。程朱理学，自宋代兴起以来，因其"存天理，灭人欲"的说教与对封建伦理纲常的极力维护与倡导，成为维护中国古代封建统治的强大精神支柱，自明代起便被统治者推崇为社会的主流思想。而以社会主导文化为主要教育内容的家庭训诫，正是将理学深入封建社会基层家庭的最佳途径。在中国封建社会家国同构的社会构建下，封建家长将理学融入家庭训诫，可以更好地实现统治者思想文化专制统治的需求。其二，统治阶级对家训的大力倡导和身体力行。清初统治阶级为了更好地稳定社会秩序，加强对人们的思想文化专制，于是积极倡导家训的编写与传播。《庭训格言》是康熙皇帝去世后，其子雍正皇帝辑录整理父亲日常教诲而写成的皇室家训。其中，康熙对皇室子弟"随时示训，遇事立言"，时刻不忘进行教育。官僚士大夫阶层也

---

① 《老子·章之》。

② 曾凡贞：《传统家训与传统文化关系探析》，《玉林师范学院学报（哲学社会科学版）》2006年第4期。

积极写作家训并进行宣传。如康熙年间文华殿大学士张英的《聪训斋语》和《恒产琐言》，御史蒋伊的《蒋氏家训》，国子监司业、翰林院侍讲彭定求的《治家格言》《成家十富》《败家十穷》及江南学政许汝霖的《德星堂家订》等，是清初官僚士大夫家训中的代表作。除了统治阶级的倡导之外，民间知识分子对清初家训的繁荣也起到了推动作用。这些民间学者，有因不愿为清朝政权服务而避世隐居者如冯班、朱之瑜、傅山等；有屡试未第的知识分子，如蒲松龄等；也有因厌恶科举而不参加科试的知识分子，如石成金等。这些民间学者，虽因各种原因不曾入仕，但这并不妨碍他们将自己的人生体验、感悟、教导与期待在家训中付与子弟，作为民间儒家学者的胡峄阳亦不例外。

3. 清初青岛社会的发展

在中国历史上，清初是一个极为特殊的时期。明末的家国之变、民族之争使得中原的政局、社会、思想文化乃至各阶层的社会心理都发生了强烈的变化。清朝建立之后，社会发展又出现了新的局面。胡峄阳生于明崇祯十二年（1639），殁于清康熙五十七年（1718），正处在这个特殊的时代之中。因此，我们探寻清初青岛地域社会的发展状况，既有助于了解胡峄阳家训的成书背景，也有助于加强我们对其家训核心思想的理解。

（1）政局的稳定与社会秩序的恢复

1644 年 6 月，清军进入山东，至 10 月，山东全境已为清廷控制。在镇压了山东地区的农民武装之后，清朝统治者开始进行山东社会秩序的恢复。清初沿明制，在行政规划上，青岛大部分地区仍属山东布政使的莱州府治下；里社制度也得以重建，青岛基层社会秩序得以恢复；吏治亦称得上清明。《即墨县志》中列出了这一时期最为百姓所敬重的几位地方官员，分别为康霖生、尤三省、陈允捷和段昌总。① 而后，虽有顺治十年（1653）的胶州总兵海时行作乱及顺治十八年（1661）的栖霞于七起义，但都被清军严酷镇压，清初青岛的社会秩序逐渐趋于稳定。

───────────────

① 《即墨县志》（清·乾隆版），中国和平出版社 2005 年版，第 149—151 页。

（2）经济的缓慢恢复

明末战争使得青岛的农业遭受了严重破坏。为巩固统治，缓和社会矛盾，清朝统治者采取了如鼓励垦荒、蠲免赈济及摊丁入亩等一系列有利于恢复发展经济的措施。由此，经过几十年的努力，即墨经济得到了一定恢复。对比乾隆二十八年（1763）与万历七年（1579）的《即墨县志》，我们可以发现，乾隆时期，即墨耕地面积已达 12236 顷，比万历七年的耕地面积多了 2119 顷，其中新开垦的荒地面积达 1038 顷。在人口方面，也由嘉靖四十九年（1570）的 94058 人达到乾隆二十八年的 174374 人。在农作物品种方面，番薯在清初时期也即成为百姓种植的粮食之一。同时，康熙以后，农村商品经济也日益活跃，乾隆二十八年时的即墨农村集会比之万历之时增加了 11 个。①

即便如此，清初的青岛经济仍不容乐观，虽然人均耕地可达 7 亩，亩产却不足百斤。② 而清初时期青岛地区连续不断的天灾人祸，也使得社会经济恢复放缓。

（3）文教的恢复及思想的专制

明末的战乱使得青岛的文化教育曾一度停滞，清朝统治者为缓和民族矛盾，拉拢汉人士族阶层，入关之后，即开科取士。顺治二年（1645）秋八月举行乡试，三年（1646）春二月举行会试，沿袭明制，"嗣后以子、卯、午、酉年乡试，丑、辰、未、戌年会试。奉特旨开科，则随时定期。"③ 青岛士人亦是积极参加，自顺治二年至乾隆十六年（1572），即墨地区进士 28 人，举人 73 人。同时，地方政府也积极重修先师庙、文昌阁、崇圣祠、儒学学堂及乡村义学，并增加县学的招生人数。④ 在政府推动下，即墨地区的

---

① 以上耕地面积、人口、农作物品种及农村集会数据均为笔者对比明万历五年与清乾隆二十八年《即墨县志》所得；即墨史志办公室编纂委员会编纂：《即墨县志》（明万历五年），中国和平出版社 2005 年版，第 24、34、49、58 页。下文引用时简称为明万历版《即墨县志》；即墨史志办公室编纂委员会编纂：《即墨县志》（清乾隆二十八年），中国和平出版社 2005 年版，第 26、36、58、59—62 页。

② 即墨县政协文史资料研究委员会编：《即墨文史资料》第二辑，1986 年，第 8 页。

③ （清）昆冈、李鸿章等：《钦定大清会典事例》（光绪朝），中华书局 1991 年版，卷 303。

④ （清）乾隆二十八年《即墨县志》，第 94—96、103—108 页。

文教得到了恢复。

而另一方面，清初统治者亦时刻不忘加强对汉族知识分子的思想控制。除大力推崇程朱理学及八股取士等措施外，清朝统治者还借助于文字狱来加强对人民的思想控制。清初发生了在即墨的文字狱大案即黄培文字狱。黄培文字狱自康熙五年（1666）至康熙八年（1669），历时四年，牵扯 217 人，为"清初中国北方最大的文字狱案"。①清政府以黄培文字狱震慑青岛地区的知识分子，大大加强了思想控制。

4. 胡峄阳的个人品性、理想追求及学术成就

胡峄阳作为青岛历史上著名的民间学者，他的品性是为人所赞赏的。史籍中载"（胡）翔瀛操履端洁"，"蓬室翁牖，悠然自适，雅工制艺，视进取之途泊如也。"体现的正是胡峄阳淡泊名利、安贫乐道的品性。康熙四十二年（1703）的胶州进士赵泰临曾评价他"暗然内修，不事炫饰，察其貌，固易恒人也"。16 岁时胡峄阳应童子试，入场遭搜检，拂衣曰："国家以盗贼待士，何以干进为？"遂终身不复与试，隐居崂山下，闭门暗修的事迹同样体现了他襟怀坦白、玉洁松贞的品质。

后来，胡峄阳父母相继亡故，家境愈加困乏，他先后在流亭、洼里及即墨城南关后设馆为生。50 多岁时，胡峄阳不再专于塾馆授学，经常应邀于即墨黄氏书院玉蕊楼，就《易经》和程朱理学作专题授课，与崂山百福庵蒋清山道长、清初莱阳名士孙笃先、黄坦、黄培、黄贞麟、范炼金、范九皋、黄宗崇、黄子厚、周毓正、王泽洽、周旭、孙忭、解楷、杨还吉、解瑶等人交往甚密，时人称其为"崂山七十二君子"。

胡峄阳一生活动于山野乡间，远离国家权力控制的中心，经历着社会最底层的百姓生活，对民间百姓的心声与愿望有相当了解，更兼自身对名利的淡泊之意。我们可以发现，在这位"布衣儒者"心目中，并未有什么"齐家、治国、平天下"的远大理想，所求所愿不过是家族后代及民间百姓安然度日而已。这种朴素的心愿对其家训内容也产生了重要影响。

---

① 王成先、毛敦辉：《清初北方最大的文字狱案》，《春秋》2009 年第 6 期。

胡峄阳在学术上的成就主要体现在他的理学著作《柳溪碎语》及易学著作《易象授蒙》《易大象说》及《易经征实》之中。《柳溪碎语》是胡峄阳在精研孔孟思想、周敦颐、二程及朱熹的理学著作后，结合自身感悟而写成的，其中体现的"顺天理，穷变通久""知深见实，慧灯常悬"①的思想在其家训中亦有体现。而胡峄阳的三本易学著作，除《易大象说》因年代久远已佚失外，《易经征实》及《易象授蒙》都已由当代胡氏族人整理出版。《易经征实》中，胡峄阳以史实证明易经卦象爻辞，以易经来解释史事成败的理由。以史证经，以易论史，在前代的周易研究中亦不多见。虽东汉郑玄、东晋干宝、北宋李光、南宋杨万里都有引史事以证易经，但胡峄阳将《易经》全书64卦、384爻皆以史实证之，则比"李杨之术更加厉害也"②。另外，在《易象授蒙》中，胡峄阳将易经六十四卦象以通俗的语言进行解释，并将其作为孩童的启蒙之书，使其"知辨之年，学有所指"③。

总之，胡峄阳家训成书于清初，顺应了清初社会的家训写作之风，也受到了中国传统文化及清初青岛社会发展的影响。同时，著作中亦融入了胡峄阳的家庭教育思想及其对子孙的殷切希望。

（二）胡峄阳家训的主要内容

《竹庐家聒》和《女闲》是胡峄阳的两部主要家训著作。

胡峄阳晚年回到家乡，他在居住的茅屋前，栽种了数株竹子，自号为竹庐。又因家训中所言皆是家庭日常生活需注意的琐事，而不敢称其为家训，只是絮聒而已，"竹庐家聒"的名称由此而来。虽自谦为絮聒，但《竹庐家聒》对家族子弟须谨防的不良习气，日常生活中修身处世及养生之道皆有涉及，内容完整而丰富。同时，胡峄阳也专为女子作训，称《女闲》。"闲"字出于《易经·家人卦·初九象》，曰："闲有家，志未变也"，"闲"即预防，防范。"女闲"，指女子居家应注意之事。胡峄阳认为，女子天性贤

---

① （清）胡翔瀛：《柳溪碎语》，《胡峄阳文集》，上海古籍出版社2010年版，第36、47页。

② 顾廷龙：《续修四库全书·经部（下）·易类》，中华书局1993年版，第45页。

③ （清）胡翔瀛：《易象授蒙》，《胡峄阳文集》，上海古籍出版社2011年版，第7页。

淑善良，但仍要预防她们沾染不良习气，以礼教导是必要的。只是《礼记》内容广泛，文字又深奥难懂，因此作《女闲》以教之。下面，笔者将从修身、处世、养生及女教四个方面对胡峄阳家训的内容进行具体分析。

1. 修身之法

胡峄阳的修身之道重在一个"防"字。他在《竹庐家聒》开篇《自叙》中完整地阐明了这一思想。首先，他谈到了习惯的可持久性。孔子曰："性相近也，习相远也"，又曰："少成若天性，习惯如自然"。指出人的本性是相近的，只是由于习染不同有了差别。而在儿童时期养成的习惯就像人的天性一样牢固，很难改变。好习惯也就罢了，若是沾染上坏习惯，"如油入面中，白首不能除"，借此，胡峄阳提出了自己的观点：在家庭教育中，一定要注意预防子弟沾染不良习气，而"圣贤垂训"，同样是为了"防习性也"。进而，胡峄阳引用了程颢的话"道莫贵于审时"来证明"防"的重要性。在胡峄阳看来，思想、学说和教化一定要符合时代和形势的变化，教育的内容要本着最急切的事务来设置，而不是一味地读古书。如若不注意预防的重要性，就算教授了子弟圣贤之道，也会因沾染上这些不良习气而荒废。

（1）谨防欲事

有关"防"的内容，胡峄阳在《竹庐家聒》的第一篇《防子弟欲事便口辞》中便列出了需要严防的八种"欲事"，分别为"酒、色、财、气、博、奕、游、戏"。理欲之辨也是程朱理学中的一个重要命题。二程曰："大抵人有身，便有自私之理，宜其与道难一"，并称"无人欲即皆天理"[①]，"存天理，灭人欲"之说也由此而来。然人欲亦有公私之分，朱熹称"饮食者，天理也，要求美味，人欲也"[②]，理学家们要灭的"人欲"指的正是人的基本生理需求且与社会道德相悖的"私欲"。胡峄阳对于人沉迷于这种私欲的状态有一段十分形象的描写：

---

① 《遗书》卷3。
② 《朱子语类》卷13。

入其中，如渴欲饮、如饥欲饭、如冷欲穿、如瞌睡欲眠、如蝶恋花、如蚁聚羶、如蝇附腥、如蜣螂逐丸、如游蜂之误投蛛网，被他缠。如乌鹊之自亲鹰鹯，没处躲闪。如飞蛾之暗落油缸，瞬息沉淹。

胡峄阳将人沉迷于"欲"的状态分为三个过程：开始时，情动阶段。"情"是"心"的外在体现。理学家认为，"具于心者，发于智识念虑处皆是情"①，"心动"的外在表现即是"情动"。而这，就是人们沉迷于"欲"的第一步。对于新鲜事物的好奇感，吸引着人们对上述八种欲事的眼光，就如同渴了想要喝水，饿了想吃饭，冷了要穿衣，瞌睡了想要睡觉一般。随后，当目光被吸引，继续接触之后，就进入了第二步，情热阶段。越被这些欲事吸引，越发觉得它们有趣，人们对欲事的热情也就越发高涨，如同蝴蝶恋着花朵，蚂蚁聚首膻味，苍蝇附着腥味，蜣螂追逐粪球一般。直至最后，像游蜂被蛛丝误绕，乌鹊自投鹰鹯，飞蛾误入油缸一般，已被这些欲望缠绕其中，如非意志超强之人，再也无法脱身，即所谓的最后一个阶段，情死。我们联系现实中的场景，就会发现，胡峄阳的分析多么精辟！那些沉迷于赌博、烟酒及毒品的人们，哪一个没有经历这样的心路历程?!

解剖了沉迷的具体过程后，胡峄阳指出，预防的关键在于在"情动"之时就将苗头扼杀掉，"善防情者，当识其端而预防之，此制欲之第一功夫也。"而"防情"的第一要务则在于"制眼"，即管住自己的眼睛。下面，他引用儒、道及佛家多家经典来证明此观点。

孔子云：非礼勿视。柱下云：不见可欲，使心不乱。阴符经云：心生于物，死于物，机在目。即佛经亦云：无眼耳鼻舌身意。亦先说眼，可知情窦在眼。起初一遇诸事，即当制眼。不然，一开目，即有情，便动意，一动意，便要尝味，一尝味，如猩猩嗜酒矣。势不至灭身不止。

---

① 《张载集·语录下》。

柱下，指老子，相传老子曾为周朝柱下史，因此，后人称老子或老子所著《道德经》为柱下。阴符经，也称黄帝阴符经，旧题黄帝撰，是一部道教修养之作。从上面引用的各家经典看来，无论是孔子所说的"不合符礼教的东西不能看"的观点，还是老子的"不看见让人可以引起欲望的事物，就不会使心情惑乱"观念，抑或是《般若波罗蜜多心经》中所说的"没有眼、耳、鼻、舌、身、意的存在"的认知，强调的都是眼睛的重要性。因此，胡峄阳说，眼睛是情动的关键。不然，眼睛看见了，觉得有趣，就动了心思，便想要参与其中，而一旦参与，就如同猩猩嗜酒一般，再也拔不出身来。

不良习气是非常顽固的，一旦沾染，终生难除。我们见过那些戒烟、戒酒、戒赌、戒毒的人们，一个"戒"字，怎地难行，若无顽强的意志力，实在难以戒除。因此，胡峄阳"预防第一，非礼勿视"的家教思想是十分实际的。所谓"教子婴孩，教妇初来"，在"防"的基础上，让孩子从小养成良好的习惯，杜绝不良习气，是非常重要的。

（2）戒赌远赌

在上文的八件"欲事"中，胡峄阳尤为注意对"赌"的劝诫，"赌风迩来甚烈，其为害也甚于水火"，因此专作《示子弟远赌便口辞》对子弟进行劝诫。

开篇，胡峄阳谈到了应对赌博的态度仍在于"防"，而且，重在管住眼睛，"见了赌的休睁眼，一睁眼，吃了亏儿便不浅。"接着，他谈论赌博者的心理及赌博的危害，"赌钱人，实可怜，赢了时满肚子是钱，输了时鏊子底上煎。赢了时还想去忘食和眠，输了时过不得度日如年。家业荡尽，精神耗散，父母不喜见，妻儿胡厮怨。邻里怕，朋友远，骨肉亲戚背地也笑谈。世间许多下流事，那里不由这一件。又与人无仇无怨，偏偏的人憎鬼嫌。破破落落，肮肮脏脏，如许心酸。"简单却形象地描述了赌徒的内心状态与悲惨处境及其对家庭的深切伤害。有鉴于此，胡峄阳进而告诫子弟，"会了的早回头，回头是岸。不会的切莫说我偷闲，我乘便，不妨事玩一玩，怕掉在苦海无边。"

（3）读书为乐

传统儒家讲修身、齐家、治国、平天下。读书，是修身中极其重要的步骤。作为儒家文化重要载体的家庭训诫，自古以来，便多有训诫弟子读书之词。颜之推在《颜氏家训·勉学篇》中讲道："技之易习而可贵者，无过读书也。"①宋代时，士大夫阶层兴起，家训中勉励子弟读书的篇章也越发多起来。北宋大臣韩琦亦有"学业勤则成，富贵汝自取"的教导；南宋诗人陆游的《放翁家训》也道"子孙才分有限，无如之何，然不可不使读书"；明代张居正在《示季子懋书》中亦劝诫儿子发奋学习，勿骄勿躁；至于清末的《曾国藩家书》中更是对读书的目的、内容及方法进行了详尽的阐述。②读书修身早已成为家训中的重要内容。

然胡峄阳生于乡间，一生亦不屑于功名利禄，他教导子弟读书的目的，重点在于希望子弟可以通过读书学习，加强自身的道德修炼及精神。他说，"看书要看圣贤性情，此是要诀。能如此，久之，自己性情亦得因之发见，便是持守涵养"③，指出读书要注意学习古人的性情涵养，加强自身的道德修炼。《示子弟读书便口辞》也说："别无事，且把书念。细细嚼，漫漫钻，无限滋味在眼前。尝着时，如饮美酒，如逢盛馔，如没衣乞儿忽遇春天。好受用、好受用，便是黄金也不换。这个乐，乐无边。"教导子弟，专心读书以体会其中乐趣，提升自身修养。

（4）苦甜相伴

勤奋努力是一种人生态度。"吃得苦中苦，方为人上人"，"书山有路勤为径，学海无涯苦作舟"，"富贵本无根，尽从勤里得"，"千淘万浪虽辛苦，吹尽黄沙始到金"，"不经一番寒彻骨，怎得梅花扑鼻香?"——凡此谚语诗词反映的都是勤勉刻苦才会有收获的道理。胡峄阳的《苦甜吟》表示的亦是同一内涵。"甜者苦之根，苦者甜之路。不甜而得甜，不苦而得苦。""甜"

---

① 檀作文译注：《颜氏家训》，中华书局 2007 年版，第 101 页。

② 包东坡：《中国历代名人家训精萃》，安徽文艺出版社 2000 年版，第 123、157、223—224、396 页。

③ （清）胡翔瀛：《柳溪碎语》，《胡峄阳文集》，上海古籍出版社 2010 年版，第 36、47 页。

是成功的喜悦，"苦"是奋斗的艰辛。无论读书做事，凡想有所收获，必须付出艰辛的努力。懒做是没有"甜处"可言的。胡峄阳用最通俗的语言讲述了这个深刻的道理，以期子弟勤奋努力以求上进。

2. 处世之道

子曰："仁者，人也"，这是中国人给"人"的定义。"'仁'是'人'字旁加一个'二'字，亦即是说，只有在'二人'的对应关系中，才能对任何一方下定义。""如果将这些关系都抽空了，'人'就被蒸发掉了。"[①] 这种"群体取向"及"社会取向"的价值系统，使得国人往往要耗费大量的精力在人际关系的开发及维护上，这也是国人为何热衷于讲求"处世之道"的主要原因。家训作为儒家文化的通俗表达，也是家族长者生活经验传承的重要形式，教导子弟后辈如何处世是家训中极其重要的部分之一。《竹庐家聒》中，胡峄阳的处世之道表现在以下四个方面：

（1）择善相处

社会环境的好坏对孩童的成长起着极其重要的作用。古人在进行家庭教育时，特别注意要为孩童创造良好的受教育环境以及对孩童接触环境的人的选择。孔子有"里仁为美"的论断，孟母三迁的故事说的也正是这个道理。《周易》之巽卦也谈到须"择善而从"。胡峄阳在《防幼儿善恶邪正出入门户便口辞》中谈到，"闻善言、闻正言，耳要聪、心要诚。见善事、见正事，目要明、心要动。"听到好的言语、正直的言语，要认真听取，记在心中；见到善事、正事时，要眼睛明亮，心有所动。同时，面对社会上的恶行恶事，胡峄阳谈到的应对方法是："闻恶言、闻邪言，耳要聋、口要封。见恶事、见邪事，目要瞽、心要定。"要求子弟听到恶言、邪言，要不听不闻，更不可继续传播；见到恶事、邪事，要无视不见，心中安定。

由这篇便口辞中我们也可以看出胡峄阳处世的原则，无论是"闻恶言、邪言"还是"见恶事、邪事"，均以保全自身为上，并不要求子弟有"见

---

① 孙隆基：《中国文化对"人"的设计》，见《中国文化的特质》，三联书店 1990 年版，第 204 页。

义勇为"之举。这种忍让以求保全自身的处世原则，在下文中的体现更为明显。

(2) 戒斗守法

青岛依山临海，千百年来以"樵苏为业，鱼盐为利"，"人尤朴鲁"，"性刚绝"，且"朴野好争，芥豆成讼，又动辄轻生……"① 可见争斗之风在青岛地区历来有之。清初之时，社会不稳，胡峄阳希望家族子弟可以保全自身，因此作《示子弟戒斗便口辞》，禁止家族子弟好强争胜，与人争斗。胡峄阳认为，"大灵通，是木钟。大乖觉，是憨僧。大英雄，是本等"，其中的"灵通""乖觉""憨僧"是佛教中的说法。他认为真正神通灵性的，是木钟；真正机灵的，是憨厚的人；真正的英雄，是守本分之人。这种说法，同老子的"大直若屈，大巧若拙，大辩若讷"有异曲同工之妙。正因为对世事人情看得通透，又何必为一时的"占上风"或是"落下风"而或喜或怒?! 希望子弟可以看开世情，远离争斗。而后，胡峄阳形象地描述了争斗时情景，"气昂昂、怒冲冲。攥拳露臂、持刀执梃，只管争胜，那顾生死"。然而，"谁知手下无情伤了人"，又使得自己"胆战神惊，恶心儿提在寒冰"。而争斗不光带来了心理恐惧，也"伤了己，鼻肿眼青。病身子，倒在火坑。哪些儿不是因行凶。"争斗带来的弊端是显而易见的，"争争争，水尽山穷"，倒不如，"休休休，海阔天空。鹬蚌，你何不各自受用。为什么，赌着气儿，便宜渔翁"。借着这些通俗有趣的比喻，胡峄阳规劝子弟要戒斗以保全自身。

除戒斗以求安全外，知法守法也是非常重要的。《示幼儿知法便口辞》开始就谈到了守法的重要及犯法的危害，"为人休犯法，犯法没人替。为人要守法，守法得便宜。王法最无情，犯了饶不得。"接着，胡峄阳列出了具体要注意的三种行为：① 不可不孝，"五刑有三千，不孝为第一"。作为传统宗法制、等级制和忠道伦理相结合的产物，孝道对于维护传统家庭和社会秩序有着极其重要的作用。古代法律对"不孝"的惩处亦是十分严重。清代律法，子孙及子媳殴打高、曾、祖父母、父母，无论成伤与否，均处斩刑；

---

① （清）《即墨县志》（同治版），中国和平出版社 2005 年版，第 10、27 页，下不注者同。

若系谋杀，不论是否实行，都是凌迟处死。① 这是十恶之四的恶逆罪行，即使遇上大赦等恩诏亦没有幸免的机会；子孙及其妻妾辱骂高曾祖父母、父母，判处绞监候，入于秋审情实案件，即一定会被处死，不会被赦免。②"重视孝道教化一直是我国的传统，家训是传播孝道的重要载体和有效途径。"③自周公训诫康叔孝道始，有关孝道的教诲就频频出现在历朝历代的家训著作中。在此，胡峄阳从莫触犯法律的角度希望子孙谨守孝道。② 不可打骂他人，"骂人也有罪，打人不须题"。教导子弟不可主动去打骂别人，"人若来打我，我且暂回避。不是既在他，我又何必理"，采取忍让的态度以求安稳。③ 不可偷窃，"针草不许偷，逢偷即非义"。孝顺父母，不打骂人，不偷窃是胡峄阳对子弟的基本道德要求，若不按"（法）理行"，很快便会坠入"有罪地"。

（3）趋吉避凶

"吉凶，是《易经》的占卜术语，是《周易》思想体系的基本范畴。吉凶观是《周易》思想体系的基本价值观，占断吉凶，趋吉避凶，化凶为吉，是《周易》的基本内容，也是《周易》一书的特点。"④ 胡峄阳对《周易》研究颇深，他结合《周易》与清初青岛的社会情况，在《示幼儿趋吉避凶便口辞》中用简练通俗的语言将趋吉避凶之法教给子弟。"人骂休回口，人打且须走。"

《周易》教导人们趋吉避凶的关键在于"顺时知几"。《周易·系辞》曰："子曰：'知几其神乎？君子上交不谄，下交不渎，其知几乎？几者，动之微，吉之先见者也。'"⑤ 告诉人们不要盲目瞎忙，要"顺时"，掌握"时"的规律，进而抓住时机，见机而作，才可见吉。清初的青岛社会尚是不安之时，胡峄阳希望子弟可以认清状况，安分守己以策安全。除审时度势外，胡

---

① 《名例律上·十恶》，《刑律·人命·谋杀祖父母父母、殴祖父母父母》，第 93、440、496 页。
② 《名例律上·十恶》，《刑律·骂詈骂祖父母父母》，第 504 页。
③ 陈延斌：《中国传统家训的孝道教化及其现代意蕴》，《孝感学院学报》2011 年第 1 期。
④ 张正春：《〈周易〉的吉凶观》，《殷都学刊》1994 年第 1 期。
⑤ 刘大钧、林忠军：《周易传文白话解》，齐鲁书社 1992 年版，第 301 页。

峄阳也讲到了吉凶与善恶的关系，"凡事看着天，强梁不能久。要与善人亲，莫与恶人斗。"善恶亦是《周易》中的常用术语。《易经》中有多处章节提到了"谋善去恶"。《文言·坤》："积善之家必有余庆，积不善之家必有余殃。"《系辞·上传》："君子居其室，出其言，善则千里之外应之，况其迩者乎？居其室，出其言，不善则千里之外违之，况且迩者乎？"《系辞·下传》："善不积不足以成名，恶不积不足以灭身。小人以小善为无益而弗为也，以小恶为无伤而弗去也，故恶积而不可掩，罪大而不可解。"谋善为求吉，去恶以避凶。胡峄阳要求子弟"亲善远恶"，以求趋吉避凶。

（4）恭谨宽厚

在缺乏民主的封建专制制度下，明哲保身的处世之道深入人心，许多家训都一再叮嘱子弟要宽厚谦恭，谨言慎行。尤其在清初青岛社会仍处于不安定状态下，胡峄阳告诫子弟"要长厚，勿轻薄。要勤谨，勿骄惰"。长厚，指恭谨宽厚；轻薄，指轻视鄙薄，不尊重他人。胡峄阳希望子弟恭谨宽厚，勤劳谨慎，而不要轻鄙他人，骄纵懒惰。他为此篇命名为"示基福便口辞"。"基福"二字语出《汉书·贾邹枚路传》，汉代枚乘上书谏吴王曰："福生有基，祸生有胎，纳其基，绝其胎，祸何自来？"谈到福之产生有其产生的善端，祸之出现有其出现的恶源；保留善端，断绝恶源，就不会有灾祸的产生了。而在胡峄阳心目中，长厚勤谨无疑是福之善端，轻薄骄惰则是祸之恶源了。世道不平，人人自危，谦虚谨慎，恭谨宽厚方是处世获福之道。清代康雍年间的即墨著名诗人冯素斋谈到此篇时，也说："轻薄二字，少年最易犯。须知福乃厚重之物，岂轻薄者所能承受哉。此天地之至理，非迂论也。痛切记之。"

3. 养生之方

重视养生，是中国传统文化的一大特点，家训文化亦然。不少家训著作中都有关于养生之道的教诲。《颜氏家训》中有养生篇以传世，至于明清时期，家训中有关养生的理论和方法显著增多。如孙奇逢《孝友堂家训》中的息心养生法，张英《聪训斋语》中的读书养心、眠食养生法等等。养生有"养心"之说，也有"养生"之说。胡峄阳在《示益寿便口辞》中提到延年益寿的方法有二：其一，根据外部环境"养神、养心"，他引用《史记·商君列传》中赵良说商鞅典故来说明根据环境保全自己的重要性。《史记·商君列传》中，商鞅通过变法使秦国逐渐强盛，但与守旧派的斗争也日益激烈。在这种情况下，赵良分析商鞅的处境好像清晨的露水一般，很快就会消亡，希望说服他莫贪富贵，远离争斗以保全自身。商鞅不听，很快为秦惠王所杀。清初社会初定，仍有许多不安因素。在此时行为有所不当，亦是"危如朝露"，胡峄阳警告子弟要"爱看时，须学瞎；爱说时，须学哑。"闲事莫理，才为"养神"之法。其二，胡峄阳也提出要通过饮食有度，克制欲望，宁神静心以求延年益寿。所谓"饮食节，嗜欲歇。心不动，神不灭。此是养生真妙诀。"

4. 女子教育

女子教育是家庭训诫中的重要内容之一。虽然早在东汉时期就有班昭的《女诫》这样专门的女训著作问世，但此后，针对女子的德育读物并不太多，以家训形式出现的更为少见。至于明清时期，随着封建礼教的强化，统治阶级对女子的道德修养极为重视。由于统治者大力提倡及程朱理学在统治思想中所处的指导地位，使得这一时期出现了不少女训著作。撰写女训的作者有的出身帝王家，有的出身达官贵族，也有的出身民间普通百姓；女训的撰写性别有女子也有男子；女训的内容也以封建社会所需要的道德规范和持家处世、相夫教子为基本准则来撰写。胡峄阳长于清初，对程朱理学深为推崇。他认为对女子的道德教育要从小开始，父母更要首先负起责任。又因女子天性良善，所以，女子教育的重点在礼仪规矩的训诫上，以防范女子沾染不良习气。胡峄阳的女训内容总结起来为以下三点。

（1）谨言慎行，避嫌守礼

谨言慎行，是在封建纲常的指导下，对女子行为的严重约束。女子在家，应谨守门户，莫理外事。而"多言""轻笑""戏闹"，这些今日看来平常的行为也都被认定是女子"轻佻"的表现。所以，胡峄阳在"辨非"篇中教育女子居家之时，"量要大，心要小。处女伴，休奸狡……休多言，休轻笑。休窥户，休戏闹。要沉重，莫轻佻"，"拈针线，守窗户""门外事，总不晓",才是女子应走的"正道""正路"。

男女大防也是封建伦理道德中的重要组成部分,《孟子·离娄上》曰:"男女授受不亲,礼也。"《礼记·曲礼》也说:"男女不杂坐,不同椸枷,不同巾栉,不亲授。嫂叔不通问……外言不入于梱,内言不出于梱。女子许嫁,缨,非有大故,不入其门。姑、姊、妹、女子子,已嫁而反(返),兄弟弗与同席而坐,弗与同器而食。"可见古代对于男女大防的重视。胡峄阳在《女闲》中着重提出女子应避嫌守礼。胡峄阳在"正位篇"中引用《易·家人·象传》曰:"女正位乎内,男正位乎外,男女正位,天地之大义也",说明男女在社会及家庭中所处的不同位置及重要性,进而提出"男女有别、各应守礼","男不杂女行,女不靠男旁。男女有定位,礼制自先王"。在这种思想下,女子一定要注意远嫌守礼,"逢男子,当回避。目不接,语不交。"胡峄阳在"远嫌"篇中又再次强调了避嫌的重要性,"凡事识回避,免了人猜疑。瓜田不纳履,李下不整冠。近墨不知污,此等为愚顽"。

(2) 勤俭持家,和睦内外

《易·家人·象传》曰:"女正位乎内",说明了女子在处理家庭内部事务中的重要性。女子居家,有两方面的重要责任:其一,打理家庭内务,包括女工的制作,家庭财产的使用等等。胡峄阳要求女子"作女工,休潦草"。在财产使用上,要"用常俭,力常勤",懂得勤俭节约。其二,和睦家族上下,处理好与长辈、平辈及子侄辈的关系。孝道是我国传统文化中最为精华的内容之一。女子要侍奉父母,孝敬公婆。胡峄阳在《女闲》的"尽道"篇中谈到了侍奉长辈的具体准则,"心要敬,貌常温。言常谨,行常慎。气常下,莫轻嗔"。对待丈夫,则突出一个"顺"字。封建社会男尊女卑,女子在家庭中要顺从丈夫的决定,以丈夫的利益为先。在其他家庭关系的处理上,也要事事全备,"和妯娌,慈幼孤。敬伯叔,恤奴仆。要仁厚,莫嫉妒"。女子勤俭持家,和睦家庭内外,才可使丈夫无家庭之忧,集中精力于自身的事业。

(3) 持贞守节,从一而终

胡峄阳在《女闲》"知恒"篇中谈到女子应对丈夫从一而终。他以汉代朱买臣之妻为例教育女子要"知恒"。汉代朱买臣之妻嫌夫家贫，自求下堂，另嫁他人。后朱买臣成为会稽太守后，将其前妻与丈夫置于太守府，供给食物。一月后，其前妻上吊而死。明代方孝孺也题诗评价此事"青草池边土一丘，千年埋骨不埋羞。叮咛嘱向人间妇，自古糟糠合到头。"《易经·恒卦》六五爻之《象传》曰："妇人贞吉，从一而终也。"女子顺从一个丈夫，终身不改，才是吉祥。因此，胡峄阳说："女子'识大义，莫厌夫家贫，善哉！'"

除要求女子莫嫌家贫，从一而终外，"持贞守节"也是胡峄阳要求女子严守的道德准则。贞节是封建社会要求女子道德的重要信条，理学家们更是极力提倡女子守节，程颐曰"饿死事极小，失节事极大"，将贞节提到高于女性生命的地步。明清两代，经统治者的倡导与推崇，社会上要求女子守节的风气越发地兴盛。作为程朱理学的推崇者，胡峄阳对女子守节的观点深以为然。在《女闲》的"持身"篇中，他谈道，女子应"持守时，要义烈"。"义烈"，也称"节烈"，是封建社会极力推崇的女子品德。凡在丈夫死后殉葬或是守寡一生的女子都可称得上是节烈女子。胡峄阳要求女子守贞节烈，并且提出了具体的行为方式，所谓"气严正，清秋节。面如冰，心似雪。身如木，肠似铁。"

（三）胡峄阳家训的特色

1.时代特色

自古以来，士人便是中国社会的中坚力量，在不同的历史时期，以不同的面貌与形态影响着社会与文化的发展。唐宋变革，中国社会由以往的"贵族社会"进入了以科举制为主要社会机制的"平民社会"，士人阶层的分化也越发明显。他们中的一部分人通过科举上升为士大夫阶层，而另一部分则因为长期滞留社会底层，而成为与"庶民"最为接近的一群人，称之为"基层士人"。明清之际的"基层士人"组成复杂，既有因不愿为清朝政权服务而避世隐居之人，如冯班、朱之瑜、傅山、顾炎武、王夫之、孙奇逢、张履祥、朱柏庐、申涵光等，亦有屡试未第的知识分子，如蒲松龄等，及因厌恶科举而不参加科试的知识分子，如石成金、胡峄阳等。无论出于何种原因，这些"基层士人"的"读书求仕"之意最终趋于淡漠。这两点特征，反映在他们的家训著作中，更多体现为"安贫乐道"。

"安贫乐道"反映在这些基层士人对于读书的态度上。清代以前的家训著作，多有劝诫子弟读书求仕之言，在清初的士大夫家训中，也多是如此。清代张英也在其家训《聪训斋语》中提出"读书者不贱"，认为读书是博取功名、赚取家业的有效途径。但清初的基层士人，却并不如此。孙奇逢在《孝友堂家规》中要求子弟"安贫以存士节"，在《孝友堂家训中》教导子弟"安贫守分……子弟中得一贤人，胜得数贵人也。"① 傅山在其家训中也要求子弟慎走仕途，最好不做官。"仕不惟非其时不得轻出，即其时亦不得轻出。""仕之一字，绝不可轻言。"② 胡峄阳在他的"示子弟读书便口辞"中，也仅是要求子弟享受读书之乐，并不提倡其出仕为官。临去世前，胡峄阳留下的 11 字遗嘱正是"屋要小，地要少，多念书，休考"。③ 安贫乐道，不求仕途发达，正体现这些"基层士人"在明清之际社会变迁过程中价值观与人生观的变化。

2. 地域色彩

家训是一种家庭教化的规训，不仅是传统社会中的一种特殊的家庭教育形式，也是传统社会文化传承的媒介之一。《竹庐家聒》和《女闲》写于清初，对这一时期的历史面貌有着深刻的反映，而作为地域家训，它们对清初即墨地区的社会风俗、世情民情亦有全面的描绘。胡峄阳家训的地域色彩体现在以下三个方面：

(1) 守法避让与清初即墨百姓求安全的社会心理

明末清初的战乱，使得即墨地区出现了"枕骸遍野，巷无居人"④ 的惨烈情状。而后虽经顺治、康熙两朝极力恢复、发展生产，对于清初的青岛百姓而言，灾难却远远未曾结束。顺治四年（1647）的暴雨，"水与城齐，民

① 包东坡：《中国历代名人家训精萃》，安徽文艺出版社 2000 年版，第 294、297 页。
② 包东坡：《中国历代名人家训精萃》，安徽文艺出版社 2000 年版，第 306 页。
③ 胡鹏昌：《胡鹏昌祭父文》，《和光同俗》2006 年第 1 期。
④ （清）《即墨县志》（同治版），第 339 页。

舍倾颓，漂流浮尸积道口"；① 康熙七年（1668）的地震，"城郭屋宇崩颓无算"②；更为悲惨的是康熙四十三年（1704）的饥荒，"饿殍相望，草根木皮立尽"，甚至出现了"人相食"③ 的情景。除天灾外，更有人祸作祟。"顺治十年（1653年），胶州总兵海时行作乱；顺治十八年（1661），栖霞土寇于七作乱。"④ 这是史志记载的大规模作乱，而因天灾人祸兴起的盗贼更是数不胜数。"（即墨）西北一带，劫禾发箧，实繁有徒。……又或窥伺孤弱，掺梃候门，名为暂借，实则横夺，被害者吞声饮泣，不敢自言。"⑤

我们可以推断，在清初青岛地区百姓面对天灾人祸带来的严重危机时，自身安全的需求有多么迫切。然而，对与胡峄阳同样处在青岛社会底层的大多数平民百姓而言，并没有什么强势的权势与保障可以使他们依靠。因此，想要求得安全，胡峄阳可以想到的应对方法只有以下三点：首先，谨言慎行，少问世事。"闻恶言、闻邪言，耳要聋、口要封。见恶事、见邪事，目要瞀，心要定。"（《防幼儿善恶邪正出入门户便口辞》）"爱看时，须学瞎；爱说时，须学哑。"（《示益寿便口辞》）希望通过约束自身言行，不关注社会上的恶事恶言，不给他人以可乘之机，以此达到保护自身安全的需求。其次，借助法律，守法自保。《示幼儿知法便口辞》说："为人休犯法，犯法没人替。为人要守法，守法得便宜。王法最无情，犯了饶不得。……针草不许偷，逢偷即非义。才不安理行，便坠有罪地。"只要自己不犯法，就不会有来自统治者的惩罚，也就可以借此保全自身了。然而，虽没有触犯法律，但生活中若与人有纠纷怎么办呢？再次，妥协避让。"人骂休回口，人打且须走。凡事看着天，强梁不能久。要与善人亲，莫与恶人斗。"胡峄阳为这一篇便口辞命名为"趋吉避凶"，可见在他的心目中，在普通百姓的心目中，妥协与退让无疑是求得安全生活的最直接方法了。

---

① （清）《即墨县志》（同治版），第528页。
② （清）《即墨县志》（同治版），第528页。
③ （清）《即墨县志》（同治版），第529页。
④ （清）《即墨县志》（同治版），第528页。
⑤ （清）《即墨县志》（同治版），第339页。

清朝初年，刚刚经历过战乱的汉族社会各阶层，都不约而同地选择了谨言慎行、明哲保身的处世态度。这种态度与心理在清初的家训篇章中比比皆是。孙奇逢的《孝友堂家规》中亦有"守分以远畔隙，谨言以杜风波，暗修以淡声闻，好古以择趋避"[①]的训诫。只是，清初的青岛，由于自身特殊的地域环境及频繁的天灾人祸影响，这种求安全的社会心理比之其他地区更为强烈和迫切而已。我们也可以看到，比起同时期其他家训中仅约束自身以求安全的训导，胡峄阳家训中"骂不还口、打不还手"的训诫更让我们感慨于清初即墨百姓为求一夕平安而作出的妥协。

（2）"远赌"与好赌的青岛社会风气

赌博，也称博弈、博戏，在中国已历时久远。赌博发展到明代，已遍布城乡，渗透到社会的各个阶层。至于清初之时，情况依旧未曾改变。顾炎武曾这样描述清初的赌风之盛："今之朝士，若江南山东，几于无人不为。"[②]清朝建立之后，有鉴于赌博的社会危害，对其进行严厉禁止。对赌博者，不论兵民，"俱枷号两月"，开场窝赌及抽头之人，"各枷号三月并杖一百"。对于参赌的官员"革职、枷责，不准折赎"，且此后不再任用。在这样严厉的禁赌政策下，清初禁赌取得了一定效果，"斗狠酗博之莠民，屏息而不敢出"。[③]笔者考察顺治、康熙年间其他地区的家训著作，发现除清康熙年间的江苏进士彭定求、明末清初思想家王夫之及明朝遗民申涵光三人在其家训中提及赌博外，其余家训著作中并未提及教导子弟戒赌之事，且这三部家训提及"赌博"时也只一句带过，并未深入探讨。这种状况也从一个侧面反映了清初的禁赌政策确是有成效的。

然而在青岛民间，情况却并非如此。清初的青岛，"第僻处海隅，不通贸易"，与外界沟通较少，且"令数易于上，法屡变于下"，[④]国家禁赌的法令难以执行。同时，清初青岛百姓生产以田耕为主，到冬天农闲之时，百姓

---

① 包东坡：《中国历代名人家训精萃》，安徽文艺出版社 2000 年版，第 295 页。

② 顾炎武：《日知录》卷二八《赌博》。

③ （清）昆冈、李鸿章等：《钦定大清会典事例》（光绪朝），中华书局 1991 年版。

④ （清）《即墨县志》（同治版），第 9 页。

无其他娱乐方式，赌博之风也就传承了下来。

《竹庐家聒》记载，晚年的胡峄阳，在家中闲坐时，就见"邻家子，拾樗蒲物，来与拈弄"。樗蒲，又名蒲戏，是古代博戏的一种，由五个骰子常用木质材料制成，故又称五木之戏，是当时民间较为常见的赌博方式。这样的赌具，出自孩童之手，可以想见赌博在清初青岛民间的盛行。而胡峄阳在与其友人平心居士的谈论中，也谈到了在青岛地区流行的戒赌歌。由于年代久远，当时流行的戒赌歌的内容已无从考证，只是，民间既有流行的戒赌歌谣，也可以从一个侧面看出清初青岛民间的赌博之风之盛。除胡峄阳的"示子弟远赌便口辞"之外，清代雍正时即墨人孙仲抚的《亦成编》中也谈到了赌博的危害，"子弟之不肖，第一是赌。破家业，坏品行，上辱先人，下误后嗣，见者贱之恶之，闻者笑之骂之。骨肉之戚，劝之不醒，愿其早死，省累妻子。噫！人而至此，可哀也夫！"① 同样反映了青岛地区的赌博风气及有识之士希望子弟远赌的心愿。

(3) 避嫌守节与礼教束缚下的青岛女子教育

青岛地区民风朴鲁，自战国齐文化之后文化发展缓慢。明代中期，统治者将程朱理学用于治世后，理学很快与青岛农耕社会男权至上的社会文化相结合，成为青岛地区的主流思想。至清初，统治者沿明制，大力提倡理学以巩固其统治。青岛社会对女子贞节的要求也愈演愈烈，要求女子守节的《女儿经》纷纷出现。胡峄阳作为清初青岛的理学大家，对女子守节的思想深以为然，他在《题义烈传后》中称："夫妇为人伦之始，节义为风化之原"，"贞女烈妇，矫然自好，奇节可佩，发殁者之幽光，激闺闱之至性，必将使天下女子凛然于命之尊，而有所持守。"② 同时，他专门为女子作训，要求女子避嫌守节。避嫌，避的是男女大防。"逢男子，当回避。目不接，语不交"，"凡事识回避，免了人猜嫌"，"男不杂女行，女不靠男旁"。要求女子只可谨守门户，绝不可与男子有私下交流。避嫌对女子行为进行了束缚，

---

① （清）孙仲抚：《亦成编》，（即墨）孙氏族谱卷四，民国壬戌增修，文华石印局。

② （清）胡峄阳：《题义烈传后》，即墨胡氏族谱。

而守节，却是封建社会对女子身心的极度迫害。女子要守节，"持守时，要义烈。气严正，清秋节。面如冰，心似雪。身如木，肠似铁"。在程朱理学女子贞节高于生命的理论指导下，清代的青岛妇女走上了一条不归路。《即墨县志》中守贞妇女，即夫死不嫁者 323 人，守节妇女，即夫死殉葬者 134 人。① 清初青岛妇女守节殉烈之盛行，达到了登峰造极的地步。

女训是迎合父权制社会主流思想的产物，清初青岛地区理学的兴盛，使得这一时期的女子教育带上了持贞守节的礼教牢铐。胡峄阳作为清初青岛地区的民间理学大家，其女训著作中深含的避嫌守节思想反映的正是清初青岛地区极度受礼教束缚的女子教育状况。

3. 个人风格

(1)"先防后教"的教育思想

胡峄阳的家训思想重在一个"防"字，准确地讲，是"先防后教"。这种教育思想，是极具针对性的。

"先防后教"指的是在家庭教育的过程中，要着重教育子弟防止沾染恶习，若不慎沾染，也要先去除子弟身上的恶习之后，再进行正确的修身处世的教育。胡峄阳出身于青岛流亭胡氏家族，其家族自明代永乐二年（1404）由云南乌纱卫迁来即墨，六百年间不断发展壮大。虽称之为耕读世家，但家族之中，并无专门的家族学堂教育子弟，因读书而得到功名者亦不多见，更无法同即墨的蓝、黄、周等五大文化家族相比。因此，在这种情况下，家族子弟多有混迹市井，沾染恶习之人。如放纵不管，则家族后代堪忧；若进行教育，针对这些已沾染恶习的家族子弟，则必然要"先防后教"。

"先防"，针对的是家族子弟在乡村生活中可能沾染的不良习气。在《竹庐家聒》中，胡峄阳针对乡村子弟可能沾染的恶习，进行"防、戒"教育。"防子弟欲事便口辞"中胡峄阳提到了"酒、色、财、气、博、弈、游、戏"八种需要严防的"欲事"，要求子弟的父兄要千万警戒，莫使孩童沾染。

① （清）《即墨县志》："即邑素重节烈，民间苦节幽贞委巷贫嫠，率多湮没，经多次采访，并两次殉难妇女，共录四千七百零六人。汇案请旌，已刻有节孝录。详纪事实。兹集不能备载，仅录其总数备考。"同治版，第 295 页。

若不慎沾染，也要"须发勇猛心，实实用力"地戒除，并举例说，戒除恶习就像鲤鱼跳龙门一般，跳上去了，鱼则化龙。若只触到门楣，则毫无用处。另外，针对乡村中的赌博之风，胡峄阳专列"示子弟远赌便口辞"阐释赌博者心理及赌博对家庭的危害，劝诫子弟莫要参赌。少年人年少气盛，好斗斗狠之风也是胡峄阳要求戒除的恶习。孩童不分善恶，为人怂恿，行为失正，更应为家长所警惕。

"后教"，希望的是家族子弟可以在乡村社会中顺时发展，平安稳妥。即墨胡氏处在乡村社会中，家族子弟也多以耕种或经商为生。在去除恶习的基础上，胡峄阳的"后教"也是具有针对性的。修身之时，胡峄阳重在教导子弟要勤奋刻苦。他做"苦甜吟"，教导子弟无论做任何营生，皆是先苦后甜，莫要贪图一时享受，落得"不苦而苦"的结局。至于"读书"，胡峄阳更多地希望子弟体会读书之乐，并借此修身养性，却并不期待子弟的飞黄腾达。胡峄阳去世时留下的 11 字遗嘱"屋要小，地要少，多念书，休考"也正是这种心态的反映。而在处世方面，胡峄阳更多的是要求子弟"谦逊"及"忍让"。"示基福便口辞"道：要长厚，毋轻薄；"示幼儿守法便口辞"称"人若来打我。我且暂回避"；"示幼儿趋吉避凶便口辞"曰"人骂休回口，人打且须走"；"示益寿便口辞"说"爱看时，须学瞎，爱说时，须学哑。"

生在乡村，事务繁杂，三教九流人物俱全，胡峄阳的忍让之道针对的也是这种社会现状。

（2）通俗且富于意趣的语言特色

家训是家族中长辈、父辈对后辈的劝诫之言，它虽然将儒家思想以尽量通俗易懂的方式表达出来，但语气之中，言辞之间，依旧有着长辈的威严之气。因此，传统家训的格式一般是比较正式的，及至后来，出现了箴铭歌诀体家训及诗训，也仍谨守韵律与格式。同时，在语言表达上，则多为劝诫之语，少有意趣之言。《竹庐家聒》则不然。

"竹庐家聒"的"聒"取"絮聒"之意。胡峄阳说："絮聒者，家庭之常……凡所杜撰纤音俚辞，何足为训，聊且言聒，聒小子之耳已矣。"由于《竹庐家聒》的对象为乡村社会的子弟，所训诫之事又多是家庭日常，因此，

《竹庐家耵》的语言特色通俗且富于意趣，表现在以下两个方面：

第一，比喻等修辞手法的运用。胡峄阳在"防子弟欲事便口辞"中谈到人们沉迷于酒、色、财、气、博、弈、游、戏这八件欲事中的状态时说："入其中，如渴欲饮、如饥欲饭、如冷欲穿、如瞌睡欲眠、如蝶恋花、如蚁聚膻、如蝇附腥、如蜣螂逐丸、如游蜂之误投蛛网，被他缠。如鸟鹊之自亲鹰鹯，没处躲闪。如飞蛾之暗落油缸，瞬息沉淹"，11 个"如"字使用人们日常生活中的常见景象，生动地表现了人们一步步踏入欲望的陷阱，直至再也无法脱身的过程，读来有趣，读后却是发人深省。

第二，贴近生活的描写。胡峄阳在"示子弟戒斗便口辞"中，如此描写了乡间打架的情景："气昂昂、怒冲冲。攥拳露臂、持刃执梃，只管争胜，那顾生死。谁知手下无情伤了人，胆战神惊，恶心儿提在寒冰。伤了己，鼻肿眼青。病身子，倒在火坑。"他将打架的场面、人们逞凶斗狠的神情描写得惟妙惟肖，而打架之后，伤人者身体上的苦痛与内心的后悔恐惧也让人感同身受。之后，再行劝诫，便是水到渠成。他的劝诫之语亦是颇有意趣："争争争，水尽山穷。休休休，海阔天空。鹬蚌，你何不各自受用。为什么，赌着气儿，便宜渔翁。"而"示子弟远赌便口辞"中，胡峄阳对赌钱人的心态与赌博危害的描写更是发人深省，"赌钱人，实可怜，赢了时满肚子是钱，输了时鏊子底上煎。赢了时还想去忘食和眠。输了时过不得度日如年。家业荡尽，精神耗散，父母不喜见，妻儿胡厮怨。邻里怕，朋友远，骨肉亲戚背地也笑谈。世间许多下流事，那里不由这一件。又与人无仇无怨，偏偏的人憎鬼嫌。"读完之际，眼前已是一个落魄的赌鬼形象，让人心生感慨却也颇受警诫。

胡峄阳说："《竹庐家耵》中所防诸事，古人未有诗歌成训，末由拾诵，余不得已，取字之切声者，杂凑其句，使吾子便口，名为便口辞以授之。""便口辞"，取便于口诵之意。读完全文，朗朗上口却也颇有意趣，而其中蕴含的道理却并不简单。所谓乡言俚语皆达道义，呓语幼儿即可成诵也。

（四）胡峄阳家训的版本传播及地域影响

胡峄阳的《竹庐家聒》自写成之后，便在家族内部广泛传播，作为家族内部教育后辈子弟的重要教材，且多以手抄本传世。除即墨胡氏家族内部传播之外，在清初的即墨地区亦是广为流传，文人子弟多有借阅抄写者。据青岛流亭社区的刘姓负责人回忆，"'文革'之时，因要'破除四旧'，家家户户都要将所存书籍交出，大街之上，胡峄阳的各种手抄本著作遍布，已不可数，都被付之一炬。"自 2006 年开始，青岛城阳胡氏家族开始续修族谱，同时收集整理胡峄阳遗书。经多方搜寻后，才发现两部手抄本《竹庐家聒》的手抄本传世。一本为康熙文人冯文炌于康熙四十年（1701）所抄；另一本为清末手抄本，在即墨蓝家发现，据蓝家后人称，是自清末至今由祖上传下来的。除手抄本外，1916 年，胡氏家族 19 世孙胡鹏昌遵从父命，整理出版家族内所藏的胡峄阳遗书，包括《竹庐家聒》《易象授蒙》《易经征实》《女闲》《寒夜集》等，共排印 100 部，现今大多数已佚失，只在中国国家图书馆有一套收藏。

胡峄阳家训的影响首先表现在对胡氏家族的教化上，自《竹庐家聒》及《女闲》传世以来，即墨胡氏家族子弟谨守"十世祖"胡峄阳的教导。他们"不染恶习、克制欲望、谦恭处世、懂礼守法"，三百年间虽未出现高官厚爵者，然子弟多有入国子监就读者。胡氏家族的妇女，入节孝祠、孝公坊或被称为"贞节"者共 36 位。[①] 更重要的是，在胡峄阳"安分处世"的家教思想带领下，胡氏家族安然度过了清末至新中国成立前的战乱时代，在今天的青岛即墨、崂山、城阳等地区兴旺发展。全族齐心，续修族谱，整理胡峄阳的遗书文献，重建祠堂等工作都显示了胡氏家族今天的繁荣。

在青岛地区，胡峄阳家训是特别的，作为青岛地区文化家族的黄、蓝、杨、周、郭五家之中，除杨家之外，其余各家并无专门的家训著作存世。而杨家虽有家法存世，其家训却是集家族多位先祖的只言片语而成，并未有系统的总结，在成书时间上也晚于《竹庐家聒》及《女闲》。也因此，胡峄阳

---

① 胡林绪、黄象忠：《〈即墨胡氏族谱〉所载著名历史人物》，《和光同俗》2006 年第 1 期。

家训问世之后，除家族内部的传承外，在青岛文人之间，亦是颇受重视。冯文炌手抄本的《竹庐家聒》及蓝家的清末手抄本也证实了这个推断。而《竹庐家聒》中的训诫之语更具社会教化作用。康熙四十年（1701），冯文炌抄录完《竹庐家聒》后，也为此书作序，序中表明了《竹庐家聒》对他的教化作用，"余少以失严，故误蹈赌辙，行败名亏，不齿士林者，旧矣。居士不以为辱而与之游，为忘年交，既而以所书示余，余读之不觉悔泣，痛自改悔"。① 后来，冯文炌也成为即墨的著名文人之一。他参与编修《即墨考》《墨志稿存》等专著，后来收录入清乾隆二十八年（1763）的《即墨县志》。他也曾任教于华阳书院。

除表明《竹庐家聒》对自身的教化作用外，序中也认为《竹庐家聒》的语言乃"街巷家常之语，最足劝诫，此便口歌之所以极有益也，且人易知。"且"如姑娘戏，筛锣挑场，山歌野曲，愚民击节；如等知识，鸣钟聚会，宣说因果，老媪点头；如村学究，开馆训蒙，浅说俗解，小儿解颐。"② 具备广泛传播的基础。虽名为"家聒"，却可以"聒天下"也。

二、仙人"胡三老爷"与青岛民间社会——
以"胡三老爷"信仰为中心

"胡三老爷"，又称"三老爷""峄阳先生"，是今天青岛地区颇有影响力的地方神灵，在青岛地区有相当多的信仰人群。他的原型，即儒者胡峄阳。

胡峄阳为何会被青岛民众尊为"仙人"？自清初至今的三百余年间，他如何影响着青岛人的精神生活？他的成仙与青岛民间社会有怎样的关联？为弄清上述问题，笔者于 2011 年的 7 月至 8 月，先后在青岛胡峄阳信仰兴盛的即墨、城阳及崂山地区进行了 4 次田野调查，对当地流传的胡峄阳传说故事及信仰发展情况进行了详细调查，共走访 13 位信息提供人，采集了众多

---

① （清）胡翔瀛：《竹庐家聒》，（清）冯文炌手抄本，第 1 页。
② （清）胡翔瀛：《竹庐家聒》，（清）冯文炌手抄本，第 1 页。

录音、图像及文字资料。

（一）"由人到仙"——"胡三老爷"信仰的确立与发展

历史上真实的胡峄阳，出身于耕读世家，少时勤奋好学。16 岁时应童子试，守门人强令其解衣搜身，他怒不受辱，拂袖而出发誓终身不应试。后因父母相继亡故，家境愈加困乏，他先后在流亭、洼里及即墨城南关后设馆为生。50 多岁时，胡峄阳不再专于塾馆授学，经常应邀于即墨黄氏书院玉蕊楼，就《易经》和程朱理学作专题授课，与崂山百福庵蒋清山道长、清初的莱阳名士孙笃先、黄坦、黄培等人交往甚密。70 多岁时，预示死期，后无疾而逝，民间尊称其为"三老爷""胡三老爷"或"峄阳先生"。他以"千难万难，不离崂山"的名言闻名于青岛地区，是青岛地域内的代表性民间神祇。

"胡三老爷"信仰的确立经历了两个过程，首先是"胡三老爷"传说的构建，其次是"胡三老爷"信仰的确立。民间传说能够神化人物，进而达到信仰的目的。"胡三老爷"的传说构建最迟至乾隆时完成，而"胡三老爷"信仰基本也在此时正式确立。

1. "胡三老爷"传说的构建

"胡三老爷"的传说在青岛民间流传甚多，2011 年，青岛峄阳文化传播有限公司收集民间流传的胡峄阳传说，将其整理出版。从传说产生的时代来看，可以将其分成三个阶段：

（1）胡峄阳出生至少年时期

在这一阶段，胡峄阳传说共有 9 篇，包括他降生时的异象以及道士预测其将来必不凡的故事[1]；胡峄阳梦中救人的传说、胡峄阳的童言预言的传说、胡峄阳学道的传说等。总结来看，这一时期的胡峄阳传说多在讲述其来历的不凡，以及在其成长过程中体现的预知来事的本领，但距离"仙人"的神通

---

[1]　青岛峄阳文化传播有限公司编：《胡峄阳传说》，九州出版社 2011 年版。后文所引胡峄阳传说均出自本书，不再赘注。

灵异仍有一定距离。

（2）胡峄阳少年至中年的塾师时期

这段时期是胡峄阳传说数量最多的时期，共有 52 篇。其中可分为以下几类：

其一，胡峄阳预测能力的体现。最著名的传说是胡峄阳预测洪水到来，指导百姓迁移免除灾害的传说。此外，也有胡峄阳与人在日常交往中预知来事的事迹。

其二，以智慧帮助世人、惩恶扬善的故事。如胡峄阳智烫鼠精、智断命案、惩治林善人以及运用自身知识结合当地实际教授百姓种庄稼的故事。

其三，与狐仙关系的友好，有狐仙听胡峄阳讲《易经》、胡峄阳救狐仙的传说。

其四，灵异能力的出现。如胡峄阳使用分身法奉玉帝之命看顾崂山茶的传说以及胡峄阳使用道教的法术帮助百姓避蝗灾的事迹。

我们分析这段时期的传说，可以发现，胡峄阳使用自身智慧帮助百姓的事迹中并无过多的神异能力，与人的差别并不大。而此时的他虽有分身法或是道家的法术，但是并不精湛。在"胡峄阳杀鬼"的传说中，胡峄阳就因法力不足而退避三舍，决定等游学之后再行收鬼。可见此时的胡峄阳，仍未达到"仙人"的水平。而他的神奇仍旧体现在他的预知能力上。不过对于百姓而言，能够预知来事，已是超脱凡人的等级了。笔者推断，当时之时，乡人有无法决断之事，多来求助于胡峄阳，由此，"活神仙"之名也由此传开。而在这一阶段的传说中，确有 6 篇传说已提到了胡峄阳是"活神仙"。

（3）胡峄阳 50 岁后游历时期至乾隆朝

这段时期的传说共有 30 篇，而胡峄阳的神异能力也更上一层。此时的胡峄阳，可以腾云驾雾、搬山行雨、用筛子端水、将豆芽变成金豆芽，已是具有了仙人的神通。"通常，信仰在俗民心理层面上的表现主要为尊崇、畏惧、依赖等。"① 乌丙安曾说："检验民间信仰的性质，首先取决于民间信仰

---

① 纳钦：《从传说到信仰：一个蒙古村落民间叙事传统的文化运行——以珠腊沁村公主传说为个案》，《民间文学研究》2004 年第 2 期。

现象中的崇拜；只要有了崇拜，不论其崇拜的程度如何，就可以测定出它的民间信仰性质。"① 从上述传说的分析来看，至迟到胡峄阳晚年，乡间对胡峄阳的崇拜已经产生，"胡三老爷"也从传说中进入了人们的信仰世界，"胡三老爷"信仰初步形成。至乾隆年间，"胡三老爷"救助渔民于千里岛的传说更证实了他的"仙人"身份。②

> 乾隆戊寅冬，海上渔者数人访胡映薹。映薹者，光乙名也。渔者曰："日下海遇风，筏随浪去一昼夜，不知几千里。忽抵一岛，岛中百花盛开，暖如春。有洞穴，无室庐，一石平如砥，方丈余，晒丹枣满之。枣大如鸡卵，有老人坐其旁，貌甚清古，与之语，不答。告以饥，人与一枣食之，腹果。既曰："东南风起矣，可速去。"扣其姓名，老人曰："识得流亭否？"曰："知之。"老人曰："吾故里也，归语胡映薹，好为人，若翁在仙岛甚乐。"众乘风返棹，翌午抵家，不觉饥也。三日后，至流亭，时先生殁四十年矣。众骇拜木主而去。"

2. "胡三老爷"信仰的确立

"民间信仰是在长期的历史发展过程中，在民众中自发产生的一套神灵崇拜观念、行为习惯和相应的仪式制度。"③ 庙宇或祠堂是神灵的栖身之所，也是祭祀仪式的表演场所，因此，祠堂的建立才是"胡三老爷"信仰形成的正式标志。清代乾隆九年（1744）冬，在胡峄阳之子胡映薹的带领下，胡氏家族建立了家族祠堂。祠堂有三处，胡峄阳居于其中之一的"合敬堂"中。自此之后，每逢春节及正月十五，除胡氏族人的供奉之外，青岛即墨及崂山地区的其他百姓亦多有敬拜者，叩拜"胡三老爷"以祈福。伴随着胡氏家族的向外扩展，清康熙二十年（1682），胡氏 11 世子孙中有两人迁居至今天的

---

① 乌丙安：《中国民间信仰》，上海人民出版社 1996 年版，第 13 页。
② 清代同治十二年的《即墨县志》第 657—658 页卷 12《杂稽》中讲述了胡峄阳救助百姓于千里岛的传说，前一个是除狐祟的故事。
③ 钟敬文：《民俗学概论》，上海文艺出版社 1998 年版，第 187 页。

青岛市即墨市七级镇泉庄村，在此繁衍生息，至今已是枝繁叶茂，发展良好。清代嘉庆年间，泉庄的胡氏子孙在此建立胡峄阳祠堂，号为竹庐，供奉胡峄阳。逢年过节时，泉庄附近居民都来叩拜"三老爷"。

3."胡三老爷"信仰的发展

民国至新中国成立前这一时期，是"胡三老爷"信仰的发展时期。民国时期，中国人民经历了军阀的混战，也经历了抗日战争与解放战争。青岛地区亦是土匪横行，社会混乱，百姓们渴求平安的心理无比强烈。"胡三老爷"作为庇护青岛一方的地方仙人，尤为百姓所信服。表现在以下两方面：(1) 胡峄阳传说的时代性。这一时期"胡三老爷"棒打土匪，保护百姓的故事得到了广泛传播。在整理出版的《胡峄阳传说》中，"胡峄阳杖打土匪头儿""胡峄阳救北龙口""胡峄阳救泉庄""胡峄阳救人"这几则传说讲述的都是这一主题。(2) 这一时期，因着兵祸战争及土匪的袭扰，许多青壮年被拉走当兵再也没回家乡，也有被土匪绑架的孩子，人心不安，到祠堂中敬拜"三太爷"并祷告祈求、扶乩求卜的人们也多了很多。

4."胡三老爷"信仰的衰落

1949 年以后，人民政府积极打击迷信活动，全国各地的民间信仰活动都已停止。"文革"之时，被认为是封建迷信的民间信仰活动更是遭到了严重打击。据青岛市城阳区的胡姓村民回忆说，当时的胡峄阳牌位都被示街游行，列为打击对象；泉庄村嘉庆年间修建的胡峄阳祠堂也在 1966 年被摧毁。这一时期的"胡三太爷"信仰已基本销声匿迹，人们纵有信奉，也最多只是在心中默念而已。

(二)"胡三老爷"信仰的传播地域

"胡三老爷"作为青岛的地方神灵，其信仰分布的主要区域为今天青岛的即墨、崂山、城阳地区。这些地区是"胡三老爷"信仰的主要地区，"胡三老爷"的大多数传说也都在这些地区产生。如发生在即墨的"胡峄阳救即墨城""胡峄阳栽树""胡峄阳种大豆""胡峄阳智断命案""胡峄阳避蝗灾"等传说；发生在城阳的"神仙路的来历""胡峄阳救渔民"等传说；发生在崂山地区的传说最多，如"崂山茶涧的传说""公主坟的传说""仙人脚窝的传说""仙胎鱼的来历"等等。这些地区为胡峄阳生前活动的主要区域，在此留下的传说事迹较别处更多，人们的信奉心理也更为虔诚。

除青岛即墨、崂山、城阳等"胡三老爷"信仰的中心地域外，青岛的胶州地区、烟台的海阳地区及东北吉林地区都可作为"胡三老爷"信仰传播的外围区域。这些区域的产生归因于胡氏家族的移民传播。据《即墨胡氏族谱》分析，胡氏家族的始祖胡仪自明洪武年间由云南乌纱卫迁至山东青州矮槐树地，后又于永乐二年（1404）迁居青岛流亭地区。定居流亭后，随着家族的发展，胡氏家族开始向外迁移，家族子孙大部分分布于即墨地区，也有子孙迁入胶州及烟台地区。[①] 清朝末年，胡氏族人也有"闯关东"者。"胡三老爷"作为出身胡氏家族的民间神灵，自然更为胡氏族人所推崇。"胡三老爷"的传说在胡氏迁移的过程中，也随之在迁移地区传播开来。

（三）"胡三老爷"信仰的祭祀仪式

对"胡三老爷"的祭祀活动，始于清乾隆时期，盛行于民国年间，"文革"期间消匿。1984年后，日渐恢复，但没有恢复传统规范。2007年后，随着流亭胡氏续修族谱和胡峄阳文化园的兴建，复归于规范，并揉进了部分新内容。每年"胡三老爷"的祭祀时间为两个时间段：一是农历十二月二十三至次年正月十六，一是清明节时期。

农历小年至次年正月十六这段时间是祭祀仪式最为隆重的时期。祭祀活动安排如下：

1. 腊八至年三十的准备时期

农历十二月初八至大年三十期间，是祭祀活动的准备时期，在这期间需要进行的准备工作有：

（1）打扫：农历十二月初八，由专人开祠堂上香，而后选定日子，打扫祠堂。

---

① 胡保和：《胡氏迁徙过程及三次修谱概况》，《和光同俗》2006年第1期。

（2）准备春节祭祀的供品：首先，选三牲。三牲为猪头、鸡、鱼。猪头以个大膘肥为上选，经过脱毛、过水、蒸煮，摆放于巨型瓷盘内，猪嘴朝上，寓昂扬向上之意。鸡要选个头大的红毛公鸡，寓发财之意。鱼要选用个头大的黄花鱼，黄花鱼在当地被认为是珍贵吉祥的鱼种。其次，蒸馒头。旧时，由农家巧手媳妇专做摆供的馒头，因小麦面粉缺，一般磨面时第一遍先过箩，箩出最白的头道面，再将二茬麸皮上磨，箩出二道面（黑面），做馒头时，先将二道面揉好定型，再将头道面包裹住二道面，巧手媳妇揉出的 3 斤大馒头，白而皮薄如纸张，却不露一点二道面，表面光洁白嫩，表示做到了诚敬之心。1980 年后，面粉不再是稀罕物时，一律用最好的面粉制作上供的馒头。三四斤重的面馒，形状各异，一般有寿桃、"圣虫"、枣饽饽等，寿桃上装饰有龙凤呈祥、喜鹊报春等图案，寓意长寿、福禄、康泰等等。"圣虫"形状如盘龙，寓意财源广进，日子升发。再次，写太平疏。由村中德高望重的人或胡氏族人写太平疏，也称祭文。为示虔诚，写时要点上一炉香。写好后叠好存放，以备除夕用。最后，写对联。由村里毛笔字写得好的人拟写。一般内容为："知前知后，理学名家"，或"俎豆千秋家，本支百世长"，或"孝子不匮，永锡尔类"。

（3）摆供品：除夕日上午，摆供品。供品摆放于巨型方案中，除三牲外，有豆腐（谐音"都福"）、卷尖（后改用火腿）5 种，还有苹果、橙子、糖、花生、桃酥五种素食，外加大馒头、枣饽饽。也有民众自发奉献的祭品，有的另设供案摆放。下午，包水饺，以备午夜供奉。

2. 年三十至大年初二的祭祀时期

当供品备齐，祭文、对联写好之后，就进入了年三十至大年初二的祭祀时期。大年三十下午 5 点，燃放鞭炮、礼花，祭祀开始。人们自觉在祠堂外排队等候。祠堂的大堂之外设有香炉，因祭拜人数太多，一般信众在进入祠堂之前，就在外面香炉上香烧纸，进入祠堂后，则叩拜"胡三老爷"，而后，将香火钱投入神龛旁设置的箱子中，数额不限，有十元八元者，也有千元者。至大年三十晚上 11 点多，祭拜还在进行，主持人会嘱咐 11 点 30 分煮水饺，12 时，将水饺摆放在供桌。大年三十至年初一两日，信众祭拜者众多，从早上 5 时至凌晨二三点。至年初二时，人数稍减，也要祭拜到晚上 11 点。而后，自年初三至正月十四，祭拜人数减少，但仍陆续有人。到正月十五时，"胡三老爷"祭祀人数达到顶峰，人数最多的时候，据青岛流亭刘先生 2004 年的统计，仅正月十五一天，祭拜者已达 26000 多人。正月十六日上午，撤供。最后享供。撤下的供品，被认为是上通神灵的食物，不能丢弃，重新上锅蒸煮烹饪后，由主持人组织其他参与者共同食用，称为"享供"。

清明时期的祭祀，与春节期间祭拜的程序类似，只是不摆供品，只上香、磕头、捐些香火钱而已。

由于胡峄阳祠堂有两个，一个位于青岛市流亭街道办事处，另一个位于青岛即墨七级镇泉庄村，所以每年的祭祀活动，两边同时进行，只是泉庄的胡峄阳祠堂由于地处偏远些，一般只有周边群众去拜祭的多些。

另外，除上述两个较隆重的拜祭时段外，在泉庄附近的居民还有一个风俗，即在女儿出嫁的第二天，夫妻二人要带香及鞭炮到胡峄阳祠堂拜祭，以求夫妇和睦，家庭美满。

（四）"胡三老爷"信仰与青岛民间社会的互动关系

1. "胡三老爷"信仰的形成原因

"宗教信仰不是产生于思辨或反映，也并非主要地产生于幻觉或误解，而是产生于人类生活的真实悲剧，产生于人类的计划与现实的冲突。"[1] "胡三老爷"信仰的产生绝非偶然，其背后既有着深刻的社会及文化心理缘由，也有胡峄阳自身的原因。

（1）清初青岛社会环境与百姓心理需求

"从本质上来说，信仰是人类需求的心理折射，心理需求则是信仰的深层底蕴，人们依照自己的需求而创造了神灵。"[2] 古代青岛地区依山临海，

---

[1]　史宗：《20 世纪西方宗教人类学文选》（上册），上海三联书店 1995 年版，第 82 页。

[2]　贾艳红：《浅析中国古代民间信仰产生的心理背景——以汉代民间信仰为例》，《山东师范大学学报》2009 年第 3 期。

千百年来百姓以"樵苏为业，鱼盐为利"，过着淳朴的生活。然而，到明清时期，战乱激增。先有倭寇之乱，后有明清之变，更兼天灾人祸，盗贼横行，百姓生活极其艰难。在这样的恶劣生存环境下，人们无法从封建政权那里求得心灵上的安全感，只能求助于传说中的神仙。我们考察清初青岛存在的几种民间信仰可以发现，道教虽对崂山乃至青岛地区的文化有着深远的影响，却并未作为一种民间信仰在民众中广泛地建立起来，究其原因，不外乎道教教规教义的严苛以及道教的官方化倾向。如道德天尊、元始天尊、灵宝天尊这般高高在上的道教神仙并不是普通百姓的精神依靠。人们需要一位关注自身生活、体察百姓痛苦的神灵出现并帮助自己。而对于这位神灵是政府官员、是学者鸿儒还是道教名人，百姓们并不关注。传说中的胡峄阳，教导百姓种植庄稼，带领百姓躲避洪水的灾害，收服各种危害百姓的精怪，救助百姓危难，惩恶扬善，教诲世人——"胡三老爷"的出现满足了困苦中的百姓求安全的心理。

另一方面，中国文化宣扬积善积德的思想，佛教有善恶业报论，道教中也讲善恶承负说。在中国人的观念里，积善行善，必有善报。正所谓"凡有功德于民者，则祀之"。胡峄阳造福于青岛百姓，百姓们也愿意选择胡峄阳成为掌管一方的仙人，庇佑一方。

（2）青岛地域的民间造神传统

青岛依山傍海、山林岛屿众多且风景优美，乃是传说中的仙人居住之地。这片土地上逗留的神灵也很多，道教的三位天尊常驻崂山太清宫，传说中的八仙也曾在崂山修炼居住，马山上既有"慧觉禅师"刘仙姑，也有道行高深的狐仙"胡三太爷"，天井山上有著名的秃尾巴李龙王，沿海地域也有妈祖的供奉，可见青岛的神灵供奉之多。而这其中，由青岛百姓创造的神灵主要指的是刘仙姑与"胡三太爷"。明代万历年间崂山有一场著名的佛道之争，这场争斗的胜利虽名义上归于道教，实际上却是两败俱伤，也破坏了青岛百姓心目中清静无为的道家仙人和慈悲为怀的佛家大师形象。在此等情形下，刘仙姑出现了，穿着道教的道袍，受着朝廷的佛教赐号，体现了一种新的和睦的信仰情形，也是青岛百姓心理的反映。而伴随着道教的衰落，狐狸这种具有灵性的动物成为青岛百姓中神灵的代称。有关它们惩治恶人、护佑地方的传说比比皆是。由此可见，民间神灵是人们根据自己愿望与期待创造出来的。然而，人们对这些神灵的供奉及信仰并不是唯一的，当新的心理需求产生时，也会有新的神灵被创造出来，"胡三老爷"信仰也由此产生。

（3）胡峄阳的《周易》研究与世事推演

《周易》原本是周人的系统占筮记录，古人依据其卦象和卦爻辞推断人事的吉凶，是一部卜筮算命之书。而后，虽然孔子提出"不占而已矣"①，开始将《周易》作为分析客观事物，提升人们道德修为的依据，但《周易》之中，确实存在着许多占卜吉凶祸福之语。人类本就具有探寻预知未来的善良愿望与对人生命运之谜的好奇或是恐惧心理。在生命及安全得不到较好保证的古代社会，人们处境艰难，精神软弱，更是希望能够预知吉凶，躲避灾祸。《周易》本身的晦涩难懂，《易经》术数的复杂深奥，即便是博学鸿儒亦少有通透者，更枉论那些普通百姓，这也为《周易》蒙上了一层神秘面纱。民众对《周易》知之甚少，却越发地崇拜与迷信《周易》。

在这样的时代及心理背景下，胡峄阳对《周易》的研究，在清初青岛这片地域社会中，也就更为人们所推崇。胡峄阳的易学著作《易大象说》《易经征实解》在文人中得到了肯定与赞扬，更多次在书院中与学子们进行讨论研究。同时，他将《周易》卦象进行通俗的阐释，写成了《易象授蒙》，以此来教授学生。

除对《周易》的理论研究外，胡峄阳将《周易》思想与青岛地域社会生活相结合，分析胶东一带所处的地理位置和自然条件。认为即墨崂山地处沿海，属暖温带海洋性气候，夏季雨水充足，特大旱灾不会发生，因为离海近不会积水为患，所以也无大涝。即使有时小旱小涝，庄稼也不会太歉收。同时，即墨地处山陬海隅，属兵家之"绝地"，一般大的战争在此不会发生，就算战争延伸到这里也就接近尾声了，百姓可以安居乐业。由此得出了"大

---

① 《论语·子路》。

歉不歉，大乱不乱，就怕恶狗（倭寇）上岸"的结论，后来引申为"千难万难，不离崂山"的喻世明言。胡峄阳也因这句名言而为青岛人所熟知。青岛百姓将这句名言牢记在心，三百多年来历经兵祸灾难，仍固守家园，不断发展。就笔者接触过的青岛本地人，谈到自己的家乡时，也无不自豪地说："这里确实是块宝地！"

（4）胡峄阳的学识、人品及经历

乾隆五年（1740）的《莱州府志》称胡峄阳"操履端洁，邃于理学"，乃是人品学识俱佳之士。终其一生，不慕名利，"视进取之途泊如也"。而他的著作研究，也为当时的士人所推崇。在青岛百姓看来，这是一位真正的博学之士。

而后，在其做塾师期间，亦是兢兢业业。康熙朝进士、胡峄阳的学生胶州人王经千，返乡期间屡次拜访恩师。除教授学生外，胡峄阳也尽力帮助百姓。"康熙十九年（1680），即墨县令高上达主持修筑城外淮涉河（今墨水河）坝堤，在城西南隅河水直冲城墙堤段，由胡峄阳考察水文，并设计一洞龛，龛内坐镇水铁兽一尊。同时加固堤坝，水患永除。百姓念其功德，曾雕刻胡峄阳半身石像，立于淮涉河南岸，后于1915年前后损毁。"

正因为胡峄阳端洁的人品、渊博的学识和一颗为民之心，百姓们才记其恩德，尊敬、崇敬乃至最终将他塑造成护佑一方的神灵。

2."胡三老爷"信仰的兴起及传播特点

（1）真正意义上的"民间造神"

在众多的民间信仰神祇中，由人成神、成仙者很多，其中最具代表性的是被称为"天妃、天后"的海上保护神妈祖以及作为忠义代表的"武帝"关公。另外，浙江的"胡公大帝"、福建的"张圣君"也都是地域性的由人成神的典型范例。但无论是妈祖、关公、"胡公大帝"或是"张圣君"，在他们成神、成仙的过程中，我们都可以从中看到封建势力、地方官府利用及扶持的身影。妈祖，名林默。"湄洲屿人，初以巫祝为事，能预知祸福，既殁，众为立庙"，而后，历代帝王的封赐便应接不暇：北宋宣和四年（1122），宋徽宗钦赐"顺济"庙，南宋孝宗淳熙十年（1183），赐"夫人"封号，南宋宁宗绍熙元年（1190）晋升为"妃"，元世祖至元十八年（1281）封为"天妃"，清康熙二十三年（1684）晋封"天后"，道光十九年（1839）加封"天上圣母"。历代帝王的支持，极大地促进了妈祖信仰范围的扩大。作为"武帝"关公，朝廷对其扶持更多：宋代以后，关羽便被戴上"武圣"的桂冠。宋徽宗封其为"忠惠公""崇宁真君""昭烈武安王"和"义勇武安王"。元文宗封关羽为"壮缪义勇武安显灵英济王"，明神宗封之为"三界伏魔大帝神威远震天尊关圣帝君"，又把关羽庙长格为"武庙"，与文庙—孔庙并列。清代皇帝标榜关羽为"万世人极"，封之为"忠义神武仁勇威显护国保民精诚绥靖翊赞宣德关圣大帝"[①]，在北京修建了关帝庙，还通令全国，普建关庙，按时奉祀香火。武圣关公庙数量之多，远远超过了文圣孔庙。清代一朝，仅北京一地，关庙就有 116 座。同样，作为地域神祇的"胡公大帝"及"张圣君"，在其成神的过程中也得到了地方政府的扶持。

相对来说，胡峄阳的成仙，则是单纯的百姓造神。"胡三老爷"信仰自产生以来，并未得到统治者的册封，也没有地方政府的扶持。在青岛地域社会中，支持、信仰、敬奉"胡三老爷"的是那些处在社会最底层的平民百姓。在传说故事中，胡峄阳帮助的都是青岛最下层的普通百姓。他指导百姓种地、种茶；在地主阶级欺侮百姓时，他也会运用神通智慧帮助人们，惩治贪官与富豪；他预测洪水，除妖灭害，为的也是普通百姓的利益。这些传说故事的原型究竟怎样，我们今天已无法考证，但传说中体现的却正是生活在社会底层的百姓们希望神灵保护的愿望。"胡三老爷"信仰的产生，传说的流传，敬拜祠堂的设立，都由百姓们一手承办。这是一位真正的百姓神灵，布衣神仙。

（2）口耳相传的传播形式

胡峄阳是一名乡间的学者，他的事迹在史籍志书中记载很少。而"胡三老爷"的信仰者多为普通百姓，他们在胡峄阳由人转变为仙人以及"胡三老爷"信仰不断发展传播的过程中，起了重要作用。但同时，普通百姓的文

---

① 《清史稿·礼乐志》。

化教育水平并不高，因此，在传播过程中，文本的使用是较少的，更多的是以方言为媒介的口耳相传。这样，信仰"胡三老爷"的每一个百姓都可以成为传播者。他们接受了"胡三老爷"的神迹传说然后向外传播，并且在不同的时代背景下，有新的传说故事出现，增强"胡三老爷"信仰的可信性。这种传播形式比起典籍史书中的妈祖及关公信仰而言，无疑更具乡土化与地域化气息。

3."胡三老爷"在民众心目中的代表职能

"每一个神的原型下，实质上隐藏着人类的某些心理诉求。""胡三老爷"是由青岛民间创造的仙人，他的职能体现着青岛百姓的愿望与期待。

（1）维护社会公正

在封建社会等级制度下，处于中国最下层的百姓是最受欺凌的对象，他们期望受到公正的待遇，却在现实中无法实现。他们期待"胡三老爷"可以帮穷扶贫、惩恶扬善。《胡峄阳传说》中两则故事证明了这一点。在"媳妇炕的传说"中，胡峄阳惩戒想要霸占渔家女翠花的富户王元，成全了翠花与恋人大宝的爱情；在"胡峄阳助善惩恶"中，胡峄阳使用法术帮助贫家少年治愈其母，又使用法术使心狠手辣的贾财主之子变成痴呆。在这两则传说中，"胡三老爷"毫不客气地惩治不良富户，帮助贫穷百姓，正是民间社会公正的维护者。

（2）保护民众安全

传统社会的民众是天灾人祸的主要受害者，当依靠自己的人力无法抵御灾祸时，他们便将渴求的目光投向了神灵。"胡三老爷"作为护佑一方的仙人，他指示百姓避祸，也帮助百姓惩治危害百姓的生灵。在《胡峄阳传说》中，讲述"三老爷"济世救人、帮助百姓逢险化夷的故事颇多。胡峄阳带领百姓躲避洪水；使用神力使村庄避开蝗灾；救助渔民，一捏米救活五人命；在民国时期土匪横行的时候，也曾棒打土匪头，使其不敢为恶；从土匪枪下救助北龙口的百姓。除了帮助百姓逢险化夷之外，胡峄阳也惩治那些危害百姓的生灵，使他们不敢作恶。今天，胡峄阳训狐、训虎、杀巨蟒、智烫鼠精、降恶龙、训蛟、除鼠害等传说都流传了下来。

（3）造福民间百姓

在《胡峰阳传说》中，有许多与物产有关的故事，体现了胡峰阳造福民间的功能，而与百姓生活联系最为密切的，莫过于胡峰阳与崂山茶的关系了。"崂山茶涧的传说"中讲述了胡峰阳奉玉帝之命守护仙茶，待长成之后通知百姓进山采茶的故事；而"胡峰阳与崂山茶"的传说则讲述了胡峰阳帮助百姓改良茶树的故事。除物产之外，胡峰阳造福乡里的传说还有很多，如教授百姓种庄稼，使用分身法帮乡亲们种豆子等等。

4."胡三老爷"的地域影响

从"胡三老爷"传说及祭拜者的情况来看，"胡三老爷"民间信仰的影响地域除青岛外最远可达东北地区及烟台的海阳地区，而其信众的集中区域则位于青岛的崂山、即墨及城阳地区。作为青岛地区民间造神的代表，"胡三老爷"民间信仰也对青岛民众的思想及生活产生了一定影响。

首先，在民众思想方面。胡峰阳"千难万难，不离崂山"的名言为青岛人所熟知，他们以生活在这片被"三老爷"称之"大歉不歉，大难不难"的土地为荣，即便经历艰难也不离开，因为这里是"胡三老爷"点明的"宝地"。另一方面，增强了百姓的心理安全感。百姓们对于"三老爷"的神异能力是十分推崇且信任的。民国时期，胡峰阳已去世近两百年，遭遇土匪等祸患时，民间仍有"胡三老爷"显灵的传说，可见"三老爷"在民众心灵中的影响力。

其次，在民俗方面。"胡三老爷"的传说也为青岛民俗提供了新的传说来源。例如，青岛地区一般把"馒头"叫作"饽饽"，"是逢年过节、祭祖供神和亲友之间礼仪往来的主要食品。"民间传说中，原本的"饽饽"并没有什么特色，到胡峰阳时，出现了"枣饽饽"。《胡峰阳传说》中讲述了"枣饽饽的来历"：

有一年腊月二十三的小年刚过，家家户户都在忙年，胡峰阳读完书，来到正屋，见刚过门的儿媳和婆婆正忙着做过年大饽饽。这大饽饽每个足有两斤重，一个个圆头圆脑的端端正正地摆放在面板上，正等着上锅蒸呢。胡峄阳早就听说儿媳妇在娘家是个巧闺女，便想考考她。

可怎么考呢？他回到书房，见书桌上有一小袋子红枣，顺手抓了五颗，便来到儿媳身边，亮出了手里攥着的五颗大红枣，顺口念出了一首诗："撒豆成兵一变二，披红挂彩饽饽揣，大年三十摆供品，迎得祖宗回家来。"儿媳一听，明白公爹是在考自己如何用枣做饽饽，她想了想，笑着将红枣接过来，在一个饽饽的顶上，用拇指和食指把面掐穿，留了一个孔儿，捏出一个"鼻子"，用手在孔里按上一颗大红枣，红枣在饽饽上露出了两个红头儿，随后她又在饽饽的四周掐出四个孔儿，捏上四个"鼻子"，每个孔儿按上一颗大红枣，饽饽四周就露出八个红头儿。这就是咱们这，至今还把枣饽饽叫作"枣关鼻子"的由来。

胡峄阳一见，心里惊喜。大饽饽上红头十点，应验了"一变二"，那枣儿按在饽饽上，正是"披红挂彩饽饽揣"，用怀揣大红枣的饽饽大年三十摆供祭祖，再好不过了。

从此以后，家家户户逢年过节都学着胡峄阳家做这种带枣的饽饽，用来摆供祭祖，人们把这种饽饽叫作"枣饽饽"。

（五）"胡三老爷"信仰的当代变迁

新中国成立以后，"胡三老爷"信仰逐渐衰落下去。进入 20 世纪 80 年代后，"胡三老爷"信仰再度兴起，胡峄阳祠堂重新修建，祭拜活动也开始进行。这种现象的出现，除政治、经济、文化的原因外，笔者认为，其中也有"胡三老爷"信仰发展的自身原因。

1. "胡三老爷"信仰的延续性

有学者认为："旧的神明也要仰赖新传说的承继和流布，才能有再创新的机运，同样，新的神明要不断地加强其传说的灵验性与传奇性，才能取得传播的优势。"[1] 笔者在进行田野调查的过程中，除却乡民讲述的流传许久

---

① 郑志明：《中国社会的神话意识》，（台湾）古风出版社 1993 年版，第 263 页。

的胡峄阳传说外，还多有新的灵验事迹产生。"如某位外地嫁来的媳妇不相信'三老爷'的灵验性，甚至出言不逊，后来便神智不清等，直至后来求得'三老爷'原谅后，方才恢复。"这是反面例子，也多有求助"三老爷"获得帮助的例子。这些日常生活中的点滴故事不断强化"胡三老爷"信仰的灵验性，吸引着新的信徒。

2. "胡三老爷"信仰新语境下表达的新内容

当今社会，科学技术日益发达，人民生活水平大大提升，生存的不安全感也大大降低，取而代之的是商品经济社会中，人们对于钱财的渴望与追求。在祭拜"胡三老爷"的信众中，求财者占大多数。除此之外，儿女的教育问题也是父母心中的重要事务，每年临近高考之际，"祠堂"中拜求者甚多，希望求得"三老爷"庇佑，让儿女可以考上大学。

3. "胡三老爷"信仰面对社会变迁进行的调整

首先，在新形势下，信仰的发展要适应社会形势，并在国家许可范围内合法发展。伴随着近年来青岛流亭胡氏家族的续修族谱热潮，胡峄阳祠堂得以重建。2008 年，"胡峄阳传说"入选青岛市第二批非物质文化遗产名录。2010 年，青岛市城阳区投资 2600 万元兴建胡峄阳文化园，其中的峄阳公祠为重要的祭祀瞻仰场所。2011 年 1 月，《胡峄阳传说》正式出版。

其次，混淆"胡三老爷"与"胡三太爷"的界限，扩大自身的影响力。

"胡三老爷"与"胡三太爷"虽仅有一字之差，但在青岛地域，代表的却是两种不同的民间信仰。中国的狐仙信仰源远流长，自汉代即有狐为妖的种种传说。汉代"狐已经不再是自然动物中的普通一员，而是能根据自身意愿，凭借神异魔力干预人类生活的独立力量"[1]。而后历经几千年，由于人们对真善美的追求，狐狸这种有灵气的动物被赋予神性。渐渐地，狐狸成为集正义善良于一身的狐仙，久而久之，其功能也越来越完善，成为无所不能的神灵，狐仙信仰也由此发展起来。狐仙信仰在我国分布广泛，是华北"四

---

[1]　胡堃：《中国古代狐信仰源流考》，《社会科学战线》1989 年第 1 期。

大门"之一①。在东北三省,狐仙是"地仙"中的一种②;在山东地区,以潍坊与青岛的狐仙信仰最为兴旺。③"胡三太爷"在狐仙信仰中道行地位颇高,被认为是狐仙家族的长老,有祸福于人的能力。同时,"胡三太爷"也是狐仙信仰中分布区域最广的一位,无论在华北、东北或是山东地区的狐仙庙中,都有"胡三太爷"的神像供奉。狐仙信仰在青岛地域内流传广泛,作为狐仙中的地位尊崇者,"胡三太爷"在青岛崂山、马山及东京山等区域内信奉极为兴盛。一年两度的青岛马山庙会文化节更是提升了"胡三太爷"等狐仙在青岛民间的影响力。

如此,"胡三太爷"的原型应是狐仙,而"胡三老爷"指的是胡峄阳也应无疑问。但笔者在田野调查的过程中却发现,近年来,两种名称的混淆趋势却越发明显。

即墨马山是青岛狐仙信仰的一个重要集合地,位于马山山顶的"胡仙居"也是人流众多,香火不断。据马山上的朱姓村民介绍,近年来,很多胡氏子孙及胡峄阳信众到马山拜祭"胡三太爷",称其为胡氏的十世祖胡峄阳。对此说法,马山的狐仙信众却是不置可否,村民说:"马山上的神仙就是咱们拜的'胡三太爷',你说他是狐仙也行,说是胡峄阳也可以。"值得注意的是,1994年马山上新建成的"狐仙居"也正式命名为"胡仙居"。虽然狐仙入世,多使用"胡"为代称,但也可以从中看出当地管理者对于这种合流趋

---

① "四大门",指华北地区民间的四种动物信仰,即狐狸、黄鼠狼、刺猬、蛇。参见钟敬文《民俗学概论》,上海文艺出版社1998年版,第190页。"四大门",也称"四小灵"。还有一种说法称"五大门""五大仙""五大家",即狐狸、鼠、蛇、兔、刺猬。参见刘正爱《东北地区地仙信仰的人类学研究》,《广西民族大学学报》2007年第2期。

② "地仙",东北地区指地上的动物经过千年以上修行而成的叫"地仙"或"草仙"。东北地区的"地仙"有狐狸、黄鼠狼、蛇、蟒等。参见刘正爱《东北地区地仙信仰的人类学研究》,《广西民族大学学报》2007年第2期。

③ 青岛的马山、东京山及崂山周边地区的狐仙传说流传甚广,潍坊地区亦然,两地的狐仙信仰都有相对固定的狐仙庙以及祭拜仪式。参见马文杰、李传军《庙会与乡土社会的建构——以青岛即墨马山庙会的狐仙信仰为中心》,载于青岛市档案馆、青岛市历史学会《青岛近代城市史论文集》,青岛出版社2011年版,第382—393页;张宇《民间信仰文化的历史变迁——山东潍坊市禹王台村狐仙信仰综述》,《商业文化》2011年第3期。

势的态度。信众如此，普通的青岛民众提起"胡三太爷"，早已将其和胡峄阳合为一体：2006年1月7日第24期青岛晚报文章《胡峄阳其人其事》谈到，胡峄阳在青岛民间被尊称为"胡三太爷"；2009年7月3日第40期青岛晚报文章《一代宗师胡峄阳》中则称民间尊称胡峄阳为"狐三太爷"；马文杰、李传军在其《庙会与乡土社会的建构——以青岛即墨马山庙会的狐仙信仰为中心》文章中也提到了"胡三太爷"的原型就是胡峄阳。可见，无论在信众或普通百姓的眼中，"胡三太爷"称谓的内涵已然混淆。

"只要民间信仰还在不断地调整与变化，那么它终将会在现代社会变迁中找到合适的生存方式。"① 青岛民间社会有"胡三老爷"信仰产生的土壤，"胡三老爷"信仰至今也仍在民众的生活及思想世界中发挥作用。

小　结

一方水土养一方人，胡峄阳出身青岛民间社会，就注定了无论是历史上真实的儒者胡峄阳或是百姓传说中的"胡三老爷"与这片土地间的不解之缘。

儒者，以教育为明业。《汉书·艺文志》称"儒家者流，盖出于司徒之官，助人君顺阴阳、明教化者也"，《周礼注疏》也说儒者的职责就是"掌养国子以道德"。胡峄阳虽出身民间，并无功名，但却并不妨碍他尽"儒"之职责，教化世人。《竹庐家聒》及《女闲》的成书处在中国传统文化发展及清初家训繁荣的大背景下，也受到青岛地域民间社会的小背景影响，同时融入了胡峄阳个人的人生感悟及学术思想。家训中阐述了胡峄阳"谨防欲事""戒赌远赌""读书为乐""苦甜相伴"的修身之法，"择善相处""戒斗守法""趋吉避凶""恭谨谦厚"的处世之道，"饮食有度、宁神静心"的养生之方及"谨言慎行，避嫌守礼""勤俭持家，和睦内外""持贞守节，从一而终"的女教思想。他的家训体现了传统布衣知识分子在明清之际"安贫守道"的时代品格，反映了清初青岛百姓求安全的社会心理、好赌的社会风气

---

① 林静：《马仙信仰与地域社会》，硕士学位论文，上海大学，2009年，第46页。

及受礼教束缚的女子教育状况，突出了胡峄阳"先防后教"的教育理念及通俗且富有意趣的语言风格。胡峄阳家训的成书背景、内容、特色都不可避免地受到了青岛民间社会的影响，而同时，他的家训也对青岛胡氏家族的发展壮大及地域社会产生了一定影响。他的家训思想也为今天的家庭教育及乡村教育提供了有益的借鉴。

首先，在家庭教育方面的启示。无论在什么时代，由于自身价值观尚未形成，孩子对善恶事物的辨别能力并不高，很容易就沾染恶习。而现代的多数父母，由于生存竞争的压力，大多将关注点放在孩子的技能及知识学习上，对孩子的心理状况和行为习惯并不敏感，及至出了问题，方才后悔莫及。胡峄阳"先防后教"的教育思想要求父母和教师应密切关注孩子的心理及行为状态，尽量使他们远离社会上的不良诱惑，而一旦出现沾染的迹象，也可以及时改正，促进孩子的更好发展。

其次，在当代乡村教育方面。胡峄阳的家训著作《竹庐家聒》和《女闲》是在清初的青岛地域产生的，它的内容一方面反映着当时社会文化状况，另一方面也针对这种社会文化状况提出对家族子弟的道德及行为要求，对胡氏家族及地方社会的稳定起到了一定的积极作用。近年来，在中国乡村社会，虽然物质文化水平大大提高，但一些社会陋习和恶劣风气一定程度上依旧存在。乡村地区对百姓进行精神文化教育的乡规乡条虽层出不穷，效果却并不理想。除却政府执行力度不够的原因外，乡规的内容流于表面，教化不具备针对性也是一个重要原因。因此，从不同角度认真考查具体情境下的社会文化状况，进而制定相应对策，无疑比照搬硬套他人的经验更为实用。

"胡三老爷"是青岛百姓崇拜的民间神灵，他的原型即是历史上真实的胡峄阳。儒者胡峄阳转变成仙人"胡三老爷"，既是青岛民众根据"民间造神"的传统及清初青岛社会的境况进行选择创造的结果，也是胡峄阳精研《周易》，利用自身知识造福百姓的必然结局。没有政府的介入，自清初康熙年间至今三百多年来，胡峄阳在民众口耳相传的故事中逐渐成为仙人"胡三老爷"，成为百姓心目中"社会公正的维护者""民众安全的保护者"以及"百姓生活的造福者"，对今天青岛百姓心理及生活习俗仍有一定影响。

不可否认，"胡三老爷"民间信仰作为一种历史文化资源具有一定的旅游及经济开发价值，对促进区域性经济发展有重要作用；它所宣传的某些道德价值观念仍有社会意义，可以起到道德教化的作用。但同时，"胡三老爷"信仰同样也有其消极性及盲目性，因果报应、万物有灵的观念和现实社会并不相符。若缺乏辨别的能力，易于产生一些不健康的心理现象。同时，若是只相信凡事求求"三老爷"就可以实现，也会使人产生惰性，不思进取，消极颓废。因此，今天在开发"胡三老爷"文化资源的时候，要注意发挥信仰的积极作用，克服其消极作用。首先，取其精华，去其糟粕。要对"胡三老爷"信仰中的迷信思想给予严厉批判，同时，深入研究信仰中与现代社会相协调的方面，加以发扬光大。其次，在充分开发"胡三太爷"文化资源的同时，也要加强对"胡三老爷"信仰中的职业人员、场所及活动等的管理，防范某些人为了利益而制造迷信，进行敛财活动。

胡峄阳不是贵族显贵，也并非士林宿儒，他只是一位生活在青岛地域间的普通知识分子。然而，他的不平凡在于他在有限的空间内为自己书写了不平凡的人生。他以贴近百姓生活的方式来表述儒家学说。其家训著作中没有要求子弟"齐家、治国、平天下"的宏大志向，有的只是乡间长者希望子弟安心度日、平安健康的朴素心愿。他是一位平民化的儒者，也是一位受乡人敬重的长者。他精研《周易》，却并不拘泥于书本的研究，而以自身所学结合青岛地域的现实为百姓谋福。他没有因史册的记载而流芳百世，却在百姓们的口耳相传中成为护佑一方的神灵，受到人们的敬仰。

青岛流亭胡峄阳祠堂中，悬挂着这样一副对联：

> 歉也不歉，乱而不乱，唯居之崂山最稳
> 儒也为儒，仙也为仙，精神与墨水通长

这正是胡峄阳一生作为的最佳写照，也是民间社会给予他的精准评价。

参 考 文 献

一、中文文献

档案文献、资料

1. 胶澳商埠局:《胶澳商埠行政纪要续编》,1929 年版。

2. (清)(即墨)《孙氏族谱》,民国壬戌增修,文华石印局。

3. (清)《即墨县志》(乾隆版),中国和平出版社 2005 年版。

4. (清)《即墨县志》(同治版),中国和平出版社 2005 年版。

5.《今年的青岛》:《青岛快报》1931 年 1 月 4 日,第 2 版。

6.《救国连索》:《青岛时报》1933 年 3 月 16 日,第 11 版。

7. 吕文泉:《国货运动与青岛国货公司》,青岛市政协文史资料委员会编《青岛文史撷英·工商金融》,新华出版社 2000 年版。

8. 骆金铭编著:《青岛风光》,兴华印刷局 1935 年版。

9. 谋乐辑:《青岛全书》,青岛出版社 2014 年版。

10. 倪锡英:《青岛》,中华书局 1936 年影印版。

11. 青岛日本商工会议所:《青岛的现势》,1937 年版。

12. 青岛百科全书编委会编:《青岛百科全书》,中国大百科全书出版社 1999 年版。

13. 青岛市档案馆编:《青岛开埠十七年——〈胶澳发展备忘录〉全译》,中国档案出版社 2007 年版。

14. 青岛市档案馆编:《青岛通鉴》,中国文史出版社 2011 年版。

15. 青岛市档案馆、青岛市史志编纂委员会办公室：《青岛大事记史料 1891—1987》（上），1989 年印刷本。

16. 青岛市档案馆：《办理游民收容所以维持地方治安编制经营预算》，A0017-003-00916，1931 年 9 月 25 日。

17. 青岛市档案馆：《呈明游民收容所改期 1931 年 11 月 1 日成立》，A0017-003-00916，1931 年 10 月 19 日。

18. 青岛市档案馆：《改善人力车夫生活案》，B0040-002-00874，1936 年。

19. 青岛市档案馆：《关于改善人力车夫生活使所有车夫均有其车的函》，B0040-002-00874，1936 年。

20. 青岛市档案馆：《关于警察服装整齐划一的训令》，A0017-002-00048，1924 年 4 月 15 日。

21. 青岛市档案馆：《关于警察改为警士、巡长改为警长的训令》，A0017-002-01293，1930 年 7 月 13 日。

22. 青岛市档案馆：《关于值班时间夫役工资和卫生办法》，A0017-003-00201，1927 年 3 月。

23. 青岛市档案馆：《令为公布管理乐户娼妓规则仰转饬所属一体知照由》，A0017-002-00767，1934 年。

24. 青岛市档案馆：《青岛教育概览》，A001358-00000037—A001358-00000041，1934 年。

25. 青岛市档案馆：《青岛市娼妓管理规则》，B0032-001-00453，1930 年。

26. 青岛市档案馆：《青岛市档案资料选辑（二）人口资料汇编 1897—1949》（内刊）。

27. 青岛市档案馆：《青岛市公安局 1930 年度 12 月份支付预算书》，A0017-003-009161930 年。

28. 青岛市档案馆：《青岛市公安局保安警察队组织简则》，A0017-002-00411，1930 年 11 月。

29. 青岛市档案馆：《青岛市公安局警士录用标准、训练方法、薪饷标准》，A0017-002-00955，1937 年 1 月。

30.青岛市档案馆：《青岛市公安局清洁队组织简章》，A0017-002-00328，1931年1月。

31.青岛市档案馆：《青岛市公安局卫生警士队暂行服务细则》，A0017-002-00328，1930年1月5日。

32.青岛市档案馆：《青岛市公安局职员奖惩章程》，A0017-002-00411，1930年11月。

33.青岛市档案馆：《青岛市公务员及学校师生征工服役简则》，B0032-001-00670，1936年。

34.青岛市档案馆：《青岛市管理娼妓规则》，A0017-002-00767，1934年。

35.青岛市档案馆：《青岛市管理乐户规则》，B0032-001-00453，1931年。

36.青岛市档案馆：《青岛市教育局小学教员暑期讲习班组织大纲》，A001358-00000085，1930年。

37.青岛市档案馆：《青岛市乞丐收容所暂行规则》，B0032-001-00453，1931年。

38.青岛市档案馆：《青岛市市立实验小学校教职员聘任及待遇规程》，B0032-001-00453，1930年。

39.青岛市档案馆：《青岛市市立小学校校长任用规程》，B0032-001-00453，1930年。

40.青岛市档案馆：《青岛市市立中等学校校长任免及待遇暂行条例》，B0032-001-00422，1931年。

41.青岛市档案馆：《青岛市营业人力车夫管理规则》，B0032-001-00422，1931年4月。

42.青岛市档案馆：《青岛市中学师生与小学教职员民国二十六年度春假服劳役实施办法》，B0032-001-00670，1937年。

43.青岛市档案馆编：《青岛数字全书》，中国文史出版社2003年版。

44.青岛市档案馆：《青岛特别市市立中等学校教职员任用及待遇暂行规程》，B0032-001-00424，1930年6月12日。

45.青岛市档案馆：《严禁警士出入各娱乐场所的训令》，A0017-002-00521，1932年3月。

46. 青岛市档案馆：《资政参考》2011 年 3 月（总第 39 期）。

47. 青岛市档案馆编：《帝国主义与胶海关》，档案出版社 1986 年版。

48. 青岛市档案馆编：《胶澳租借地经济与社会发展——1897—1914 年档案史料选编》，中国文史出版社 2004 年版。

49. 青岛市档案馆编：《青岛地图通鉴》，山东省地图出版社 2002 年版。

50. 青岛市档案馆编：《青岛旧事》，青岛出版社 1991 年版。

51. 青岛市档案馆藏：《关于执行民众学校暂行规程及强迫民众入学办法的训令》，B0021-003-00458，1930 年。

52. 青岛市档案馆藏：《青岛市工厂职工补习学校实施办法》，B0032-001-00434，1931 年。

53. 青岛市档案馆藏：《青岛市政要览》（教育篇），1937 年影印版。

54. 青岛市档案馆藏：《青岛市政要览》（社会篇），1937 年。

55. 青岛市政府教育局编印：《青岛教育》（复员专号），1947 年版。

56. 青岛市政府秘书处编印：《青岛市政府三年来行政摘要·社会》，1932—1934 年。

57. 青岛市政府招待处编印：《青岛概览》，1937 年 1 月。

58. 青岛市公安局：《警士警长教育规程》，A0017-002-00885，1935 年 11 月 25 日。

59. 青岛市史志办公室：《沿革区划》，青岛档案信息网。

60. 青岛市政协文史资料委员会编：《青岛文史撷英》（工商金融），新华出版社 2000 年版。

61. 青岛政协文史资料委员会编：《青岛文史撷英》（军政风云），新华出版社 2007 年版。

62. 青岛市政协文史资料研究委员会：《青岛文史资料》（第五辑），1984 年。

63. 山东省档案馆、山东社会科学院历史研究所合编：《山东革命历史档案资料选编第二辑（1929—1931）》，山东人民出版社 1981 年版。

64. 山东省总工会工运史研究室、青岛市总工会工运史办公室编：《青岛惨案史料》，工人出版社 1985 年版。

65. 上海、青岛等市政协文史资料委员会合编：《列强在中国的租借》，中国文史出版社 1992 年版。

66. 上海市政府秘书处编印：《上海市市政报告（1932—1934)》，汉文正楷印书局，1936 年版。

67. 寿杨宾：《青岛海港史》，人民交通出版社 1986 年版。

68. 孙瑞芹译：《德国外交文件有关中国交涉史料选译》第一卷，商务印书馆1960 年版。

69. 王第荣：《青岛金融业史略》，山东省政协文史资料委员会编《山东工商经济史料集萃》第二辑，山东人民出版社 1989 年版。

70. 武康、魏镜：《青岛指南》，胶东书社 1933 年影印版。

71. 叶春墀编：《青岛概要》，上海商务印书馆 1922 年版。

72. 赵琪修，袁荣叟纂：《胶澳志》，胶澳商埠局 1928 年，青岛出版社 2011 年影印版。

73. 《在芝罘日本帝国领事馆内状况》，东京外务省通商局 1921 年版。

74. 中央档案馆、山东省档案馆编：《山东革命历史文件汇集》（甲种本第一集）（1922—1925)，内部发行，1994 年。

著作

1. 《马克思恩格斯选集》第 1 卷，人民出版社 1995 年版。

2. 《毛泽东选集》第 1 卷，人民出版社 1991 年版。

3. [美] 阿历克斯·英格尔斯等：《从传统人到现代人——六个发展中国家的个人变化》，殷陆君等译，中国人民大学出版社 1992 年版。

4. 包东坡：《中国历代名人家训精萃》，安徽文艺出版社 2000 年版。

5. 《汉书》，中华书局 1962 年版。

6. [英] 查尔斯·塞莫尔：《战争的外交背景（1870—1914)》，耶鲁大学出版社1978 年版。

7. 陈明远：《文化人与钱》，百花文艺出版社 2001 年版。

8. [美] 戴维·格伦斯基（David B.Grusky）编：《社会分层》（第 2 版），王俊等译，华夏出版社 2005 年版。

9. 费正清主编：《剑桥中华民国史》第一部，上海人民出版社 1991 年版。

10. 冯尔康等：《中国社会结构的演变》，河南人民出版社 1994 年版。

11. 郭泮溪等：《胶东半岛海洋文明简史》，中国社会科学出版社 2011 年版。

12. 顾廷龙：《续修四库全书·经部（下）·易类》，中华书局 1993 年版。

13. 顾炎武：《日知录》，四库全书本。

14. 何建章主编：《当代社会阶级结构和社会分层问题》，中国社会科学出版社 1990 年版。

15. 洪丕谟：《走进女性世界》，中国国际广播出版社 2000 年版。

16. 胡汶本：《帝国主义与青岛港》，山东人民出版社 1983 年版。

17. （清）胡翔瀛：《竹庐家聒》，《胡峄阳文集》，上海古籍出版社 2011 年版。

18. 青岛峄阳文化传播有限公司编：《胡峄阳传说》，九州出版社 2011 年版。

19. 姜培玉：《山东经贸史略》，山东友谊书社 1989 年版。

20. 交通部烟台港务局：《近代山东沿海通商口岸贸易统计资料（1859—1949)》，对外贸易出版社 1986 年版。

21. （清）昆冈、李鸿章等：《钦定大清会典事例》（光绪朝），中华书局 1991 年版。

22. [联邦德国] 卡尔·艾利希·博恩等：《德意志史》，张载扬等译，商务印书馆 1991 年版。

23. [美] 科佩尔·S. 平森：《德国近现代史》上册，范德一等译，商务印书馆 1987 年版。

24. 郭嵩焘：《郭嵩焘日记》，湖南人民出版社 1981 年版。

25. 李宝金：《青岛历史古迹》，青岛出版社 1997 年版。

26. 李明伟：《清末民初中国城市社会阶层研究（1897—1927)》，社会科学文献出版社 2005 年版。

27. 李长莉、左玉河主编：《近代中国的城市与乡村》，社会科学文献出版社 2006 年版。

28. 李森堡等：《青岛指南》，青岛市政协会青岛分会 1947 年影印版。

29. 李寓一：《清末民初中国各大都会男女装饰论集》，（台湾）中山图书公司 1972 年版。

30. 陆庄：《小学教师课余生活问题》，教育编译馆 1935 年版。

31. 刘铮等编：《人口统计学》，中国人民大学出版社 1981 年版。

32. 鲁勇：《逊清遗老的青岛时光》，青岛出版社 2006 年版。

33. 陆安：《青岛近现代史》，青岛出版社 2001 年版。

34. 马庚存编著：《人文青岛》，青岛出版社 2004 年版。

35. [德] 马克斯·韦伯：《经济与社会》上卷，林荣远译，商务印书馆 1997 年版。

36. 秦孝仪主编：《革命文献》第 71 辑，（台湾）"中央文物供应社"1977 年版。

37. 任银睦：《青岛早期城市现代化研究》，三联书店 2007 年版。

38. 任银睦等编著：《青岛史话》，青岛出版社 2018 年版。

39. 孙隆基：《中国文化的特质》，三联书店 1990 年版。

40. 史宗：《20 世纪西方宗教人类学文选》（上册），上海三联书店 1995 年版。

41. 孙祚民主编：《山东通史》上卷，山东人民出版社 1992 年版。

42. 谭天凯：《山东问题始末》，商务印书馆 1935 年版。

43. 檀作文译注：《颜氏家训》，中华书局 2007 年版。

44. 王传铎、李茂贤：《青岛公路交通史话》，青岛出版社 1990 年版。

45. 王守中：《德国侵略山东史》，人民出版社 1988 年版。

46. 王守中、郭大松：《近代山东城市变迁史》，山东教育出版社 2001 年版。

47. 王铁崖编：《中外旧约章汇编》第一册，三联书店 1957 年版。

48. 乌丙安：《中国民间信仰》，上海人民出版社 1996 年版。

49. [德] 卫礼贤，《青岛的故人们》，王宇洁、罗敏、朱晋平译，青岛出版社 2006 年版。

50. 隗瀛涛主编：《近代重庆城市史》，四川大学出版社 1991 年版。

51. 忻平：《从上海发现历史——现代化进程中的上海人及其社会生活（1927—1937）》，上海人民出版社 1996 年版。

52. [德] 余凯思：《在"模范殖民地"胶州湾的统治与抵抗——1897—1914 年中国与德国的相互作用》，孙立新译，山东大学出版社 2005 年版。

53. 阎立津：《青岛旧影》，人民美术出版社 2004 年版。

54. 钟敬文：《民俗学概论》，上海文艺出版社 1998 年版。

55. 赵尔巽：《清史稿》，中华书局 1977 年版。

56. 赵文连、匡超等纂：《胶志·民社志》，（台北）成文出版社 1969 年版。

57. 周汛等主编：《中国衣冠服饰大辞典》，上海辞书出版社 2001 年版。

58. 张开敏主编：《上海人口迁移研究》，上海社会科学院出版社 1989 年版。

59. 张同声修、李图等纂：《胶州志》，（台北）成文出版社 1977 年版。

60. 张玉法：《中国现代化的区域研究（1860—1916）：山东省》，（台北）"中央研究院"近代史研究所 1982 年版。

61. 张仲礼：《近代上海城市研究》，上海人民出版社 1990 年版。

62. 庄维民：《近代山东市场经济的变迁》，中华书局 2000 年版。

63. 章人英主编：《社会学词典》，上海辞书出版社 1992 年版。

64. 郑志明：《中国社会的神话意识》，（台湾）古风出版社 1993 年版。

65. 祝在时、于新华：《青岛帆船运动百年史话》，青岛出版社 2008 年版。

期刊论文、学位论文

1. 陈延斌：《中国传统家训的孝道教化及其现代意蕴》，《孝感学院学报》2011 年第 1 期。

2. 崔玉婷：《抗战以前青岛华人社会阶层分析》，《文史哲》2003 年第 1 期。

3. 方旭红：《南京国民政府县级政权的运作机制：1927—1937 年》，《安徽史学》2005 年第 2 期。

4. 郭芳：《早期青岛移民社会的构成》，《青岛教育学院学报》2002 年第 4 期。

5. 郭孝义：《轮船兴起后的江苏木帆船》，《西北第二民族学院学报》1990 年第 2 期。

6. 胡堃：《中国古代狐信仰源流考》，《社会科学战线》1989 年第 1 期。

7. 何兰：《威廉二世的"世界政策"及其经济、思想渊源》，《江汉论坛》1999 年第 1 期。

8. 贾艳红：《浅析中国古代民间信仰产生的心理背景——以汉代民间信仰为例》，《山东师范大学学报》2009 年第 3 期。

9. 李东泉：《从德国近代历史进程论青岛规划建设的指导思想》，《德国研究》

2006 年第 1 期。

10. [韩] 李俊熙、赵显镐：《1914 年以前日本人在山东》，《东方论坛》2000 年第 4 期。

11. 楼嘉军：《城市人口结构对 30 年代上海娱乐业发展的影响》，《历史教学问题》2007 年第 6 期。

12. 刘正爱：《东北地区地仙信仰的人类学研究》，《广西民族大学学报》2007 年第 2 期。

13. 纳钦：《从传说到信仰：一个蒙古村落民间叙事传统的文化运行——以珠腊沁村公主传说为个案》，《民间文学研究》2004 年第 2 期。

14. 仇立平：《职业地位：社会分层的指示器——上海社会结构与社会分层研究》，《社会学研究》2001 年第 3 期。

15. 任银睦：《清末民初移民与城市社会现代化——青岛社会现代化个案研究》，《民国档案》1997 年第 4 期。

16. 孙立新、王保宁：《德国殖民统治下的青岛中国人社会（1897—1914)》，《山东大学学报》2007 年第 2 期。

17. 王成先、毛敦辉：《清初北方最大的文字狱案》，《春秋》2009 年第 6 期。

18. 熊月之：《上海城市社会生活史笔谈——稀世富矿：上海城市社会生活史研究的价值》，《史林》2002 年第 4 期。

19. 谢忠强：《城市社会生活史研究的几点思考》，《山西师范大学学报》（社会科学版）2012 年第 4 期。

20. 尹旦萍：《周易的生存智慧与家训文化》，《孔子研究》2002 年第 2 期。

21. 余新忠、惠清楼：《清前期乡贤的社会构成初探——以浙西杭州和湖州府为中心》，《苏州科技学院学报》（社会科学版）2003 年第 3 期。

22. 杨卫民：《新时期社会生活史研究述略——以中国近代社会生活史为中心》，《焦作师范高等专科学校学报》2012 年第 1 期。

23. 曾凡贞：《传统家训与传统文化关系探析》，《玉林师范学院学报》（哲学社会科学版）2006 年第 4 期。

24. 朱士嘉译：《德国人在中国》，《历史教学》1957 年第 8 期。

25. 赵宇晨：《"胶澳"地名考》，《黑龙江史志》2013 年第 17 期。

26. 张利民：《论近代天津城市人口的发展》，《城市史研究》第 4 辑。

27. 张宇：《民间信仰文化的历史变迁——山东潍坊市禹王台村狐仙信仰综述》，《商业文化》2011 年第 3 期。

28. 张正春：《〈周易〉的吉凶观》，《殷都学刊》1994 年第 1 期。

29. 董良保：《二三十年代青岛城市发展研究（1922—1937)》，博士学位论文，南京大学，2004 年。

30. 郭谦：《民国时期统治者对城市下层社会的社会调控——以山东为例》，博士学位论文，山东大学，2007 年，

31. 许慈青：《青岛人口问题研究（1912—1949)》，硕士学位论文，青岛大学，2007 年。

32. 徐振江：《1928—1932 年南京国民政府管辖青岛的政治策略及其成因——一项政治地理学研究》，硕士学位论文，中国海洋大学，2009 年。

33. 张艳：《青岛的金融业与近代化（1897—1937)》，硕士学位论文，中国海洋大学，2010 年。

二、外文文献

著作

1. Bernd Matin：Diedeutsche Perspektive：Plne-Besitz nahme-Erwartungen，All tagsleben und Kul turaustausch：*Deutsche und Chinesenin Tsing tau 1897—1914*，Berlin：Deut sches H ist orisches Museum，1999.

责任编辑:宫 共
封面设计:源 源

图书在版编目(CIP)数据

近代青岛社会与生活研究/马斗成 主编. —北京:人民出版社,2019.12
ISBN 978-7-01-021756-7

Ⅰ.①近… Ⅱ.①马… Ⅲ.①社会生活-研究-青岛-近代
  Ⅳ.①K295.23

中国版本图书馆 CIP 数据核字(2019)第 291344 号

近代青岛社会与生活研究
JINDAI QINGDAO SHEHUI YU SHENGHUO YANJIU

马斗成 主编

人民出版社 出版发行
(100706 北京市东城区隆福寺街 99 号)

北京佳未印刷科技有限公司印刷 新华书店经销

2019 年 12 月第 1 版 2019 年 12 月北京第 1 次印刷
开本:710 毫米×1000 毫米 1/16 印张:22.25 字数:339 千字

ISBN 978-7-01-021756-7 定价:60.00 元

邮购地址 100706 北京市东城区隆福寺街 99 号
人民东方图书销售中心 电话 (010)65250042 65289539